# 中國近三百年學術史

CHINA FOR NEARLY THREE HUNDRED YEARS ACADEMIC HISTORY

梁啟超 —— 著

深入探討清代學術的發展，揭示學者如何應對政治變遷
強調儒學傳統和新思想的交匯，闡釋學術遺產的延續與傳承

清代學者的努力影響了學術傳統，梁啟超談中國學術史！

# 目錄

目錄

# 一 反動與先驅

## 一　反動與先驅

這部講義，是要說明清朝一代學術變遷之大勢及其在文化上所貢獻的份量和價值。為什麼題目不叫做清代學術呢？因為晚明的二十多年，已經開清學的先河，民國的十來年，也可以算清學的結束和蛻化。把最近三百年認作學術史上一個時代的單位，似還適當，所以定名為《近三百年學術史》。

今年是西曆一九二三年。上溯三百年前至一六二三年，為明天啟三年，這部講義就從那時候講起。若稍為概括一點，也可以說是十七 十八 十九三個世紀的中國學術史。

我三年前曾做過一部《清代學術概論》。那部書的範圍和這部講義差不多，但材料和組織很有些不同。希望諸君預備一部當參考。

這個時代的學術主潮是：

厭倦主觀的冥想而傾向於客觀的考察。

無論何方面之學術，都有這樣趨勢。可惜客觀考察多半仍限於紙片上事物，所以它的效用尚未能盡量發揮。此外還有一個支流是：

排斥理論，提倡實踐。

這個支流屢起屢伏，始終未能很占勢力。總而言之，這三百年學術界所指向的路，我認為是不錯的——是對於從前很有特色而且有進步的，只可惜全部精神未能貫徹。以後憑藉這點成績擴充蛻變，再開出一個更切實更偉大的時代，這是我們的責任，也是我這回演講的微意。

凡研究一個時代思潮，必須把前頭的時代略為認清，才能知道那來龍去脈。本講義所講的時代，是從它前頭的時代反動出來。前頭的時代，可以把宋元明三朝總括為一個單位——西曆一千至一千六百——那個時代有一種新學術系統出現，名曰「道學」。那六百年間，便是「道學」自發生成長以至衰落的全時期。那時代的道學思潮又為什麼能產生能成立呢？

（一）因為再前一個時代便是六朝隋唐，物質上文化發達得很燦爛，建築、文學、美術、音樂等等都呈現歷史以來最活潑的狀況。後來，這種文明爛熟的結果，養成社會種種惰氣。自唐天寶間兩京陷落，過去的物質文明已交末運，跟著晚唐藩鎮和五代一百多年的紛亂，人心愈發厭倦，所以入到宋朝，便喜歡回到內生活的追求，向嚴肅樸素一路走去。

（二）隋唐以來，印度佛教各派教理盡量輸入，思想界已經攙入許多新成分，但始終儒自儒、佛自佛，采一種不相聞問的態度。到了中晚唐，兩派接觸的程度日漸增加，一方面有韓愈一流人據儒排佛，一方面有梁肅、李翱一流人援佛入儒。[1]到了兩宋，當然會產出儒佛結婚的新學派。加以那時候的佛家，各派都衰，禪宗獨盛。禪宗是打破佛家許多形式和理論，專用內觀工夫，越發與當時新建設之道學相接近。所以道學和禪宗，可以說是宋元明思想全部的代表。

道學派別，雖然不少，但有一共同之點，是想把儒家言建設在形而上學——即玄學的基礎之上。原來儒家開宗的孔子不大喜歡說什麼「性與天道」，只是想從日用行為極平實處陶養成理想的人格。但到了佛法輸入以後，一半由儒家的自衛，一半由時代人心的要求，總覺得把孔門學說找補些玄學的作料才能滿足。於是從「七十子後學者所記」的《禮記》裡頭抬出《大學》《中庸》兩篇出來，再加上含有神祕性的《易經》作為根據，來和印度思想對抗。「道學」最主要的精神實在於此。所以

# 一　反動與先驅

在「道學」總旗幟底下，雖然有呂伯恭、朱晦庵、陳龍川各派，不專以談玄為主，然而大勢所趨，總是傾向到明心見性一路，結果自然要像陸子靜、王陽明的講法，才能徹底地成一片段。所以到明的中葉，姚江（王陽明）學派，奄襲全國，和佛門的禪宗，混為一家。這是距今三百五六十年前學術界的形勢。

在本講義所講的時代開始之時，王陽明去世已將近百年了。（陽明卒於嘉靖八年，當西曆一五二九年。）明朝以八股取士，一般士子，除了永樂皇帝欽定的《性理大全》外，幾乎一書不讀。學術界本身，本來就像貧血症的人，衰弱得可憐。王陽明是一位豪傑之士，他的學術像打藥針一般，令人興奮，所以能做五百年道學結束，吐很大光芒。但晚年已經四方八面受人妒忌排擠，不得志以死。陽明死後，他的門生，在朝者，如鄒東廓守益、歐陽南野德；在野者，如錢緒山德洪、王龍溪畿、羅近溪汝芳、王心齋艮，都有絕大氣魄，能把師門宗旨發揮光大，勢力籠蓋全國，然而反對的亦日益加增。反對派別，大略有三：其一，事功派，如張江陵居正輩，覺得他們都是書生迂闊，不切時務；其二，文學派，如王弇州世貞輩，覺得他們學問空疏，而且所講的太乾燥無味；其三，勢利派，毫無宗旨，唯利是趨，依附魏忠賢一班太監，專和正人君子作對，對於講學先生，自然疾之如仇。這三派中，除勢利派應該絕對排斥外，事功、文學兩派，本來都各有好處。但他們既已看不起道學派，道學派也看不起他們，由相輕變為相攻。結果這兩派為勢利派利用，隱然成為三角同盟以對付道學派。中間經過「議禮」、「紅丸」「梃擊」「移宮」諸大案[2]，都是因宮廷中一種不相干的事實，小題大做，雙方意見鬧到不可開交。到最後二三十年間，道學派大本營，前有「東林」，後有「復社」，都是用學術團體名義，實行政黨式的活動。他們對於惡勢力，拚命奮鬥的精神，固然十分可敬可佩，但黨勢漸成以後，依草附木的人日多，也不免流品很雜。總而言之，明朝所謂「士大夫社會」，以「八股先生」為土臺。所有群眾運動，無論什麼「清流濁流」，都是八股先生最占勢力。東林、復社，雖比較的多幾位正人君子，然而打開天窗說亮話，其實不過王陽明這面大旗底下一群八股先生和魏忠賢那面大旗底下一群八股先生打架。何況王陽明這邊的末流，也放縱得不成話，如何心隱本名梁汝元、李卓吾贄等輩，簡直變成一個「花和尚」。他們提倡的「酒色財氣不礙菩提路」，把個人道德社會道德一切藩籬都衝破了，如何能令敵派人心服。這些話且不必多說。總之晚明政治和社會所以潰爛到那種程度，最大罪惡，自然是在那一群下流無恥的八股先生，巴結太監，魚肉人民。我們一點不能為他們饒恕。卻是和他們反對的，也不過一群上流無用的八股先生，添上幾句「致知格物」的口頭禪做幌子，和別人鬧意見鬧過不休。最高等的如顏習齋所謂「無事袖手談心性，臨危一死報君王」，至矣極矣。當他們筆頭上口角上吵得烏煙瘴氣的時候，張獻忠、李自成已經把殺人刀磨得飛快，準備著把千千萬萬人砍頭破肚，滿洲人已經把許多降將收了過去，準備著看風頭撿便宜貨入主中原。結果幾十年門戶黨派之爭，鬧到明朝亡了一齊拉倒。這便是前一期學術界最後的一幕悲劇。

明亡以後，學者痛定思痛，對於那群閹黨、強盜、降將，以及下流無恥的八股先生，罪惡滔天，不值得和他算帳了。卻是對於這一群上流無用的道學先生，倒不能把他們的責任輕輕放過，李剛主說：

……高者談性天，撰語錄，卑者疲精死神於舉業。不唯聖道之禮樂兵農不務，即當世之刑名錢谷，亦懵然罔識，而搦管呻吟，自矜有學。……中國嚼筆吮毫之一日，即外夷秣馬厲兵之一日，卒之盜賊蜂起，大命遂傾，而天乃以二帝三王相傳之天下授之塞外……《恕谷集．書明劉戶部墓表後》

又說：

宋後，二氏學興，儒者浸淫其說，靜坐內視，論性談天，與夫子之言，一一乖反，而至於扶危定傾大經大法，則拱手張目，授其柄於武人俗士。當明季世，朝廟無一可倚之臣。坐大司馬堂批點《左傳》，敵兵臨城，賦詩進講，覺建功立名，俱屬瑣屑，日夜喘息著書，曰此傳世業也。卒至天下魚爛河決，生民塗炭。嗚呼，誰生厲階哉！《恕谷集．與方靈皋書》

朱舜水說：

明朝以時文取士。此物既為塵羹土飯，而講道學者又迂腐不近人情。……講正心誠意，大資非笑，於是分門標榜，遂成水火，而國家被其禍。《舜水遺集．答林春信問》

顧亭林說：

劉、石亂華，本於清談之流禍，人人知之。孰知今日之清談，有甚於前代者。昔之清談談老莊，今之清談談孔孟。未得其精，而已遺其粗；未究其本，而先辭其末。不習六藝之文，不考百王之典，不綜當代之務，舉夫子論學論政之大端，一切不問，而曰「一貫」，曰「無言」。以明心見性之空言，代修己治人之實學。股肱惰而萬事荒，爪牙亡而四國亂，神州蕩覆，宗社丘墟。昔王衍妙善玄言，自比子貢，及為石勒所殺，將死，顧而言曰：「吾曹雖不如古人，向若不祖尚浮虛，戮力以匡天下，猶可不至今日。」今之君子，得不有愧乎其言。《日知錄》卷七《夫子之言性與天道》條亭林既憤慨當時學風，以為明亡實由於此，推原禍始，自然責備到陽明。他說：

以一人而易天下，其流風至於有百餘年之久者，古有之矣，王夷甫（衍）之清談、王介甫（安石）之新說；其在於今，則王伯安（守仁）之良知是也。孟子曰：「天下之生久矣，一治一亂。」撥亂世反諸正，豈不在後賢乎？《日知錄》卷十八王船山亦以為王學末流之弊，從陽明本身出來。他說：

姚江王氏陽儒陰釋誣聖之邪說，其究也，刑戮之民、閹賊之黨皆爭附焉，而以充其「無善無惡圓融事理」之狂妄。《正蒙注．序論》

費燕峰說：

清談害實，始於魏晉，而固陋變中，盛於宋南北。案：費氏提倡「實」與「中」兩義，故斥當時學派為害實變中。自漢至唐，異說亦時有，然士安學同，中實尚屬。至宋而後，齊逞意見，專事口舌，……又不降心將人情物理平居處事點勘離合，說者自說，事者自事，終為兩斷。一段好議論，美聽而已。……後儒所論，唯深山獨處，乃可行之；城居郭聚，有室有家，必不能也。蓋自性命之說出，而先王之三物六行亡矣。……學者所當痛心，而喜高好僻之儒，反持之而不下。無論其未嘗得而空言也，果「靜極」矣，「活潑潑地會」矣，「坐忘」矣，「心常在腔子裡」矣，「即物之理無不窮，本心之大無不立，而良心無不致」矣，亦止與達摩面壁、天臺止觀同一門庭。……何補於國？何益於家？何關於政事？何救於民生？……學術蠱壞，世道偏頗，而夷狄寇盜之禍亦相鋌而

## 一　反動與先驅

起……《費氏遺書．弘道書》卷中平心而論，陽明學派，在二千年學術史上，確有相當之價值，不能一筆抹殺，上文所引諸家批評，不免都有些過火之處。但末流積弊，既已如此，舉國人心對於他既已由厭倦而變成憎惡，那麼這種學術，如何能久存？反動之起，當然是新時代一種迫切的要求了。

大反動的成功，自然在明亡清興以後。但晚明最末之二三十年，機兆已經大露，試把各方面的趨勢一一指陳。

第一，王學自身的反動。最顯著的是劉蕺山宗週一派，蕺山以崇禎十七年殉難特標「證人」主義，以「慎獨」為入手，對於龍溪王畿、近溪羅汝芳、心齋王艮諸人所述的王學，痛加針砭，總算是舍空談而趨實踐，把王學中談玄的成分減了好些。但這種反動，當然只能認為舊時代的結局，不能認為新時代的開山。

第二，自然界探索的反動。晚明有兩位怪人，留下兩部怪書。其一為徐霞客名宏祖，生萬曆十三年，卒崇禎十三年，年五十六，是一位探險家，單身步行，把中國全部都遊歷遍了。他所著的書，名曰《霞客遊記》，內中一半雖屬描寫風景，一半卻是專研究山川脈絡，於西南——雲、桂、蜀、貴地理，考證極為詳確。中國實際調查的地理書，當以此為第一部。[3] 其二為宋長庚名應星，奉新人，卒年無考，丁文江推定為卒於順治、康熙間，是一位工業科學家。他所著有兩部書，一部是《畫音歸正》，據書名當是研究方音，可惜已佚；一部是《天工開物》商務印書館正在重印，用科學方法研究食物、被服、用器，以及冶金、制械、丹青，珠玉之原料工作，繪圖貼說，詳確明備。[4] 這兩部書不獨一洗明人不讀書的空談，而且比清人「專讀書的實談」還勝幾籌，真算得反動初期最有價值的作品。本條所舉，雖然不過一兩個人一兩部書，不能認為代表時代，然而學者厭蹈空喜踏實的精神，確已漸漸表現了。

第三，明末有一場大公案，為中國學術史上應該大筆特書者，曰：歐洲曆算學之輸入。先是馬丁·路德既創新教，羅馬舊教在歐洲大受打擊，於是有所謂「耶穌會」者起，想從舊教內部改革振作。他的計劃是要傳教海外，中國及美洲實為其最主要之目的地。於是利馬竇、龐迪我、熊三拔、龍華民、鄧玉函、陽瑪諾、羅雅谷、艾儒略、湯若望等，自萬曆末年至天啟、崇禎間先後入中國。中國學者如徐文定名光啟，號元扈，上海人，崇禎六年卒，今上海徐家匯即其故宅、李涼庵名之藻，仁和人等都和他們來往，對於各種學問有精深的研究。先是所行「大統曆」，循元郭守敬「授時曆」之舊，錯謬很多。萬曆末年，朱世堉、邢雲路先後上疏指出他的錯處，請重為釐正。天啟、崇禎兩朝十幾年間，很拿這件事當一件大事辦。經屢次辯爭的結果，卒以徐文定、李涼庵領其事，而請利、龐、熊諸客卿共同參預，卒完成曆法改革之業。此外中外學者合譯或分撰的書籍，不下百數十種。最著名者，如利、徐合譯之《幾何原本》，字字精金美玉，為千古不朽之作，無庸我再為讚歎了。其餘《天學初函》《崇禎曆書》中幾十部書，都是我國曆算學界很豐厚的遺產。又《辨學》一編，為西洋論理學輸入之鼻祖。又徐文定之《農政全書》六十卷，熊三拔之《泰西水法》六卷，實農學界空前之著作。我們只要肯把當時那班人的著譯書目一翻，便可以想見他們對於新知識之傳播如何的努力。只要肯把那個時代的代表作品——如《幾何原本》之類擇一兩部細讀一過，便可以知道他們對於學問如何的忠實。要而言之，中國智識線和外國智識線相接觸，晉唐間的佛學為第一次，明末的曆算學便是第二次。中國元代時和阿拉伯文化有接觸，但影響不大。在這種新環境之下，學界空氣，當然變換，後此清朝一代學者，對於曆算學都有興味，而且最喜歡談經世致用之學，大概受利、徐諸人影響不小。[5]

第四，藏書及刻書的風氣漸盛。明朝人不喜讀書，已成習慣，據費燕峰密所說：《十三經註疏》除福建版外，沒有第二部。見《弘道書》捲上固陋到這程度，實令人吃驚。但是，到萬曆末年以後，風氣漸變了。焦弱侯名竑，江寧人，萬曆四十八年卒的《國史經籍志》，在目錄學上就很有相當的價值。范堯卿名欽，鄞縣人創立天一閣，實為現在全國——或者還是全世界——最古最大的私人圖書館。可惜這個圖書館到民國以來已成了空殼子了。毛子晉名晉，常熟人和他的兒子斧季扆，他們家的汲古閣專收藏宋元刻善本，所刻《津逮祕書》和許多單行本古籍，直到今日，還在中國讀書界有很大價值。這幾位都是明朝最後二三十年間人。毛斧季是清朝人。他們這些事業，都可以說是當時講學的反動。焦弱侯也是王學家健將，但他卻好讀書。這點反動，實在是給後來學者很有益的工具。例如黃梨洲、萬九沙、全謝山都讀天一閣藏書。汲古閣刻本書，流布古籍最有功，且大有益於校勘家。

第五，還有一件很可注意的現象，這種反動，不獨儒學方面為然，即佛教徒方面也甚明顯。宋、元、明三朝，簡直可以說除了禪宗，別無佛教。到晚明忽然出了三位大師：一蓮池名宏，萬曆四十三年卒；二憨山名德清，天啟三年卒；三蒲益名智旭，順治九年卒。我們試把《雲棲法匯》蓮池著、《夢遊集》憨山著、《靈峰宗論》蒲益著一讀。他們反禪宗的精神，到處都可以看得出來。他們提倡的是淨土宗。清朝一代的佛教——直到楊仁山為止，走的都是這條路。禪淨優劣，本來很難說——我也不願意說，但禪宗末流，參話頭，背公案，陳陳相因，自欺欺人，其實可厭。蓮池所倡淨宗，從極平實的地方立定，做極嚴肅的踐履工夫，比之耶教各宗，很有點「清教徒」的性質，這是修持方面的反動。不唯如此，他們既感覺掉弄機鋒之靠不住，自然回過頭來研究學理。於是憨山注《楞伽》《楞嚴》；蕅益注《楞嚴》《起信》《唯識》，乃至把全藏通讀，著成《閱藏知津》一書。他們的著述價值如何，且不必論，總之一返禪宗束書不觀之習，回到隋唐人做佛學的途徑，是顯而易見了。同時錢牧齋（謙益）著了一大部《楞嚴蒙鈔》，也是受這個潮流的影響。

以上所舉五點，都是明朝煞尾二三十年間學術界所發生的新現象。雖然讀黃梨洲《明儒學案》，一點看不出這些消息，然而我們認為關係極重大。後來清朝各方面的學術，都從此中孕育出來。我這部講義，所以必把這二三十年做個「楔子」，其理由在此。

「楔子」完了，下回便入正文。

# 二　清代學術變遷與政治的影響

## 二　清代學術變遷與政治的影響

本講義目的，要將清學各部分稍為詳細解剖一番。但部分解剖以前，像應該先提挈大勢，令學者得著全部大概的印象。我現在為省事起見，將舊作《清代學術概論》頭一段抄下來做個引線。原書葉一至六。

「今之恆言，曰『時代思潮』。此其語最妙於形容。凡文化發展之國，其國民於一時期中，因環境之變遷與夫心理之感召，不期而思想之進路，同趨於一方向，於是相與呼應洶湧如潮然。始焉其勢甚微，幾莫之覺；寖假而漲——漲——漲，而達於滿度；過時焉則落，以漸至於衰熄。凡『思』非皆能成『潮』；能成潮者，則其思必有相當之價值，而又適合於其時代之要求者也。凡『時代』非皆有『思潮』，有思潮之時代，必文化昂進之時代也。其在我國自秦以後，確能成為時代思潮者，則漢之經學，隋唐之佛學，宋及明之理學，清之考證學，四者而已。」

「凡時代思潮無不由『繼續的群眾運動』而成。所謂運動者，非必有意識、有計劃、有組織，不能分為誰主動、誰被動、其參加運動之人員，每各不相謀，各不相知。其從事運動時所任之職役，各各不同，改採之手段亦互異。於同一運動之下，往往分無數小支派，甚且相嫉視相排擊。雖然，其中必有一種或數種之共同觀念焉，同根據之為思想之出發點。此中觀念之勢力，初時本甚微弱，愈運動則愈擴大，久之則成為一種權威。此觀念者，在其時代中，儼然現宗教之色彩，一部分人，以宣傳捍衛為己任，常以極純潔之犧牲的精神赴之；及其權威漸立，則在社會上成為一種公共之好尚，忘其所以然，而共以此為嗜。若此者，今之譯語，謂之『流行』，古之成語，則曰『風氣』。風氣者，一時的信仰也。人鮮敢嬰之，亦不樂嬰之。其性質幾比宗教矣。一思潮播為風氣，則其成熟之時也。」

「佛說一切流轉相，例分四期，曰：生、住、異、滅。思潮之流轉也正然，例分四期：一、啟蒙期（生）；二、全盛期（住）；三、蛻分期（異）；四、衰落期（滅）。無論何國何時代之思潮，其發展變遷，多循斯軌。啟蒙期者，對於舊思潮初起反動之期也。舊思潮經全盛之後，如果之極熟而致爛，如血之凝固而成瘀，則反動不得不起。反動者，凡以求建設新思潮也。然建設必先之以破壞。故此期之重要人物，其精力皆用於破壞，而建設蓋有所未遑。所謂未遑者，非閣置之謂。其建設之主要精神，在此期間必已孕育，如史家所謂『開國規模』者然。雖然，其條理未確立，其研究方法正在間錯試驗中，棄取未定。故此期之著作，恆駁而不純，但在淆亂粗糙之中，自有一種元氣淋漓之象。此啟蒙期之特色也，當佛說所謂『生』相。於是進為全盛期。破壞事業已告終，舊思潮屏息慴伏，不復能抗顏行，更無須攻擊防衛以靡精力。而經前期醞釀培灌之結果，思想內容日以充實，研究方法亦日以精密，門戶堂奧次第建樹，繼長增高，『宗廟之美，百官之富』，燦然矣。一世才智之士，以此為好尚，相與淬礪精進，闒冗者猶希聲附和，以不獲廁於其林為恥。此全盛期之特色也，當佛說所謂『住』相。更進則入於蛻分期：境界國土，為前期人士開闢殆盡，然學者之聰明才力，終不能無所用也，只得取局部問題，為『窄而深』的研究，或取其研究方法，應用之於別方面，於是派中小派出焉。而其時之環境，必有以異乎前。晚出之派，進取氣較盛，易與環境順應，故往往以附庸蔚為大國，則新衍之別派與舊傳之正統派成對峙之形勢，或且駸駸乎奪其席。此蛻化期之特色也，當佛說所謂『異』相。過此以往，則衰落期至焉。凡一學派當全盛之後，社會中希附末光者日眾，陳陳相因，固已可厭。其時此派中精要之義，則先輩已濬發無餘。承其流者，不過捃摭末節以弄詭辯。且支派分裂，排軋隨之，益自暴露其缺點。環境既已變易，社會需要，別轉一方向，而猶欲以全盛期之權威臨之，則稍有志者必不樂受；而豪傑之士欲創新必先推舊，遂以彼為破壞之目標，於是入於第二思潮之啟蒙期，而此思潮遂告終焉。此衰落期無可逃避之命運，當佛說所謂『滅』相。」

「吾觀中外古今之所謂『思潮』者，皆循此歷程以遞相流轉。而有清二百餘年，則其最切著之例證也。」

我說的「環境之變遷與心理之感召」，這兩項要當為「一括搭」的研究。內中環境一項，包含範圍很廣，而政治現象，關係最大。所以我先要把這一朝政治上幾個重要關目稍為提挈，而說明其影響於學術界者何如。

## 二　清代學術變遷與政治的影響

一六四四年三月十九日以前，是明崇禎十七年；五月初十日之後，便變成清順治元年了。本來一姓興亡，在歷史上算不得什麼一回大事，但這回卻和從前有點不同。新朝是「非我族類」的滿洲，而且來得太過突兀，太過僥倖。北京、南京一年之中，唾手而得，抵抗力幾等於零。這種激刺，喚起國民極痛切的自覺，而自覺的率先表現實在是學者社會。魯王、唐王在浙、閩，永曆帝在兩廣、雲南，實際上不過幾十位白面書生——如黃石齋道周、錢忠介肅樂、張蒼水煌言、王完勛翌、瞿文忠式耜、陳文忠子壯、張文烈家玉……諸賢在那裡發動主持。他們多半是無官守無言責之人，盡可以不管閒事，不過想替本族保持一分人格，內則隱忍遷就於悍將暴卒之間，外則與「泰山壓卵」的新朝為敵。雖終歸失敗，究竟已把殘局支撐十幾年，成績也算可觀了。就這一點論，那時候的學者，雖厭惡陽明學派，我們卻應該從這裡頭認取陽明學派的價值。因為這些學者留下許多可歌可泣的事業，令我們永遠景仰。他們自身，卻都是——也許他們自己不認——從陽明學派這位母親的懷裡哺養出來。

這些學者雖生長在陽明學派空氣之下，因為時勢突變，他們的思想也像蠶蛾一般，經蛻化而得一新生命。他們對於明朝之亡，認為是學者社會的大恥辱大罪責，於是拋棄明心見性的空談，專講經世致用的實務。他們不是為學問而做學問，是為政治而做學問。他們許多人都是把半生涯送在悲慘困苦的政治活動中，所做學問，原想用來做新政治建設的準備，到政治完全絕望，不得已才做學者生活。他們裡頭，因政治活動而死去的人很多，剩下生存的也斷斷不肯和滿洲人合作，寧可把夢想的「經世致用之學」依舊托諸空言，但求改變學風以收將來的效果。黃梨洲、顧亭林、王船山、朱舜水，便是這時候代表人物。他們的學風，都在這種環境中間發生出來。

滿洲人的征服事業，初時像很容易，越下去越感困難。順治朝十八個年頭，除閩、粵、桂、滇之大部分始終奉明正朔外，其餘各地擾亂，未嘗停息。就文化中心之江浙等省，從清師渡江後，不斷的反抗。鄭延平成功、張蒼水煌言會師北伐時順治十六年，大江南北，一個月間，幾乎全部恢復。到永曆帝從緬甸人手上賣給吳三桂的時候，順治帝已死去七個月了其年正月。康熙帝即位那年即順治十八年，雲南蕩平，鄭氏也遁入臺灣，征服事業，總算告一個結束。但不久又有三藩之亂，擾攘十年，方才戡定康熙十二年至二十一年。所以滿洲人雖僅用四十日工夫便奠定北京，卻須用四十年工夫才得有全中國。他們在這四十年裡頭，對於統治中國人方針，積了好些經驗。他們覺得

## 二　清代學術變遷與政治的影響

用武力制伏那降將悍卒沒有多大困難，最難纏的是一班「唸書人」——尤其是少數有學問的學者。因為他們是民眾的指導人，統治前途暗礁，都在他們身上。滿洲政府用全副精神對付這問題，政策也因時因人而變。略舉大概，可分三期：

第一期：順治元年至十年，約十年間，利用政策。

第二期：順治十二年至康熙十年，約十七八年間，高壓政策。

第三期：康熙十二年以後，懷柔政策。

第一期為睿親王多爾袞攝政時代。滿兵倉猝入關，一切要靠漢人為虎作倀。所以一面極力招納降臣，一面運用明代傳來的愚民工具——八股科舉，年年鬧什麼「開科取士」，把那些熱衷富貴的人先行絆住。

第二期，自多爾袞死去，順治帝親政順治七年，政策漸變。那時除了福建、兩廣、雲南尚有問題外，其餘全國大部分，都已在實力統治之下。那群被「誘姦」過的下等「唸書人」，不大用得著了。於是板起面孔，抓著機會便給他們點苦頭吃吃。其對於個人的操縱，如陳名夏、陳之遴、錢謙益、龔鼎孳那班「貳臣」，糟蹋得淋漓盡致。其對於全體的打擊，如順治十四年以後連年所起的科場案，把成千成萬的八股先生嚇得人人打噤。那時滿廷最痛恨的是江浙人。因為這地方是人文淵藪，輿論的發縱指示所在，反滿洲的精神到處橫溢。所以自「窺江之役」即順治十六年鄭、張北伐之役以後，借「江南奏銷案」名目，大大示威。被牽累者一萬三千餘人，縉紳之家無一獲免。這是順治十八年的事。其時康熙帝已即位，鰲拜一派執政，襲用順治末年政策，變本加厲。他們除糟蹋那等下等唸書人外，對於真正知識階級，還興許多文字獄，加以特別摧殘。最著名的，如康熙二年湖州莊氏史案，一時名士如潘力田檉章、吳赤溟炎等七十多人同時遭難。此外，如孫夏峰於康熙三年被告對簿，顧亭林於康熙七年在濟南下獄，黃梨洲被懸購緝捕，前後四面，這類史料，若仔細蒐集起來，還不知多少。這種政策，徒助長漢人反抗的氣焰，毫無效果。到第三期，值康熙帝親政後數年，「三藩之亂」繼起。康熙本人的性格，本來是闊達大度一路，當著這變亂時代，更不能不有戒心，於是一變高壓手段為懷柔手段。他的懷柔政策，分三著實施。第一著，為康熙十二年之薦舉山林隱逸。第二著，為康熙十七年之薦舉博學鴻儒。但這兩著總算失敗了，被買收的都是二三等人物，稍微好點的也不過新進後輩。那些負重望的大師，一位也網羅不著，倒惹起許多惡感。第三著為康熙十八年之開《明史》館。這一著卻有相當的成功。因為許多學者，對於故國文獻，十分愛戀。他們別的事不肯和滿洲人合作，這件事到底不是私眾之力所能辦到，只得勉強將就了。以上所講，是滿洲入關後三四十年對漢政策變遷之大概。除第一期沒有多大關係外，第二期的高壓和第三期的懷柔，都對於當時學風很有影響。

還有應該附帶論及者一事，即康熙帝自身對於學問之態度。他是一位極聰明而精力強滿的人，熱心向慕文化，有多方面的興味。他極相信科學，對於天文曆算有很深的研究，能批評梅定九的算書。他把許多耶穌會的西洋人——南懷仁、安多、白進、徐日昇、張誠等，放在南書房，叫他們輪日進講——講測量、數學、全體學、物理學等等。他得他們的幫助，制定康熙永年曆，並著有《數理精蘊》《曆象考成》等書，又造成極有名的觀象臺。他費30年實測工夫，專用西洋人繪成一部《皇輿全覽圖》。這些都是在我們文化史上值得特筆大書的事實。他極喜歡美術，西洋畫家焦秉貞是他很得意的內廷供奉。三王的畫，也是他的嗜好品。他好講理學，崇拜程朱。他對於中國歷史也有相當的常識，《資治通鑑》終身不離手。他對中國文學也有相當的鑒賞能力。在專制政體之下，君主的好劣，影響全國甚大，所以他當然成為學術史上有關係的人。

## 二　清代學術變遷與政治的影響

把以上各種事實，綜合起來，我們可以瞭解清代初期學術變遷的形勢及其來由了。從順治元年到康熙二十年約三四十年間，完全是前明遺老支配學界。他們所努力者，對於王學實行革命（內中也有對於王學加以修正者）。他們所要建設的新學派方面頗多，而目的總在「經世致用」。他們元氣極旺盛，像用大刀闊斧打開局面，但條理不免疏闊。康熙二十年以後，形勢漸漸變了。遺老大師，凋謝略盡。後起之秀，多半在新朝生長，對於新朝的仇恨，自然減輕。先輩所講經世致用之學，本來預備推倒滿洲後實見施行。到這時候，眼看滿洲不是一時推得倒的，在當時政府之下實現他們理想的政治，也是無望。那麼，這些經世學都成為空談了。況且談到經世，不能不論到時政，開口便觸忌諱。經過屢次文字獄之後，人人都有戒心。一面社會日趨安寧，人人都有安心求學的餘裕，又有康熙帝這種「右文之主」極力提倡。所以這個時候的學術界，雖沒有前次之波瀾壯闊，然而日趨於健實有條理。其時學術重要潮流，約有四支：一、閻百詩、胡東樵一派之經學，承顧、黃之緒，直接開後來乾嘉學派；二、梅定九、王寅旭一派之曆算書，承晚明利、徐之緒，作科學先鋒；三、陸桴亭、陸稼書一派之程朱學，在王學與漢學之間，折衷過渡；四、顏習齋、李剛主一派之實踐學，完成前期對王學革命事業而進一步。此則康熙一朝六十年間全學界之大概情形也。

講到這裡，當然會發生兩個疑問：第一，那時候科學像有新興的機運，為什麼戛然中止？第二，那時候學派潮流很多，為什麼後來只偏向考證學一路發展？我現請先解答第一個問題。

學術界最大的障礙物，自然是八股。八股和一切學問都不相容，而科學為尤甚。清初襲用明朝的八股取士，不管他是否有意借此愚民，抑或誤認為一種良制度，總之當時功名富貴皆出於此途，有誰肯拋棄這種捷徑而去學艱辛迂遠的科學呢？我們最可惜的是，以當時康熙帝之熱心西方文物，為何不開個學校造就些人材？就算他不是有心窒塞民智，也不能不算他失策。因為這種專門學問，非專門教授不可。他既已好這些學問，為什麼不找些傳人呢？所以科舉制度，我認為是科學不興的一個原因。

此外還有很重大的原因，是耶穌會內部的分裂。明末清初那一點點科學萌芽，都是從耶穌會教士手中稗販進來，前文已經說過。該會初期的教士，傳教方法很巧妙。他們對於中國人心理研究得極深透。他們知道中國人不喜歡極端迷信的宗教，所以專把中國人所最感缺乏的科學知識來做引線，表面上像把傳教變成附屬事業，所有信教的人仍許他們拜「中國的天」和祖宗。這種方法，行之數十年，卓著成效。無奈在歐洲的羅馬教皇不懂情形，突然發出有名的「一七零四年康熙四十三年教令」。該教令的內容，現在不必詳述。總而言之，是談前此傳教方法之悖謬，勒令他們改變方針，最要的條件是禁拜祖宗。自該教令宣布後，從康熙帝起以至朝野人士都鼓噪憤怒，結果於康熙四十六年把教皇派來的公使送到澳門監禁。傳教事業固然因此頓挫，並他們傳來那些學問也被帶累了。

## 二　清代學術變遷與政治的影響

還有一件附帶原因，也是教會行動影響到學界。我們都知道康熙末年因各皇子爭位鬧得烏煙瘴氣。這種宮闈私鬥，論理該不至影響到學問，殊不知專制政體之宮廷，一舉一動，都有牽一髮動全身的力量。相傳當時耶穌會教徒黨於皇太子允礽，喇嘛寺僧黨於雍正帝胤禎，雙方暗鬥，黑幕重重。後來雍正帝獲勝，耶穌會勢力遂一敗塗地。這種史料，現時雖未得有充分證據，然而口碑相傳，大致可信。雍正元年，浙閩總督滿寶奏請，除在欽天監供職之西洋人外，其餘皆驅往澳門看管，不許闌入內地，得旨施行。這件事是否於宮廷陰謀有關，姑且不論。總之康熙五六十年間所延攬的許多歐洲學者，到雍正帝即位之第一年，忽然驅除淨盡。中國學界接近歐化的機會從此錯過，一擱便擱了二百年了。

其次，要解答「為什麼古典考證學獨盛」之問題。

明季道學反動，學風自然要由蹈空而變為核實——由主觀的推想而變為客觀的考察。客觀的考察有兩條路：一自然界現象方面；二社會文獻方面。以康熙間學界形勢論，本來有趨重自然科學的可能性，且當時實在也有點這種機兆。然而到底不成功者：其一，如前文所講，因為種種事故把科學媒介人失掉了；其二，則因中國學者根本習氣，看輕了「藝成而下」的學問，所以結果逼著專走文獻這條路。但還有個問題，文獻所包範圍很廣，為什麼專向古典部分發展，其他多付闕如呢？問到這裡，又須拿政治現象來說明。

康熙帝是比較有自由思想的人。他早年雖間興文字之獄，大抵都是他未親政以前的事，而且大半由奸民告訴官吏徼功，未必出自朝廷授意。他本身卻是闊達大度的人，不獨政治上常采寬仁之義，對於學問，亦有宏納眾流氣象。試讀他所著《庭訓格言》，便可以窺見一斑了。所以康熙朝學者，沒有什麼顧忌，對於各種問題，可以自由研究。到雍正、乾隆兩朝卻不同了。雍正帝是個極猜忌刻薄的人，而又十分雄鷙。他的地位本從陰謀攘奪而來，不得不立威以自固，屠殺兄弟，誅戮大臣，四處密派偵探，鬧得人人顫慄。不但待官吏如此，其對於士大夫社會，也極威嚇操縱之能事。汪景祺雍正二年、查嗣庭、呂留良俱雍正十四年之獄，都是雍正帝匠心獨運羅織出來。尤當注意者，雍正帝學問雖遠不及乃翁，他卻最愛出風頭和別人爭辯。他生平有兩部最得意的著作，一部是《揀魔辨異錄》，專和佛教禪宗底下的一位和尚名弘忍者辯論。[6]一部是《大義覺迷錄》，專與呂晚村留良的門生曾靜辯論。[7]以一位帝王而親著幾十萬字書和一位僧侶、一位儒生打筆墨官司，在中外歷史上真算得絕無僅有。從表面看，為研求真理而相辯論，雖帝王也該有這種自由。若僅讀他這兩部書，我們並不能說他態度不對，而且可以表相當的敬服。但仔細搜求他的行徑，他著成《揀魔辨異錄》以後，跟著把弘忍的著述盡行焚燬，把弘忍的門徒勒令還俗或改宗。他著成《大義覺迷錄》以後，跟著把呂留良剖棺戮屍，全家殺盡，著作也都毀板。像這樣子，哪裡算得討論學問，簡直是歐洲中世教皇的牌子。在這種主權者之下，學者的思想自由，是剝奪淨盡了。他在位僅十三年，影響原可以不至甚大，無奈他的兒子乾隆帝，也不是好惹的人。他學問又在乃祖乃父之下，卻偏要「附庸風雅」，恃強爭勝。他發佈禁書令，自乾隆三十九年至四十七年繼續燒書二十四回，燒去的書一萬三千八百六十二部。直至乾隆五十三年，還有嚴諭。他一面說提倡文化，一面又抄襲秦始皇的藍本。所謂「黃金時代」的乾隆六十年，思想界如何的不自由，也可想而知了。

## 二　清代學術變遷與政治的影響

凡當主權者喜歡干涉人民思想的時代，學者的聰明才力，只有全部用去註釋古典。歐洲羅馬教皇權力最盛時，就是這種現象。我國雍、乾間也是一個例證。記得某家筆記說：「內廷唱戲，無論何種劇本都會觸犯忌諱，只得專搬演些『封神』『西遊』之類，和現在社會情狀絲毫無關，不至鬧亂子。」雍、乾學者專務註釋古典，也許是被這種環境所構成。至於他們忠實研究的結果，在文獻上有意外的收穫和貢獻，這是別的問題，後文再講。

自康、雍以來，皇帝都提倡宋學——程朱學派，但民間——以江浙為中心，「反宋學」的氣勢日盛，標出「漢學」名目與之抵抗。到乾隆朝，漢學派殆占全勝。政府方面文化事有應該特筆大書的一件事，曰編纂《四庫全書》。四庫開館，始自乾隆三十八年，至四十七年而告成，著錄書三千四百五十七部，七萬九千零七十卷；存目書六千七百六十六部，九萬三千五百五十六卷。編成繕寫七本，頒貯各地：

一、北京禁城之文淵閣本今存。

二、西郊圓明園之文源閣本咸豐間毀於英法聯軍。

三、奉天之文溯閣本今移存北京。四、熱河之文津閣本今移存北京。

五、揚州之文滙閣本。

六、鎮江之文宗閣本並毀於洪楊之亂。

七、杭州之文瀾閣本洪楊之亂半毀，現已補鈔，存浙江圖書館。

原來蒐集圖書制目錄，本屬歷朝承平時代之常事，但這回和前代卻有點不同，的確有他的特別意義和價值。著錄的書，每種都替他作一篇提要。這種事業，從前只有私人撰述——如晁公武《郡齋讀書志》、陳振孫《直齋書錄解題》等，所有批評都不過私人意見。《四庫提要》這部書，卻是以公的形式表現時代思潮，為向來著述未曾有。當時四庫館中所網羅的學者三百多人，都是各門學問的專家。露骨地說，四庫館就是漢學家大本營，《四庫提要》就是漢學思想的結晶體。就這一點論，也可以說是：康熙中葉以來漢宋之爭，到開四庫館而漢學派全占勝利。也可以說是：朝廷所提倡的學風，被民間自然發展的學風壓倒。當朱筠（漢學家）初奏請開四庫館時，劉統勛（宋學家）極力反對，結果還是朱說實行。此中消息，研究學術史者不可輕輕放過也。

漢學家所樂道的是「乾嘉諸老」。因為乾隆、嘉慶兩朝，漢學思想正達於最高潮，學術界全部幾乎都被他占領。但漢學派中也可以分出兩個支派：一曰吳派，二曰皖派。吳派以惠定宇棟為中心，以信古為標幟，我們叫他作「純漢學」。皖派以戴東原震為中心，以求是為標幟，我們叫他作「考證學」。此外尚有揚州一派，領袖人物是焦里堂循、汪容甫中，他們研究的範圍，比較的廣博。有浙東一派，領袖人物是全謝山祖望、章實齋學誠，他們最大的貢獻在史學。以上所舉派別，不過從個人學風上，以地域略事區分。其實各派共同之點甚多，許多著名學者，也不能說他們專屬哪一派。總之乾嘉間學者，實自成一種學風，和近世科學的研究法極相近，我們可以給他一個特別名稱，叫做「科學的古典學派」。他們所做的工作，方面很多，舉其重要者如下：

一、經書的箋釋　幾部經和傳記，逐句逐字爬梳，引申或改正舊解者不少，大部分是用筆記或專篇體裁，為部分的細密研究。研究進步的結果，有人綜合起來作全書的釋例或新注新疏，差不多每部經傳都有了。

二、史料之搜補鑑別　關於史籍之編著源流，各書中所記之異同真偽、遺文佚事之闕失或散見者，都分部蒐集辨證。內中補訂各史表志，為功尤多。

三、辨偽書　許多偽書或年代錯誤之書，都用嚴正態度辨證，大半成為信讞。

四、輯佚書　許多亡佚掉的書，都從幾部大類書或較古的著述裡頭搜輯出來。

五、校勘　難讀的古書，都根據善本，或厘審字句，或推比章節，還他本來面目。

六、文字訓詁　此學本經學附庸——因註釋經文而起，但後來特別發展，對於各個字意義的變遷及文法的應用，在「小學」的名稱之下，別成為一種專門。

七、音韻　此學本「小學」附庸，後來亦變成獨立，對於古音、方音、聲母、韻母等，發明甚多。

八、算學　在科學中此學最為發達，經學大師，差不多人人都帶著研究。

九、地理　有價值的著述不少，但多屬於歷史沿革方面。

十、金石　此學極發達，裡頭所屬門類不少，近有移到古物學的方向。

十一、方志之編纂　各省府州縣，皆有創編或續訂之志書，多成於學者之手。

十二、類書之編纂　官私各方面，多努力於大類書之編纂，體裁多與前代不同，有價值的頗多。

十三、叢書之校刻　刻書之風大盛，單行善本固多，其最有功文獻者，尤在許多大部頭的叢書。

以上所列十三項，不過舉其大概，分類並不精確，且亦不能包舉無遺，但乾嘉諸老的工作，可

## 二　清代學術變遷與政治的影響

以略窺一斑了。至於他們的工作法及各項所已表見的成績如何，下文再分別說明。

乾嘉諸老中有三兩位——如戴東原、焦里堂、章實齋等，都有他們自己的哲學，超乎考證學以上，但在當時，不甚為學界所重視。這些內容，也待下文再講。

乾、嘉間之考證學，幾乎獨占學界勢力，雖以素崇宋學之清室帝王，尚且從風而靡，其他更不必說了。所以稍為時髦一點的闊官乃至富商大賈，都要「附庸風雅」，跟著這些大學者學幾句考證的內行話。這些學者得這種有力的外護，對於他們的工作進行，所得利便也不少。總而言之，乾、嘉間考證學，可以說是：清代三百年文化的結晶體，合全國人的力量所構成。凡在社會秩序安寧、物力豐盛的時候，學問都從分析整理一路發展。乾、嘉間考證學所以特別流行，也不外這種原則罷了。

考證學直至今日還未曾破產，而且轉到別個方面，和各種社會科學會合發生影響。雖然，古典考證學，總以乾、嘉兩朝為全盛時期，以後便漸漸蛻變，而且大部分趨於衰落了。

蛻變趨衰落的原因，有一部分也可以從政治方面解答。前文講過，考證古典之學，半由「文網太密」所逼成。就這一點論，雍正十三年間最厲害，乾隆的前三四十年也還吃緊，以後便漸漸鬆動了。乾隆朝為清運轉移的最大樞紐。這位十全老人，席祖父之業，做了六十年太平天子，自謂「德邁三皇，功過五帝」。其實到他晚年，弄得民窮財盡，已種下後來大亂之根。即就他的本身論，因年老倦勤的結果，委政和坤，權威也漸失墜了，不過憑藉太厚，所以及身還沒有露出破綻來。到嘉慶、道光兩朝，乾隆帝種下的惡因，次第要食其報。川、湖、陝的教匪，甘、新的回亂，浙、閩的海寇，一波未平，一波又起。跟著便是鴉片戰爭，受國際上莫大的屈辱。在這種陰鬱不寧的狀態中，度過嘉、道兩朝四十五年。

## 二　清代學術變遷與政治的影響

那時候學術界情形怎麼樣呢？大部分學者依然繼續他們考證的工作，但「絕對不問政治」的態度，已經稍變。如大經學家王懷祖念孫抗疏劾和坤，大史學家洪稚存亮吉應詔直言，以至遣戍。這種舉動，在明朝學者只算家常茶飯，在清朝學者真是麟角鳳毛了。但是這種一兩個人的特別行動，還算與大體無關。欲知思潮之暗地推移，最要注意的是新興之常州學派。常州派有兩個源頭，一是經學，二是文學，後來漸合為一。他們的經學是《公羊》家經說——用特別眼光去研究孔子的《春秋》，由莊方耕存與、劉申受逢祿開派。他們的文學是陽湖派古文——從桐城派轉手而加以解放，由張皋文惠言、李申耆兆洛開派。兩派合起來產出一種新精神，就是想在乾、嘉間考證學的基礎之上建設順、康間「經世致用」之學。代表這種精神的人是龔定庵自珍和魏默深源。這兩個人的著述，給後來光緒初期思想界很大的影響。這種新精神為什麼會發生呢？頭一件，考證古典的工作，大部分被前輩做完了，後起的人想開闢新天地，只好走別的路。第二件，當時政治現象，令人感覺不安，一面政府箝制的威權也陵替了，所以思想漸漸解放，對於政治及社會的批評也漸漸起來了。但我們要知道，這派學風，在嘉、道間，不過一支「別動隊」。學界的大勢力仍在「考證學正統派」手中，這支別動隊的成績，也幼稚得很。

咸豐、同治二十多年間，算是清代最大的厄運。洪楊之亂，痛毒全國。跟著捻匪、回匪、苗匪，還有北方英法聯軍之難，到處風聲鶴唳，慘目傷心。政治上、生計上所生的變動不用說了，學術上也受非常壞的影響。因為文化中心在江、皖、浙，而江、皖、浙糜爛最甚。公私藏書，蕩然無存。未刻的著述稿本，散亡的更不少。許多耆宿學者，遭難凋落。後輩在教育年齡，也多半失學，所謂「乾嘉諸老的風流文采」，到這會只成為「望古遙集」的資料。考證學本已在落潮的時代，到這會更不絕如縷了。

當洪楊亂事前後，思想界引出三條新路。其一，宋學復興。乾、嘉以來，漢學家門戶之見極深，「宋學」二字，幾為大雅所不道，而漢學家支離破碎，實漸已惹起人心厭倦。羅羅山澤南、曾滌生國藩在道、咸之交，獨以宋學相砥礪，其後卒以書生犯大難成功名。他們共事的人，多屬平時講學的門生或朋友。自此以後，學人輕蔑宋學的觀念一變。換個方面說，對於漢學的評價逐漸低落，「反漢學」的思想，常在醞釀中。

其二，西學之講求。自雍正元年放逐耶穌會教士以後，中國學界和外國學界斷絕來往已經一百多年了。道光間鴉片戰役失敗，逼著割讓香港，五口通商；咸豐間英法聯軍陷京師，燒圓明園，皇帝出走，客死於外。經這次痛苦，雖以麻木自大的中國人，也不能不受點激刺。所以亂定之後，經曾文正、李文忠這班人提倡，忽有「洋務」「西學」等名詞出現。原來中國幾千年來所接觸者，除印度外，都是文化低下的民族，因此覺得學問為中國所獨有。「西學」名目，實自耶穌教會人來所創始。其時所謂西學者，除測算天文、測繪地圖外，最重要者便是製造大砲。陽瑪諾、畢方濟等之見重於明末，南懷仁、徐日昇等之見重於清初，大半為此。[8] 西學中絕，雖有種種原因，但太平時代用不著大砲，最少亦應為原因之一。過去事實既已如此，那麼咸、同間所謂講求西學之動機及其進行路線，自然也該為這種心理所支配。質而言之，自從失香港、燒圓明園之後，感覺有發憤自強之必要，而推求西之所以強，最佩服的是他的「船堅炮利」。上海的江南機器製造局，福建的馬尾船政局，就因這種目的設立，又最足以代表當時所謂西學家之心理。同時又因國際交涉種種麻煩，覺得須有些懂外國話的人才能應付，於是在北京總理衙門附設同文館，在上海製造局附設廣方言館，又挑選十歲以下的小孩子送去美國專學說話。第一期所謂西學，大略如此。這種提倡西學法，不能在學界發生影響，自無待言。但江南製造局成立之後，很有幾位忠實的學者——如李王叔善蘭、華若汀蘅芳等輩在裡頭，譯出幾十種科學書，此外國際法及其他政治書也有幾種。自此，中國人才知道西人還有藏在「船堅炮利」背後的學問，對於「西學的觀念」漸漸變了。雖然，這是少數中之極少數，一般士大夫對於這種「洋貨」，依然極端地輕蔑排斥。當時最能瞭解西學的郭筠仙嵩燾，竟被所謂「清流輿論」者萬般排擠，侘傺以死。這類事實，最足為時代心理寫照了。

其三，排滿思想之引動。洪秀全之亂雖終歸平定，但他們所打的是「驅逐胡人」這個旗號，與一部分人民心理相應，所以有許多是斥馳不羈的人服從他。這種力量，在當時還沒有什麼，到後來光緒末年盛倡革命時，太平天國之「小說的」故事，實為宣傳資料之一種，鼓舞人心的地方很多，所以論史者也不能把這回亂事與一般流寇同視，應該認識他在歷史上一種特殊價值了。還有幾句話要附帶一說：洪秀全之失敗，原因雖多，最重大的就是他拿那種「四不像的天主教」做招牌，因為這是和國民心理最相反的。他們那種殘忍的破壞手段，本已給國民留下莫大惡感，加以宗教招牌，賈怨益甚。中國人對於外來宗教向來采寬容態度，到同治、光緒間，教案層見疊出，雖由許多原因湊成，然而洪秀全的「天父天兄」，當亦為原因之一。因厭惡西教而遷怒西學，也是思想界一種厄運了。

同治朝十三年間，為恢復秩序耗盡精力，所以文化方面無什麼特色可說。光緒初年，一口氣喘過來了，各種學問，都漸有向榮氣象。清朝正統學派——即考證學，當然也繼續工作。但普通經學史學的考證，多已被前人做盡，因此他們要走偏鋒，為局部的研究。其時最流行的有幾種學問：一、金石學；二、元史及西北地理學；三、諸子學。這都是從漢學家門庭孳衍出來。同時因曾文正提倡桐城古文，也有些宋學先生出來點綴點綴。當時所謂舊學的形勢，大略如此。

光緒初年，內部雖暫告安寧，外力的壓迫卻日緊一日。自六年中俄交涉改訂《伊犁條約》起，跟著十年中法開戰，失掉安南；十四年中英交涉，強爭西藏。這些事件，已經給關心國事的人不少的刺激。其最甚者，二十年中日戰役，割去臺灣及遼東半島；俄、法、德干涉還遼之後，轉而為膠州、旅順、威海之分別租借。這幾場接二連三的大颶風，把空氣振盪得異常劇烈，於是思想界根本動搖起來。

中國為什麼積弱到這樣田地呢？不如人的地方在哪裡呢？政治上的恥辱應該什麼人負責任呢？怎麼樣才能打開出一個新局面呢？這些問題，以半自覺的狀態日日向（那時候的新青年）腦子上旋轉。於是因政治的劇變，釀成思想的劇變，又因思想的劇變，致釀成政治上的劇變。前波後波展轉推蕩，至今日而未已。

凡大思想家所留下的話，雖或在當時不發生效力，然而那話灌輸到國民的「下意識」裡頭，碰著機緣，便會復活，而且其力極猛。清初幾位大師——實即殘明遺老——黃梨洲、顧亭林、朱舜水、王船山之流，他們許多話，在過去二百多年間，大家熟視無睹，到這時忽然像電氣一般把許多青年的心弦震得直跳。他們所提倡的「經世致用之學」，其具體的理論，雖然許多不適用，然而那種精神是「超漢學」「超宋學」的，能令學者對於二百多年的漢宋門戶得一種解放，大膽地獨求其是。他們曾痛論八股科舉之汩沒人才，到這時候讀起來覺得句句親切有味，引起一班人要和這件束縛思想、錮蝕人心的惡制度拚命。他們反抗滿洲的壯烈行動和言論，到這時因為在滿洲朝廷手上丟盡中國人的臉，國人正在要推勘他的責任，讀了先輩的書，驀地把二百年麻木過去的民族意識覺醒轉來。他們有些人曾對於君主專制暴威作大膽的批評，到這時拿外國政體來比較一番，覺得句句都饜心切理，因此從事於推翻幾千年舊政體的猛烈運動。總而言之，最近三十年思想界之變遷，雖波瀾一日比一日壯闊，內容一日比一日複雜，而最初的原動力，我敢用一句話來包舉他：殘明遺獻思想之復活。

那時候新思想的急先鋒，是我親受業的先生康南海有為。他是從「常州派經學」出身，而以「經世致用」為標幟。他雖然有很奇特很激烈的理想，卻不大喜歡亂講。他門下的人，便狂熱不可壓制了，我自己便是這裡頭小小一員走卒。當時我在我主辦的上海《時務報》和長沙時務學堂裡頭猛烈宣傳，驚動了一位老名士而做闊官的張香濤之洞，糾率許多漢學宋學先生們著許多書和我們爭辯。學術上新舊之鬥，不久便牽連到政局。康南海正在用「變法維新」的旗號，得光緒帝的信用，舊派的人把西太后擁出來，演成「戊戌政變」一出悲劇。表面上，所謂「新學家」完全失敗了。

反動日演日劇，仇恨新學之不已，遷怒到外國人，跟著鬧出義和團事件，丟盡中國的醜。而滿洲朝廷的權威，也同時掃地無餘，極恥辱的條約簽字了，出走的西太后也回到北京了。哈哈哈！滑稽得可笑，「變法維新」這面大旗，從義和團頭目手中重新豎起來了。一切掩耳盜鈴的舉動且不必說他，唯內中有一件事不能不記載：八股科舉到底在這時候廢了。一千年來思想界之最大障礙物，總算打破。

清廷政治一日一日地混亂，威權一日一日地失墜。因亡命客及留學生陡增的結果，新思想運動的中心，移到日本東京，而上海為之轉輸。其時主要潮流，約有數支：

第一，我自己和我的朋友。繼續我們從前的奮鬥，鼓吹政治革命，同時「無揀擇地」輸入外國學說，且力謀中國過去善良思想之復活。

第二，章太炎炳麟。他本是考證學出身，又是浙人，受浙東派黃梨洲、全謝山等影響甚深，專提倡種族革命，同時也想把考證學引到新方向。

第三，嚴又陵復。他是歐洲留學生出身，本國文學亦優長，專翻譯英國功利主義派書籍，成一家之言。

第四，孫逸仙文。他雖不是學者，但眼光極銳敏，提倡社會主義，以他為最先。

以上幾個人，各人的性質不同，早年所受教育根底不同，各自發展他自己個性，始終沒有什麼合作。要之清末思想界，不能不推他們為重鎮。好的壞的影響，他們都要平分功罪。

同時還有應注意的一件事，是范靜生源廉所倡的「速成師範」「速成法政」。他是為新思想普及起見，要想不必學外國語言文字而得有相當的學識，於是在日本特開師範、法政兩種速成班，最長者二年，最短者六個月畢業。當時趨者若鶩，前後人數以萬計。這些人多半年已長大，而且舊學略有根底，所以畢業後最形活動。辛亥革命成功之速，這些人與有力焉。而近十來年教育界政治界的權力，實大半在這班人手裡。成績如何，不用我說了。

總而論之，清末三四十年間，清代特產之考證學，雖依然有相當的部分進步，而學界活力之中樞，已經移到「外來思想之吸受」。一時元氣雖極旺盛，然而有兩種大毛病：一是混雜，二是膚淺。直到現在，還是一樣。這種狀態，或者為初解放時代所不能免，以後能否脫離這狀態而有所新建設，要看現時代新青年的努力如何了。

以上所論，專從政治和學術相為影響於〔的〕方面說，雖然有許多漏略地方，然而重要的關目也略見了。以後便要將各時期重要人物和他的學術成績分別說明。

## 近三百年學術史附表

明清之際耶穌教士在中國者及其著述（以卒年先後為次）

| 原名 | 譯名 | 國籍 | 東來年 | 卒年 | 卒地 |
|---|---|---|---|---|---|
| Xavier (Saint Francois de Xavier) | 方濟名[各] | 西班牙 | 未詳 | 明嘉靖三十一(1552.3.2) | 上川島 |
| | 所著書 | – | | | |
| Sande (Eduard da) | 孟三德 | 葡萄牙 | 明萬曆十三(1585) | 明萬曆二十八(1600.6.22) | 澳門 |
| | 所著書 | 《崇鎖曆書》、《長曆補注解惑》、《主制群征》、《主教緣起》《遠鏡說》、《進星書像渾天儀說》 | | | |
| Soerio (Joao) | 蘇如漢 | 葡萄牙 | 明萬曆二十三(1595) | 明萬曆三十五(1607.8) | 澳門 |
| | 所著書 | 《聖教約吉》 | | | |
| Ricci (Matteo) | 利瑪竇 | 義大利 | 明萬曆十一(1583) | 明萬曆三十八(1610.5.2) | 北京 |
| | 所著書 | 《天主實義》、《幾何原本》、《交友論》、《同文算指通篇》、《西國記法》《勾股義》、《二十五言》、《圈容較義》、《人十篇》、《徐光啟行略》、《辨學遺跡[牘]》、《乾坤體義》、《經天該》、《類疏》、《齋旨》、《測量法義》、《西字奇跡》、《渾蓋通憲圖說》、《萬國輿圖》 | | | |
| Pantoja (Diego de) | 龐迪我 | 西班牙 | 明萬曆二十七(1599) | 明萬曆四十六(1618.1.1) | 澳門 |
| | 所著書 | 《耶穌苦難禱文》、《未來辯論》、《天主實義續篇》、《龐子遺詮》、《七克大全》、《天神魔魂說》、《人類原始》、《受難始未》、《辯揭》、《奏疏》 | | | |
| Ursis (Sabatthinus de) | 熊三拔 | 義大利 | 明萬曆三十四(1606) | 明泰昌元年(1620.5.3) | 澳門 |
| | 所著書 | 《泰西水法》、《表度說》、《簡平儀說》 | | | |
| Rocha (Joao da) | 羅如望 | 葡萄牙 | 明萬曆十六(1588) | 明天啟三(1623.3) | 杭州 |
| | 所著書 | 《天主聖教啟蒙》、《天主聖像略說》 | | | |
| Trigault (Nicolas) | 金尼閣 | 法蘭西 | 明萬曆三十八(1610) | 明崇元年(1628.2.14) | 杭州 |
| | 所著書 | 《宗徒禱文》、《西儒耳目資》、《況義》(Fables choiseis dEsope)《意拾諭言》(同上)《推歷年瞻禮法》 | | | |
| Terrenz (Jean) | 鄧玉動 | 日爾曼 | 明天啟元年(1621) | 明崇三(1630) | 北京 |
| | 所著書 | 《遠西奇器圖說錄》、《人身概說》、《測天約說》、《黃赤距度表》《正球升度表》、《大測》、《諸器圖說》 | | | |
| Rudomina (Andre) | 盧安德 | 利查尼 | 明天啟六1626 | 明崇禎五1632.9.5 | 福州 |
| | 所著書 | – | | | |

續表

| 原名 | 譯名 | 國籍 | 東來年 | 卒年 | 卒地 |
|---|---|---|---|---|---|
| Fraes (Joas) | 伏若望 | 葡萄牙 | 明天啟四1624 | 明崇禎十一1638.7.2 | 杭州 |
| | 所著書 | 《五傷經禮規程》、《善終助功》、《苦難禱文》 | | | |
| Vagnoni (Alfonso) | 高一志<br>王豐肅 | 義大利 | 明萬曆三十五1607 | 明崇鎖十三1640.4.19 | 漳州 |
| | 所著書 | 《則聖十篇》齋家西學》、《天主聖教聖人行實》達道紀言》、《四末論》、《修身西學入蟹學勵學古官入教要解略賽宇始末》、《聖母行實》、《神鬼真紀入十慰X童幼教育》、《空際格致入西學治平》、《要錄匯答》、《推驗正道論》 | | | |
| Cattaneo (Lazane) | 郭居靜 | 瑞士 | 明萬曆二十五1597 | 明崇禎十三1640 | 杭州 |
| | 所著書 | 《性靈指主》 | | | |
| Figueredo (Roderic de) | 費樂德 | 西班牙 | 明天啟二年1622 | 明崇禎十五1642.10.9 | 開封 |
| | 所著書 | 《念經總牌》、《聖教源流》、《念經勸》 | | | |
| Tudeschini (Augustin) | 杜奧定 | 日奴 | 明萬曆二十六1598 | 明崇禎十六1643 | 福州 |
| | 所著書 | 《渡海苦跡記》、《杜奧定先生東來渡海苦跡》 | | | |
| Monteiro (Joao) | 孟儒望 | 葡萄牙 | 明崇禎十1637 | 清順治五年1648 | 印度 |
| | 所著書 | 《天學略義》、《天學辨敬錄》、《招迷鏡》 | | | |
| Aleni (Giulio) | 艾佛路 | 義大利 | 明萬曆四十一1613 | 清順治六年1649.8.3 | 福州 |
| | 所著書 | 《彌微祭義》、《天主降生言行紀路》、《出像經解》、《耶穌言行紀路》、《性靈簡》、《景教碑頌》、《聖體禱文》、《坤輿圖說》、《十五端圖像》、《熙朝崇正集》、《楊淇園行略》、《張彌格遺跡》、《萬物真源》、《滌罪正規》、《三山論學紀》、《聖體要理》、《聖夢歌》、《聖教四字教文》、《悔要旨》、《幾何要法X口鋒日鈔X五十言餘X西方答問X西學凡X職方外紀入性學錦述X天主降生引義《大西利西泰子傳入大西利西泰先生行跡《艾先生行述》、《思及先生行跡》、《泰西思及艾先生行述》、《西海艾先生行略》、《泰西思及先生語錄》 | | | |
| Ferreira (Gaspar) | 費奇規 | 葡萄牙 | 明萬曆三十二1604 | 清順治六年1649 | — |
| | 所著書 | 《振心諸經》、《周年主保聖人單》、《玫瑰經十五編》 | | | |
| Sambiaso (Francesco) | 畢方濟 | 義大利 | 明萬曆四十二1614 | 清順治六年1649 | 廣東 |
| | 所著書 | 《面答》、《睡通二答》、《靈言益勺》、《奏摺宣帝禦制詩》 | | | |
| Furtado (Francisco) | 傅訊齋 | 葡萄牙 | 明天啟元年1621 | 清順治十1653.2.1 | 澳門 |
| | 所著書 | 《名理探》、《衰有詮》 | | | |
| Longobardi (Nicolao) | 龍華民 | 義大利 | 明萬曆二十五1597 | 清順治十一1654.91 | 北京 |
| | 所著書 | 《死說》、《念珠規程》、《靈魂道體》、《聖教日課》、《聖若撒法始末》、《地震解》、《急救事宜》、《聖人禱文》 | | | |

續表

| 原名 | 譯名 | 國籍 | 東來年 | 卒年 | 卒地 |
|---|---|---|---|---|---|
| Semedo (Aivaro) | 魯德照 | 葡萄牙 | 明萬曆四十一1613 | 清順治十五1658.5.6 | 澳門 |
| | 所著書 | 《字考》 | | | |
| Diaz (Emmanuel jeune) | 陽瑪諾 | 葡萄牙 | 明萬曆三十八1610 | 清順治十六1659.3.4 | 杭州 |
| | 所著書 | 《聖若瑟行實》、《天間路》、《十誡真詮》、《聖經直解》、《天學舉要》、《康最教碑頌正詮》、《代疑論》、《袖珍日課》、《經世全書》、《經世全書句解]《避罪指南》、《天神禱文》 | | | |
| Cunha (Simon da) | 星西滿 | 葡萄牙 | 明崇德二年1629 | 清順治十七1660.9 | 澳門 |
| | 所著書 | 《經要直指》 | | | |
| Ferran (Andre) | 郎安德 | 葡萄牙 | 清順治十五1658 | 清順治十八1661 | 福州 |
| | 所著書 | | | | |
| Martini (Martino) | 衛醫國 | 匈牙利 | 明崇禎十六1643 | 清順治十八1661 | 杭州 |
| | 所著書 | 《真主靈性理證》、《述友篇》 | | | |
| Gresion (Gerommo de) | 賈宜睡 | 義大利 | 明崇禎十1637 | 清康熙元年1662.9.4 | 漳州 |
| | 所著書 | 《提正編》、《辨惑論》 | | | |
| Costa (ignacio da) | 郭納爵 | 葡萄牙 | 明崇禎七年1634 | 清康熙五年1666 | 廣東 |
| | 所著書 | 《原染虧益》、《身後編》、《老人炒處》、《教要》 | | | |
| Schall von Bell (Johannes Adam) | 湯若望 | 日爾曼 | 明天啟二年1622 | 清康熙五年1666又康熙八年1669.8.15? | 北京 |
| | 所著書 | 《真福訓詮》、《古今交食考》、《西洋測日曆》、《星圖》、《交食曆指》、《交食表》、《恒星曆指》、《恒星表》、《共譯各圖八線表《恒星出沒》、《學歷小辨》、《測食略》、《剝天約說》、《大測]《奏疏《新曆曉惑》、《新法曆引》、《曆法西傳》、《新法表異》、《救謝》、《壽文》 | | | |
| Ruggieri (Michaele) | 羅明堅 | 義大利 | 明萬曆九年1581 | 清康熙六年1667.5.2 | 一 |
| | 所著書 | 《天主聖教實錄》 | | | |
| Santa maria (Antonio de) | 利安當 | 西班牙 | 明崇禎六年1633 | 清康熙八年1669.5.13 | 廣東 |
| | 所著書 | 《正學鏐石》 | | | |
| Brancati (Franceaco) | 潘國光 | 義大利 | 明崇樓十年1637 | 清康熙十年1671.4.25 | 上海 |
| | 所著書 | 《十誡勸諭》、《聖體規儀》、《聖教四規》、《聖安德助宗徒驗禮》、《天階》、《照禮口鋒》、《天神規課》、《天神會課》 | | | |
| Rougemont (Francois de) | 戶日滿 | 荷蘭 | 清順治十六1659 | 清康熙十五1676.2.4 | 漫州 |
| | 所著書 | 《要理六端》、《天主聖救要理》、《向世編》 | | | |

續表

| 原名 | 譯名 | 國籍 | 東來年 | 卒年 | 卒地 |
|---|---|---|---|---|---|
| Gouvea (Antonio de) | 何大化 | 葡萄牙 | 明崇禎九年1636 | 清康熙十六1677.2.14 | 福州 |
| | 所著書 | 《蒙引要覽》 | | | |
| Magalhaens (Gabriel de) | 安文思 | 葡萄牙 | 明崇禎十三1640 | 清康照十六1677.5.6 | 北京 |
| | 所著書 | 《複話論》 | | | |
| Lobelli (Giovani Andrea) | 陸安德 | — | 清順治十六1659 | 清康熙二十二1683 | 澳門 |
| | 所著書 | 《聖教略說》、《真福直指》、《善生福終正路》、《聖教向各》、《聖教操言》、《聖教要理》、《默想大全》、《默想規矩》、《萬民四末圖》 | | | |
| Buglio (Luigi) | 利類思 | 義大利 | 明崇禎十年1637 | 清康熙二十三1684.10.7 | 北京 |
| | 所著書 | 《天主正教約征》、《聖教要旨》、《超性學要獅子說》、《司釋典要》、《性靈說》、《不得已辨》、《御覽西方要紀》、《聖母小日課》、《已亡者日課經》、《聖教簡要》《善終德瑩禮典》、《彌撒經典》、《日課概要》、《聖事禮典》、《安先生行述》、《擬天主聖體》、《三位一體》、《萬物原始天神形物之造》、《靈魂》、《首人受造》、《昭祀經典》、《進呈唐論》 | | | |
| Verbiest (Ferdinand) | 南懷仁 | 比利時 | 清順治十六1659 | 清康照二十七1688.1.29 | 北京 |
| | 所著書 | 《妄推吉凶辯》、《熙朝定案》、《驗氣圖說》、《坤奧圖說》、《告解原義》、《善惡報略說》、《教要序論》、《不得已辯》、《儀象志》、《儀象圖》、《康熙永年曆法》、《測驗紀略》、《坤輿全圖》、《簡平規總星圖》、《赤道南北星圖》、《妄占辨》、《預推紀驗》、《形性理推》、《光向異驗理推》、《理辨之引咎》、《目司圖總》、《理推各國說》、《御覽簡平新儀式用法》、《進呈窮理學》 | | | |
| Motel (Jacques) | 穆迪我 | 荷蘭 | 清順治十四1657 | 清康熙三十一1692.6.2 | 武昌 |
| | 所著書 | 《聖洗規儀》 | | | |
| Couplet (Philippe) | 柏應理 | 比利時 | 清順治十六1659 | 清康熙三十二1693.5.16 | 臥亞 |
| | 所著書 | 《天主聖教永年禮單》、《天主聖教百問答》、《四末真論》、《聖坡而日亞行實》、《聖若瑟禱文》、《周歲聖人行略》 | | | |
| San Poscual (Augustin de) | 利安定 | 西班牙 | 清康熙九年1670 | 清康熙三十四1695 | 未詳 |
| | 所著書 | 《永福天衢》、《天成人要集》 | | | |
| Intorcetta (Prospero) | 殷鐸澤 | 義大利 | 清順治十六1659 | 清康照三十五1696.10.3 | 杭州 |
| | 所著書 | 《耶會例》、《西文四書直解》、《泰西殷覺斯先生行述》 | | | |
| Greslon (Adrien) | 聶仲遷 | 法蘭西 | 清康期十四167 | 清康照三十六1697.3 | 贛州 |
| | 所著書 | 《古聖行實》 | | | |
| Brollo (Basillio) | 葉宗賢 | 荷蘭 | 清康熙二十三1684 | 清康熙四十三1704.7.16 | 西安 |
| | 所著書 | 《宗元直指》 | | | |

續表

| 原名 | 譯名 | 國籍 | 東來年 | 卒年 | 卒地 |
|---|---|---|---|---|---|
| Pinuela (Pedoro) | ? | 墨西哥 | 清康熙十五1676 | 清康熙四十三1704.7.30 | 漳州 |
| | 所著書 | 《初金同答》、《永面定衡》、《大放解路》、《默想神功》、《哀衿煉靈略說》 | | | |
| Pereyra (Thomas) | 徐日升 | 西班牙 | 清康熙十二1673 | 清康熙四十七1708.2.24 | 北京 |
| | 所著書 | 《南先生行述》、《律呂正義續篇》 | | | |
| Castner (Gaspar) | 龐惠賓 | 日爾曼 | 清康熙十八1679 | 清康熙四十八1709.2.9 | 北京 |
| | 所著書 | | | | |
| San juan Bautista (Manuel de) | 利安寧 | 西班牙 | 清康熙二十四1685 | 清康熙四十九1710.3.10 | 北京 |
| | 所著書 | 《破迷集》、《聖文福煉聖母日課》 | | | |
| Chavaguac (Emeric de) | 沙守真 | – | 清康熙三十九1700 | 清康熙五十六1717.9.14 | 饒州 |
| | 所著書 | 《真道自證》 | | | |
| Noet (Francois) | 衛方濟 | 比利時 | 清康熙二十六1687 | 清雍正七年1729.9.7 | Lile |
| | 所著書 | 《人罪至重》 | | | |
| Bouvet (Jaochiu) | 白香 | 法國 | 清康熙二十六1687 | 清雍正八年1730 | 北京 |
| | 所著書 | 《天學本義》、《古今敬天鑒》 | | | |
| Tellez (Manoel) | 德瑪諾 | 葡萄牙 | 清康熙四十三1704 | 清雍正十一年1733 | 饒州 |
| | 所著書 | 《顯相十五端玫瑰經》 | | | |
| Rho (Giacomo) | 羅雅各 | 義大利 | 明天啟四年1624 | 乾隆三年1638.9.17 | 澳門 |
| | 所著書 | 《聖若瑟傳》、《楊消園行跡》、《天主經解》、《天主聖教啟蒙》、《齋克》、《哀矜行詮》、《求說》、《聖記百言》、《聖母經解》、《周歲警言》、《測量全義》、《比例規解》、《五緯表》、《五緯曆指》、《月離曆指》、《月離表》、《日健曆指》、《日蹤表》、《黃赤正球》、《籌算》、《曆引》、《日健考經夜刻分》 | | | |
| Premare (Joseph Marie de) | 馬若瑟 | 葡萄牙 | 清康熙三十七1698 | 清乾隆三年1738.9.17 | 澳門 |
| | 所著書 | 《聖若瑟傳》、《楊淇園行進》 | | | |
| Parrenin (Dominique) | 巴多明 | 法蘭西 | 清康熙二十八1689 | 清乾隆六年1741.9.2 | 北京 |
| | 所著書 | 《濟美篇》、《德行惜》 | | | |
| dEntrecolles (Francois Xavier) | 殷弘緒 | 法蘭西 | 清康熙三十七1698 | 清乾隆六年1741 | – |
| | 所著書 | 《主經體味》、《逆耳忠言》、《英居兇惡勸》、《訓想神編》 | | | |

續表

| 原名 | 譯名 | 國籍 | 東來年 | 卒年 | 卒地 |
|---|---|---|---|---|---|
| Mendez (Martino) | 孟由義 | 葡萄牙 | 清康熙二十三1684 | 清乾隆八年1743.1.2 | 澳門 |
| | 所著書 | — | | | |
| Hinderer (Romain) | 德瑪諾 | 法蘭西 | 清康熙四十六1707 | 清乾隆九年1744.8.4 | 南京 |
| | 所著書 | 《與彌撒功程》 | | | |
| Kogler (ignace) | 戴進賢 | 日爾曼 | 清康熙五十五1716 | 清乾隆十一1746.3.29 | 北京 |
| | 所著書 | 《儀象考成》 | | | |
| Mailla (Joseph Marie Anne de Moyria de) | 馮秉正 | 法蘭西 | 清康熙四十二1703 | 清乾隆十三1748.6.28 | 北京 |
| | 所著書 | 《朋來集說》《聖心規條》《聖體仁愛經規條》《聖經廣益《盛世芻蕘》聖年廣益》《避靜匯鈔》 | | | |
| Varo (Francisco) | 萬濟穀 | — | 清順治十一1654 | 未詳 | 未詳 |
| | 所著書 | 《聖教明證》 | | | |
| Benvente (Alvare) | 白亞維 | 西班牙 | 清康熙十九1680 | 未詳 | 未詳 |
| | 所著書 | 《聖洗規儀》 | | | |
| Ortiz (Hortis) | 白多瑪 | 西班牙 | 清康熙三十四1695 | 未詳 | 未詳 |
| | 所著書 | 《聖教切要》《四終略意》 | | | |
| Silva (Antonio de) | 林安多 | 葡萄牙 | 清康熙三十四1695 | 未詳 | 未詳 |
| | 所著書 | 《崇修精蘊》 | | | |
| Duarte (Jean) | 聶若望 | 葡萄牙 | 清康熙三十九1700 | 未詳 | 未詳 |
| | 所著書 | 《八天避靜神書》 | | | |

# 三　陽明學派之餘波及其修正

——黃梨洲　附：孫夏峰　李二曲　餘姚王學家　李穆堂

## 三　陽明學派之餘波及其修正

凡一個有價值的學派，已經成立而且風行，斷無驟然消滅之理，但到了末流，流弊當然相緣而生。繼起的人，往往對於該學派內容有所修正，給他一種新生命，然後可以維持於不敝。王學在萬曆、天啟間，幾已與禪宗打成一片。東林領袖顧涇陽憲成、高景逸攀龍提倡格物，以救空談之弊，算是第一次修正。劉蕺山宗周晚出，提倡慎獨，以救放縱之弊，算是第二次修正。明清嬗代之際，王門下唯蕺山一派獨盛，學風已漸趨健實。清初講學大師，中州有孫夏峰，關中有李二曲，東南則黃梨洲。三人皆聚集生徒，開堂講道，其形式與中晚明學者無別。所講之學，大端皆宗陽明，而各有所修正。三先生在當時學界各占一部分勢力，而梨洲影響於後來者尤大。梨洲為清代浙東學派之開創者，其派復衍為二：一為史學，二即王學。而稍晚起者有江右之李穆堂，則王學最後一健將也。今本講以梨洲為中堅，先以夏峰、二曲，而浙東諸儒及穆堂附焉。清代陽明學之流風餘韻，略具於是矣。

孫夏峰，名奇逢，字啟泰，號鐘元，直隸容城人，生明萬曆十二年，卒清康熙十四年（一五八四 - 一六七五），年九二。他在清初諸儒中最為老輩。當順治元年已經六十三歲了。他在明季以節俠聞。天啟間魏閹竊柄，荼毒正人，左光斗、魏大中、周順昌被誣下獄時，一般人多懼禍引避，夏峰與其友鹿伯順善繼傾身營救，義聲動天下。此外替個人急難主持公道，替地方任事開發公益，所做的事很不少。崇禎九年，清師入關大掠，畿輔列城俱陷。他以一諸生督率昆弟親戚，調和官紳，固守容城。清兵攻之不下而去。其後流寇遍地，人無安枕，他率領子弟門人入易州五公山避亂，遠近聞風來依者甚眾。他立很簡單的規條互相約束，一面修飾武備抵抗寇難，一面從容講學，養成很健全的風俗。在中國歷史上，三國時代田子春以後，夏峰算是第二個人了。鼎革以後，他依舊家居講學。未幾，清廷將畿輔各地圈占，賞給旗員作采地。他的田園廬墓都被占去，舉家避地南下。河南輝縣之百泉山——即夏峰，亦名蘇門山，為宋時邵康節所曾居。他因仰慕昔賢，暫流寓在那裡。後來有一位馬光裕，把自己的田分送給他，他便在夏峰躬耕終老。所以學者稱為夏峰先生。他在明清兩代被薦舉十數次，屢蒙詔書特徵，他始終不出。他八十一歲的時候，康熙三年曾有人以文字獄相誣陷。他聞信，從容說道：「天下事只論有愧無愧，不論有禍無禍。」即日投呈當局請對簿，後亦無事。他的祖父從陽明高弟鄒東廓守益受學，他的摯友鹿伯順又專服膺陽明，所以他的學問自然是得力於陽明者最深。但他並無異同門戶之見，對於程、朱、陸、王，各道其長而不諱其短。門人有問晦翁、陽明得失者，他說：

門宗分裂按：此四字疑有誤，使人知反而求諸事物之際，晦翁之功也。然晦翁沒而天下之實病不可不泄。詞章繁興，使人知反而求諸心性之中，陽明之功也。然陽明沒而天下之虛病不可不補。《夏峰語錄》

又說：

諸儒學問，皆有深造自得之處，故其生平各能了當一件大事。雖其間異同紛紜，辯論未已，我輩只宜平心探討，各取其長，不必代他人爭是非求勝負也。一有爭是非求勝負之心，卻於前人不相干，便是己私，便是浮氣。此病關係殊不小。同上

他對於朱王兩派之態度，大略如此。他並不是模棱調停，他確見得爭辯之無謂，這是他獨到之處。但他到底是王學出身，他很相信陽明所謂「朱子

晚年定論」，所以他不覺得有大異同可爭。

他不像晚明人空談心性，他是很切實辦事的人。觀前文所述他生平行事，可見大概了。他很注重文獻，著有《理學宗傳》26卷，記述宋明學術流派；又有《畿輔人物考》《中州人物考》《兩大案錄》《甲申大難錄》《孫文正公年譜》《蘇門紀事》等書，皆有價值之史料。

他因為年壽長，資格老，人格又高尚，性情又誠摯，學問又平實，所以同時人沒有不景仰他，門生子弟遍天下。遺老如申鳧孟涵光、王五公餘佑，……達官如湯孔伯斌、魏環極像樞、魏石生裔介，……皆及門受業。乃至鄉農販豎，他都不吝教誨。許多人見他一面，聽他幾句話，便奮志向上做人。要之，夏峰是一位有肝膽有氣骨有才略的人。晚年加以學養，越發形成他的人格之尊嚴，所以感化力極大，屹然成為北學重鎮。

李二曲，名顒，字中孚，陝西盩厔人，生明天啟六年，卒清康熙四十四年（一六二七－一七零五），年七十九。他是僻遠省分絕無師承的一位窮學者。他父親當兵，死於流寇之難。他幼年窮得沒有飯吃，有人勸他母親把他送到縣裡當衙役，他母親不肯，一定要令他讀書。幾次送他上蒙館，因為沒有錢納脩金，各塾師都不收他。後來好容易認識字，便借書來讀，自動地把學問磨練出來。他學成之後，曾一度到東南無錫、江陰、靖江、武進、宜興各處的學者，相爭請他講演。在陝境內，富平、華陰，都是他常常設講之地。康熙初年，陝撫薦他「山林隱逸」，特詔征他，力辭才免。其後又征「博學鴻儒」，地方官強迫起行。他絕粒六日，最後拔刀自刎，才肯饒他。他覺得為虛名所累，從此把門反鎖，除顧亭林來訪偶一開門外，連子弟也不見面。康熙帝西巡，傳旨地方官必要召見他，他嘆道：這回真要逼死我了！以廢疾堅辭，幸而免。他並不是矯情鳴高，但不肯在清朝做官，是他生平的志氣。他四十歲以前，嘗著《經世蠡測》《時務急策》《十三經糾繆》《廿一史糾繆》等書，晚年以為這是口耳之學，無當於身心，不復以示人，專以返躬實踐、悔過自新為主。所著《四書反身錄》，極切實，有益修養。他教學者入手方法，說要「先觀象山、慈湖、陽明、白沙之書，以洞斯道大原」。但對於晚明王學家之專好談玄，卻認為不對。他說：

> 先覺倡道，皆隨時補救，如人患病不同，投藥亦異。晦庵之後，墮於支離葛藤，故陽明出而救之以致良知，令人當下有得。及其久也易，至於談本體而略工夫。……今日吾人通病，在於味義命，鮮羞惡。苟有大君子，志切拯救，唯宜力扶廉恥。……《二曲集》卷十《南行述》

觀此，他的講學精神，大略可見了。他絕對不作性命理氣等等哲理談，一力從切身處逼拶，所以他的感化力入人甚深。他自己拔自疏微，所以他的學風，帶有平民的色彩。著有《觀感錄》一篇，所述皆晚明真儒起自賤業者，內鹽丁、樵夫、吏胥、窯匠、商賈、農夫、賣油傭、戍卒、網巾匠各一人。見《二曲集》卷二十二總而論之，夏峰、二曲，都是極結實的王學家。他們倔強堅苦的人格，正孔子所謂「北方之強」。他們的創造力雖不及梨洲、亭林，卻給當時學風以一種嚴肅的鞭辟。說他們是王學後勁，可以當之無愧。

現在要講清代王學唯一之大師黃梨洲了。

梨洲名宗羲，字太沖，浙江餘姚人，生明萬曆三十八年，卒清康熙十六年（一六一零-一六九五），年八十五。他是王陽明的同裡後學。他的父親忠端公尊素是東林名士，為魏閹所害。他少年便倜儻有奇氣，常袖長錐，思復父仇。年十九，伏闕上書訟父冤。崇禎初元，魏閹伏誅，他聲譽漸高，隱然為東林子弟領袖。然而他從此折節厲學，從劉蕺山游，所得日益深粹。崇禎十七年，北京陷賊，福王立於南京，閹黨阮大鋮柄政，驟興黨獄，名捕蕺山及許多正人，他也在其列。他避難亡命日本，經長崎達江戶。全謝山謂梨洲嘗偕馮躋仲乞師日本，誤也。他到日本在躋仲前四年。明年，福王走，南京覆，他和錢忠介肅樂起義兵守浙江拒清師，號世忠營。失敗後，遁入四明山寨，把余兵交給王完勛翊，自己跟著魯王在舟山，和張蒼水煌言、馮躋仲京第等力圖匡復，仍常潛行往來內地，有所佈置，清廷極畏忌他。他晚年自述說道：「自北兵南下，懸書購餘者二，名捕者一，守圍城者一，以謀反告訐者三，絕氣沙者一晝夜。其他連染邏哨所及，無歲無之。可謂瀕於十死者矣。」《南雷余集．怪說》讀此，可以知道他奔走國難所經歷的艱苦何如了。明統既絕，他才絕意國事，奉母鄉居，從事著述。其後設「證人講會」於浙東，從游者日眾。「證人」者，以蕺山所著書名其會也。康熙十七年，詔征博學鴻儒，許多人要薦他，他的門生陳錫嘏說：「是將使先生為疊山九靈之殺身也！」乃止。未幾，開明史館，清廷必欲羅致他，下詔督撫以禮敦聘，他力辭不往。乃由督撫就他家中將他的著述關於史事者抄送館中。又聘他的兒子百家、他的門生萬斯同入館備顧問。他晚年在他父親墓旁自營生壙，中置石床，不用棺槨。子弟疑之，他作《葬制或問》一篇，援趙邠卿、陳希夷例，戒身後無得違命。他所以如此者，據全謝山說是「身遭國變，期於速朽」，但或者是他關於人生問題一種特別見解，也未可知。總之我們佩服梨洲，不僅在他的學問，而實在他的人格。學者若要稍為詳細地知道，請讀全謝山的《梨洲先生神道碑銘》。《鮚埼亭集》卷十一梨洲的父親被逮入獄時，告訴他一句話：「學者最要緊是通知史事，可讀《獻征錄》。」所以梨洲自少時即致力史學。他家裡藏書本甚多，同鄉鈕氏世學樓、祁氏澹生堂、范氏天一閣的書，都到處借抄借讀，所以他記誦極博，各門學問都有所探索。他少年便從劉蕺山受學，終身奉為依歸，所以清初王學，不能不認他為嫡派。全謝山總論梨洲學術曰：

公謂：「明人講學，襲語錄之糟粕，不以六經為根柢，束書而從事於游談。」故受業者必先窮經。經術所以經世，方不為迂儒之學，故兼令讀史。又謂：「讀書不多，無以證斯理之變化，多而不求於心，則為俗學。」故凡受公之教者，不墜講學之流弊。公以濂洛之統，綜合諸家，橫渠之禮教，康節之數學，東萊之文獻，艮齋、止齋之經濟，水心之文章，莫不旁推交通。自來儒林所未有也。

陳悔廬汝咸說：

梨洲黃子之教人，頗泛濫諸家，然其意在乎博學詳說以集其成。而其歸窮於蕺山慎獨之旨，乍聽之似駁，而實未嘗不醇。全謝山《大理陳公神道碑銘》

這兩段話對於梨洲學風，說得最為明白。謝山雖極其崇拜梨洲，然亦不阿其所好。他說：

先生之不免余議者則有二：其一，則黨人之習氣未盡，蓋少年即入社會，門戶之見，深入而不可猝去。其二，則文人之習氣未盡，以正誼明道之餘技，猶留連於枝葉。《鮚埼亭集．答問學術帖子》

這段話把梨洲的短處，也說得公平。總之梨洲純是一位過渡人物，他有清代學者的精神，卻不

## 三　陽明學派之餘波及其修正

脫明代學者的面目。

梨洲之學，自然是以陽明為根柢，但他對於陽明所謂「致良知」有一種新解釋，他說：

陽明說「致良知於事事物物」。致字即是行字，以救空空窮理，只在「知」上討個分曉之非。乃後之學者，測度想像，求見本體，只在知識上立家當，以為良知。則陽明何不仍窮理格物之訓，而必欲自為一說耶？《明儒學案》卷十《姚江學案》

像他這樣解釋致良知——說致字即是行字，很有點像近世實驗哲學的學風。你想認識路，只要往前行過，便自瞭然；關著門冥想路程，總是枉用工夫。所以他於對本體的測度想像，都認為無益。梨洲的見解如此，所以他一生無日不做事，無日不讀書，獨於靜坐參悟一類工夫，絕不提倡。他這種解釋，是否適合陽明本意，另為一問題，總之和王門所傳有點不同了。所以我說梨洲不是王學的革命家，也不是王學的承繼人，他是王學的修正者。

梨洲有一部怪書，名曰《明夷待訪錄》[9]。這部書是他的政治理想。從今日青年眼光看去，雖像平平無奇，但三百年前——盧騷《民約論》出世前之數十年，有這等議論，不能不算人類文化之一高貴產品。其開卷第一篇《原君》，從社會起源說起，先論君主之職務，次說道：

……後之為人君者不然。以為天下利害之權，皆出於我，我以天下之利盡歸於己，天下之害盡歸於人，亦無不可。使天下人，不敢自私，不敢自利，以我之大私為天下之大公，始而慚焉，久而安焉，視天下為莫大之產業，傳諸子孫，受享無窮。……此無他，古者以天下為主，君為客，凡君之所畢世而經營者，為天下也。今也以君為主，天下為客，凡天下之無地而得安寧者，為君也。是以其未得之也，荼毒天下之肝腦，離散天下之子女，以博我一人之產業，曾不慘然，曰：我固為子孫創業也。其既得之也，敲剝天下之骨髓，離散天下之子女，以奉我一人之淫樂，視為當然，曰：此我產業之花息也。然則為天下之大害者，君而已矣。……而小儒規規焉以君臣之義無所逃於天地之間，至桀、紂之暴，猶以為湯、武不當誅之。……豈天下之大，於兆民萬姓之中，獨私其一人姓乎？……

其《原法》篇云：

……後之人主，既得天下，唯恐其祚命之不長也，子孫之不能保有也，思患於未然以為之法。然則其所謂法者，一家之法，而非天下之法也。……法愈密，而天下之亂即生於法之中，所謂非法之法也。……夫非法之法，前王不勝其利慾之私以創之，後王或不勝其利慾之私以壞之。壞之者固足以害天下，其創之者亦未始非害天下者也。……論者謂有治人無治法，吾以謂有治法而後有治人。……

其《學校》篇說：

……必使治天下之具皆出於學校，而後設學校之意始備。……天子之所是未必是，天子之所非未必非。天子亦遂不敢自為非是，而公其非是於學校。……

像這類話，的確含有民主主義的精神——雖然很幼稚——對於三千年專制政治思想為極大膽的反抗。在三十年前，我們當學生時代，實為刺激青年最有力之興奮劑。我自己的政治運動，可以說是受這部書的影響最早而最深。此外書中各篇，如《田制》《兵制》《財計》等，雖多半對當時立論，但亦有許多警拔之說。如主張遷都南京，主張變通推廣「衛所屯田」之法，使民能耕而皆有田可耕；主張廢止金銀貨幣，此類議論，雖在今日或將來，依然有相當的價值。

梨洲學問影響後來最大者，在他的史學。現行的《明史》，大半是萬季野稿本；而季野之史學，實傳自梨洲。梨洲替季野作《歷代史表序》，其末段云：

嗟乎！元之亡也，危素趨報恩寺，將入井中，僧大梓云：「國史非公莫知，公死是死國之史也。」素是以不死，後修《元史》，不聞素有一辭之贊。及明之亡，朝之任史事者眾矣，顧獨藉一草野之萬季野以留之，不亦可慨也夫！《南雷文約》卷四前明遺獻，大率皆惓惓於國史。梨洲這段話，足見其感慨之深。他雖不應明史館之聘，然館員都是他的後學，每有疑難問題，都諮詢他取決。《勵志》則求他審正後才算定稿，《地理志》則大半採用他所著《今水經》原文，其餘史料經他鑑別的甚多。全作《神道碑銘》，縷舉多條。他關於史學的著述，有重修《宋史》，未成書；有《明史案》二百四十卷，已佚；有《行朝錄》八種：一、《隆武紀年》，二、《贛州失事記》，三、《紹武爭立紀》，四、《魯紀年》，五、《舟山興廢》，六、《日本乞師紀》，七、《四明山寨紀》，八、《永曆紀年》。其餘如《賜姓本末》（記鄭成功事）、《海外慟哭記》、《思舊錄》等，今尚存，都是南明極重要史料。而其在學術上千古不磨的功績，尤在兩部學案。

中國有完善的學術史，自梨洲之著學案始。《明儒學案》六十二卷，梨洲一手著成。《宋元學案》，則梨洲發凡起例，僅成十七卷而卒，經他的兒子耒史名百家及全謝山兩次補續而成。所以欲知梨洲面目，當從《明儒學案》求之。

著學術史有四個必要的條件：

第一，敘一個時代的學術，須把那時代重要各學派全數網羅，不可以愛憎為去取。第二，敘某家學說，須將其特點提挈出來，令讀者有很明晰的觀念。第三，要忠實傳寫各家真相，不可以主觀上下其手。第四，要把各人的時代和他一生經歷大概敘述，看出那人的全人格。梨洲的《明儒學案》，總算具備這四個條件。那書卷首有「發凡」八條，說：

此編所列，有一偏之見，有相反之論。學者於其不同處，正宜著眼理會。……以水濟水，豈是學問！

他這書以陽明學派為中堅。因為當時時代精神焦點所在，應該如此。但他對於陽明以外各學派，各還他相當位置，並不抹殺，正闔第一條件。他又說：

大凡學有宗旨，是其人之得力處，亦是學者之入門處。……講學而無宗旨，即有嘉言，是無頭緒之亂絲也。學者而不能得其人之宗旨，即讀其書，亦猶張騫初至大夏，不能得月氏要領。……每見鈔先儒語錄者，薈撮數條，不知去取之意謂何。其人一生之精神未嘗透露，如何見其學術？

我們讀《明儒學案》，每讀完一案，便覺得這個人的面目活現紙上。梨洲自己說「皆從各人全集纂要鉤玄」，可見他用功甚苦。但我們所尤佩服者，在他有眼光能纂鉤得出，這是闔第二個條件。梨洲之前，有位周海門曾著《聖學宗傳》一書，他的範圍形式都和《明儒學案》差不多。梨洲批評他道：「是海門一人之宗旨，非各家之宗旨。」梨洲這部書，雖有許多地方自下批評，但他僅在批評裡頭表示梨洲自己意見，至於正文的敘述卻極忠實，從不肯拿別人的話作自己註腳，這是闔第三個條件。他在每案之前，各做一篇極詳實的小傳，把這個人的時代、經歷、師友淵源詳細說明，令讀者能把這個人的人格捉摸到手，這是闔第四個條件。所以《明儒學案》這部書，我認為是極有價值的創作，將來做哲學史、科學史、文學史的人，對於他的組織雖有許多應改良之處，對於他的方法和精神是永遠應採用的。[10]

此外梨洲之重要著作，如《易學象數論》六卷，為辯河洛方位圖說之非，為後來胡朏明渭《易圖明辨》的先導。如《授書隨筆》一卷，則閻百詩若璩問《尚書》而作此告之，實百詩《古文尚書疏證》的先導。這兩部書都於清代經學極有關係。他又最喜曆算之學，著有《授時曆故》《大統曆推法》《授時曆假如》《西曆、回回曆假如》《勾股圖說》《開方命算》《割圜八線解》《測圜要義》等書，皆在梅定九文鼎以前，多所發明。其遺文則有《南雷文定》，凡五集，晚年又自刪定為《南雷文約》四卷。又嘗輯明代三百年之文為《明文海》四百八十二卷，又續輯《宋文鑒》《元文鈔》，皆未成。

他的兄弟宗炎，字晦木，倜儻權奇過梨洲，嘗以奔走國事為清吏所捕，梨洲集壯士以計篡取之。著有《憂患學易》一書，考證《太極圖》出自道士陳摶。其書今佚。梨洲子耒史，能傳家學，續輯《學案》，又從梅定九學算，有著書。

梨洲弟子最著者萬充宗斯大、萬季野斯同兄弟，別見次講。

陽明、蕺山、梨洲，皆浙東人。所以王學入到清代，各處都漸漸衰息，唯浙東的流風餘韻，還傳衍得很長。陽明同縣（餘姚）人著籍弟子最顯者，曰徐日仁愛、錢緒山德洪。明清之交名其學者，則梨洲與沈求如國模。求如親受業緒山，年輩在梨洲上，國變時已八十餘歲了。他的學風和梨洲不同，全然屬於周海門汝登一派，幾與禪宗無異。梨洲少年時，曾極力和他抗辯。餘姚之姚江書院，實求如所創。求如弟子最著者曰韓遺韓孔當、邵魯公曾可，相繼主講姚江書院。而梨洲則倡證人學會。故康熙初年浙東王學，略成沈、黃兩派對峙的形勢。魯公之孫邵念魯廷采受業韓孔當，又從梨洲學算。念魯繼主姚江講座最久，兩派始歸於一。時清聖祖提倡程朱學，孫承澤、熊錫履輩揣摩風氣，專以詆毀陽明為事，念魯常侃侃與抗不稍懾，著有《陽明王子傳》《蕺山劉子傳》《王門弟子傳》《劉門弟子傳》《宋遺民所知錄》《明遺民所知錄》《姚江書院志略》《東南紀事》記南明閩浙事、《西南紀事》記南明滇桂事、《思復堂文集》等書。蓋陽明同裡後輩能昌其學者，以念魯為殿，其兼擅史學，則梨洲之教也。念魯族孫二雲晉涵，為乾嘉間小學名家，亦邃於史。而鄞縣全謝山祖望與二雲最交親，同為浙學後勁，下方更專篇論之。

陽明雖浙人，而在贛服官講學最久，故當時門下以江右為最盛。其後中絕殆將百年了，及康熙末而有臨川李穆堂紱出。乾隆十五年卒，年七十八。穆堂並未嘗以講學自居，然其氣象俊偉，純從王學得來。他歷仕康、雍、乾三朝，內而卿貳，外而督撫，皆經屢任。他辦事極風烈而又條理縝密，但賦性伉直，常觸忤權貴，所以一生風波極多。暮年卒以錮廢終，而其氣不稍挫。全謝山所作《臨川李公神道碑銘》說：

公以博聞強識之學，朝章國故，如肉貫串，抵掌而談，如決潰堤而東注。不學之徒，已望風不敢前席。而公揚休山立，左顧右盼，千人皆廢，未嘗肯少接以溫言。故不特同事者惡之，即班行者亦多畏之。嘗有中州一巨公，自負能昌明朱子之學，一日謂公曰：「陸氏之學，非不岸然，特返之吾心，兀兀多未安者，以是知其於聖人之道未合也。」公曰：「君方總督倉場而進羡余，不知於心安否？是在陸門，五尺童子且唾之矣！」其人失色而去，終身不復與公接。……世方以閉眉闔眼喔咿嚅唲伺察廟堂意旨隨聲附和為不傳之祕，則公之道宜其所往輒窮也。《鮚埼亭集》卷十七凡豪傑之士，往往反抗時代潮流，終身挫折而不悔，若一味揣風摩氣，隨人毀譽，還有什麼學問的獨立？明末王學全盛時，依附王學的人，我們很覺得可厭。清康雍間，王學為眾矢之的，有毅然以王學自任者，我們卻不能不崇拜到極地。並非有意立異，實則個人品格，要在這種地方才看出來。清代「朱學者流」——所謂以名臣兼名儒者，從我們眼中看來，真是一文不值。據我個人的批評，敢說清代理學家，陸王學派還有人物，程朱學派絕無人物。參看第九講程朱學派。李穆堂卻算是陸王派之最後一人了。他所著書有《穆堂類稿》五十卷，《續稿》五十卷，《別稿》五十卷，《春秋一是》二十卷，《陸子學譜》二十卷，《陽明學錄》若干卷。除《類稿》外，今不傳。

邵念魯、全謝山結浙中王學之局，李穆堂結江右王學之局。這個偉大學派，自此以後，便僅成為歷史上名詞了。

我因為講黃梨洲，順帶著把王學講個結束，已經將時代躐講幾十年了。以後仍請讀者回轉眼光，再看明末清初別個學派。

# 四　清代經學之建設

——顧亭林　閻百詩　附：胡朏明　萬充宗

## 四　清代經學之建設

清儒的學問，若在學術史上還有相當價值，那麼，經學就是他們唯一的生命。清儒的經學，和漢儒宋儒都根本不同，是否算得一種好學問，另為一問題。他們這一學派學問，也離不了進化原則，經一百多年才漸漸完成。但講到「篳路藍縷」之功，不能不推顧亭林為第一。顧亭林說：「古今安得別有所謂理學者！經學即理學也。自有舍經學以言理學者，而邪說以起。」又說：「今日只當著書，不當講學。」他這兩段話，對於晚明學風，表出堂堂正正的革命態度，影響於此後二百年思想界者極大。所以論清學開山之祖，舍亭林沒有第二個人。

亭林初名絳，國變後改名炎武，字曰寧人，學者稱為亭林先生。江蘇崑山人。生明萬曆四十一年，卒清康熙二十一年，年七十（一六一三 - 一六八二）。他是一位世家子弟——江南有名的富戶。他承祖父命出繼堂叔為子。他的母親王氏，十六歲未婚守節，撫育他成人。他相貌醜怪，瞳子中白而邊黑；性情耿介，不諧於俗，唯與同裡歸元恭莊為友，時有歸奇顧怪之目。[11]他少年便留心經世之學，最喜歡鈔書。遍覽二十一史，明代十三朝實錄，天下圖經，前輩文編說部，以至公移邸鈔之類，有關於民生利害者，分類錄出，旁推互證。著《天下郡國利病書》，未成而國難作。清師下江南，亭林糾合約志起義兵守吳江。失敗後，他的朋友死了好幾位，他幸而逃脫。他母親自從崑山城破之日起絕粒二十七日而死，遺命不許他事滿洲。他本來是一位血性男子，受了母親這場最後熱烈激刺的教訓，越發把全生涯的方向決定了。[12]他初時只把母親淺殯，立意要等北京恢復，崇禎帝奉安後，才舉行葬禮。過了兩年，覺得這種希望很杳茫，勉強把母先葬。然而這一段隱痛，永久藏在他心坎中，終身不能忘卻。他後來棄家遠遊，到老不肯過一天安逸日子，就是為此。他葬母之後，隆武帝（唐王）在福建，遙授他職方司主事。他本要奔赴行在，但因為道路阻隔，去不成。他看定了東南的悍將惰卒，不足集事，且民氣柔脆，地利亦不宜於進取，於是決計北遊，想通觀形勢，陰結豪傑，以圖光復。曾五謁孝陵明太祖陵，在南京，六謁思陵明懷宗陵，在直隸昌平。其時他的家早已破了，但他善於理財，故一生羈旅，曾無睏乏。每到一地，他認為有注意價值者，便在那裡墾田。墾好了，交給朋友或門生經理，他又往別處去。江北之淮安，山東之章丘，山西雁門之北、五臺之東，都有他墾田遺蹟。[13]可見他絕對的不是一位書呆子，他所提倡窮經致用之學，並非紙上空談。若論他生平志事，本來不是求田問舍的人。原有的家產尚且棄而不顧，他到處經營這些事業，弄些錢做什麼用處？我們試想一想。他下半世的生涯，大半消磨在旅行中。他旅行，照例用兩匹馬換著騎，兩匹騾馱帶應用書籍。到一險要地方，便找些老兵退卒，問長問短，倘或和平日所聞不合，便就近到茶房裡打開書對勘。到晚年，乃定居陝西之華陰，他說：「秦人慕經學，重處士，持清議，實他邦所少。而華陰綰轂關河之口，雖足不出戶，而能見天下之人，聞天下之事。一旦有警，入山守險，不過十里之遙。若志在四方，則一出關門，亦有建瓴之勢。」可見他即住居一地，亦非漫無意義。他雖南人，下半世卻全送在北方，到死也不肯回家。他本是性情極厚、守禮極嚴的君子。他父母墳墓，忍著幾十年不祭掃。夫人死了，也只臨風一哭。為何舉動反常到如此田地？這個啞謎，只好讓天下萬世有心人胡猜罷了。他北遊以前，曾有家中世僕，受里豪嗾使，告他「通海」。當時與魯王、唐王通者，謂之通海。他親自把那僕人抓住投下海去，因此鬧一場大官司，幾乎送命。康熙三年，他在京，山東忽然鬧什麼文字獄，牽連到他。他立刻親到濟南對簿，入獄半年。

這是他一生經過的險難。比起黃梨洲，也算平穩多了。康熙十七年開博學鴻儒科，都中闊人，相爭要羅致他。他令他的門生宣言：「刀繩具在，無速我死。」次年開明史館，總裁葉方藹又要特薦他。他給葉信說道：「七十老翁何所求？正欠一死。若必相逼，則以身殉之矣。」清廷諸人，因此再不敢惹他。他的外甥徐乾學、徐元文，少時由他撫養提拔，後來他們做了闊官，要迎養他南歸，他無論如何都不肯。他生平制行極嚴，有一次徐乾學兄弟請他吃飯，入座不久，便起還寓。乾學等請終席張燈送歸，他作色道：「世間唯有淫奔、納賄二者皆於夜行之，豈有正人君子而夜行者乎？」其方正類如此。

我生平最敬慕亭林先生為人，想用一篇短傳撰寫他的面影，自愧才力薄弱，寫不出來。但我深信他不但是經師，而且是人師。我以為現代青年，很應該用點工夫，多參閱些資料，以看出他的全人格。有志於是者，請讀全謝山《鮚埼亭集·亭林先生神道碑銘》；《亭林文集》中卷三《與葉切庵書》、《答原一、公肅兩甥書》，卷四《與人書》十餘篇，又《與潘次耕書》《亭林余集》《王碩人行狀》《答潘次耕書》等篇。若更要詳細一點，請讀張石洲的《亭林先生年譜》。

亭林學術大綱，略見於他所作《與友人論學書》，《文集》卷三其文曰：

……竊嘆夫百餘年以來之學者，往往言心言性，而茫乎不得其解也。命與仁，孔子之所罕言也；性與天道，子貢之所未得聞也；性命之理，著之《易傳》，未嘗數以語人。其答問士也，則曰「行己有恥」。其為學，則曰「好古敏求」。其與門弟子言，舉堯舜相傳所謂危微精一之說一切不道，而但曰「允執其中，四海困窮，天祿永終」。嗚呼！聖人之所以為學者，何其平易而可循也。……

今之君子則不然，聚賓客門人之學者數十百人，「譬諸草木，區以別矣」，而一皆與之言心言性。舍多學而識以求一貫之方，置四海之困窮不言，而終日講危微精一，是必其道之高於孔子，而其門弟子之賢於子貢也，我弗敢知也。《孟子》一書，言心言性，亦諄諄矣。乃至萬章、公孫丑、陳代、陳臻、周霄、彭更之所問，與孟子之所答者，常在乎出處去就辭受取與之間。以伊尹之元聖，堯舜其君其民之盛德大功，而其本乃在乎千駟一介之不視不取。伯夷、伊尹之不同於孔子也，而其同者則以「行一不義、殺一不辜而得天下不為」。是故性也命也，孔子之所罕言，而今之君子之所恆言也。出處去就辭受取與之辨，孔子、孟子之所恆言，而今之君子所罕言也。……我弗敢知也。愚所謂聖人之道者如之何？曰「博學於文」，曰「行己有恥」。自一身以至於天下國家，皆學之事也；自子臣弟友以至於出入往來、辭受取與之間，皆有恥之事也。恥之於人大矣！不恥惡衣惡食，而恥匹夫匹婦之不被其澤。……嗚呼！士而不先言恥，則為無本之人；非好古而多聞，則為空虛之學。以無本之人而講空虛之學，吾見其日從事於聖人而去之彌遠也。……

亭林學術之最大特色，在反對向內的——主觀的學問，而提倡向外的——客觀的學問。他說：

自宋以後，一二賢智之徒，病漢人訓詁之學得其粗跡，務矯之以歸於內；而「達道」「達德」「九經」「三重」之事置之不論，此真所謂「告子未嘗知義」者也。《日知錄》卷七《行吾敬故謂之內也》條

又說：

孟子言：「學問之道無他，求其放心而已矣。」然則但求放心，遂可不必學問乎？與孔子言「以思無益不如學也」者，何其不同耶？……孟子之意，蓋欲能求放心，然後可以學問。「使弈秋誨二

人弈，其一人專心致志，唯弈秋之為聽；一人雖聽之，一心以為有鴻鵠將至。……」此放心而不知求也。然但知求放心，而未嘗窮中罫之方，悉雁行之勢，亦必不能從事於奕。同上「求放其心」條

亭林著作中，像這類的話很不少，以上所引，不過略舉為例。要之清初大師，如夏峰、梨洲、二曲輩，純為明學餘波。如船山、舜水輩雖有反明學的傾向，而未有所新建設，或所建設未能影響社會。亭林一面指斥純主觀的王學不足為學問，一面指點出客觀方面許多學問途徑來。於是學界空氣一變，二三百年間跟著他所帶的路走去。亭林在清代學術史所以有特殊地位者在此。

亭林所標「行己有恥，博學於文」兩語，一是做人的方法，一是做學問的方法。做人為什麼專標「行己有恥」呢？因為宋明以來學者，動輒教人以明心見性、超凡入聖。及其末流，許多人濫唱高調，自欺欺人，而行檢之間，反蕩然無忌憚。晚明政治混濁，滿人入關，從風而靡，皆由於此。亭林深痛之，所以說：

> 古之疑眾者行偽而堅，今之疑眾者行偽而脆。《文集》卷四《與人書》

亭林以為人格不立，便講一切學問都成廢話。怎樣才能保持人格？他以為，最忌的是圓滑，最要的是方嚴。他說：

> 讀屈子《離騷》之篇原文云：「彼堯舜之耿介兮，固中道而得路；何桀紂之昌披兮，夫唯捷徑以窘步。」乃知堯舜所以行出乎人者，以其耿介也。同乎流俗，合乎汙世，則不可以入堯舜之道矣。《日知錄》卷十三「耿介」條。

> 老氏之學所以異乎孔子者，「和其光、同其塵」，此所謂似是而非也，《卜居》《漁父》二篇盡之

矣。非不知其言之可從也，而義有所不當為也。揚子雲而知此義也，《反離騷》其可不作矣。尋其大指，「生斯世也，為斯世也，善斯可矣」，此其所以為莽大夫與?同上「鄉願」條

亭林欲樹人格的藩籬，簡單直捷提出一個「恥」字。他說：

> 禮義廉恥，是謂四維。四維不張，國乃滅亡。……然而四者之中，恥為尤要。故夫子之論士曰：「行己有恥」；孟子曰：「人不可以無恥，無恥之恥，無恥矣。」又曰：「恥之於人大矣。為機變之巧者，無所用恥焉。」所以然者，人之不廉而至於悖禮犯義，其原皆生於無恥也。故士大夫之無恥，謂之國恥。同上「廉恥」條

亭林以為無恥之習中於人心，非鬧到全個社會滅亡不止。他嘗借魏晉間風俗立論，極沉痛地說道：

> 有亡國，有亡天下。亡國與亡天下奚辨?曰：易姓改號，謂之亡國。「仁義充塞，而至於率獸食人，人將相食」，謂之亡天下。……保國者，其君其臣，肉食者謀之。保天下者，匹夫之賤與有責焉耳矣。同上「正始」條

他確信改良社會，是學者的天職，所以要人人打疊自己，說道：

> 匹夫之心，天下人之心也。

又說：

> 松柏後凋於歲寒，雞鳴不已於風雨。

他自己稱述生平說：

某雖學問淺陋，而胸中磊磊，絕無閹然媚世之習。《與人書》十一他教訓他最親愛的門生，沒有多話，但說：

自今以往，當思「以中材而涉末流」之戒。《文集》卷四《與潘次耕書》

總而言之，亭林是教人豎起極堅強的意志抵抗惡社會。其下手方法，尤在用嚴正的規律來規律自己，最低限度，要個人不至與流俗同化；進一步，還要用個人心力改造社會。我們試讀亭林著作，這種精神，幾於無處不流露。他一生行誼，又實在能把這種理想人格實現。所以他的說話，雖沒有什麼精微玄妙，但那種獨往獨來的精神，能令幾百年後後生小子如我輩者，尚且「頑夫廉，懦夫有立志」。

亭林教人做學問，專標「博學於文」一語。所謂「文」者，非辭章之謂。「文」之本訓，指木之紋理，故凡事物之條理亦皆謂之文。古書「文」字皆作此解。亭林說：

自身而至於家國天下，制之為度數，發之為音容，莫非文也。品節斯，斯之謂禮。《日知錄》卷七「博學於文」條

亭林專標「博學於文」，其目的在反對宋明學者以談心說性為學。他解釋《論語》道：「夫子之文章，無非夫子之言性與天道，故曰：吾無隱乎爾，吾無行而不與二三子者。」《日知錄》卷七《夫子之言性與天道》條其意以為，所謂人生哲學（性），所謂宇宙原理（天道），都散寄於事物條理（文章）之中。我們做學問，最要緊是用客觀工夫，講求事物條理，愈詳博愈好，這便是「博學於文」。若厭他瑣碎，嫌他粗淺，而專用主觀的冥想去求「性與天道」，那卻失之遠了。他說：「昔

之清談談老莊，今之清談談孔孟。……不考百王之典，不綜當代之務，……以明心見性之空言，代修己治人之實學。」同上正指此輩。

然則他自己博學於文的方法怎麼樣呢？他雖沒有詳細指授我們，我們可以從他的傳記和著述中約略看出些來。

書籍自然是學問主要的資料。亭林之好讀書，蓋其天性。潘次耕《日知錄序》說：「先生精力絕人，無他嗜好，自少至老，未嘗一日廢書。」據他自己說，十一歲便讀《資治通鑒》《文集》卷二《鈔書自序》。他纂輯《天下郡國利病書》，從崇禎己卯起，凡閱書一千餘部《文集》卷六《肇域志序》。崇禎己卯，他年才二十六耳，其少年之用力如此。潘次耕請刻《日知錄》，他說：「要以臨終絕筆為定。」《文集》卷四《與次耕書》其老年之用力如此。他說：「生平所見之友，以窮以老而遂至於衰頹者什而七八。赤豹……覆書曰：『老則息矣，能無倦哉！』此言非也。君子之學，死而後已。」《文集》卷五《與人書》六大概亭林自少至老，真無一日不在讀書中。他旅行的時候極多，所計劃事情尤不少，卻並不因此廢學。這種劇而不亂、老而不衰的精神，實在是他學問大成的主要條件。

亭林讀書，並非專讀古書。他最注意當時的記錄，又不徒向書籍中討生活，而最重實地調查。潘次耕說：「先生足跡半天下，所至交其賢豪長者，考其山川風俗疾苦利病，如指諸掌。」《日知錄序》全謝山說：「先生所至呼老兵逃卒，詢其曲折，或與平日所聞不合，則即坊肆中發書而對勘之。」《亭林先生神道碑銘》可見亭林是最尊實驗的人。試細讀《日知錄》中論制度論風俗各條，便可以看出他許多資料，非專從紙片上可得。就這一點論，後來的古典考證家，只算學得「半個亭林」罷了。

亭林所以能在清代學術界占最要位置，第一，在他做學問的方法，給後人許多模範；第二，在他所做學問的種類，替後人開出路來。

其做學問的方法，第一要看他蒐集資料何等精勤。亭林是絕頂聰明人，諒來誰也要承認。但他做工夫卻再笨沒有了。他從小受祖父之教，說「著書不如鈔書」。《文集》卷二《鈔書自序》他畢生學問，都從鈔書入手。換一方面看，也可說他「以鈔書為著書」。如《天下郡國利病書》《肇域志》，全屬鈔撮未經泐定者，無論矣。[14] 若《日知錄》，實他生平最得意之作。我們試留心細讀，則發表他自己見解者，其實不過十之二三，鈔錄別人的話最少居十之七八。故可以說他主要的工作，在鈔而不在著。

有人問：「這樣做學問法，不是很容易嗎？誰又不會鈔？」哈哈！不然不然。有人問他《日知錄》又成幾卷，他答道：

> 嘗謂今人纂輯之書，正如今人之鑄錢。古人采銅於山，今人則買舊錢名之曰廢銅以充鑄而已。所鑄之錢既已粗惡，而又將古人傳世之寶舂剉碎散，不存於後，豈不兩失之乎？承問《日知錄》又成幾卷，蓋期之以廢銅。而某自別來一載，早夜誦讀，反覆尋究，僅得十餘條，然庶幾采山之銅也。《文集》卷四《與人書》十

你說《日知錄》這樣的書容易做嗎？他一年工夫才做得十幾條。我們根據這種事實，可以知道：不獨著書難，即鈔也不容易了。須知凡用客觀方法研究學問的人，最要緊是先徹底瞭解一事件之真

相，然後下判斷。能否得真相，全視所憑藉之資料如何。資料，從量的方面看，要求豐備；從質的方面看，要求確實。所以資料之蒐羅和別擇，實占全工作十分之七八。明白這個意思，便可以懂得亭林所謂采山之銅與廢銅之分別何如。他這段話對於治學方法之如何重要，也可以領會了。

亭林的《日知錄》，後人多拿來比黃東發的《黃氏日鈔》和王厚齋的《困學紀聞》。從表面看來，體例像是差不多，細按他的內容，卻有大不同處。東發、厚齋之書，多半是單詞片義的隨手札記。《日知錄》不然，每一條大率皆合數條或數十條之隨手札記而始能成，非經過一番「長編」工夫，絕不能得有定稿。試觀卷九宗室、藩鎮、宦官各條，卷十蘇松二府田賦之重條，卷十一黃金、銀、銅各條，卷十二財用、俸祿、官樹各條，卷二十八押字、邸報、酒禁、賭博各條，卷二十九騎、驛、海師、少林僧兵、徙戎各條，卷三十古今神祠條，卷三十一長城條，則他每撰成一條，事前要多少準備工夫，可以想見。所以每年僅能成十數條，即為此。不然，《日知錄》每條短者數十字，最長亦不過一二千字，何至旬月才得一條呢？不但此也，《日知錄》各條多相銜接，含有意義。例如卷十三週末風俗、秦紀會稽山刻石、兩漢風俗、正始、宋世風俗、清議、名教、廉恥、流品、重厚、耿介、鄉願之十二條，實前後照應，共明一義，剪裁組織，煞費苦心。其他各卷各條，類此者也不少。所以我覺得，拿閻百詩的《潛丘札記》和《黃氏日鈔》《困學紀聞》相比，還有點像。顧亭林的《日知錄》，卻與他們都不像。他們的隨手札記，性質屬於原料或粗製品，最多可以比棉紗或紡線。亭林精心結撰的《日知錄》，確是一種精製品，是篝燈底下纖纖女手親織出來的布。亭林作品的價值全在此。後來王伯申的《經傳釋詞》《經義述聞》，陳蘭甫的《東塾讀書記》，都是模仿這種工作。這種工作，正是科學研究之第一步，無論做何種學問都該用他。

亭林對於著述家的道德問題，極為注意。他說：「凡作書者莫病乎其以前人之書改竄為自作也。」《文集》卷二《鈔書自序》又說：「晉以下人，則有以他人之書而竊為己作者，郭象《莊子注》、何法盛《晉中興書》之類是也。若有明一代之人，其所著書，無非竊盜而已。」《日知錄》卷十八「竊書」條又說：「今代之人，但有薄行而無雋才，不能通作者之義，其盜竊所成之書，必不如元本，名為『鈍賊』何辭。」同上他論著述的品格，謂「必古人所未及就，後世之所必不可無者，而後為之」。《日知錄》卷十九「著書之難」條他做《日知錄》成書後常常勘改，「或古人先我而有者，則削之」。《日知錄．自序》然則雖自己所發明而與前人暗合者尚且不屑存，何況剽竊！學者必須有此志氣，才配說創造哩。自亭林極力提倡此義，遂成為清代學者重要之信條，「偷書賊」不復能存立於學者社會中，於學風所關非細。

大學者有必要之態度二：一曰精慎，二曰虛心。亭林著作最能表現這種精神。他說：「著述之家，最不利乎以未定之書傳之於人。」《文集》卷四《與潘次耕書》又說：「古人書如司馬溫公《資治通鑑》，馬貴與《文獻通考》，皆以一生精力為之。……後人之書，愈多而愈舛漏，愈速而愈不傳。所以然者，視成書太易，而急於求名也。」《日知錄》卷十九「著書之難」條潘次耕請刻《日知錄》，他說要再待十年。其《初刻日知錄．自序》云：「舊刻此八卷，歷今六七年。老而益進，始悔向日學之不博，見之不卓。……漸次增改，……而猶未敢自以為定。……蓋天下之理無窮，而君子之志於道也，不成章不達。故昔日之所得，不足以為矜；後日之所成，不容以自限。」《文集》

卷二我常想，一個人要怎樣才能老而不衰？覺得自己學問已經成就，那便衰了。常常看出「今是昨非」，便常常和初進學校的青年一樣。亭林說：「人之為學，不可自小，又不可自大。……自小，少也；自大，亦少也。」《日知錄》卷七「自視欿然」條他的《日知錄》，閻百詩駁正若干條，他一見便欣然採納見趙執信所作閻墓誌。他的《音學五書》，經張力臣改正一二百處。見《文集》卷四《與潘次耕書》他說：「時人之言，亦不敢沒，君子之謙也，然後可以進於學。」《日知錄》卷二十「述古」條這種態度，真永遠可為學者模範了。

亭林的著述，若論專精完整，自然比不上後人。若論方面之多，氣象規模之大，則乾嘉諸老，恐無人能出其右。要而論之，清代許多學術，都由亭林發其端，而後人衍其緒。今列舉其所著書目，而擇其重要者，稍下解釋如下：

《日知錄》三十二卷，是他生平最得意的著作。他說：「平生之志與業，皆在其中。」《文集》卷三《與友人論門人書》

又說：「有王者起，將以見諸行事，以躋斯世於治古之隆，而未敢為今人道也。」《文集》卷四《與人書》二十五

又說：「意在撥亂滌汙，法古用夏，啟多聞於來學，待一治於後王。」《文集》卷六《與楊雪臣書》

讀這些話，可以知道他著書宗旨了。《四庫總目提要》敘列這部書的內容：「前七卷皆論經義，八捲至十二卷皆論政事，十三卷論世風，十四、十五卷論禮制，十六、十七卷論科舉，十八至二十一

卷論藝文，二十二至二十四卷論名義，二十五卷論古事真妄，二十六卷論史法，二十七卷論注書，二十八卷論雜事，二十九卷論兵及外國事，三十卷論天象術數，三十一卷論地理，三十二卷雜考證。」大抵亭林所有學問心得，都在這書中見其梗概。每門類所說的話，都給後人開分科學研究究的途徑。

《天下郡國利病書》一百卷，《肇域志》一百卷，這兩部書都是少作。《利病書》自序云：「……亂後多有散佚，亦或增補。而其書本不曾先定義例，又多往代之言，地勢民風，與今不盡合，年老善忘，不能一一刊正。……」《肇域志》自序亦略同，據此知並非成書了。但這兩部書願力宏偉，規模博大。後來治掌故學、地理學者，多感受他的精神。

《音學五書》三十八卷。這書以五部組織而成：一、《古音表》三卷，二、《易音》三卷，三、《詩本音》十卷，四、《唐韻正》二十卷，五、《音論》三卷。他自己對於這部書很滿意，說道：「某自五十以後，於音學深有所得，為《五書》以續三百篇以來久絕之傳。」《文集》卷四《與人書》二十五清儒多嗜音韻學，而且研究成績極優良，大半由亭林提倡出來。

《金石文字記》六卷。亭林篤嗜金石，所至搜輯碑版，寫其文字，以成此書。他對於金石文例，也常常論及。清代金石學大昌，亦亭林為嚆矢。

此外著述，尚有《五經同異》三卷，《左傳杜解補正》三卷，《九經誤字》一卷，《五經考》一卷，《求古錄》一卷，《韻補正》一卷，《二十一史年表》十卷，《歷代宅京記》二十卷，《十九陵圖志》六卷，《萬歲山考》一卷，《昌平山水記》二卷，《岱岳記》八卷，《北平古今記》十卷，《建康古今記》

十卷，《營平二州史事》六卷，《官田始末考》一卷，《京東考古錄》一卷，《山東考古錄》一卷，《顧氏譜系考》一卷，《譎觚》一卷，《茀錄》十五卷，《救文格論》《詩律蒙告》《下學指南》各一卷，《當務書》六卷，《菰中隨筆》三卷，《文集》六卷，《詩集》五卷。其書或存或佚，今不具注。但觀其目，可以見其影響於後此學術界者如何矣。

要之，亭林在清學界之特別位置，一日開學風，排斥理氣性命之玄談，專從客觀方面研察事務條理。二日開治學方法，如勤搜資料，綜合研究，如參驗耳目聞見以求實證，如力戒雷同剿說，如虛心改訂不護前失之類皆是。三日開學術門類，如參證經訓史蹟，如講求音韻，如說述地理，如研精金石之類皆是。獨有生平最注意的經世致用之學，後來因政治環境所壓迫，竟沒有傳人。他的精神，一直到晚清才漸漸復活。至於他的感化力所以能歷久常新者，不徒在其學術之淵粹，而尤在其人格之崇峻。我深盼研究亭林的人，勿將這一點輕輕看過。

## 附：亭林學友表

亭林既老壽，且足跡半天下，雖不講學，然一時賢士大夫，樂從之遊。觀其所與交接者，而當時學者社會之面影略可睹焉。今鉤稽本集，參以他書，造此表。其人無關學術者不錄，弟子及後輩附見。

歸　莊　字元恭，崑山人，明諸生，國變後改名祚明。與亭林少同學，最相契，嘗同舉義於蘇州。其卒，亭林哭以詩，極稱其學。著有《歸元恭文鈔》。

萬壽祺，字年少，徐州人，明孝廉，入清服僧服，易名慧壽，著有《隰西草堂集》。亭林早年游淮上與定交，有詩贈之。

路澤溥，字安卿，曲周人，嘗拯亭林於難。亭林《廣師篇》云：「險阻備嘗，與時屈伸，吾不如路安卿。」

潘檉章，字力田，吳江人，次耕之兄。亭林早年摯友。長於史學，與吳赤溟合著《明史》，亭林以所儲史料盡供給之。後死於湖州莊氏史獄，亭林哭以詩，甚慟。所著書未成，今存者僅《國史考異》《松陵文獻》兩種，其學術大概，別詳第八講。

吳炎，字赤溟，吳江人，與潘力田同學同難，亭林哭之。

賈必選，字徙南，上元人，明孝廉，入清杜門，著書有《松蔭堂學易》。《亭林詩集》有《賈倉部必選說易》一首。

王潢，字元倬，上元人，有《南陔集》。亭林集中有贈詩。

任唐臣，字子良，掖縣人。亭林從假吳才老《韻譜》讀之，自此始治音韻學。

張爾岐，字稷若，號蒿庵，濟南人。著有《儀禮鄭注句讀》十七卷。亭林為之序。清儒治禮學，自稷若始也。長亭林一歲，亭林嘗稱之曰先生。《廣師篇》云：「獨精三《禮》，卓然經師，吾不如張稷若。」《亭林集》中《與友人論學書》(見前)，所與者即稷若也。稷若答書略云：「《論學書》粹然儒者之言，特拈『博學』『行己』二事為學鵠，真足砭好高無實之病。……愚見又有欲質者：性命之理，夫子固未嘗輕以示人，其所與門弟子詳言而諄復者，何一非性命之顯設散見者歟！苟於博學有恥，真實踐履，自當因標見本，合散知總，心性天命將有不待言而庶幾一遇者。故性命之理，騰說不可也，未始不可默喻；侈於人不可也，未始不可驗諸己；強探力索於一日不可也，未始不可優裕漸漬以俟自悟。如謂於學人分上了無交涉，是將格盡天下之理，而反遺身以內之理也。……」蓋稷若與亭林，不苟異亦不苟同如此。所著除《儀禮句讀》外，尚有《蒿庵集》《蒿庵閒話》等。

徐夜，字東痴，濟南人。以詩名，舉博學鴻詞不就，與亭林有酬答詩。

馬驌，字宛斯，鄒平人，著《繹史》百六十卷，專研古史，時人稱為「馬三代」。亭林極服其書，常與游郊外訪碑。

劉孔懷，字果庵，長山人，精於考核，亭林遊山東常主其家，與辨析疑義。著有《四書字徵》《五經字徵》《詩經辨韻》等書。

傅山，字青主，陽曲人。亭林遊山西主其家。《廣師篇》云：「蕭然物外自得天機，吾不如傅青主。」著有《霜紅龕集》。

李因篤，字子德，一字天生，洪洞人。康熙戊午徵鴻博，授檢討，不就職。與亭林交最篤，嘗徒步往濟南急其難。後亭林墾荒雁門，卜居華陰，皆子德董其事。《亭林集》中與子德論學書最多。子德於經學、史學俱深粹，著有《受祺堂集》。

王宏撰，字無異，號山史，華陰人，明諸生。康熙戊午徵鴻博，不赴。耆字好古，著有《易象圖述》《山志》《砥齋集》等書。亭林常主其家，《廣師篇》云：「好學不倦，篤於朋友，吾不如王山史。」

李　顒-別見。二曲晚年反閉土室，唯亭林至乃啟關相見。《廣師篇》云：「堅苦力學，無師而成，吾不如李中孚。」

申涵光-字鳧孟，永平人。孫夏峰弟子，著有《聰山集》。亭林有贈答詩。

孫奇逢-別見。亭林曾親至輝縣訪夏峰，有《贈孫徵君》詩。

朱彝尊-別見。亭林在關中始交竹垞，有贈答詩。《廣師篇》云：「文章爾雅，宅心和厚，吾不如朱錫鬯。」

屈大均-字翁山，番禺人。著有《翁山文外》。在關中交亭林，有贈答詩。

顏光敏-字修來，曲阜人。著有《樂圃集》。亭林下濟南獄時，修來奔走最力。

張　弨-字力臣，山陽人。貧而耆古，喜集金石文字。亭林著《音學五書》，力臣任校刻。《廣師篇》云：「精心六書，信而好古，吾不如張力臣。」

王錫闡-別見。《廣師篇》云：「學究天人，確乎不拔，吾不如王寅旭。」集中有《贈王高士錫闡》詩。

吳志伊-字任臣，莆田人。著有《周禮大義》《禮通》《十國春秋》《山海經廣注》等書。《廣師篇》云：「博聞強記，群書之府，吾不如吳任臣。」

閻若璩-別見。百詩謁亭林於太原，出《日知錄》相質，為改訂若干條。

楊　瑀-字雪臣，武進人。著有《飛樓集》百二十卷。《廣師篇》云：「讀書為己，探賾洞微，吾不如楊雪臣。」

錢澄之－原名秉鐙，字飲光，桐城人。在明末聲譽已高。福王立於南京，馬、阮興大獄捕清流，飲光與焉，後從永曆帝入滇，間關九死。永曆亡，易僧裝終老。著有《田間易學》《田間詩學》《藏山閣稿》《田間集》《明末野史》等書。《亭林集》中有《贈錢編修秉鐙》一詩。

戴廷栻－字楓仲，祁縣人。博學好古，著有《半可集》。嘗為亭林築室於祁之南山，且藏書供眾覽。

戴笠－初名鼎立，字耘野，吳江人。潘次耕之師。亭林有書與論學。

黃宗羲－別見。亭林六十四歲時，曾與梨洲通書，見梨洲所著《思舊錄》中。但兩人似始終未交晤。

湯斌－字孔伯，號荊峴，相州人。孫夏峰弟子，在清為達官，謚文正。孔伯修《明史》，以書來問義例，亭林答之。

朱鶴齡－字長孺，吳江人。明諸生，入清不仕，著《毛詩通義》《尚書稗傳》《春秋集說》等書。又注杜工部、李義山詩。《亭林集》中有贈詩。

陳芳績－字亮工，常熟人。父鼎和，為亭林友。亮工著有《歷代地理沿革表》四十七卷。《亭林集》中有贈亮工詩數首。

潘　耒－字次耕，號稼堂，吳江人，力田之弟。遭家難，年甫數歲，易姓為吳，從母姓也。既壯，從亭林學於汾州。亭林視之猶子，集中與論學書最多。次耕，康熙戊午鴻博薦入翰林，與修《明史》，參訂義例，分纂志傳，用力最勤。亭林著述自《日知錄》及《文集》其他多種，皆由次耕編定校刻。次耕又師事徐俟齋、戴耘野，皆經紀其後事，風義獨絕。著有《遂初堂集》。

徐乾學－字原一，號健庵，崑山人。亭林外甥。官至刑部尚書，主修《大清一統志》。著有《讀禮通考》《憺園集》。

徐元文－字公肅，號立齋，健庵之弟。官至大學士。嘗主修《明史》。

說亭林是清代經學之建設者，因為他高標「經學即理學」這句話，成為清代經學家信仰之中心。其實亭林學問，絕不限於經學，而後此之經學，也不見得是直衍亭林之傳。其純以經學名家，而且於後來經學家學風直接有關係者，或者要推閻百詩，其次則胡朏明和萬充宗。

閻百詩，名若璩，別號潛丘居士，山西太原人，寄籍江蘇之山陽，生明崇禎九年，卒清康熙四十三年（一六三六－一七零四），年六十九。他的父親名修齡，號牛叟，本淮南鹽商，但很風雅，也可算一位名士或一位遺老。百詩人格之峻整，遠不如亭林，生平行誼，除學者日常生活外，無特別可記。康熙十七年，他應博學鴻儒科，下第，很發牢騷。其後徐健庵乾學在洞庭山開局修《大清一統志》，聘他參與其事。他六十八歲的時候，清聖祖南巡，有人薦他，召見，趕不上，他很懊喪。時清世宗方在潛邸，頗收羅名士，把他請入京，他垂老冒病而往，不久便卒於京寓。其行歷可記者僅如此。所著書曰《古文尚書疏證》八卷、《毛朱詩說》一卷、《四書釋地》六卷、《潛丘札記》六卷、《孟子生卒年月考》一卷、《困學紀聞注》十二卷。

百詩僅有這點點成績，為什麼三百年來公認他是第一流學者呢？他的價值，全在一部《古文尚書疏證》。《尚書》在漢代，本有今古文之爭。伏生所傳二十八篇，叫做「今文尚書」。別有十六篇，說是孔安國所傳，叫做「古文尚書」。然而孔安國這十六篇，魏晉之間，久已沒有人看見。到東晉，忽然有梅賾其人者，拿出一部《古文尚書》來，篇數卻是比今文增多二十五篇，而且有孔安國做的全傳——即全部的注。到初唐，陸德明據以作《經典釋文》，孔穎達據以作《正義》。自此以後，治《尚書》者，都用梅賾本，一千餘年，著為功令。中間雖有吳棫、朱熹、吳澄、梅鷟諸人稍稍懷疑，但都未敢昌言攻擊。百詩著這部《古文尚書疏證》，才盡發其復，引種種證據證明那二十五篇和孔傳都是東晉人贋作。百詩從二十歲起就著手著這部書，此後四十年間，隨時增訂，直至臨終還未完成。自這部書出版後，有毛西河奇齡著《古文尚書冤詞》和他抗辯，在當時學術界為公開討論之絕大問題，結果閻勝毛敗。《四庫提要》評閻書所謂：「有據之言，先立於不可敗也。」自茲以後，惠定宇棟之《古文尚書考》，段茂堂玉裁之《古文尚書撰異》等，皆衍閻緒，益加綿密，而偽古文一案，遂成定讞。最後光緒年間，雖有洪右臣良品續作冤詞，然而沒有人理他，成案到底不可翻了。

請問：區區二十篇書的真偽，雖辨明有何關係，值得如此張皇推許嗎？答道：是大不然。這二十幾篇書和別的書不同。二千餘年來公認為神聖不可侵犯之寶典，上自皇帝經筵進講，下至蒙館課讀，沒有一天不背誦他。忽焉真贓實證，發現出全部是假造！你想，思想界該受如何的震動呢？學問之最大障礙物，莫過於盲目的信仰。凡信仰的對象，照例是不許人研究的。造物主到底有沒有？耶穌基督到底是不是人？這些問題，基督教徒敢出諸口嗎？何止不敢出諸口，連動一動念也不敢哩。若使做學問的都如此，那麼，更無所謂問題，更無所謂研究，還有什麼新學問發生呢？新學問發生之第一步，是要將信仰的對象一變為研究的對象。既成為研究的對象，則因問題引起問題，自然有無限的生發。中國人向來對於幾部經書，完全在盲目信仰的狀態之下。自《古文尚書疏證》出來，才知道這幾件「傳家寶」裡頭，也有些靠不住，非研究一研究不可。研究之路一開，便相引於無窮。自此以後，今文和古文的相對研究，六經和諸子的相對研究，乃至中國經典和外國經典相對研究，經典和「野人之語」的相對研究，都一層一層地開拓出來了。所以百詩的《古文尚書疏證》，不能不認為近三百年學術解放之第一功臣。

百詩為什麼能有這種成績呢？因為他的研究方法實有過人處。他的兒子說道：「府君讀書，每於無字句處精思獨得，而辯才鋒穎，證據出入無方，當之者輒失據。常曰：『讀書不尋源頭，雖得之，殊可危！』手一書至檢數十書相證，侍側者頭目為眩，而府君精神湧溢，眼爛如電。一義未析，反覆窮思，饑不食，渴不飲，寒不衣，熱不扇，必得其解而後止。」閻詠《左汾近稿．先府君行述》他自己亦說：「古人之事。應無不可考者。縱無正文，亦隱在書縫中，要須細心人一搜出耳。」《潛丘札記》卷六戴東原亦說：「閻百詩善讀書。百詩讀一句書，能識其正面背面。」段玉裁著《戴先生年譜》大抵百詩學風，如老吏斷獄，眼光極尖銳，手段極嚴辣，然而判斷必憑證據，證據往往在別人不注意處得來。《四庫提要》讚美他說：「考證之學，未知或先。」《古文尚書疏證》條下百詩在清學界位置之高，以此。

《四庫提要》又說：「若璩學問淹通，而負氣求勝，與人辯論，往往雜以毒詬惡謔，與汪琬遂成讎釁，頗乖著書之體。」《潛丘札記》條下據他的著述和傳記看來，這種毛病，實所不免，比顧亭林的虛心差得多了。又以著書體例論，如《古文尚書疏證》，本專研究一個問題，乃書中雜入許多信札日記之類，與全書宗旨無涉。如《四書釋地》，標名釋地，而所釋許多溢出地理範圍外。如《孟子生卒年月考》，考了一大堆，年月依然無著。諸如此類，不能不說他欠謹嚴。雖然，凡一個學派的初期作品，大率粗枝大葉，瑕類很多，正不必專責備百詩哩。

清初經師，閻、胡齊名。胡朏明，名渭，號東樵，浙江德清人，卒康熙五十三年，年八十二。他行歷更簡單，不過一老諸生，曾和閻百詩、萬季野、黃子鴻同參《一統志》局。晚年清聖祖南巡，獻頌一篇，聖祖賜他「耆年篤學」四個大字。他一生事跡可記者僅此。他著書僅四種：一、《禹貢錐指》二十卷，附圖四十七幅；二、《易圖明辨》十卷；三、《洪範正論》五卷；四、《大學翼真》七卷。他的學風，不尚泛博，專就一個問題作窄而深的研究，開後人法門不少。幾部書中，後人最推重的是《禹貢錐指》。這部書雖然有許多錯處，但精勤搜討，開後來研究地理沿革的專門學問。價值當然也不可磨滅。但依我看，東樵所給思想界最大影響，還是在他的《易圖明辨》。《易圖明辨》是專辨宋儒所傳「太極」「先天」「後天」——即所謂「河圖」「洛書」等種種矯誣之說。這些圖是宋元明儒講玄學的唯一武器，鬧得人神昏眼亂，始終莫名其妙。但他們說是伏羲、文王傳來的寶貝，誰也不敢看輕他，看不懂只好認自己笨拙罷了。明清之交，黃梨洲宗羲、晦木宗炎兄弟，始著專書辟其謬，東樵曾否見他們的書不可知，但他卻用全副精力做十卷的書，專來解決這問題。他把這些圖的娘家找出來，原來是華山道士陳摶弄的把戲，展轉傳到邵雍。又把娘家的娘家尋根究底，原來是誤讀讖緯等書加以穿鑿附會造出來的。於是大家都知道這些都是旁門左道，和《易經》了無關係。我們生當今日，這些鬼話，久已沒人過問，自然也不感覺這部書的重要。但須知三百年前，像周濂溪《太極圖說》、朱子《易本義》一類書，其支配思想界的力量，和四書五經差不了多少。東樵這種廓清辭辟，真所謂「功不在禹下」哩。《洪範正論》的旨趣，也大略相同，專掃蕩漢儒「五行災異」之說，破除迷信。所以我說，東樵破壞之功，過於建設。他所以能在學術界占重要位置者，以此。

萬充宗也是初期經學界一位重要人物。充宗名斯大，浙江鄞縣人，康熙二十二年卒，年五十一。父泰，字履安，黃梨洲老友。履安有八子，都以學問著名。充宗行六，最幼的是季野斯同。八兄弟皆從學梨洲，但都不大理會他的陽明學。季野稱史學大師，而充宗以經學顯。梨洲替充宗作墓誌銘，述其治學方法曰：「充宗以為，非通諸經不能通一經，非悟傳注之失則不能通經，非以經釋經則亦無由悟傳注之失。何謂通諸經以通一經？經文錯互，有此略而彼詳者，有此同而彼異者。因詳以求其略，因異以求其同，學者所當致思也。何謂悟傳注之失？學者入傳注之重圍，其於經也，毋庸致思；經既不思，則傳注無失矣，若之何而悟之。何謂以經解經？世之信傳注者過於信經，試拈二節為例（文繁不引）。……充宗會通各經，證墜輯缺，聚訟之議，渙然冰釋，奉正朔以批閏位，百注逐無堅城。……」讀這段話，充宗的經學怎樣做法，可以概見了。充宗著書，有《學春秋隨筆》十卷，《學禮質疑》二卷，《儀禮商》三卷，《禮記偶箋》三卷，《周官辨非》二卷。依我看，《周官辨非》價值最大。《周官》這部書，歷代學者對他懷疑的很不少，著專書攻擊而言言中肯者，實以此書為首。萬氏兄弟皆講風節，充宗尤剛毅。張蒼水煌言就義，他親自收葬，即此可想見其為人。可惜死得早了，若使他有顧、黃、閻、胡的年壽，他所貢獻於學界怕不止此哩。

同時還有一位學者，不甚為人所稱道而在學術史上實有相當位置者，曰姚立方。立方名際恆，一字首源，安徽休寧人，寄籍仁和，為諸生（生卒年待考）。據《古文尚書疏證》知道，他比閻百詩小十一歲，但未知卒在何年。毛西河《詩話》云：「亡兄為仁和廣文，嘗曰：『仁和只一學者，猶是新安人。』謂姚際恆也。予嘗作《何氏存心藏書序》，以似兄，兄曰：『何氏所藏有幾？不過如姚立方腹笥已耳。』……」據此則立方學問之博可以概見。立方五十歲著手注九經，閱十四年而成，名曰《九經通論》；又著《庸言錄》，雜論經史理學諸子。這兩部書，我都未得見，不知其內容如何？所見者只有他的《古今偽書考》。自《易經》的孔子《十翼》起，下至許多經注，許多子書，他都懷疑，真算一位「疑古的急先鋒」了。他別有書十卷，專攻《偽古文尚書》。閻百詩說他「多超人意外」，喜歡極了，手鈔許多，散入《疏證》各條下。見《古文尚書疏證》卷八。我想，立方這個人奇怪極了，我希望將來有機會全讀他的著作，再下批評。

## 附：初期經學家表

清代經學，至惠定宇、戴東原而大成，前此只能算啟蒙時代。除本講及前後諸講特舉論列之諸家外，就憶想所及，表其姓名，其蹈襲明學緒餘者不入。

黃宗炎-字晦木，餘姚人，梨洲之弟。著有《憂患學易》一書，內分《周易象辭》十九卷，《尋門余論》二卷，《圖學辨惑》一卷，《圖學辨惑》即辨先後天方圓等圖也，又有《六書會通》，論小學。

張爾岐-見亭林學友表。

朱鶴齡－同上

錢澄之－同上

陳啟源－字長發，吳江人，著《毛詩稽古編》三十卷。

馮景－字山公，錢塘人。與閻若璩友，嘗助其著《古文尚書疏證》。所著有《解舂集》二十卷。盧文弨其外孫也。

臧琳－字玉林，武進人，著《經義雜記》三十卷，《尚書集解》百二十卷。閻若璩稱其書，且謂為隱德君子。嘉慶間，其玄孫庸始校刻其書。

# 五　兩畸儒

## ——王船山　朱舜水

## 五　兩畸儒

《中庸》說：「君子之道，闇然而日章。」南明有兩位大師，在當時，在本地，一點聲光也沒有，然而在幾百年後，或在外國，發生絕大影響。其人曰王船山，曰朱舜水。

船山，名夫之，字而農，一號薑齋，湖南衡陽人。因晚年隱居於湘西之石船山，學者稱為船山先生。生明萬曆年四十七年，卒清康熙三十一年，年七十四。他生在比較偏僻的湖南，除武昌、南昌、肇慶三個地方曾作短期流寓外，未曾到過別的都會。當時名士，除劉繼莊獻廷外，沒有一個相識。又不開門講學，所以連門生也沒有。張獻忠蹂躪湖南時候，他因為不肯從賊，幾乎把命送掉。清師下湖南，他在衡山舉義反抗。失敗後走桂林，大學士瞿文忠式耜很敬重他，特薦於永曆帝，授行人司行人。時永曆帝駐肇慶，王化澄當國，紀綱大壞，獨給諫金堡等五人志在振刷，不為群小所容，把他們下獄，行將殺害。船山奔告少傅嚴起恆，力救他們。化澄於是參起恆，船山亦三上疏參化澄。化澄恨極，誓要殺他，有降帥某救他，才免返桂林，依瞿式耜。因母病回衡陽。其後式耜殉節桂林，起恆也在南寧遇害。船山知事不可為，遂不復出。當時清廷嚴令剃髮，不從者死。他誓死抵抗，轉徙苗瑤山洞中，艱苦備嘗。到處拾些破紙或爛帳簿之類充作稿紙。著書極多，二百年來幾乎沒有人知道，直至道光咸豐間鄧湘皋顯鶴才蒐集起來，編成一張書目。同治間曾沅圃國荃才刻成《船山遺書》，共七十七種二百五十卷。此外未刻及已佚的還不少。內中說經之書，關於《易經》者五種《周易內傳》《周易大象解》《周易稗疏》《周易考異》《周易外傳》，關於《書經》者三種《書經稗疏》《尚書考異》《尚書引義》，關於《詩經》者三種《詩經稗疏》《詩經考異》《詩廣傳》，關於《禮記》者一種《禮記章句》，關於《春秋》者四種《春秋稗疏》《春秋家說》《春秋世論》《續春秋左傳博議》，關於《四書》者五種《四書訓義》《四書稗疏》《四書考異》《四書大全說》《四書詳解》，關於《小學》者一種《說文廣義》。其解釋諸子之書，則有《老子衍》《莊子解》《莊子通》《呂覽釋》《淮南子注》。其解釋宋儒書，則有《張子正蒙注》《近思錄釋》。其史評之書，則有《讀通鑑論》《宋論》。其史料之書，則有《永曆實錄》。其雜著，則有《思問錄內外篇》《俟解》《噩夢》《黃書》《識小錄》《龍源夜話》等。此外詩文集、詩餘、詩話及詩選、文選等又若干種。內中最特別的，有《相宗絡索》及《三藏法師八十規矩論贊》之兩種。研究法相宗的著述，晚唐來千餘年，此為僅見了。鄧湘皋既述其目，系以敘論曰：「先生生當鼎革，竊自維先世為明世臣，存亡與共，甲申後崎嶇嶺表，備嘗險阻。既知事不可為，乃退而著書，竄伏祁、永、漣、邵山中，流離困苦，一歲數徙其處，…… 故國之戚，生死不忘。…… 當是時，海內儒碩，北有容城，西有盩厔，東南則有崑山、餘姚。先生刻苦似二曲，貞晦過夏峰，多聞博學、志節皎然，不愧顧、黃兩先生。顧諸君子肥遁自甘，聲名亦炳，雖隱逸之薦，鴻博之征，皆以死拒，而公卿交口，天子動容，其志易白，其書易行。先生竄身瑤峒，絕跡人間，席棘飴荼，聲影不出林莽。門人故舊，又無一有氣力者，為之推挽。歿後遺書散佚。後生小子，至不能舉其名姓，可哀也已。」這段話可謂極肅括，極沉痛，讀之可以想見船山為人了。

船山和亭林，都是王學反動所產生人物。但他們不但能破壞，而且能建設。拿今日的術語來講，亭林建設方向近於「科學的」，船山建設方向近於「哲學的」。

西方哲家，前此唯高談宇宙本體，後來漸漸覺得不辨知識之來源，則本體論等於瞎說，於是認識論和論理學，成為哲學主要之部分。船山哲學正從這個方向出發。他有《知性論》一篇，把這個

## 五　兩畸儒

問題提出，說道：

> 言性者皆曰吾知性也。折之曰性弗然也，猶將曰性胡弗然也。故必正告之曰：爾所言性者，非性也。今吾勿問其性，且問其知。知實而不知名，知名而不知實，皆不知也。…… 目擊而遇之，有其成象，而不能為之名，如是者，於體非茫然也，而不給於用，無以名之，斯無以用之也；曾聞而識之，謂有名之必有實，而究不能得其實，如是者，執名以起用，而茫然於其體，雖有用，固異體之用，非其用也。夫二者則有辨矣。知實而不知名，弗求名焉，則用將終絀。問以審之，學以證之，思以反求之，則實在而終得乎名，體定而終伸其用。…… 知名而不知實，以為既知之矣，則終始於名而惝怳以測其影，斯問而益疑，學而益僻，思而益甚其狂惑，以其名加諸迥異之體，枝辭日興，愈離其本。…… 夫言性者，則皆有名之可執，有用之可見，而終不知何者之為性。蓋不知，何如之為『知』，而以知名當之？…… 故可直折之曰：其所雲性者非性，其所自謂知者非知。……《薑齋文集》卷一

然則他對於「知」的問題怎樣解答呢？他排斥「唯覺主義」。他說：

> 見聞可以證於知已知之後，而知不因見聞而發。《正蒙注》卷四上耳與聲合，目與色合，皆心所翕闢之牖也。合，故相知；乃其所以合之故，則豈耳目聲色之力哉！故輿薪過前，群言雜至，而非意所屬，則見如不見，聞如不聞，其非耳目之受而即合，明矣。同上

前文所錄《知性》篇言「知名不知實」之弊，其意謂向來學者所論爭只在名詞上，然而名詞的來源，實不過見聞上一種習氣。他說：

感於聞見，觸名思義，不得謂之知能。……聞見，習也，習所之知者有窮。同上

又說：

見聞所得者，象也。……知象者本心也，非識心者象也。存象於心而據之以為知，則其知者象而已；象化其心。而心唯有像，不可謂此為吾心之知也明矣。同上

「象化其心」怎麼解呢？他說：

其所為信諸己者，或因習氣，或守一先生之言，漸漬而據為亡心。《俟解》

他根據這種理論，斷言「緣見聞而生之知非真知」同上。以為因此發生二蔽：其一，「流俗之徇欲者以見聞域其所知」；其二，則「釋氏據見聞之所窮而遂謂無」。他因此排斥虛無主義，說道：

目所不見，非無色也；耳所不聞，非無聲也；言所不通，非無義也；故曰：「知之為知之，不知為不知。」知其有不知者存，則既知有之矣是知也。……《思問錄．內篇》

他又從論理方面難虛無主義，說道：

言無者激於言有者而破除之也，就言有者之所謂有而謂無其有也，天下果何者而可謂之無哉？……言者必有所立，而後其說成。今使言者立一「無」於前，博求之上下四維古今存亡而不可得，窮矣。同上

他於是建設他的實有主義，說道：

無不可為體。人有立人之體，百姓日用而不知爾，雖無形跡而非無實。使其無也，則生理以何為體而得存耶？……《正蒙注》卷三下

## 五　兩畸儒

他所認的實體是什麼？就是人的心。他說：

> 過去，吾識也；未來，吾慮也；現在，吾思也。天地古今以此而成，天下之亹亹以此而生。《思問錄．內篇》

他的本體論重要根據，大概在此。我們更看他的知識論和本體論怎麼的結合。他所謂「真知」是：「誠有而自喻，如暗中自指其口鼻，不待鏡而悉。」《正蒙注》卷四上這種知，他名之曰「德性之知」。但他並不謂知限於此。他說：

> 因理而體其所以然，知以天也。（超經驗的）事物至而以所聞所見者證之，知以人也。（經驗的）通學識之知於德性之所喻而體用一源，則其明自誠而明也。《正蒙注》卷三下

又說：

> 誰知有其不知，而必因此（所知者）以致之（即大學致知之致），不迫於其所不知而索之。《思問錄．內篇》

又說：

> 內者心之神，外者物之法象。法象非神不立，神非法象不顯。多聞而擇，多見而識，乃以啟發其心思而令歸於一，又非徒恃存神而置格物窮理之學也。《正蒙注》卷四上

欲知船山哲學的全系統，非把他的著作全部仔細?繹後，不能見出。可惜，我未曾用這種苦功，而且這部小講義中也難多講。簡單說：

一、他認「生理體」為實有。

二、認宇宙本體和生理體合一。

三、這個實體即人人能思慮之心。

四、這種實體論，建設在知識論的基礎之上。其所以能成立者，因為有超出見聞習氣的「真知」在。

五、見聞的「知」，也可以輔助「真知」，與之駢進。

依我很粗淺的窺測，船山哲學要點大略如此。若所測不甚錯，那麼，我敢說他是為宋明哲學辟一新路。因為知識本質、知識來源的審查，宋明人是沒有注意到的。船山的知識論對不對，另一問題。他這種治哲學的方法，不能不說比前人健實許多了。他著作中有關於法相宗的書兩種，或者他的思想受法相宗一點兒影響，也未可知。

亭林極端的排斥哲理談——最不喜講「性與天道」。船山不然，一面極力提倡實行，一面常要研求最高原理。為什麼如此呢？船山蓋認為有不容已者。他說：

人之生也，君子而極乎聖，小人而極乎禽獸。苟不知所以生，不知所以死，則為善為惡，皆非性分之所固有，職分之所當為。下焉者何弗蕩棄彝倫，以遂其苟且私利之欲。其稍有恥之心而厭焉者，則見為寄生兩間，去來無準，惡為贅疣，善亦弁髦。生無所從，而名與善皆屬漚瀑，以求異於逐而不返之頑鄙。乃其究也不可以終日，則又必佚出猖狂，為無縛無礙之邪說，終歸於無忌憚。自非究吾之所始與其所終，神之所化，鬼之所歸，效天下之正而不容不懼以終始，惡能釋其惑而使信於學？……《張子正蒙注．自序》

## 五　兩畸儒

船山之意以為，要解決人生問題，須先講明人之所以生。若把這個問題囫圇躲過不講，那麼，人類生活之向上便無根據，無從鞭策起來。否則為不正當的講法所誤，致人生越發陷於不安定。船山所以不廢哲理談者，意蓋在此。

船山雖喜言哲理，然而對於純主觀的玄談，則大反對。他說：

> 經云「事有終始，知所先後，則近道矣」，遽推其先，則曰「在格物，物格而後知至」。……蓋嘗論之：何以謂之德？行焉而得之謂也。何以謂之善？處焉而宜之謂也。不行胡得？不處胡宜？則君子之所謂知者，吾心喜怒哀樂之節，萬物是非得失之幾，誠明於心而不昧之謂耳。……今使絕物而始靜焉，舍天下之惡而不取天下之善，墮其志，息其意，外其身，於是而洞洞焉，晃晃焉，若有一澄澈之境……莊周、瞿曇氏之所謂知，盡此矣。然而求之於身，身無當也；求之於天下，天下無當也。行焉而不得，處焉而不宜，則固然矣。於是曰：「吾將不行，奚不得？不處，奚不宜？」乃勢不容已，而抑必與物接，則又洸洋自恣，未有不蹶而狂者也。……有儒之駁者起焉，有志於聖人之道，而憚至善之難止也。……於是取《大學》之教，疾趨以附二氏之途，以其恍惚空明之見，名之曰：此明德也，此知也，此致良知而明明德也。體用一，知行合，善惡泯，介然有覺，頹然任之，而德明於天下矣。乃羅織朱子之過，而以窮理格物為其大罪。天下之畏難苟安以希冀不勞，無所忌憚而坐致聖賢者，翕然起而從之。……　《大學衍補傳》

船山反對王學的根本理由大概如此，他所以想另創新哲學的理由亦在此。至於他的哲學全系統如何？我因為沒有研究清楚，不敢多說。有志研究的人，請把他所著《正蒙注》《思問錄．內篇》做中堅，再博看他別的著作，或者可以整理出來。

自將《船山遺書》刻成之後，一般社會所最歡迎的是他的《讀通鑒論》和《宋論》。這兩部自然不是船山第一等著作，但在史評一類書裡頭，可以說是最有價值的。他有他的一貫精神，借史事來發表。他有他的特別眼光，立論往往迴異流俗。所以這兩部書可以說是有主義有組織的書。若拿出來和呂東萊的《東萊博議》、張天如的《歷代史論》等量齊觀，那便錯了。「攘夷排滿」是裡頭主義之一種，所以給晚清青年的刺激極大。現在事過境遷，這類話倒覺無甚意義了。

船山本來不是考證學派，但他的經說，考核精詳者也不少。鄧湘皋說：「當代經師，後先生而興者無慮百十家，所言皆有根底。然諸家所著，有據為新義，輒為先生所已言者，《四庫總目》於《春秋裨疏》曾及之。以余所見，尤非一事，蓋未見其書也。」湘皋這話很不錯，越發可見船山學問規模之博大了。

船山學術，二百多年沒有傳人。到咸、同間，羅羅山澤南像稍為得著一點。後來我的畏友譚壯飛嗣同研究得很深。我讀船山書，都是壯飛教我。但船山的復活，只怕還在今日以後哩！

有一位大師，在本國幾乎沒有人知道，然而在外國發生莫大影響者，曰朱舜水。日本史家通行一句話，說「德川二百餘年太平之治」。說到這句話，自然要聯想到朱舜水。

舜水，名之瑜，字魯嶼，浙江餘姚人。生明萬曆二十八年，卒清康熙二十一年，年八十三。他是王陽明、黃梨洲的胞同鄉。他比梨洲長十一歲，比亭林長十四歲，他和亭林同一年死，僅遲三個月。最奇怪的，我們研究他的傳記，知道他也曾和梨洲同在舟山一年，然而他們倆像未曾相識。其餘東南學者，也並沒有一位和他有來往。他的「深藏若虛」，可比船山還加幾倍了。

崇禎十七年明亡時候，他已經四十五歲了。他早年便絕意仕進，那時不過一位貢生，並無官職。福王建號南京，馬士英要羅致他，他不就，逃跑了。從南京失陷起，到永曆被害止，十五年間，他時而跑日本，跑安南，跑暹羅，時而返國內，日日奔走國事。他曾和張蒼水煌言在舟山共事，他曾入四明山助王完勛翊練寨兵，他曾和馮躋仲京第到日本乞師，他曾隨鄭延平成功入長江北伐。到最後百無可為，他因為抵死不肯剃髮，只得亡命日本以終老。當時日本排斥外人，不許居住，有幾位民間志士敬重他為人，設法破例留他住在長崎。住了七年，日本宰相德川光國，請他到東京，待以賓師之禮。光國親受業為弟子。其餘藩侯藩士（日本當時純為封建制，像我國春秋時代），請業的很多。舜水以極光明俊偉的人格，極平實淹貫的學問，極肫摯和藹的感情，給日本全國人以莫大感化。德川二百年，日本整個變成儒教的國民，最大的動力實在舜水。後來德川光國著一部《大日本史》，專標「尊王一統」之義。五十年前，德川慶喜歸政，廢藩置縣，成明治維新之大業，光國這部書功勞最多，而光國之學全受自舜水。所以舜水不特是德川朝的恩人，也是日本維新致強最有力的導師。

舜水並沒有開門講學，也沒有著書。我們研究這個人，只靠他一部文集裡頭的信札和問答。他以羈旅窮困之身，能博鄰國全國人的尊敬，全恃他人格的權威。他說：「不佞生平，無有言而不能行者，無有行而不如其言者。」《文集》卷九《答安東守約書》又說：「弟性直率，毫不猶人，不論大明、日本，唯獨行其是而已，不問其有非之者也。」《文集》卷十二《答小宅生順問》又說：「自流離喪亂以來，二十六七年矣，其瀕於必死，大者十餘。…… 是故青天白日，隱然若雷霆震驚於其上，至於風濤險巇，傾蕩顛危，則坦然無疑，蓋自信者素耳。」《文集》卷十八《德始堂記》又說：「僕事事不如人，獨於『富貴不能淫，貧賤不能移，威武不能屈』，似可無愧於古聖先賢萬分之一。一身親歷之事，固與士子紙上空談者異也。」《文集》卷八《答小宅生順書》他是個德行純粹而意志最堅強的人，常常把整個人格毫無掩飾的表現出來與人共見。所以當時日本人對於他，「如七十子之服孔子」，殊非偶然。

他的學風，主張實踐，排斥談玄。他說：「先儒將現前道理，每每說向極微極妙處，固是精細工夫，然聖狂分於毫釐，未免使人懼。不佞舉極難重事，一概都說到明明白白平平常常，似乎膚淺庸陋，然『人人皆可為堯舜』之意也。…… 末世已不知聖人之道，而偶有向學之機，又與人辨析精微而逆折之，使智者詆為芻狗，而不肖者望若登天。…… 此豈引掖之意乎？」《文集》卷九《答安東守約書》又說：「顏淵問仁，孔子告以非禮勿視聽言動。夫視聽言動者，耳目口體之常事；禮與非禮者，中智之衡量；而「勿」者下學之持守。豈夫子不能說玄說妙言高言遠哉！抑顏淵之才不能為玄為妙騖高騖遠哉！…… 故知道之至極者，在此而不在彼也。」《文集》卷十八《勿齋記》舜水之教人者，大略如此。

這種學風，自然是王學的反動。所以他論陽明，許以豪傑之士，但謂其多卻講學一事《文集》卷六《答佐野回翁書》。不唯王學為然，他對於宋以來所謂「道學家」，皆有所不滿。他說：「有良工能於棘端刻沐猴，此天下之巧匠也，然不佞得此，必詆之為沙礫。何也？工雖巧，無益於世用

也。……宋儒辨析毫釐，終不曾做得一事，況又於其屋下架屋哉？」《文集》卷九《與安東守約書》

他論學問，以有實用為標準。所謂實用者，一日有益於自己身心，二日有益於社會。他說：「為學之道，在於近裡著己，有益天下國家，不在掉弄虛脾，捕風捉影。……勿剽竊粉飾，自號於人日『我儒者也』。處之危疑而弗能決，投之艱大而弗能勝，豈儒者哉？」《文集》卷十《答奧村庸禮書》他所謂學問如此，然則不獨宋明道學，即清儒之考證學，也非他所許，可以推見了。

舜水嫻習藝事，有巧思。「嘗為德川光國作《學宮圖說》，圖成，模之以木，大居其三十分之一，棟樑枅椽，莫不悉備。而殿堂結構之法，梓人所不能通曉者，舜水親指授之，及度量分寸，湊離機巧，教喻縝密，經歲乃畢。光國欲作石橋，舜水授梓人制度，梓人自愧其能之不及。此外，器物衣冠，由舜水繪圖教制者甚多。」據今井弘濟、安積覺合撰《舜水先生行實》我們因這些事實，可以見舜水不獨為日本精神文明界之大恩人，即物質方面，所給他們的益處也不少了。

總而言之，舜水之學和亭林、習齋皆有點相近。博學於文工夫，不如亭林，而守約易簡或過之；摧陷廓清之功不如習齋，而氣象比習齋博大。舜水之學不行於中國，是中國的不幸，然而行於日本，也算人類之幸了。

夏峰、梨洲、亭林、船山、舜水這些大師，都是才氣極倜儻而意志極堅強的人。舜水尤為伉烈。他反抗滿洲的精神，至老不衰。他著有《陽九述略》一篇，內分「致虜之由」「虜禍」「滅虜之策」等條。末題「明孤臣朱之瑜泣血稽顙謹述」。此外，《文集》中關於這類話很多。這類話入到晚清青年眼中，像觸著電氣一般，震得直跳，對於近二十年的政治變動，影響實在不小。他死後葬在日本，現在東京第一高等學校，便是他生前的住宅，死後的墳園。這回大震災，僥倖沒有毀掉。聽說日本人將我們的避難學生就收容在該校。我想，這些可愛的青年們當著患難時候，瞻仰這位二百多年前蒙難堅貞的老先生的遺蹟，應該受不少的感化罷！

# 六　清初史學之建設

## ——萬季野　全謝山　附：初期史學家及地理學家

## 六　清初史學之建設

我最愛晚明學者虎虎有生氣。他們裡頭很有些人，用極勇銳的努力，想做大規模的創造。即以對於明史一事而論，我覺得他們的氣魄，比現代所謂學者們高得多了。

史事總是時代越近越重要。考證古史，雖不失為學問之一種，但以史學自任的人，對於和自己時代最接近的史事，資料較多，詢訪質證亦較便，不以其時做成幾部宏博詳實的書以貽後人，致使後人對於這個時代的史蹟永遠在迷離徜中，又不知要費多少無謂之考證才能得其真相，那麼，真算史學家對不起人了。我常想：將來一部「清史」——尤其關於晚清部分，真不知作如何交代？直到現在，我所知道的，像還沒有人認這問題為重要，把這件事引為己任。比起晚明史學家，我們真是慚愧無地了。

明清之交各大師，大率都重視史學——或廣義的史學，即文獻學。試一閱亭林、梨洲、船山諸家著述目錄，便可以看出這種潮流了。內中專以史學名家，極可佩服而極可痛惜的兩個人，先要敘他們一敘。

吳炎，字赤溟；潘檉章，字力田，俱江蘇吳江人。兩位都是青年史學家——顧亭林忘年之友，不幸被無情的文字獄犧牲了。兩位所要做的事業，都未成功，又蒙奇禍而死，死後沒有人敢稱道他。我們幸而從顧亭林、潘次耕著述裡頭得著一點資料。《亭林詩集．汾州祭吳潘二節士詩》，有「一代文章亡左馬，千秋仁義在吳潘」之句，可謂推挹到極地了。《亭林文集》有《書吳潘二子事》一篇。據所記，則赤溟、力田二人，皆明諸生，國變時，年僅二十以上，發願以私人之力著成一部《明史》。亭林很敬慕他們，把自己所藏關於史料之書千餘卷都借給他們。康熙二年，湖洲莊廷鑨史獄起，牽累七十多人，陸麗京圻即其一也，而吳、潘皆與其難。亭林說他們「懷紙吮筆，早夜矻矻，其所手書盈床滿篋，而其才足以發之」。又說：「二子少余十餘歲，而余視為畏友。」他們的學問人格可想見了。力田實次耕之兄，遇難後家屬都被波累，次耕改從母姓為吳，其後次耕從亭林及徐昭法學，克成德業，從兄志也。兩人合著的《明史》，遭難時抄沒焚燒了。亭林藏書也燒在裡頭。赤溟別無著書。我僅在《歸元恭文續鈔》裡面看見他作的一篇序。力田著書存者有《國史考異》《松陵文獻》兩種。但《國史考異》已成者三十卷，燒剩下的僅有六卷。次耕的《遂初堂集》，對於這兩部書各有一篇序。我們從這兩篇序裡頭，可以看出力田的著述體例及其用力方法，大約大部分工夫，費在鑑別史料上頭。用科學精神治史，要首推兩君了。因本校圖書館無《遂初堂集》，未能徵引原文，改天再補入。兩君《明史稿》之遭劫，我認為是我們史學界不能回覆之大損失，嗚呼！

我在第五講裡頭曾經說過，黃梨洲是清代史學開山之祖。梨洲門下傳受他的史學者，是萬充宗的兄弟萬季野。

季野，名斯同，卒康熙四十一年，年六十五。他的籍貫家世，在第五講已經敘過了。他的父兄都是有學問的人。兄弟八人，他最幼。據全謝山做的傳，說他小孩子時候異常淘氣，他父親履安先生泰每說要把他送和尚廟裡當徒弟，他頑性依然不改；於是把他鎖在空房裡頭。他看見架上有明史料數十冊，翻一翻覺得有趣，幾日間，讀完了，自是便刻志向學。踰年，遂隨諸兄後，學於梨洲。在梨洲門下年最少，梨洲最賞愛他。梨洲學問方面很多，所著《明史案》，今僅存其目，曾否成書蓋未可知。季野學固極博，然尤嗜文獻，最熟明代掌故，自幼年即以著明史為己任。康熙十七年詔徵鴻博，有人薦他，他力拒乃免。明年，開明史館，亭林的外甥徐元文當總裁，極力要羅致他。他因為官局蒐羅資料較容易，乃應徵入京。給他官，他不要，請以布衣參史事，不署銜，不受俸。住在元文家裡，所有纂修官的稿都由他核定。他極反對唐以後史書設局分修的制度，說道：

> 昔遷、固才既傑出，又承父學，故事信而言文。其後專家之書，才雖不逮，猶未至如官修者之雜亂也。譬如入人之室，始而周其堂寢匽湢，繼而知其蓄產禮俗，久之其男女、少長、性質、剛柔、輕重、賢愚無不習察，然後可制其家之事。若官修之史，倉猝而成於眾人，不暇擇其才之宜與事之習，是猶招市人而與謀室中之事也。吾所以辭史局而假館總裁所者，唯恐眾人分操割裂，使一代治亂之跡，暗昧而不明耳。錢大昕《潛研堂集．萬季野先生傳》

季野自少時已委身於明史，至是旅京十餘年，繼續他的工作，著成《明史稿》五百卷。他略述著書旨趣道：

> 史之難言久矣。……　而在今則事之信尤難。好惡因心，而毀譽隨之；一家之事，言者三人，而其傳各異矣；況數百年之久乎！言語可曲附而成，事跡可鑿空而構，其傳而播之者，未必皆直道之行也；其聞而書之者，未必有裁別之識也。非論其世、知其人，而具見其表裡，則吾以為信，而枉者多矣。……　實錄者，直載其事與言而無所增飾者也。因其世以考其事、核其言，而平心察之，則其本末十得八九矣。然言之發或有所由，事之端或由所起，而其流或有所激，則非他書不能具也。凡《實錄》之難詳者，吾以他書證之；他書之誣且濫者，吾以所得於《實錄》者裁之；雖不敢具謂可信，而枉者或鮮矣。昔人於《宋史》已病其繁蕪，而吾所述將倍焉。非不知簡之為貴也。吾恐後

之人務博而不知所裁，故先為之極，使知吾所取者有可損，而所不取者必非其事與言之真而不可益也。方苞《望溪文集．萬季野先生墓表》

自唐以後，設官局修史，大抵湊雜成篇，漫無別擇，故所成之書，蕪穢特甚。內中如歐陽永叔之《五代史記》，朱晦庵之《通鑑綱目》等，號稱為有主義的著作，又專講什麼「春秋筆法」，從一兩個字眼上頭搬演花樣。又如蘇老泉、東坡父子、呂東萊、張天如等輩，專作油腔滑調的批評，供射策剿說之用，宋明以來大部分人，除司馬溫公、劉原父、鄭漁仲諸人外，所謂史學大率如此。到潘力田、萬季野他們所做的工作便與前不同。他們覺得，歷史其物，非建設在正確事實的基礎之上，便連生命都沒有了，什麼「書法」和批評，豈非都成廢話？然而欲求事實的正確，決非靠空洞的推論和尖巧的臆測所能得。必須用極耐煩工夫，在事實自身上旁推反勘，才可以得著真相。換一句話說，他們的工作，什有七八費在史料之蒐集和鑑別。他們所特別緻力者雖在明史，但這種研究精神，影響於前清一代史學界不少。將來健實的新史學，恐怕也要在這種研究基礎之上，才能發生哩。

現行《明史》，在二十四史中——除馬、班、范、陳四書外，最為精善，殆成學界公論了。《明史》雖亦屬官局分修，然實際上全靠萬季野。錢竹汀說：「乾隆初，大學士張公廷玉等奉詔刊定《明史》，以王公鴻緒《史稿》為本而增損之。王氏稿大半出先生手。」《潛研堂集．萬季野傳》蓋實錄也。乾隆四年張廷玉《進明史表》云：「唯舊臣王鴻緒之《史稿》，經名人三十載之用心。……」名人即指季野，不便質言耳。關於這件事，我們不能不替萬季野不平，而且還替學界痛惜。蓋明史館總裁，自徐元文後，繼任者為張玉書，為陳廷敬，為王鴻緒，都敬禮季野。季野費十幾年工夫，才把五百卷的《明史稿》著成。季野卒於京師，旁無親屬，所藏書籍數十萬卷，都被錢名世其人者全數乾沒去，《明史稿》原本，便落在王鴻緒手。鴻緒本屬僉王巧宦，康熙末年，依附皇八子構煽奪嫡，卒坐放廢。這類人有什麼學問什麼人格呢？他得著這部書，便攘為己有，叫人謄鈔一份，每卷都題「王鴻緒著」，而且板心都印有「橫雲山人集」字樣，拿去進呈，自此萬稿便變成王稿了。這還不要緊，因為這位「白晝行劫的偷書賊」，贓證具在，人人共知，徒加增自己劣跡，並無損於季野。最可恨者，他偷了季野的書，卻把他改頭換面，顛倒是非，叫我們摸不清楚哪部分是真的，哪部分是假的。關於這件公案，後來學者零碎舉發頗多，恕我未能把他彙集起來做一篇詳細考證。記得魏默深《古微堂外集》有《書明史稿》兩篇，可參看。季野所謂「非其事與言之真而不可益」者，他卻「益」了許多。季野根本精神，一部分被偷書賊喪掉，真冤透了。

季野著書，除《明史稿》外，尚有《歷代史表》六十卷，《紀元匯考》四卷，《廟製圖考》四卷，《儒林宗派》八卷，《石經考》二卷，《周正匯考》八卷，《歷代宰輔匯考》八卷，《宋季忠義錄》十六卷，《六陵遺事》一卷，《庚申君遺事》一卷，《群書疑辨》十二卷，《書學彙編》二十二卷，《崑崙河源考》二卷，《河渠考》十二卷，《石園詩文集》二十卷。自《周正匯考》以下十種，錢竹汀都說未見。但《群書疑辨》現有單行本，《六陵遺事》《庚申君遺事》各叢書多采入，其餘存佚便不可知了。又徐乾學的《讀禮通考》，全部由季野捉刀。秦蕙田的《五禮通考》，恐怕多半也是偷季野的。全謝山《萬貞文先生傳》云：「先生之初至京也，時議意其專長在史。及崑山徐侍郎居憂，先生與之語喪禮。

侍郎因請先生纂《讀禮通考》一書，上自國恤，以訖家禮，十四經之箋疏，廿一史之志傳，漢唐宋諸儒之文集說部，無或遺者，……乃知先生之深於經。侍郎因請先生遍成五禮之書二百餘卷。」據此則徐書全出季野手，毫無疑義。唯秦氏《五禮通考》不得捉刀者主名，或說出戴東原，或說出某人某人，都無確據。據謝山說，季野既續作五禮之書二百餘卷，這部書往哪裡去了呢？只怕也像《明史稿》一樣被闊人偷去撐門面了。我們讀《歷代史表》，可以看出季野的組織能力；讀《群書疑辨》，可以看出他考證精神；讀《讀禮通考》，可以看出他學問之淵博和判斷力之銳敏。除手創《明史》這件大事業不計外，專就這三部書論，也可以推定季野在學術界的地位了。

季野雖屬梨洲得意門生，但關於講學宗旨（狹義的講學）和梨洲卻不同。梨洲是很有些門戶之見，季野卻一點也沒有。《四庫提要》說：「明以來談道統者，揚己陵人，互相排軋，卒釀門戶之禍。斯同目睹其弊，著《儒林宗派》，凡漢後唐前傳經之儒，一一具列，持論獨為平允。」他這部書著在《明儒學案》以後，雖彼此範圍，本自不同，亦可見他對於梨洲的偏見，不甚以為然了。

還有一件應注意的事。季野晚年對於顏習齋的學術，像是很悅服的。他替李剛主所著的《大學辨業》作一篇序，極表推崇之意。據剛主述季野自道語云：「吾自誤六十年矣。吾少從黃先生游，聞四明有潘先生者曰：『朱子道，陸子禪。』啟超案：此當是潘平格，字德輿。怪之，往詰其說，有據。同學因轟言予叛黃先生，先生亦怒，予謝曰：『請以往不談學，專窮經史。』遂忽忽至今。……」《恕谷後集》卷六《萬季野小傳》據此愈可證明，季野雖出黃門，對於什麼程朱陸王之爭，他卻是個局外中立者。至於他的人格，受梨洲教育的影響甚深，自無待言。

季野兄子經，字九沙，斯大子；言，字貞一，斯年子；皆傳家學，而尤致力於史。九沙著《明史舉要》。貞一在史館，獨任《崇禎長編》。而九沙最老壽，全謝山嘗從問業，衍其緒。

章實齋學誠論浙東學術，從陽明、蕺山說到梨洲，說道：「…… 梨洲黃氏，出蕺山劉氏之門，而開萬氏弟兄經史之學，以至全氏祖望輩尚存其意。…… 世推顧亭林氏為開國儒宗，然自是浙西之學，不知同時有梨洲出於浙東，雖與顧氏並峙，而上宗王、劉，下開二萬，較之顧氏，源遠而流長矣。顧氏宗朱，而黃氏宗陸，蓋非講學專家各持門戶之見者，故互相推服而不相非詆。…… 浙東貴專家，浙西尚博雅，各固其習而習也。」又說：「浙東之學，言性命者必究於史，此其所以卓也。」又說：「朱陸異同所以紛綸，則唯騰空言而不切於人事耳。知史學之本於《春秋》，知《春秋》之將以經世，則知性命無可空言，而講學者必有事事，不特無門戶可持，亦且無以持門戶矣。浙東之學，雖源流不異，而所遇不同，故其見於世者，陽明得之而為事功，蕺山得之而為節義，梨洲得之為隱逸，萬氏兄弟得之為經術史裁。授受雖出於一，而面目迥殊，以其各有事事故也。彼不事所事，而但空言德性，空言問學，則黃茅白葦，極目雷同，不得不殊門戶以為自見地耳。故唯陋儒則爭門戶也。」《文史通義》卷五從地理關係上推論學風，實學術史上極有趣味之一問題。實齋浙東人，或不免有自譽之嫌。然則這段話，我認為大端不錯，最少也可說清代史學界偉大人物，屬於浙東產者最多。

現在要講浙東第三位史學大師全謝山。以年代編次，梨洲第一，季野第二。

謝山名祖望，字紹衣，浙江鄞縣人，生康熙四十四年，卒乾隆二十二年，年五十一。他生當承平時代，無特別事跡可紀，然其人格之峻嚴狷介，讀他全集，到處可以見出。他嘗入翰林，因不肯趨附時相，散館歸班候補，便辭官歸。曾主講本郡蕺山書院，因地方官失禮，便拂衣而去，寧挨餓不肯曲就。晚年被聘主講吾粵之端溪書院，對於粵省學風，影響頗深。粵督要疏薦他，他說是「以講學為市」，便辭歸。窮餓終老，子又先殤，死時竟至無以為斂。他體弱善病，所有著述，大率成於病中，得年僅及中壽，未能竟其所學。假使他像梨洲、亭林一般獲享大年，不知所成當更何若。這真可為我學界痛惜了。他的朋友姚薏田玉裁說他：「子病在不善持志。理會古人事不了，又理會今人事，安得不病！」董秉純著《全謝山年譜》這話雖屬責善雅謔，卻極能傳出謝山學風哩。

謝山著述今存者，有《鮚埼亭集》三十八卷，《外集》五十卷，《詩集》十卷，《經史問答》十卷，《校水經注》三十卷，《續宋元學案》一百卷，《困學紀聞》三箋若干卷，輯《甬上耆舊詩》若干卷。其未成或已佚者，則有《讀史通表》《歷朝人物世表》《歷朝人物親表》等。《鮚埼亭集》被杭堇浦世駿藏匿多年，又偷了多篇，今所傳已非完璧。同治間徐時棟著《煙嶼樓集》，有《記杭堇浦》篇。述始末頗詳。《水經注》則謝山與其友趙東潛一清合作，屢相往復討論，各自成書，而謝山本並經七校。《宋元學案》，黃梨洲草創，僅成十七卷，其子耒史百家續有補葺，亦未成；謝山於黃著有案者增訂之，無案者續補之，泐為百卷本，但亦未成而歿。今本則其同縣後學王梓材所續訂，而大體皆謝山之舊也。

沈果堂彤說：「讀《鮚埼亭集》，能令人傲，亦能令人壯，得失相半。」謝山亦深佩其言云楊鍾羲《雪橋詩話》三集卷四。若問我對於古今人文集最愛讀某家？我必舉《鮚埼亭集》為第一部了。全謝山性情極肫厚，而品格極方峻，所作文字，隨處能表現他的全人格，讀起來令人興奮。他是個史學家，但他最不愛發空論，像蘇明允、張天如一派的史論文章，全集可說沒有一篇。他這部集，記明末清初掌故約居十之四五，訂正前史訛舛約居十之二三，其餘則為論學書札及雜文等。內中他自己的親友及同鄉先輩的傳記，關係不甚重要的，也有一部分。他生當清代盛時，對於清廷並沒有什麼憤恨，但他最樂道晚明仗節死義之士與夫抗志高蹈不事異姓者，真是「其心好之，不啻若自其口出」。試看他關於錢忠介、張蒼水、黃梨洲、王完勛諸人的記述，從他們立身大節起，乃至極瑣碎之遺言佚事，有得必錄，至再至三，像很怕先輩留下的苦心芳躅從他手裡頭丟掉了。他所作南明諸賢之碑誌記傳等，真可謂情深文明，其文能曲折盡情，使讀者自然會起同感，所以晚清革命家，受他暗示的不少。可惜所敘述者，只有江浙人獨詳，別個地方不多。但也難怪他，他只是記自己聞見最親切的史蹟。他最善論學術流派，最會描寫學者面目，集中梨洲、亭林、二曲、季野、桴亭、繼莊、穆堂……諸碑傳，能以比較簡短的文章，包舉他們學術和人格的全部，其識力與技術，真不同尋常。他性極狷介，不能容物，對於偽學者如錢謙益、毛奇齡、李光地等輩，直揭破他們的面目，絲毫不肯假借。他的文筆極鋒利，針針見血，得罪人的地方也很不少，所以有許多人恨他。他對於宋明兩朝「野史」一類書，所見最多，最能用公平銳敏的眼光，評定他們的價值。此外訂正歷代史蹟之傳訛及前人評論史蹟失當者甚多，性質和萬季野《群書疑辨》有點相像。《鮚埼亭集》內容和價值大略如此。

謝山是陽明、蕺山、梨洲的同鄉後學，受他們的精神感化甚深。所以他的學術根底，自然是樹在陽明學派上頭。但他和梨洲有兩點不同：第一，梨洲雖不大作玄談，然究未能盡免；謝山著述，卻真無一字理障了。第二，梨洲門戶之見頗深，謝山卻一點也沒有。所以我評論謝山，說他人格的光明俊偉，是純然得力王學，可以與他的朋友李穆堂同稱王門後勁。若論他學術全體，可以說是超王學的，因為對王學以外的學問，他一樣的用功，一樣的得力。

《宋元學案》這部書，雖屬梨洲創始，而成之者實謝山。謝山之業，視梨洲蓋難數倍。梨洲以晚明人述明學，取材甚易。謝山既生梨洲後數十年，而所敘述又為梨洲數百年前之學，所以極難。《鮚埼亭集》卷三十《蕺山相韓舊塾記》云：「予續南雷《宋儒學案》，旁搜不遺餘力。蓋有六百年來儒林所不及知而予表而出之者。」據董小鈍所撰年譜，則謝山之修此書，自乾隆十年起至十九年止，十年間未嘗輟，臨沒尚未完稿，其用力之勤可想。拿這書和《明儒學案》比較，其特色最容易看出者：第一，不定一尊。各派各家乃至理學以外之學者，平等看待。第二，不輕下主觀的批評。各家學術為並時人及後人所批評者，廣搜之以入「附錄」，長短得失，令學者自讀自斷，著者絕少作評語以亂人耳目。第三，注意師友淵源及地方的流別。每案皆先列一表，詳舉其師友及弟子，以明思想淵源所自，又對於地方的關係多所說明，以明學術與環境相互的影響。以上三端，可以說是《宋元學案》比《明儒學案》更進化了。至於裡頭改採資料，頗有失於太繁的地方。例如《涑水學案》之全采，《潛虛》《百源學案》之多錄《皇極經世》等。我想這是因為謝山未能手訂全稿，有許多本屬「長編」，未經刪定。後有學者，能將這書再修正增刪一遍，才算完黃、全未竟之志哩。

從《永樂大典》裡頭纂輯佚書，是乾隆開四庫館最初的動機，讀朱笥河筠請開四庫館原折便可知道了。然而這種工作實由謝山和李穆堂最先發起，本集卷十七有《鈔永樂大典記》一篇詳述其始末。這件事於謝山學術雖無甚關係，於清朝掌故卻很有關係，附記於此。

浙東學風，從梨洲、季野、謝山起以至於章實齋，厘然自成一系統，而其貢獻最大者實在史學。實齋可稱為「歷史哲學家」，其著作價值更高了。下文別有一篇詳論他，現在且緩講。

# 六　清初史學之建設

此外要附帶講兩個人，曰無錫二顧。

顧祖禹，字景范，江蘇無錫人。生明天啟四年，卒清康熙十九年，年五十七。他父親是一位績學遺老。他和閻潛丘、胡東樵交好，同在徐健庵的《大清一統志》局中修書，除此以外，他未曾受清朝一官一祿。他平生著述，只有一部《讀史方輿紀要》，從二十九歲做起，一日都不歇息，到五十歲才做成。然而這一部書已足令這個人永遠不朽了。這書自序中述他父親臨終的話，說道：「及余之身而四海陸沈，九州鼎沸……嗟乎！園陵宮闕，城郭山河，儼然在望，而十五國之幅員，三百年之圖籍，泯焉淪沒，文獻莫征，能無悼嘆乎？余死，汝其志之。」又自述著書本意道：「……凡吾所以為此書者，亦重望乎世之先知之也。不先知之，而以惘然無所適從者任天下之事，舉宗廟社稷之重，一旦束手而畀諸他人，此先君子所為憤痛呼號扼腕以至於死也。」可見他著述動機，實含著無限隱痛。這部書凡一百三十卷，首輿圖，次歷代州域形勢，次直隸等十三省封域山川險要，次川瀆異同。這部書體裁很特別，可以說是一百三十卷幾百萬言合成一篇長論文。每卷皆提挈綱領為正文，而凡所考證論列，則低一格作為解釋，解釋之中又有小注。解釋之文，往往視正文十數倍。所以他這書，可以說是自為書而自注之。因此之故，眉目極清晰，令讀者感覺趣味。依我看，清代著作家組織力之強，要推景范第一了。他自述著述經過，說道：「集百代之成言，考諸家之緒論，窮年累月，矻矻不休，至於舟車所經，亦必覽城郭，按山川，稽道裡，問關津；以及商旅之子，征戍之夫，或與從容談論，考核異同。」其用力之勤，可以推見。然而他並不自滿足，他說：「……按之圖畫，索之典籍，亦舉一而廢百耳，又或了了於胸中，而身至其地，反若瞶瞶焉。……予之書其足據乎？」其虛心又如此。魏冰叔禧最佩服這書，其所作序，稱為「數千百年絕無僅有之作」。又說：「祖禹貫穿諸史，出以己所獨見。其深思遠識，有在語言文字之外者。」可謂知言。景范這書，專論山川險隘，攻守形勢，而據史蹟以推論得失成敗之故。其性質蓋偏於軍事地理，殆遺老力謀匡復所將有事耶？然而這部書的組織及其研究方法，真算得治地理學之最好模範。我們若能將這種精神應用到政治地理、經濟地理、文化地理之各部分，那麼，地理便不至成為乾燥無味的學科了。

顧棟高，字復初，一字震滄，江蘇無錫人。生卒年無考，大約和全謝山年輩相當。他著有一部好書，名曰《春秋大事表》。這部書的體例，是將全部《左傳》拆散，拈出若干個主要題目，把書中許多零碎事實按題蒐集起來，列為表的形式，比較研究。其有用特別眼光考證論列者，則別為敘說論辨考等。凡為表五十篇，敘說等百三十一篇。《禮記》說：「屬辭比事，《春秋》之教。」治史的最好方法，是把許多事實連屬起來比較研究，這便是「屬辭比事」。這些事實，一件件零碎擺著，像沒有什麼意義，一屬一比，便會有許多新發明。用這種方法治歷史的人，向來很少。震滄這部書，總算第一次成功了。他研究的結果，雖有許多令我們不能滿足，但方法總是對的。震滄所著，還有《司馬溫公年譜》《王荊公年譜》兩書，體例也極精審。後來如錢竹汀、丁儉卿、張石洲等做了許多名人年譜，像還沒有哪部比得上他。所以我認震滄為史學界有創作能力的人。

## 附：初期史學家及地理學家表

馬驌，字驄卿〔御〕，一字宛斯，鄒平人，康熙十二年卒。著《繹史》一百六十卷，起天地開闢訖秦之亡。顧亭林見之驚嘆，謂為不可及。此書蒐羅極富，可算一部好類書，惜別擇不精耳。驌尚有《左傳事緯》十二卷，將《左傳》的編年體改為紀事本末體，亦便讀者。其後有李鍇，字鐵君，奉天人，著《尚史》七十卷，改《繹史》之紀事本末體為紀傳體，其材料全本《繹史》云。

吳偉業，字駿公，號梅村，太倉人。康熙十年卒。梅村文學人人共知，其史學似亦用力甚勤。著有《春秋地理志》十六卷，《春秋氏族志》二十四卷，二書吾皆未見，恐已佚。若存，或有價值也。今存《綏寇紀略》一書，專記明季流寇始末，題梅村撰。但梅村所撰，原名《鹿樵野史》，今本乃彼一不肖門生鄒漪所盜改，顛倒是非甚多，非梅村之舊也。

# 七 程朱學派及其依附者

——張楊園 陸桴亭 陸稼書 王白田 附：其他

王學反動，其第一步則返於程朱，自然之數也。因為幾百年來好譚性理之學風，不可猝易，而王學末流之敝，又已為時代心理所厭，矯放縱之敝則尚持守，矯空疏之敝則尊博習，而程朱學派，比較的路數相近而毛病稍輕。故由王返朱，自然之數也。

## 七　程朱學派及其依附者

清初諸大師，夏峰、梨洲、二曲，雖衍王緒，然而都所修正。夏峰且大有調和朱王的意味了。至如亭林、船山、舜水，雖對於宋明人講學形式，都不大以為然，至其自己得力處，大率近於朱學，讀諸家著作中關於朱王之批評語可見也。其專標程朱宗旨以樹一學派，而品格亦岳然可尊者，最初有張楊園、陸桴亭，繼起則陸稼書、王白田。

楊園，名履祥，字考夫，浙江桐鄉縣人。所居日楊園裡，故學者稱楊園先生。生明萬曆三十九年，卒清康熙十三年，年六十四。九歲喪父，母沈氏授以《論語》《孟子》，勉勵他說：「孔孟只是兩家無父兒也。」他三十二歲，謁黃石齋問學；三十四歲，謁劉蕺山，受業為弟子。當時復社聲氣甚廣，東南人士，爭相依附。楊園說：「東南壇坫，西北干戈，其為亂一也。」又說：「一入聲氣，便長一『傲』字，便熟一『偽』字，百惡都從此起矣。」於是斷斷自守，不肯和當時名士來往。甲申聞國變，縞素不食者累日，嗣後便杜門謝客，訓童蒙以終老。晚年德望益隆，有事以師禮者，終不肯受，說道：「近見時流講學之風，始於浮濫，終於潰敗，平日所深惡也，豈肯躬自蹈之！」黃梨洲方以紹述蕺山鼓動天下，楊園說：「此名士，非儒者也。」楊園雖學於蕺山，而不甚墨守其師說，嘗輯《劉子粹言》一書，專錄蕺山矯正陽明之語。他極不喜歡陽明的《傳習錄》，說道：「讀此書使人長傲文過，輕自大而卒無得。」又說：「一部《傳習錄》，吝驕二字足以蔽之。」他一生專用刻苦工夫，闇然自修，嘗說：「人知作家計須苦吃苦掙，不知讀書學問與夫立身行己，俱不可不苦吃苦掙。」晚年寫《寒風佇立圖》，自題云：「行己欲清，恆入於濁。求道欲勇，恆病於怯。噫！君之初志，豈不曰『古之人古之人』，老斯至矣，其彷彿乎何代之民？」他用力堅苦的精神，大略可見了。他所著有《經正錄》《願學記》《問目》《備忘錄》《初學備忘》《訓子語》《言行見聞錄》《近鑒》等書。他居鄉躬耕，習於農事，以為「學者舍稼穡外別無治生之道。能稼穡則無求於人而廉恥立；知稼穡之艱難，則不敢妄取於人而禮讓興」。《補農書》這部書，有海昌人范鯤曾刻之。陳梓做的《楊園小傳》，說這書「不戒於火，天下惜之」。據錢林《文獻徵存錄》說，因為某次文字獄，怕有牽累把板毀了。農書尚見遭此厄，可謂大奇。楊園因為是清儒中辟王學的第一個人，後來朱學家極推尊他，認為道學正統。依我看，楊園品格方嚴，踐履篤實，固屬可敬，但對於學術上並沒有什麼新發明、新開拓，不過是一位獨善其身的君子罷了。當時像他這樣的人也還不少，推尊太過，怕反失其真罷。

陸桴亭，字道威，江蘇太倉人。生明萬曆三十九年，卒清康熙十一年，年六十二。早歲有志事功，嘗著論論平流寇方略，語極中肯。明亡，嘗上書南都，不見用，又嘗參入軍事，被清廷名捕。事既解，返鄉居，鑿池十畝，築亭其中，不通賓客，號曰桴亭，故學者稱桴亭先生。所著有《思辨錄》，全謝山謂其「上自周漢諸儒以迄於今，仰而像緯律歷，下而禮樂政事異同，旁及異端，其所疏證剖析蓋數百萬言，無不粹且醇。…… 而其最足廢諸家紛爭之說，百世俟之而不惑者，尤在論明儒」《鮚埼亭集．陸桴亭先生傳》。桴亭不喜白沙、陽明之學，而評論最公，絕不為深文掊擊。其論白沙曰：

世多以白沙為禪宗，非也。白沙曾點之流，其意一主於灑脫曠閒以為受用，不屑苦思力索，故其平日亦多賦詩寫字以自遣，便與禪思相近。……是故白沙「靜中養出端倪」之說，《中庸》有之矣，然不言戒慎恐懼，而唯詠歌舞蹈以養之，則近於手持足行無非道妙之意矣。……其言養氣，則以勿忘勿助為要。夫養氣必先集義，所謂必有事焉也。白沙但以勿忘勿助為要，失卻最上一層矣。……

《思辨錄．諸儒異學篇》

其論陽明曰：

陽明之學，原自窮理讀書中來。不然，龍場一悟，安得六經皆湊泊？但其言朱子格物之非，謂嘗以庭門竹子試之，七日而病。是則禪家參竹篦之法，元非朱子格物之說，陽明自誤會耳。蓋陽明少時，實嘗從事於禪宗，而正學工夫尚寡。初官京師，雖與甘泉講道，非有深造。南中三載，始覺有得，而才氣過高，遽為致良知之說，自樹一幟，是後畢生鞅掌軍旅之中，雖到處講學，然終屬聰明用事，而少時之熟處難忘，亦不免逗漏出來，是則陽明之定論也。要之，致良知固可入聖，然切莫打破敬字。乃是壞良知也，其致之亦豈能廢窮理讀書？然陽明之意，主於簡易直捷以救支離之失，故聰明者喜從之。而一聞簡易直捷之說，則每厭窮理讀書之繁，動雲「一切放下」「直下承當」。心粗膽大，只為斷送一敬字，不知即此簡易直捷之一念，便已放鬆腳跟也。故陽明在聖門，狂者之流，門人昧其苦心以負之耳。同上

此外論各家的話很多，大率皆極公平極中肯。所以桴亭可以說是一位最好的學術批評家——倘使他做一部《明儒學案》，價值只怕還在梨洲之上。因為梨洲主觀的意見，到底免不掉，桴亭真算

得毫無成心的一面鏡子了。桴亭常說：「世有大儒，絕不別立宗旨。譬之國手，無科不精，無方不備，無藥不用，豈有執一海上方而沾沾語人曰『舍此更無科無方無藥』也？近之談宗旨者，皆海上方也。」這話與梨洲所謂「凡學須有宗旨，是其人得力處，亦即學者用力處」者，正相反了。由此言之，後此程朱派學者，硬拉桴亭為程朱宗旨底下一個人，其實不對。他不過不宗陸王罷了，也不見得專宗程朱。程朱將「性」分為二，說：「義理之性善，氣質之性惡。」此說他便不贊同。他論性卻有點和顏習齋同調。他教學者止須習學六藝，謂「天文、地理、河渠、兵法之類，皆切於世用，亟當講求」，也和習齋學風有點相類。他又不喜歡講學，嘗說：「天下無講學之人，此世道之衰；天下皆講學之人，亦世道之衰也。」又說：「近世講學，多似晉人清談。清談甚害事。孔門無一語不教人就實處做。」他自述存養工夫，對於程朱所謂「靜中驗喜怒哀樂未發氣象」者，亦有懷疑。他說：「嘗於夜間閉目危坐，屏除萬慮以求其所謂『中』。究之念慮不可屏，一波未平，一波又起。間或一時強制得定，嗒然若忘，以為此似之矣，然此境有何佳處，而先儒教人為之？……故除卻『戒慎恐懼』，別尋『未發』，不是槁木死灰，便是空虛寂滅。」據此看來，桴亭和程朱門庭不盡相同，顯然可見了。

他的《思辨錄》，顏習齋、李恕谷都很推重，我未得見原本。《正誼堂叢書》裡頭的《思辨錄輯要》，繫馬肇易負圖所輯，張孝先伯行又刪訂一番，必須與程朱相合的話始行錄入，已經不是桴亭真面了。

## 七　程朱學派及其依附者

陸稼書，名隴其，浙江平湖人，生明崇禎三年，卒清康熙三十一年，年六十三。他是康熙間進士出身，曾任嘉定、靈壽兩縣知縣，很有惠政，人民極愛戴他，後來行取御史，很上過幾篇好奏疏。他是耿直而恬淡的人，所以做官做得不得意，自己也難進易退。清朝講理學的人，共推他為正統。清儒從祀孔廟的頭一位便是他。他為什麼獨占這樣高的位置呢？因為他門戶之見最深最嚴，他說：「今之論學者無他，亦宗朱子而已。宗朱子為正學，不宗朱子即非正學。董子云：『諸不在六藝之科、孔子之術者，皆絕其道勿使並進，然後統紀可一而法度可明。』今有不宗朱子者，亦當絕其道勿使並進。」質而言之，他是要把朱子做成思想界的專制君主，凡和朱學稍持異同的都認為叛逆。他不唯攻擊陸王，乃至高景逸、顧涇陽學風介在朱王之間者，他不肯饒恕。所以程朱派的人極頌他衛道之功，比於孟子距楊、墨。平心而論，稼書人格極高潔，踐履極篤實，我們對於他不能不表相當的敬意。但因為天分不高，性情又失之狷狹，或者也因王學末流猖狂太甚，有激而發，所以日以尊朱黜王為事。在他自己原沒有什麼別的作用，然而那些戴假道學面具的八股先生們，跟著這條路走，既可以掩飾自己的空疏不學，還可以唱高調罵人，於是相爭捧他捧上天去，不獨清代學界之不幸，也算稼書之不幸哩。稼書辦事是肯認真肯用力的，但能力真平常，程朱派學者大率如此，也難專怪他。李恕谷嘗記他一段軼事道：「陸稼書任靈壽，邵子昆任清苑，並有清名，而稼書以子昆宗陸王，遂不相合，刊張武承所著《王學質疑》相詬厲。及征噶爾旦，撫院將命稼書運餉塞外。稼書不知所措，使人問計子昆。子昆答書云：『些須小事，便爾張皇，若遇宸濠大變，何以處之？速將《王學質疑》付之丙丁，則僕之荒計出矣。』……」恕谷著《中庸傳注問》我們對於稼書這個人的評價，這種小事，也是該參考的資料哩。

王白田，名懋竑，字予中，江蘇寶應人，生康熙八年，卒乾隆六年，年七十四。他是康熙間進士出身，改授教官，雍正間以特薦召見授翰林院編修，不久便辭官而歸。他是一位極謹嚴方正的人。王國安念孫之父說他：「自處閨門裡巷，一言一行，以至平生出處大節，舉無愧於典型。」《王文肅公集．朱子年譜序》他生平只有一部著作，曰《朱子年譜》，四卷，附《考異》四卷。這部書經二十多年，四易稿然後做成，是他一生精力所聚，也是研究朱學唯一的好書。要知道這部書的價值，先要知道明清以來朱王兩派交涉的形勢。

朱子和陸子是同時講學的朋友，但他們做學問的方法根本不同。兩位見面和通信時已經有不少的辯論。後來兩家門生，越發鬧成門戶水火，這是公然的事實，毋庸為諱的。王陽明是主張陸學的人，但他千不該萬不該做了一部書，叫做《朱子晚年定論》。這部書大意說，朱子到了晚年，也覺得自己學問支離，漸漸悔悟，走到陸象山同一條路上去了。朱子學問是否免得了支離兩個字，朱陸兩家學問誰比誰好，另一問題。但他們倆的出發點根本不同，這是人人共見的。陽明是一位豪傑之士，他既卓然有所自信，又何必依傍古人？《晚年定論》這部書，明明是援朱入陸，有高攀朱子、借重朱子的意思。既失朱子面目，也失自己身分，這是我們不能不替陽明可惜的。這部書出來之後，自然引起各方面反動。晚明時候，有一位廣東人陳清瀾建著一部《學蔀通辨》專駁他，朱王兩派交換炮火自此始。後來顧亭林的《日知錄》也有一條駁《晚年定論》，駁得很中要害。而黃梨洲一派大率左袒陽明，內中彭定求的《陽明釋毀錄》最為激烈。爭辯日烈，調停派當然發生。但調停派卻並非第三者，乃出於兩派之自身，一邊是王派出身的孫夏峰，一邊是朱派出身的陸桴亭，都是努力想把學派學說異中求同，省卻無謂的門戶口舌。但這時候，王學正值盛極而衰的末運；朱學則皇帝喜歡他，大臣恭維他，一種烘烘熱熱的氣勢。朱派乘盛窮追，王派的炮火漸漸衰熄了。這場戰爭裡頭，依我看，朱派態度很有點不對。陳清瀾是最初出馬的人，他的書純然破口嫚罵，如何能服人？陸稼書比較穩健些，但太褊狹了，一定要將朱派造成專制的學閥，對於他派要應用韓昌黎「人其人火其書」的手段，如何行得去呢？尤可恨的，許多隨聲附和的人，對於朱陸兩派學說內容並未嘗理會過，一味跟著人吶喊瞎罵，結果當然引起一般人討厭，兩派同歸於盡。乾嘉以後，「漢學家」這面招牌出來，將所有宋明學一齊打倒，就是為此。在這個時候，朱陸兩派各有一個人將自己本派學說平心靜氣忠忠實實的說明真相，既不作模棱的調和，也不作意氣的攻擊。其人為誰？陸派方面是李穆堂，朱派方面是王白田。而白田的成績，就在一部《朱子年譜》。

《朱子年譜》，從前有三個人做過：一、李果齋晦，朱子門人，其書三卷，魏了翁為之序；二、李古沖默，明嘉靖間人；三、洪去蕪璟，清康熙間人。果齋本今不存，因為古沖本以果齋本作底本而改竄一番，後者行而前者廢了。洪本則將古沖本增刪，無甚特識。古沖生王學正盛之時，腦子裡裝滿了《朱子晚年定論》一派話，援朱入陸之嫌疑，實是無可解免。白田著這部新年譜的主要動機，自然是要矯正這一點。但白田和陳清瀾一派的態度截然不同。清瀾好用主觀的批評。雖然客觀方面也有些。白田則盡力蒐羅客觀事實，把年月日調查得清清楚楚，令敵派更無強辯的餘地，所以他不用說閒話爭閒氣，自然壁壘森嚴，顛撲不破。我常說王白田真是「科學的研究朱子」。朱子著作註釋纂輯之書無慮數百卷，他鑽在裡頭寢饋幾十年，沒有一個字不經過一番心，而且連字縫間也不放過。此外，別派的著作，如張南軒、呂伯恭、陸梭山、象山、陳同甫、陳止齋等，凡和朱子有交涉的，一律忠實研究，把他們的交情關係和學術異同，都照原樣介紹過來。他於《年譜》之外，又附一部《年譜考異》，凡事實有須考證的都嚴密鑒定一番，令讀者知道他的根據何在；又附一部《朱子論學切要語》，把朱子主要學說都提挈出來。我們要知道朱子是怎樣一個人，我以為非讀這部書不可，而且讀這部書也足夠了。

白田其他的著述，還有一部《白田草堂存稿》，內中也是研究朱子的最多。他考定許多偽托朱子的書或朱子未成之書由後人續纂者，如《文公家禮》《通鑒綱目》《名臣言行錄》及《易本義》前面的九個圖和筮儀等等，都足以廓清障霧，為朱子功臣。此外許多雜考證也有發明，如考漢初甲子因《三統歷》竄亂錯了四年，也是前人沒有留意到的事。

清初因王學反動的結果，許多學者走到程朱一路，即如亭林、船山、舜水諸大師，都可以說是朱學者流。自余如應潛齋謙、刁蒙吉包、徐俟齋枋、朱柏廬用純……等氣節品格能自異於流俗者不下數十輩，大抵皆治朱學別詳附表。故當晚明心學已衰之後，盛清考證學未盛以前，朱學不能不說是中間極有力的樞紐。然而依草附木者流亦出乎其間，故清代初期朱派人獨多而流品亦最雜。

清初依草附木的，為什麼多跑朱學那條路去呢？原來滿洲初建國時候，文化極樸陋。他們向慕漢化，想找些漢人供奔走，看見科第出身的人便認為有學問。其實這些八股先生，除了《四書大全》《五經大全》外，還懂什麼呢？入關之後，稍為有點志節學術的人，或舉義反抗，或抗節高蹈。其望

## 七　程朱學派及其依附者

風迎降及應新朝科舉的，又是那群極不堪的八股先生，除了《四書集注》外，更無學問。清初那幾位皇帝，所看見的都是這些人，當然認這種學問便是漢族文化的代表。程朱學派變成當時宮廷信仰的中心，其原因在此。古語說：「城中好高髻，四方高一尺。」專制國皇帝的好尚，自然影響到全國。靠程朱做闊官的人越發多，程朱旗下的嘍囉也越發多。況且掛著這個招牌，可以不消讀書，只要口頭上講幾句「格物窮理」，便夠了。那種謬為恭謹的樣子，又可以不得罪人。恰當社會人心厭倦王學的時候，趁勢打死老虎，還可以博衛道的美名。有這許多便宜勾當，誰又不會幹呢？所以那時候的程朱學家，其間伏處岩穴闇然自修者，雖未嘗沒有可以令我們佩服的人；至於那些「以名臣兼名儒」的大人先生們，內中如湯斌，如魏裔介，如魏象樞等，風骨尚可欽，但他們都是孫夏峰門生，半帶王學色彩，湯斌並且很受排擠不得志。其餘如熊賜履、張玉書、張伯行……等輩，不過一群「非之無舉，刺之無刺」的「鄉願」。此外越愛出風頭的人，品格越不可問。誠有如王昆繩所謂「朝乞食墦間，暮殺越人於貨，而摭拾程朱唾余狺狺焉言陽明於四達之衢」者，今試舉數人為例：

一孫承澤　他是明朝一位闊官，李闖破北京投降李闖，滿洲入關投降滿洲，他卻著了許多理學書，擺出一副道貌岩岩的面孔。據全謝山說，清初排陸王的人，他還是頭一個領袖。看《鮚埼亭集·陳汝咸墓誌》

一李光地　他號稱康熙朝「主持正學」的中堅人物，一雙眼睛常常釘在兩廡的幾塊冷豬肉上頭，他的官卻是賣了一位老朋友陳夢雷換來的。他的老子死了，他卻貪做官不肯奔喪，他臨死卻有一位外婦所生的兒子來承受家產。看全祖望《鮚埼亭集·李文貞遺事》、錢林《文獻徵存錄》「李光地」條

一方苞　他是一位「大理學家」，又是一位「大文豪」，他曾替戴南山做了一篇文集的序。南山著了文字獄，他硬賴說那篇序是南山冒他名的。他和李恕谷號稱生死之交，恕谷死了，他作一篇墓誌銘說恕谷因他的忠告背叛顏習齋了。看劉辰纂的《恕谷年譜》。他口口聲聲說安貧樂道，晚年卻專以殖財為事，和鄉人爭烏龍潭魚利打官司。看蕭奭齡著《永憲錄》

此外像這一類的程朱學派還不少，我不屑多汙我的筆墨，只舉幾位負盛名的為例罷了。我是最尊崇先輩，萬分不願意說人壞話的人。但對於這群假道學先生實在痛恨不過，破口說那麼幾句，望讀者恕我。

總而言之，程朱學派價值如何，另一問題。清初程朱之盛，只怕不但是學術界的不幸，還是程朱的不幸哩。

# 八 實踐實用主義

——顏習齋 李恕谷 附：王昆繩 程綿莊 惲皋聞 戴子高

## 八　實踐實用主義

有清一代學術，初期為程朱陸王之爭，次期為漢宋之爭，末期為新舊之爭。其間有人焉舉朱陸漢宋諸派所憑藉者一切摧陷廓清之，對於二千年來思想界，為極猛烈極誠摯的大革命運動。其所樹的旗號曰「復古」，而其精神純為「現代的」。其人為誰？曰顏習齋及其門人李恕谷。

顏習齋，名元，字渾然，直隸博野縣人。生明崇禎八年，卒清康熙四十三年，年七十。他是京津鐵路線中間一個小村落——楊村的小戶人家兒子。他父親做了蠡縣朱家的養子，所以他幼年冒姓朱氏。他三歲的時候，滿洲兵入關大掠，他父親被擄，他母親也改嫁去了。他二十多歲，才知道這些情節，改還本姓。正要出關尋父，碰著三藩之亂，蒙古響應，遼東戒嚴，直到五十一歲方能成行。北達鐵嶺，東抵撫順，南出天復門，困苦不可名狀。經一年餘，卒負骨歸葬。他的全生涯，十有九都在家鄉過活。除出關之役外，五十六七歲時候，曾一度出遊，到過直隸南部及河南。六十二歲，曾應肥鄉漳南書院之聘，往設教，要想把他自己理想的教育精神和方法在那裡試驗。分設四齋，曰文事，曰武備，曰經史，曰藝能。正在開學，碰著漳水決口，把書院淹了，他自此便歸家不復出。他曾和孫夏峰、李二曲、陸桴亭透過信，但都未識面。當時知名之士，除刁蒙吉包、王介祺余佑外，都沒有來往。他一生經歷大略如此。

他幼年曾學神仙導引術，娶妻不近，既而知其妄，乃折節為學。二十歲前後，好陸王書，未幾又從事程朱學，信之甚篤。三十歲以後，才覺得這路數都不對。他說唐虞時代的教學是六府——水火金木土谷，三事——正德、利用、厚生；《周禮》教士以三物：六德——知仁聖義忠和，六行——孝友睦婣任恤，六藝——禮樂射御書數；孔子以四教——文行忠信。和後世學術專務記誦或靜坐冥想者，門庭迥乎不同。他說：「必有事焉，學之要也。心有事則存，身有事則修，家之齊，國之治，皆有事也。無事則治與道俱廢。故正德、利用、厚生日事，不見諸事，非德非用非生也。德、行、藝曰物，不征諸物，非德非行非藝也。」李塨著《習齋年譜》捲上他以為，離卻事物無學問；離卻事物而言學問，便非學問；在事物上求學問，則非實習不可。他說：「如天文、地誌、律歷、兵機等類，須日夜講習之力，多年曆驗之功，非比理會文字之可坐而獲也。」《存學編》卷二《性理書評》所以他極力提倡一個「習」字，名所居曰「習齋」。學者因稱為習齋先生。他所謂習，絕非溫習書本之謂，乃是說凡學一件事都要用實地練習工夫。所以我叫他作「實踐主義」。他講學問最重效率。董仲舒說：「正其誼不謀其利，明其道不計其功。」他翻這個案，說要「正其誼以謀其利，明其道而計其功」。他用世之心極熱，凡學問都要以有益於人生、可施諸政治為主。所以我又叫他「實用主義」。王昆繩說：「先生崛起無師受，確有見於後儒之高談性命，為摻雜二氏而亂孔孟之真，確有見於先王先聖學教之成法，非靜坐讀書之空腐，確有見於後世之亂，皆由儒術之失其傳；而一復周、孔之舊，無不可復斯民於三代。……毅然謂聖人必可學，而終身矻矻於困知勉行，無一言一事之自欺自恕，慨然任天下之重，而以弘濟蒼生為心。……」《居業堂集．顏先生年譜序》這話雖出自門生心悅誠服之口，依我看還不算溢美哩。

習齋很反對著書。有一次，孫夏峰的門生張天章請他著禮儀水政書，他說：「元之著《存學》也，病後儒之著書也，尤而效之乎？且紙墨功多，恐習行之精力少也。」《年譜》卷下所以他一生著書很少，只有《存學》《存性》《存治》《存人》四編，都是很簡短的小冊子。《存學編》說孔子以前教學成法，大指在主張習行六藝，而對於靜坐與讀書兩派痛加駁斥。《存性編》可以說是習齋哲學的根本談，大致宗孟子之性善論，而對於宋儒變化氣質之說不以為然。《存治編》發表他政治上主張，如行均田、複選舉、重武事等等。《存人篇》專駁佛教，說他非人道主義。習齋一生著述僅此，實則不過幾篇短文和信札筆記等類湊成，算不得著書也。戴子高《習齋傳》說他：「推論明制之得失所當因革者，為書曰《會典大政記》，曰：『如有用我，舉而錯之。』」但這書我未得見，想是失傳了。有《四書正誤》《朱子語類評》兩書，今皆存。這書是他讀朱子《四書集注》及《語類》隨手批的，門人纂錄起來，也不算什麼著述。他三十歲以後，和他的朋友王法乾養粹共立日記；凡言行善否，意念之欺慊，逐時自勘注之。後來他的門生李恕谷用日記做底本，加以平日所聞見，撰成《習齋先生年譜》二卷。鐘金若錂又輯有《習齋先生言行錄》四卷，補年譜所未備；又輯《習齋紀余》二卷，則錄其雜文。學者欲知習齋之全人格及其學術綱要，看《年譜》及《言行錄》最好。

這個實踐實用學派，自然是由顏習齋手創出來。但習齋是一位然自修的人，足跡罕出裡門，交遊絕少，又不肯著書。若當時僅有他這一個人，恐怕這學派早已湮滅沒人知道了。幸虧他有一位才氣極高、聲氣極廣、志願極宏的門生李恕谷，才能把這個學派恢張出來。太史公說：「使孔子名周聞於天下者，子貢先後之也。」孔子是否賴有子貢，我們不敢說；習齋之有恕谷，卻真是史公所謂「相得而益彰」了。所以這派學問，我們叫他作「顏李學」。

恕谷，名塨，字剛主，直隸蠡縣人。生順治十六年，卒雍正十一年，年七十五。父明性，學行甚高。習齋說生平嚴事者六人，明性居其一。恕谷以父命從習齋游，盡傳其學，而以昌明之為己任。習齋足不出戶，不輕交一人，尤厭見時貴。恕谷則常來往京師，廣交當時名下士，如萬季野、閻百詩、胡朏明、方靈皋輩，都有往還。時季野負盛名，每開講會，列座都滿。一日會講於紹寧會館，恕谷也在座，眾方請季野講「郊社之禮」，季野說：且慢講什麼「郊社」，請聽聽李先生講真正的聖學。王昆繩才氣不可一世，自與恕谷為友，受他的感動，以五十六歲老名士，親拜習齋之門為弟子。程綿莊、惲皋聞，皆因恕谷才知有習齋，都成為習齋學派下最有力人物。所以這派雖由習齋創始，實得恕谷然後長成。習齋待人與律己一樣的嚴峻。恕谷說：交友須令可親，乃能收羅人才，廣濟天下。論取與之節，習齋主張非力不食，恕谷主張通功易事。習齋絕對的排斥讀書，恕谷則謂禮樂射御書數等，有許多地方非考證講究不可，所以書本上學問也不盡廢。這都是他對於師門補偏救弊處。然而學術大本原所在，未嘗與習齋有出入。他常說：「學施於民物，在人猶在己也。」又以為：「教養事業，唯親民官乃能切實辦到。」他的朋友郭金湯做桐鄉知縣，楊勤做富平知縣，先後聘他到幕府，舉邑以聽。他欣然前往，政教大行。但闊人網羅他，他卻不肯就。李光地做直隸巡撫，方以理學號召天下，託人示意他往見，他說部民不可以妄見長官，竟不往。年羹堯開府西陲，兩次來聘，皆力辭以疾，其自守之介又如此。

恕谷嘗問樂學於毛奇齡。毛推為蓋世儒者，意欲使恕谷盡從其學。恕谷不肯，毛遂作《大學逸講箋》以攻習齋。方苞與恕谷交厚，嘗遣其子從學恕谷，又因恕谷欲南遊，擬推其宅以居恕谷。然方固以程朱學自命者，不悅習齋學，恕谷每相見，侃侃辯論，方輒語塞。及恕谷卒，方不俟其子孫之請，為作墓誌，於恕谷德業一無所詳，而唯載恕谷與王昆繩及文論學同異，且謂恕谷因方言而改其師法。恕谷門人劉用可調贊說方純構虛辭，誣及死友雲。

恕谷承習齋教，以躬行為先，不尚空文著述。晚年因問道者眾，又身不見用，始寄於書。所著有《小學稽業》五卷，《大學辨業》四卷，《聖經學規纂》二卷，《論學》二卷，《周易傳注》七卷，《詩經傳注》八卷，《春秋傳注》四卷，《論語傳注》二卷，《大學》《中庸》傳注各一卷，《傳注問》四卷，《經說》六卷，《學禮錄》四卷，《學樂錄》二卷，《擬太平策》一卷，《田賦考辯》《宗廟考辯》《禘祫考辯》各一卷，《閱史郄視》五卷，《平書訂》十四卷《平書》為王昆繩所著，已佚。此書為恕谷評語，《恕谷文集》十三卷。其門人馮辰、劉調贊共纂《恕谷先生年譜》四卷。

顏李的行歷，大略說過，以下要說他們學術的梗概。

顏李學派，在建設方面，成績如何，下文別有批評。至於破壞方面，其見識之高，膽量之大，我敢說從古及今未有其比。因為自漢以後二千年所有學術，都被他否認完了。他否認讀書是學問，尤其否認註釋古書是學問，乃至否認用所有各種方式的文字發表出來的是學問。他否認講說是學問，尤其否認講說哲理是學問。他否認靜坐是學問，尤其否認內觀式的明心見性是學問。我們試想，二千年來的學問，除了這幾項更有何物？都被他否認得干乾淨淨了。我們請先看他否認讀書是學問的理由。習齋說：

以讀經史訂群書為窮理處事以求道之功，則相隔千里；以讀經史訂群書為即窮理處事，而曰道在是焉，則相隔萬里矣。……譬之學琴然，書猶琴譜也，爛熟琴譜，講解分明，可謂學琴乎？故曰，以講讀為求道之功，相隔千里也。更有一妄人指琴譜曰，是即琴也，辨音律，協聲韻，理性情，通神明，此物此事也。譜果琴乎？故曰，以書為道，相隔萬里也。……歌得其調，撫嫻其指，弦求中音，徽求中節，是之謂學琴矣，未為習琴也。手隨心，音隨手，清濁疾徐有常功，鼓有常規，奏有常樂，是之謂習琴矣，未為能琴也。弦器可手制也，音律可耳審也，詩歌唯其所欲也，心與手忘，手與弦忘，於是乎命之曰能琴。今手不彈，心不會，但以講讀琴譜為學琴，是渡河而望江也，故曰千里也。今目不睹，耳不聞，但以譜為琴，是指薊北而談滇南也，故曰萬里也。《存學篇》卷二《性理書評》

這種道理，本來一說便明。若說必讀書才有學問，那麼，許多書沒有出現以前，豈不是沒有一個有學問的人麼？後儒解釋《論語》「博學於文」，大率說是「多讀書」。習齋說：「儒道之亡，亡在誤認一『文』字。試觀帝堯『煥乎文章』，固非大家帖括，抑豈四書五經乎？周公監二代所制之『鬱鬱』，孔子所謂『在茲』，顏子所謂『博我』者，是何物事？後儒全然誤了。」《言行錄．學須篇》又說：「漢宋儒滿眼只看得幾冊文字是『文』，然則虞夏以前大聖賢皆鄙陋無學矣。」《四書正誤》卷三又說：「後儒以文墨為文，將博學改為博讀、博講、博著，不又天淵之分耶？」《習齋年譜》卷下可謂一針見血語了。

「讀書即學問」這個觀念從那裡發生呢？習齋以為：「漢宋諸儒，但見孔子敘《書》、傳《禮》、刪《詩》、正《樂》、系《易》、作《春秋》，誤認纂修文字是聖人，則我傳述註解便是賢人，讀之熟、講之明而會作書文者，皆聖人之徒矣，遂合二千年成一虛花無用之局。……」《四書正誤》卷三孔子曾否刪《書》《詩》，定《禮》，系《易》等等，本來還屬歷史上一個疑問。就令有之，也斷不能說孔子之所以為孔子者專在此，這是顯而易見之理。據習齋的意思，以為「孔子是在強壯時已學成內聖外王之德，教成一班治世之才，不得用乃周遊，又不得用乃刪述，皆大不得已而為之者，其所刪述，不過編出一部『習行經濟譜』，望後人照樣去做；戰國說客，置學教而學周遊，是不知周遊為孔子之不得已也；宋儒又置學教及行道當時，而自幼即學刪述，教弟子亦不過如是，是不知刪述為孔子之尤不得已也；如效富翁者，不學其經營治家之實，而徒效其凶歲轉移及遭亂記產籍以遺子孫者乎！」《存學編》卷三、《年譜》卷下這些話說孔子說得對不對，另一問題。對於後儒誤認讀書即學問之心理，可謂洞中癥結了。

習齋為什麼恨讀書恨到這步田地呢？他以為專讀書能令人愚，能令人弱。他有一位門生，把《中庸》「好學近乎知」這句話問他，他先問那人道：「你心中必先有多讀書可以破愚之見，是不是呢？」那人道：「是。」他說：「不然，試觀今天下秀才曉事否？讀書人便愚，多讀更愚，但書生必自智，其愚卻益深。……」《四書正誤》卷二又說：「讀書愈多愈惑，審事機愈無識，辦經濟愈無力。」《朱子語類評》朱子曾說：「求文字之工，用許多工夫，費許多精神，甚可惜。」習齋進一步說道：「文家把許多精神費在文墨上誠可惜矣，先生輩捨生盡死，在思、讀、講、著四字上做工夫，全忘卻堯舜三事六府，周禮六德六行六藝，不肯去學，不肯去習，又算什麼？千餘年來率天下入故紙堆中，耗盡身心氣力，作弱人病人無用人者，皆晦庵為之也。」《朱子語類評》恕谷說：「讀閱久則喜靜惡煩，而心板滯迂腐矣。……故予人以口實，曰『白面書生』，曰『書生無用』，曰『林間咳嗽病獼猴』。世人猶謂誦讀可以養身心，誤哉！……顏先生所謂讀書人率習如婦人女子，以識則戶隙窺人，以力則不能勝一匹雛也。」《恕谷後集・與馮樞天論讀書》這些話不能說他太過火，因為這些「讀書人」實在把全個社會弄得糟透了。恕谷說：

後世行與學離，學與政離。宋後二氏學興，儒者浸淫其說，靜坐內視，論性談天，與孔子之言一一乖反；至於扶危定傾，大經大法，則拱手張目授其柄於武人俗士。當明季世，朝廟無一可倚之人，坐大司馬堂批點《左傳》，敵兵臨城，賦詩進講，覺建功立名，俱屬瑣屑，日夜喘息著書，曰此傳世業也。卒至天下魚爛河決，生民塗炭。嗚呼！誰生厲階哉。《恕谷文集・與方靈皋書》

習齋恨極這種學風，所以咬牙切齒說道：

率古今之文字，食天下之神智。《四書正誤》卷四

他拿讀書比服砒霜，說道：

僕亦吞砒人也。耗竭心思氣力，深受其害，以致六十餘歲，終不能入堯舜周孔之道。但於途次聞鄉塾群讀書聲，便嘆曰，可惜許多氣力！但見人把筆作文字，便嘆曰，可惜許多心思！但見場屋出入人群，便嘆曰，可惜許多人才！故二十年前，但見聰明有志入，便勸之多讀；近來但見才器，便戒勿多讀書。……噫！試觀千聖百王，是讀書人否？雖三代後整頓乾坤者，是讀書人否？吾人急醒！《朱子語類評》

這些話可謂極端而又極端了。咳！我不曉得習齋看見現在學校裡成千成萬青年，又當作何嘆息哩。但我們須要牢牢緊記，習齋反對讀書，並非反對學問。他因為認定讀書與學問截然兩事，而且認讀書妨礙學問，所以反對它。他說：

> 人之歲月精神有限，誦說中度一日，便習行中錯一日；紙墨上多一分，便身世上少一分。《存學編》卷一

恕谷亦說：

> 紙上之閱歷多，則世事之閱歷少；筆墨之精神多，則經濟之精神少。宋明之亡以此。《恕谷年譜》

觀此，可知他反對讀書，純為積極的，而非消極的。他只是叫人把讀書的歲月精神騰出來去做學問。至於他所謂學問是什麼，下文再說。

習齋不唯反對讀書，而且反對著書。看上文所引的話多以讀著並舉，便可見。恕谷比較的好著書，習齋曾告誡他，說道：「今即著述儘是，不過宋儒為誤解之書生，我為不誤解之書生耳，何與儒者本業哉！」《年譜》卷下總而言之，凡紙上學問，習齋無一件不反對。

反對讀書不自顏李始，陸王學派便已反對，禪宗尤其反對。顏李這種話，不是助他們張目嗎？不然不然。顏李所反對不僅在讀書，尤在宋明儒之談玄式的講學。習齋說：

> 近世聖道之亡，多因心內惺覺、口中講說、紙上議論三者之間見道，而身世乃不見道。學堂輒稱書院，或曰講堂，皆倚《論語》「學之不講」一句為遂非之柄。殊不思孔門為學而講，後人以講為學，千里矣。《年譜》卷下

習齋之意，凡學而注重講，不論講什麼，不論講得對不對，總之已經錯了路數了。他說：「孔子說『予欲無言』『無行不與』，當時及門皆望孔子以言，孔子唯率之下學而上達，非吝也，學教之

成法固如是也。道不可以言傳也，言傳者有先於言者也。」《存學編》卷一《由道》可見無論何種學問，決非一講所能了事了。何況宋明所講之學，開口總是什麼性咧，命咧，天咧，理咧，氣咧。習齋以為，「性命之理，不可講也；雖講，人亦不能聽也；雖聽，人亦不能醒也；雖醒，人亦不能行也」《存學編》卷一《總論講學》。《論語》說「夫子之言性與天道不可得而聞」，宋儒都說是顏、曾以下夠不上「聞」。習齋說：「如是，孔子不幾為千古拙師，七十子竟成愚徒乎！」《年譜》卷下他的意思以為這些本來是不應聞的，不必聞的，並沒有夠得上夠不上的問題。《論語》：「民可使由之，不可使知之。」習齋以為，「由」便夠了，何必要「知」？要「使知」，便都枉用心力，還會鬧毛病。《存學編．由道》章大意。孟子說：「行之而不著焉，習矣而不察焉，終身由之而不知其道者，眾也。」習齋說，近世講學家正做得這章書的反面，「著之而不行焉，察矣而不習焉，終身知之而不由其道者眾也」。這話是刁蒙吉說的。習齋引他。所以他說：

> 漢宋諸先生，只要解惺；教人望世，亦只要他解惺。故罄一生心力，去作註疏，作集注。聖人只要人習行，不要人解惺。天下人盡習行，全不解惺，是道之明於天下也。天下人盡解惺，全不習行，是道之晦於天下也。道明於天下，堯舜之民不識不知，孔門三千徒眾，性道不得聞；道晦於天下，今世家講而人解。《四書正誤》卷三

總之，習齋學風，只是教人多做事，少講話，多務實際，少談原理。他說：「宋儒如得一路程本，觀一處又觀一處，自喜為通天下路程，人人亦以曉路稱之。其實一步未行，一處未到，周行蕪榛矣。」《年譜》卷下又說：「有聖賢之言可以引路。今乃不走路，只效聖賢言以當走路。每代引路

之言增而愈多，卒之蕩蕩周道上鮮見人也。」《存學篇》卷三又說：「專說話的人，便說許多堯舜話，終無用。即如說糟粕無救於饑渴，說稻粱魚肉亦無救於饑渴也。」《朱子語類評》他反對講學之理由，大略如此。

宋明儒所講個人修養方法，最普通的為主靜主敬、窮理格物等等。顏李學派對於這些法門，或根本反對，或名同實異，今分述如下。

主靜是顏李根本反對的。以朱陸兩派論，向來都說朱主敬，陸主靜。其實「主靜立人極」這句話，倡自周濂溪，程子見人靜坐，便嘆為善學。朱子教人「半日靜坐」，教人「看喜怒哀樂未發之中」，程朱派何嘗不是主靜？所以「靜」之一字，雖謂為宋元明七百年間道學先生們公共的法寶，亦無不可。習齋對於這一派話，最為痛恨。他說：「終日危坐以驗未發氣象為求中之功，此真孔子以前千聖百王所未嘗聞也。」《存學編》卷二朱子口頭上常常排斥佛學，排斥漢儒。習齋詰問他：「你教人半日靜坐，半日讀書，是半日當和尚，半日當漢儒。試問十二個時辰，那一刻是堯、舜、周、孔？」《朱子語類評》顏李書中，像這類的話很多，今不備引了。但他們並非用空言反對，蓋從心理學上提出極強的理由，證明靜中所得境界實靠不住。習齋說：

洞照萬象，昔人形容其妙，曰鏡花水月。宋明儒者所謂悟道，亦大率類此。吾非謂佛學中無此鏡也，亦非謂學佛者不能致此也，正謂其洞照者無用之水鏡，其萬象皆無用之花月也。不至於此，徒苦半生為腐朽之枯禪。不幸而至此，自欺更深。何也？人心如水，但一澄定，不濁以泥沙，不激以風石，不必名山巨海之水能照百態，雖溝渠盆盂之水皆能照也。今使竦起靜坐，不擾以事為，不雜以旁念，敏者數十日，鈍者三五年，皆能洞照萬象如鏡花水月。功至此，快然自喜，以為得之矣。或邪妄相感，人物小有征應，愈隱怪驚人，轉相推服，以為有道矣。予戊申前亦嘗從宋儒用靜坐工夫，故身歷而知其為妄，不足據也。《存學編》卷二有一段大意與此同，而更舉實例為證云：「吾聞一管姓者，與吾友汪魁楚之伯同學仙於泰山中，止語三年。汪之離家十七年，其子往視之。管能預知，以手書字曰：『汪師今日有子來。』既而果然。未幾其兄呼還，則與鄉人同也。吾游燕京，遇一僧敬軒，不識字，坐禪數月，能作詩，既而出關，則仍一無知人也。……」天地間豈有不流動之水？不著地、不見泥沙、不見風石之水？一動一著，仍是一物不照矣。今玩鏡裡花、水中月，信足以娛人心目；若去鏡水，則花月無有矣。即對鏡水一生，徒自欺一生而已矣。若指水月以照臨，取鏡花以折佩，此必不可得之數也。故空靜之理，愈談愈惑；空靜之功，愈妙愈妄。……《存人編》

這段話真是饜心切理之談。天下往往有許多例外現象，一般人認為神祕不可思議，其實不過一種變態的心理作用。因為人類本有所謂潛意識者，當普通意識停止時，他會發動——做夢便是這個緣故。我們若用人為的工夫將普通意識制止，令潛意識單獨出風頭，則「鏡花水月」的境界，當然會現前。認這種境界為神祕，而驚異他，歆羨他，固屬可笑。若咬定說沒有這種境界，則亦不足以服迷信者之心，因為他們可以舉出實例來反駁你。習齋雖沒有學過近世心理學，但這段話確有他的發明。他承認這種變態心理是有的，但說他是靠不住的，無用的。後來儒家闢佛之說，沒有比習齋更透徹的了。

主靜若僅屬徒勞無功，也可以不管他。習齋以為主靜有大害二。其一，是壞身體。他說：「終日兀坐書房中，萎惰人精神，使筋骨皆疲軟，以至天下無不弱之書生，無不病之書生。生民之禍，未有甚於此者也。」《朱子語類評》其二，是損神智。他說：「為愛靜空談之學久，則必至厭事。遇事即茫然，賢豪且不免，況常人乎？故誤人才敗天下事者，宋人之學也。」《年譜》卷下這兩段話，從生理上、心理上分別說明主靜之弊，可謂博深切明。

習齋於是對於主靜主義，提出一個正反面曰「主動主義」。他說：「常動則筋骨竦，氣脈舒，故曰『立於禮』，故曰『制舞而民不腫』。宋元來儒者皆習靜，今日正可言習動。」《言行錄》卷下《世性編》又說：「養身莫善於習動。夙興夜寐，振起精神，尋事去做，行之有常，並不困疲，日益精壯。但說靜息將養，便日就惰弱了。故曰君子莊敬日強，安肆日偷。」同上《學人篇》這是從生理上說明習動之必要。他又說：「人心動物也，習於事則有所寄而不妄動。故吾儒時習力行，皆所以治心。釋氏則寂室靜坐，絕事離群，以求治心，不唯理有所不可，勢亦有所不能，故置數珠以寄念。……」《言行錄》捲上《剛峰篇》又說：「吾用力農事，不遑食寢，邪妄之念，亦自不起。信乎『力行近乎仁』也。」同上《理學篇》這是從心理上說明習動之必要。尤奇特者，昔人多以心不動為貴，習齋則連心也要它常動。他最愛說「提醒身心，一齊振起」二語。怎樣振起法呢？「身無事幹，尋事去幹；心無理思，尋理去思。習此身使勤，習此心使存。」《言行錄》卷下《鼓琴篇》他篤信這個主動主義，於是為極有力之結論道：

五帝、三王、周孔，皆教天下以動之聖人也，皆以動造成世道之聖人也。漢唐襲其動之一二以造其世也。晉宋之苟安，佛之空，老之無，周、程、朱、邵之靜坐，徒事口筆，總之皆不動也，而人才盡矣，世道淪矣！吾嘗言，一身動則一身強，一家動則一家強，一國動則一國強，天下動則天下強。自信其考前聖而不繆，俟後聖而不惑矣。《言行錄》卷下《學須篇》

宋儒修養，除主靜外，還有主敬一法。程朱派學者常拿這個和陸王派對抗。顏李對於主敬，是極端贊成的，但宋儒所用的方法卻認為不對。習齋說：「宋儒拈『窮理居敬』四字，以文觀之甚美；以實考之，則以讀書為窮理功力，以恍惚道體為窮理精妙，以講解著述為窮理事業，以儼然靜坐為居敬容貌，以主一無適為居敬工夫，以舒徐安重為居敬作用。……」《存學編》卷二習齋以為這是大錯了。他引《論語》的話作證，說道：「曰『執事敬』，曰『敬事而信』，曰『敬其事』，曰『行篤敬』，皆身心一致加功，無往非敬也。若將古人成法皆舍置，專向靜坐收攝徐行緩語處言主敬，則是儒其名而釋其實，去道遠矣。」《存學編》卷三恕谷說：「聖門不空言敬。『敬其事』『執事敬』『行篤敬』『修己以敬』，孟子所謂必有事焉也。程子以『主一無適』訓敬，粗言之猶可通，謂為此事則心在此事不又適於他也；精言之則『心常惺惺』『心要在腔子裡』，案此皆程朱言主敬法門。乃離事以言敬矣。且為事之敬，有當主一無適者，亦有未盡者。瞽者善聽，聾者善視，絕利一源，收功百倍，此主一無適也。武王不泄邇，不忘遠，劉穆之五官並用，則神明肆應，敬無不通，又非可以主一無適言也。又說：「宋儒講主敬，皆主靜也。『主一無適』乃靜之訓，非敬之訓也。」《論語傳注問》是則同為講主敬，而顏李與程朱截然不同。總之謂離卻事有任何學問，顏李絕不承認也。

宋儒之學自稱曰道學，曰理學。其所標幟者曰明道，曰窮理。顏李自然不是不講道理的人，但以為宋儒所講道理都講錯了，而且明道窮理的方法也都不對。宋儒最愛說道體，其說正如老子所謂

「有物混成，先天地生，字之曰道」者。習齋說：「道者，人所由之路也，故曰『道不遠人』。宋儒則遠人以為道者也。」《四書正誤》四恕谷說：「路從足，道從辵，皆言人所共由之義理，猶人所由之街衢也。《中庸》言行道，《論語》言適道，《尚書》言遵道，皆與《孟子》言由道由路同。遂亦可曰『小人之道』『小人道消』，謂小人所由之路。若以道為定名，為專物，則老莊之說矣。」《恕谷年譜》卷五恕谷更從初民狩獵時代狀況說明道之名所由立，而謂道不出五倫六藝以外。他說：「道者，人倫庶物而已矣。奚以明其然也？厥初生民，渾渾沌沌。既而有夫婦父子，有兄弟朋友，朋友之盡乃有君臣。誅取禽獸、茹毛飲血、事軌次序為禮，前呼後應、鼓舞相從為樂，挽強中之為射，乘馬隨徒為御，歸而計件、鍥於冊為書數。因之衣食滋、吉凶備，其倫為人所共由，其物為人所共習，猶逵衢然，故曰道。倫物實實事也，道虛名也。異端乃曰『道生天地』，曰『有物混成先天地生』，是道為天地前一物矣。天地尚未有，是物安在哉？且獨成而非共由者矣，何以謂之道哉！」《恕谷後集·原道篇》這段話所說道的範圍，舉例或不免稍狹，然大指謂社會道德起源在於規定人與人及人與事物之關係，不能不算是特識。因此他們不言天道，只言人道。恕谷說：「人，天之所生也，人之事即天之道也。子，父母所出也，然有子於此，問其溫清定省不盡，問其繼志述事不能，而專思其父母從何而來，如何坐蓐以有吾身，人孰不以妄目之耶？」《周易傳注序》宋儒所謂明道、傳道，乃至中外哲學家之形而上論，皆屬此類，所以顏李反對他們。

宋儒說的理及明理方法有兩種。一、天理——即天道，指一個彷彿空明的虛體，下手工夫在「隨處體認天理」，結果所得是「人欲淨盡，天理流行」。二、物理，指客觀的事物原理，下手工夫在

「即凡天下之物，莫不因其已知之理而益窮之以求，至乎其極」，結果所得是「一旦豁然貫通，則眾物之表裡精粗無不到，而吾心之全體大用無不明」。其實兩事只是一事。因為他們最高目的，是要從心中得著一種虛明靈覺境界，便是學問上抓住大本大原，其餘都是枝葉。顏李學派對於這種主張，極力反對。習齋說：「理者，木中紋理也，指條理言。」《四書正誤》卷六又說：「前聖鮮有說理者，孟子忽發出，宋人遂一切廢棄而倡為明理之學。不知孟子所謂禮義悅心，有自己註腳，曰『仁義忠信，樂善不倦』。仁義等又有許多註腳。……今一切抹殺，而心頭玩弄，曰『孔顏樂處』，曰『義理悅心』，使前後賢豪皆籠蓋於釋氏極樂世界中。……」同上恕谷說：「後儒改聖門不言性天之矩，日以理氣為談柄，而究無了義。……不知聖經無在倫常之外而別有一物曰道曰理者。……在人通行者，名之曰道。故小人別有由行，亦曰小人之道。理字則聖經甚少。《中庸》『文理』與《孟子》『條理』同，言秩然有條，猶玉有脈理、地有分理也。……今乃以理置之人物以前，則鑄鐵成錯矣。……」《中庸傳注問》訓「理」為條理，而以木之紋理、玉之脈理為喻，最合古義。後此戴東原《孟子字義疏證》，即從這個訓詁引出許多妙義來。理之界說已定，那麼，不能於事物之外求理，甚明。故恕谷說：「事有條理，理即在事中。《詩》曰『有物有則』，離事物何所為理乎？」《論語傳注問》既已除卻事物無所謂理，自然除卻應事接物無所謂窮理。所以習齋說：「凡事必求分析之精，是謂窮理。」《存學編》卷二怎樣分析才能精呢？非深入事中不可。朱子說：「豈有見理已明而不能處事者？」習齋駁他道：「見理已明而不能處事者多矣！有宋諸先生便謂還是見理不明，只教人再窮理；孔子則只教人習事。迨見理於事，則已徹上徹下矣。此孔子之學與程朱之學所由分也。」同上卷三又說：「若只憑口中所談、紙上所見、心內所思之理義養人，恐養之不深且固也。」同上顏李主張習六藝。有人說：「小學於六藝已粗知其概，但不能明其所以然，故人大學又須窮理。」恕谷答道：「請問窮理是閣置六藝專為窮理之功乎，抑功即在此學習六藝，年長則愈精愈熟而理自明也？譬如成衣匠學針黹，由粗及精，遂通曉成衣要訣；未聞立一法曰，學針黹之後又閣置針黹而專思其理若何也。」《聖經學規纂》這段譬喻，說明習齋所謂「見理於事」，真足令人解頤。夫使窮理僅無益，猶可言也，而結果必且有害。恕谷說：「道學家教人存誠明理，而其流每不明不誠，蓋高坐空談，捕風捉影，諸實事概棄擲為粗跡，唯窮理是務。離事言理，又無質據，且執理自是，遂好武斷。」《恕谷文集·惲氏族譜序》這話真切中中國念書人通病。戴東原說「宋儒以理殺人」，顏李早論及了。

然則朱子所謂「即物窮理」工夫對嗎？朱子對於這句話自己下有註解道：「上而無極太極，下而至於一草一木一昆蟲之微，亦各有理。一書不讀，則缺了一書道理；一事不窮，則缺了一事道理；一物不格，則缺了一物道理。須逐著一件與他理會過。」恕谷批評他說：「朱子一生功力志願，皆在此數言，自以為表裡精粗無不到矣。然聖賢初無如此教學之法也。《論語》曰『中人以下，不可語上』；『夫子之言性與天道，不可得聞』。《中庸》曰『聖人有所不知不能』。《孟子》曰『堯舜之知而不遍物』。可見初學不必講性天，聖人亦不能遍知一草一木也。朱子乃如此浩大為願，能乎？」《大學辨業》朱子這類話，荒唐極了！天下哪裡能夠有這樣窮理的人？想要無所不知，結果非鬧到一無所知不可，何怪陸王派說他「支離」！習齋嘗問一門人自度才智何取，對云：「欲無不知能。」習齋說：「誤矣！孔門諸賢，禮樂兵農各精其一；唐虞五臣，水火農教，各司其一。後世菲資，乃思兼長，如是必流於後儒思著之學矣。蓋書本上見，心頭上思，可無所不及，而最易自欺欺世，究之莫道一無能，其實一無知也。」《言行錄．刁過之篇》所以宋明儒兩種窮理方法，在顏李眼中，都見得一無是處。

顏李學派，本重行不重知。他們常說「可使由不可使知」，是古人教學良法。看起來，像對於知識方面太忽視了，實亦不然，他們並不是不要知識，但以為必從實行中經驗得來才算真知識。前文引恕谷成衣匠之喻，已略見一斑了。習齋解《大學》的「格物」，說明知識之來源如下：

> 李植秀問「格物致知」。予曰：知無體，以物為體，猶之目無體，以形色為體也。故人目雖明，非視黑視白，明無由用也；人心雖靈，非玩東玩西，靈無由施也。今之言致知者，不過讀書講問思辨已耳，不知致吾知者皆不在此也。譬如欲知禮，任讀幾百遍禮書，講問幾十次，思辨幾十層，總不算知；直須跪拜周旋親下手一番，方知禮是如此。譬如欲知樂，任讀樂譜幾百遍，講問思辨幾十層，總不能知；直須搏拊擊吹口歌身舞親下手一番，方知樂是如此。是謂「物格而後知至」。……格即「手格猛獸」之格。……且如這冠，雖三代聖人，不知何朝之冠也；雖從聞見而知為某種之冠，亦不知皮之如何暖也，必手取而加諸首，乃知如此取暖。如這菔蔬，雖上知老圃，不知為可食之物也；雖從形色料為可食之物，亦不知味之如何辛也；必箸取而納之口，乃知如此味辛。故曰手格其物而後知至。《四書正誤》卷一

《大學》格物兩字，是否如此解法，另為一問題。但他的主張以為從聞見而偶得的知識靠不住，

從形色上揣料而得的知識也靠不住。知識之到來（知至），須經過一定程式，即「親手下一番」便是。換而言之，無所謂先天的知識，凡知識皆得自經驗。習齋又說：「今試予生知聖人以一管，斷不能吹。」《言行錄．世情篇》這種「唯習主義」的知識論，正是顏李派哲學的根本立場。

王陽明高唱「知行合一」，從顏李派看來，陽明派還是偏於主知。或還是分知行為二；必須如習齋所說見理於事、因行得知，才算真的知行合一。陽明說「不行只是不知」，習齋翻過來說不知只是不行，所以他不教人知，只教人行，行又不是一躺過便了，最要緊是「習」。他說：

> 自驗無事時種種雜念，皆屬生平聞見言事境物，可見有生後皆因「習」作主。《年譜》捲上

又說：

> 心上想過，口上講過，書上見過，都不得力，臨事依舊是所習者出。《存學編》卷一

又說：

> 吾嘗談天道性命，若無甚扞格，一著手算九九數便差，《年譜》卷下又云：「書房習算，入市便差。」以此知心中惺覺，口中講說，紙上敷衍，不由身習，皆無用也。《存學編》卷二

習齋以「習」名其齋。因為他感覺「習」的力量之偉大，因取《論語》「習相遠」和「學而時習」這兩句話極力提倡。所以我說他是「唯習主義」。習齋所講的「習」，函有兩義：一是改良習慣，二是練習實務。而改良習慣的下手方法又全在練習實務，所以兩義還只是一義。然則習些什麼呢？他所最提倡的就是六藝——禮、樂、射、御、書、數。他說：「習行禮樂射御之學，健人筋骨，和人血氣，調人情性，長人神智。一時習行，受一時之福；一日習行，受一日之福。一人習之，賜福

一人；一家習之，賜福一家；一國天下皆然。小之卻一身之疾，大之措民物之安。」《言行錄・刁過之篇》

他的朋友王法乾和他辯論，說這些都是粗跡。他答道：

學問無所謂精粗。喜精惡粗，此後世之所誤蒼生也。《存學編》卷一

法乾又說：「射御之類，有司事，不足學，須當如三公坐論。」他答道：

人皆三公，孰為有司？學正是學作有司耳。譬之於醫，《素問》《金匱》，所以明醫理也；而療疾救世，則必診脈製藥針灸摩砭為之力也。今有妄人者，止務覽醫書千百卷，熟讀詳說，以為予國手矣，視診脈製藥針灸摩砭以為術家之粗不足學也。一人倡之，舉世效之，岐黃盈天下，而天下之人病相枕死相藉也，可謂明醫乎？若讀盡醫書而鄙視方脈藥餌針灸摩砭，不唯非岐黃，並非醫也，尚不如習一科驗一方者之為醫也。……《存學編》卷一《學辨一》

《習齋年譜》記他一段事道：

返鄗陵，訪李乾行等論學。乾行曰：「何須學習？但須操存功至，即可將百萬兵無不如意。」先生悚然，懼後儒虛學誣罔至此，乃舉古人兵間二事扣其策。次日問之，乾行曰：「未之思，亦不必思，小才小智耳。」先生曰：「小才智尚未能思，大才智又何在？豈君操存未至耶？」乾行語塞。

習齋這些話，不但為一時一人說法。中國念書人思想籠統，作事顢頇，受病一千多年了，人人都好為闊大精微的空論。習齋專教人從窄狹的粗淺的切實練習去。他說：「寧為一端一節之實，無為全體大用之虛。」《存學編》卷一何只當時，在今日恐怕還是應病良藥罷。

我們對於習齋不能不稍有觖望者，他的唯習主義，和近世經驗學派本同一出發點，本來與科學精神極相接近，可惜他被「古聖成法」四個字縛住了，一定要習唐虞三代時的實務，未免陷於時代錯誤。即如六藝中「御」之一項，在春秋車戰時候，誠為切用，今日何必要人人學趕車呢？如「禮」之一項，他要人習《儀禮》十七篇裡頭的昏禮、冠禮、士相見禮等等，豈不是唱滑稽戲嗎？他這個學派不能盛行，未始不由於此。倘能把這種實習工夫，移用於科學，豈非不善！雖然，以此責備習齋，畢竟太苛了。第一，嚴格的科學，不過近百餘年的產物，不能責望諸古人。第二，他說要如古人之習六藝，並非說專習古時代之六藝，如學技擊便是學射，學西洋算術便是學數，李恕谷已屢屢論及了。第三，他說要習六藝之類的學問，非特專限於這六件，所以他最喜歡說「兵農禮樂水火工虞」。總而言之，凡屬於虛玄的學問，他無一件不反對；凡屬於實驗的學問，他無一件不贊成。使習齋、恕谷生於今日，一定是兩位大科學家，而且是主張科學萬能論者，我敢斷言！

雖然，顏李與科學家，正自有別。科學家之實驗實習，其目的專在智識之追求。顏李雖亦認此為增進知識之一法門，其目的實在人格全部之磨練。他們最愛說的話，曰「身心一齊竦起」，曰「人己事物一致」，曰「身心道藝一致加功」。以習禮論，有俯仰升降進退之節，所以勞動身體；習行時必嚴恭寅畏，所以振竦精神；講求節文度數，所以增長智慧。每日如此做去，則身心兩方面之鍛鍊，常平均用力而無間斷，拿現代術語來講，則體育、德育、智育「三位合一」也。顏李之理想的教育方針，實在如此。他們認這三件事缺一不可，又認這三件事非同時齊著力不可。

他們鍛鍊心能之法，務在「提竦精神，使心常靈活」《習齋年譜》捲上。習齋解《孟子》「操則存，舍則亡」兩句話，說道：「識得『出入無時』是心，操之之功始有下落。操如操舟之操，操舟之妙在舵，舵不是死操的，又如操兵操國柄之操，操兵必要坐作進退如法，操國柄必要運轉得政務。今要操心，卻要把持一個死寂，如何謂之操？」《四書正誤》卷六。案：此錢緒山語，習齋取之。蓋宋儒言存養之法，主要在令不起一雜念，令心中無一事。顏李則「不論有事無事，有念無念，皆持以敬」《恕谷年譜》卷三。拿現在的話來講，則時時刻刻集中精神便是。孔子說：「居處恭，執事敬，與人忠。」習齋說：「此三語最為賅切詳備。蓋執事、與人之外皆居處也，則凡非禮勿視聽言動具是矣；居處、與人之外皆執事也，則凡禮樂射御書數之類具是矣；居處、執事之外皆與人也，則凡君禮臣忠、父慈子孝、兄友弟恭、夫義婦順、朋友先施皆具是矣。」《言行錄．學人篇》做一件事，便集中精神於一件事。接一個人，便集中精神於一個人。不做事不接人而自己獨處的時候，便提起一種嚴肅的精神，令身心不致散漫無歸著。這是顏李學派修養的不二法門。

顏李也可以說是功利主義者。習齋說：

> 以義為利，聖賢平正道理也。《尚書》明以利用與正德、厚生並為三事。利貞，利用安身，利用刑人，無不利，利者義之和，《易》之言利更多。……後儒乃雲「正其誼不謀其利」，過矣。宋人喜道之，以文其空疏無用之學。予嘗矯其偏，改云：正其誼以謀其利，明其道而計其功。《四書正誤》卷一

恕谷說：

> 董仲舒曰：「正其道不謀其利，修其理不急其功。」語具《春秋繁露》，本自可通。班史誤易

「急」為「計」。宋儒遂酷遵此一語為學術，以為「事求可，功求成」，則取必於智謀之末，而非天理之正。後學迂弱無能，皆此語誤之也。請問行天理以孝親而不思得親之歡，事上而不欲求上之獲，有是理乎？事不求可，將任其不可乎？功不求成，將任其不成乎？……　《論語傳注問》

這兩段話所討論，實學術上極重要之問題。《老子》說的「為而不有」，我們也認為是學者最高的品格。但是，把效率的觀念完全打破，是否可能？況且凡學問總是要應用到社會的，學問本身可以不計效率，應用時候是否應不計效率？這問題越發複雜了。我國學界，自宋儒高談性命鄙棄事功，他們是否有得於「為而不有」的真精神，且不敢說，動輒唱高調把實際上應用學問抹殺，其實討厭。《朱子語類》有一段：「江西之學陸象山只是禪，浙學陳龍川卻專是功利。……功利，學者習之便可效，此意甚可憂。」你想，這是什麼話？習齋批評他道：

都門一南客曹鑾者，與吾友王法乾談醫，雲「唯不效方是高手」。殆朱子之徒乎？朱子之道，千年大行，使天下無一儒，無一才，無一苟定時，因不願見效故也。宋家老頭巾，群天下人才於靜坐讀書中，以為千古獨得之祕；指幹辦政事為粗豪、為俗吏，指經濟生民為功利、為雜霸。究之使五百年中平常人皆讀講《集注》、揣摩八股、走富貴利達之場，高曠人皆高談靜敬、著書集文、貪從祀廟庭之典。莫論唐虞三代之英，孔門賢豪之士，世無一人，並漢唐杰才亦不可得。世間之德乃真亂矣，萬有乃真空矣！……　《朱子語類評》

宋儒自命直接孔孟，何止漢唐政治家，連孔門弟子都看不起。習齋詰問他們說：

……何獨以偏缺微弱，兄於契丹、臣於金元之宋，前之居汴也，生三四堯孔六七禹顏？後之南渡也，又生三四堯孔六七禹顏？而乃前有數聖賢，上不見一扶危濟難之功，下不見一可相可將之才，拱手以二帝界金，以汴京與豫矣！後有數十聖賢，上不見一扶危濟難之功，下不見一可相可將之才，推手以少帝赴海，以玉璽與元矣！多聖多賢之世乃如此乎？噫！《存學編》卷二

這話並不是尖酸刻薄。習齋蓋深有感於學術之敝影響到社會，痛憤而不能已於言。他說：「吾讀《甲申殉難錄》，至『愧無半策匡時難，唯余一死報君恩』，未嘗不泣下也。至覽尹和靖《祭程伊川文》『不背其師有之，有益於世則未』二語，又不覺廢卷浩嘆，為生民愴惶久之。」《存學編》卷二既屬一國中智識階級，則對於國之安危盛衰，自當負絕對責任。說我自己做自己的學問，不管那些閒事，到事體敗壞之後，只嘆息幾句了事，這種態度如何要得？所以顏李一派常以天下為己任，而學問皆歸於致用，專提《尚書》三事——正德、利用、厚生為標幟。習齋說：「宋人但見料理邊疆便指為多事，見理財便指為聚斂，見心計材武便憎惡斥為小人。此風不變，乾坤無寧日矣！」《年譜》卷下又說：「兀坐書齋人，無一不脆弱，為武士農夫所笑。」《存學編》卷三《性理評》又說：「宋元來儒者卻習成婦女態，甚可羞。『無事袖手談心性，臨危一死報君王』即為上品矣。」同上卷一《學辯》又說：「白面書生，微獨無經天緯地之略，兵農禮樂之材，率柔脆如婦人女子，求一豪爽倜儻之氣亦無之。間有稱雄卓者，則又世間粗放子。……」《習齋記余》卷一《泣血集序》恕谷說：「道學家不能辦事，且惡人辦事。」《恕谷年譜》捲上又說：「宋儒內外精粗，皆與聖道相反：養心必養為無用之心，致虛守寂；修身必修為無用之身，徐言緩步；為學必為無用之學，閉目誦讀。不盡去其病，世道不可問矣！」同上

## 八　實踐實用主義

宋儒亦何嘗不談經世？但顏李以為，這不是一談便了的事。習齋說：「陳同甫謂：『人才以用而見其能否，安坐而能者不足恃；兵食以用而見其盈虛，安坐而盈者不足恃。』吾謂：德性以用而見其醇駁，口筆之醇者不足恃；學問以用而見其得失，口筆之得者不足恃。」《年譜》捲上又說：「人不辦天下事，皆可謂無弊之論。」《言行錄．杜生篇》有人說，《一統志》《廣輿記》等書，皆書生文字，於建國規模山川險要未詳。習齋說：「豈唯是哉？自帖括文墨遺禍斯世，即間有考纂經濟者，總不出紙墨見解，可嘆！」《年譜》卷下李二曲說：「吾儒之學，以經世為宗。自傳久而謬，一變訓詁，再變詞藝，而儒名存實亡矣。」習齋評他道：「見確如此，乃膺當路尊禮，集多士景從，亦只講書說話而已。何不舉古人三事三物之經世者使人習行哉！後儒之口筆，見之非，固無用；見之是，亦無用。此益傷吾心也。」同上嗚呼！倘使習齋看見現代青年日日在講堂上、報紙上高談什麼主義什麼主義者，不知其傷心更何如哩。

想做有用之學，先要求為可用之人。恕谷說：「聖學踐形以盡性，今儒墮形以明性。耳目但用於聽讀，耳目之用去其六七；手但用於寫，手之用去其七八；足惡動作，足之用去九；靜坐觀心而身不喜事，身心之用亦去九。形既不踐，性何由全？」《年譜》捲上這話雖然是針對當時宋學老爺們發的，但現代在學堂裡所受的教育，是否能盡免此弊，恐怕還值得一猛醒罷。

習齋好動惡靜，所以論學論政，皆以日日改良進步為鵠。他有一天鼓琴弦斷，解而更張之，音調頓佳，因嘆道：「為學而惰，為政而懈，亦宜思有以更張之也。彼無志之人，樂言遷就、憚於更張、死而後已者，可哀也。」《言行錄．鼓琴篇》又說：「學者須振萎惰、破因循，每日有過可改，有善可遷，即日新之學也。改心之過，遷心之善，謂之正心；改身之過，遷身之善，謂之修身；改家國天下之過，遷家國天下之善，謂之齊治平。學者但不見今日有過可改，有善可遷，便是昏惰了一日；為政者但不見今日有過可改，有善可遷，便是苟且了一日。」《言行錄・王次亭篇》總之，常常活著不叫他死，常常新著不叫他舊，便是顏李主動之學。他們所謂身心內外一齊振起者，指此。

習齋不喜歡談哲理，但他對於「性」的問題，有自己獨到的主張。他所主張，我認為在哲學上很有價值，不能不稍為詳細敘述一下。

中國哲學上爭論最多的問題就是「性善惡論」。因為這問題和教育方針關係最密切，所以向來學者極重視它。孟子、告子、荀子、董仲舒、揚雄，各有各的見解。到宋儒程朱，則將性分而為二：一、義理之性，是善的；二、氣質之性，是惡的。其教育方針，則為「變化氣質」為歸宿。習齋大反對此說，著《存性編》駁他們，首言性不能分為理氣，更不能謂氣質為惡。其略曰：

……若謂氣惡，則理亦惡；若謂理善，則氣亦善。蓋氣即理之氣，理即氣之理，烏得謂理統一善而氣質偏有惡哉？譬之目矣，眶皰睛，氣質也，其中光明能見物者，性也。將謂光明之理專視正色，眶皰睛乃視邪色乎？余謂更不必分何者為義理之性，氣質之性。……能視即目是性善，其視之也則情之善，其視之詳略遠近則才之強弱。啟超案：孟子論性善，附帶著論「情」，論「才」說「乃若其情，則可以為善矣」，又說「若夫為不善，非才之罪也」。習齋釋這三個字道：「心之理曰性，性之動曰情，情之力曰才。」見《年譜》卷下。《存性編》亦有專章釋此三字，今不詳引。皆不可以惡言。蓋詳且遠固善，即略且近亦第善不精耳，惡於何加？唯因有邪色引動，障蔽其明，然後有淫視而惡始名焉。然其為之引動者，性之咎乎？氣質之咎乎？若歸咎於氣質，是必無此目，然後可全目之性矣。……《存性篇．駁氣質性惡》

然則性善的人，為什麼又會為惡呢？習齋以為皆從「引蔽習染」而來；而引蔽習染皆從外入，絕非本性所固有。程子說：「清濁雖不同，然不可以濁者不為水。」朱子引申這句話，因說：「善固性也，惡亦不可不謂之性。」主張氣質性惡的論據如此。習齋駁他們道：

> 請問濁是水之氣質否？吾恐澂澈淵湛者水之氣質，其濁者乃雜入水性本無之土，正猶吾言性之有引蔽習染也，其濁之有遠近多少，正猶引蔽習染之有輕重深淺也。若謂濁是水之氣質，則濁水有氣質，清水無氣質矣，如之何其可也。同上《借水喻性》

程子又謂「性本善而流於惡」，習齋以為也不對，駁他道：

> 原善者流亦善，上流無惡者下流亦無惡。……如水出泉，若皆行石路，雖自西海達東海，絕不加濁。其有濁者，乃虧土染之，不可謂水本清而流濁也。知濁者為土所染，非水之氣質，則知惡者是外物染乎性，非人之氣質矣。同上《性理書評》

習齋論引蔽習染之由來，說得極詳盡。今為篇幅所限，不具引了。看《存性篇．性說》。習齋最重要的論點，在極力替氣質辯護。為什麼要辯護呢？因為他認定氣質為個人做人的本錢。他說：

> 盡吾氣質之能，則聖賢矣。《言行錄》卷下

又說：

> 昔儒視氣質甚重。習禮習樂習射御書數，非禮勿視聽言動，皆以氣質用力。即此為存心，即此

為養性。故曰「志至焉，氣次焉，持其志無暴其氣」，故曰「養吾浩然之氣」，故曰「唯聖人然後可以踐形」。魏晉以來，佛老肆行，乃於形體之外，別狀一空虛幻覺之性靈；禮樂之外，別作一閉目靜坐之存養。佛者曰入定，儒者曰吾道亦有入定也；老者曰內丹，儒者曰吾道亦有內丹也。借五經、《語》、《孟》之文，行《楞嚴》《參同》之事。以躬習其事為粗跡，則自以氣骨血肉為分外。於是始以性命為精，形體為累，乃敢以有惡加之氣質矣。《存性編．性理書評》

氣質各有所偏，當然是不能免的。但這點偏處，正是各人個性的基礎。習齋以為教育家該利用他，不該厭惡他。他說：「偏勝者可以為偏至之聖賢。……宋儒乃以偏為惡，不知偏不引蔽，偏亦善也。」同上又說：「氣稟偏而即命之曰惡，是指刀而坐以殺人也，庸知刀之能利用殺賊乎！」同上習齋主張發展個性的教育，當然和宋儒「變化氣質」之說不能相容。他說：

人之質性各異，當就其質性之所近、心志之所願、才力之所能以為學，則無齟齬扞格終身不就之患。故孟子於夷、惠曰不同道，唯願學孔子，非止以孔子獨上也，非謂夷、惠不可學也。人之質性近夷者自宜學夷，近惠者自宜學惠。今變化氣質之說，是必平丘陵以為川澤，填川澤以為丘陵也，不亦愚乎？且使包孝肅必變化而為龐德公，龐德公必變化而為包孝肅，必不可得之數，亦徒失其為包為龐而已矣。《四書正誤》卷六

有人問他，你反對變化氣質，那麼《尚書》所謂「沉潛剛克，高明柔克」的話，不對嗎？他說：「甚剛人亦必有柔處，甚柔人亦必有剛處，只是偏任慣了。今加學問之功，則吾本有之柔自會勝剛，本有之剛自會勝柔。正如技擊者好動腳，教師教他動手以濟腳，豈是變化其腳？」《言行錄》卷下

《王次亭篇》質而言之，程朱一派讋氣質於義理，明是襲荀子性惡之說，而又必自附於孟子，故其語益支離。習齋直斥之曰：

耳目口鼻手足五臟六腑筋骨血肉毛髮秀且備者，人之質也，雖蠢猶異於物也。呼吸充周榮潤運用乎五官百骸粹且靈者，人之氣也，雖蠢猶異於物也。故曰「人為萬物之靈」，故曰「人皆可以為堯舜」。其靈而能為堯舜者，即氣質也。非氣質無以為性，非氣質無以見性也。今乃以本來之氣質而惡之，其勢不併本來之性而惡之不已也。以作聖之氣質，而視為汙性壞性害性之物，明是禪家「六賊」之說，能不為此懼乎？《存性篇．正性理評》

習齋之斷斷辨此，並非和程朱論爭哲理。他認為這問題在教育關係太大，故不能已於言。他說：

大約孔孟以前責之習，使人去其所本無。程朱以後責之氣，使人憎其所本有。是以人多以氣質自諉，竟有「山河易改，本性難移」之諺矣。其誤世豈淺哉！同上

他於是斷定程朱之說，「蒙晦先聖盡性之旨，而授世間無志人以口實」《存學編》卷一《上孫鐘元先生書》。他又斷言，凡人「為絲毫之惡，皆自玷其光瑩之體；極神聖之善，始自踐其固有之形」同上《上陸桴亭先生書》。習齋對於哲學上和教育上的見解，這兩句包括盡了。

以上所講，顏李學派的主要精神，大略可見了。這種議論，在今日還有許多人聽見了搖頭咋舌，何況二百年前？他們那時作這種主張，簡直可以說大著膽冒天下之不韙。習齋說：

宋儒，今之堯舜周孔也。韓愈闢佛，幾至殺身，況敢議今世之堯舜周孔乎？季友著書駁程朱之

說，發州決杖，況敢議及宋儒之學術品詣乎？此言一出，身命之虞，所必至也。然懼一身之禍而不言，委氣數於終誤，置民物於終壞，恐結舌安坐不援溝瀆與強暴橫逆納人於溝瀆者，其忍心害理不甚相遠也。《上陸桴亭書》

又說：

予未南遊時，尚有將就程朱附之聖門之意。自一南遊，見人人禪子，家家虛文，直與孔門敵對。必破一分程朱，始入一分孔孟，乃定以為孔孟與程朱判然兩途，不願作道統中鄉原矣。《年譜》卷下

他並非鬧意氣與古人爭勝。他是一位心地極光明而意志極強毅的人。自己所信，便以百折不撓的精神赴之，絲毫不肯遷就躲閃。他曾告誡恕穀道：

立言但論是非，不論異同。是，則一二人之見，不可易也；非，則雖千萬人所同，不隨聲也。豈唯千萬人？雖百千年同迷之局，我輩亦當以先覺覺後覺，不必附和雷同也。《言行錄．學問篇》

試讀這種話，志節何等卓犖！氣魄何等沉雄！他又說：「但抱書入學，便是作轉世人，不是作世轉人。」《存學編》卷三他臨終那年，有幾句話囑咐恕穀道：「學者勿以轉移之權委之氣數。一人行之為學術，眾人從之為風俗。民之瘼矣，忍度外置之乎？」恕谷聞言，泣數行下。《恕谷年譜》卷下嗚呼習齋！非天下之大仁大勇者，其孰能與於斯？

習齋、恕谷抱這種宏願，想要轉移學風，別造一個新社會。到今日二百年了，到底轉移了沒有？哎！何止沒有轉移，只怕病根還深幾層哩。若長此下去嗎？那麼，習齋有一番不祥的預言，待

我寫來。他說：

> 文盛之極則必衰。文衰之返則有二：一是文衰而返於實，則天下厭文之心，必轉而為喜實之心，乾坤蒙其福矣。……一是文衰而返於野，則天下厭文之心，必激而為滅文之念，吾儒與斯民淪胥以亡矣。如有宋程朱黨偽之禁，天啟時東林之逮獄，崇禎末張獻忠之焚殺，恐猶未已其禍也。而今不知此幾之何向也？《易》曰：「知幾其神乎？」余曰：知幾其懼乎？《存學編》卷四

嗚呼！今日的讀書人聽啊，自命智識階級的人聽啊，滿天下小百姓厭惡我們的心理一日比一日厲害，我們還在那裡做夢。習齋說「未知幾之何向」？依我看，「滅文」之幾早已動了，我們不「知懼」，徒使習齋、恕谷長號地下耳。

同時服膺顏氏學且能光大之者，北有王昆繩，南有惲臯聞、程綿莊，而其淵源皆受自恕谷。

昆繩，名源，一字或庵，順天大興人。卒康熙四十九年，年六十三。他是當時一位老名士。他少年從梁鷦林以樟游，鷦林教以宋儒之學，他不以為然，最喜談前代掌故及關塞險隘攻守方略，能為文章。魏冰叔禧極推重他。他說自韓愈以後而文體大壞，故其所作力追先秦、西漢。自言「生平性命之友有二，一曰劉繼莊，二曰李恕谷。此二人者實抱天人之略，非三代以下之才」。《文集·復姚梅友書》後來繼莊死了，他做一篇很沉痛的傳文，我們因此才能知道繼莊的人格和學術。三藩平後，京師壇坫極盛，萬季野、閻百詩、胡東樵諸人各以所學提倡後進，昆繩也是當中一位領袖。他才氣橫溢，把這些人都看不在眼內，獨傾心繼莊和恕谷。他讀了恕谷的《大學辨業》和習齋的《存學編》過後，大折服，請恕谷為介，執贄習齋之門，年已五十六了。自此效習齋作日記糾身心得失，

晚年學益進。恕谷批評他道：「王子所謂豪傑之士者，非耶！跡其文名遠噪，公卿皆握手願交，意氣無前；且半百耆儒，弟子請業者滿戶外，乃一聞聖道，遂躬造一甕牖繩樞潛修無聞之士，傴僂北面，唯恐不及。非誠以聖賢為志，其能然乎？」《恕谷後集．王子傳》他早年著有《兵法要略》《輿圖指掌》等書。受業習齋後，更著有《平書》十卷，《讀易通言》五卷，皆佚。其集曰《居業堂文集》二十卷，今存。他好游，晚年棄妻子，遍游名山大川，卒客死淮上。

昆繩未從學習齋以前，最服膺陽明學，對於當時借程朱做招牌的人深惡痛絕，曾有幾篇極痛快的文字罵他們。節錄如下：

> 源生平最服姚江，以為孟子之後一人。……蓋宋儒之學，能使小人肆行而無所忌，束縛沮抑天下之英雄不能奮然以有為。……宸濠之亂……不終日而談笑平之，此豈徒恃語言文字者所能辦？乃今之謗之者，謂其事功聖賢所不屑也；其學術為異端，不若程朱之正也。其心不過欲蔑其事功，以自解其庸無能為之醜，尊程朱以見己之學問切實，而陰以飾其卑陋不可對人之生平。內以自欺，而外以欺乎天下。孰知天下之人之不可欺，而只自成其為無忌憚之小人也哉？……《文集．與李中孚先生書》

又：

> 今天下之尊程朱、詆姚江，侈然一代大儒自命，而不偽者幾人哉？行符其言者，真也；言不顧行者，偽也。真則言或有偏，不失為君子；偽則其言愈正，愈成其為小人。有人於此，朝乞食間，暮殺越人於貨，而掇拾程朱緒論，狺狺焉詈陽明於五達之衢，遂自以為程朱也。吾子許之乎？……且夫對君父而無慚，置其身於貨利之場、死生禍福之際而不亂，其內行質之幽獨而不愧，播其文章

議論於天下而人人信其無欺，則其立說，程朱可也，陸王可也，不必程朱不必陸王而自言其所行亦可也。否則尊程朱即程朱之賊，尊陸王即陸王之賊，偽耳！況大言欺世而非之不勝舉、刺之不勝刺者哉。嘗聞一理學者力詆陽明，而遷官稍不滿其欲，流涕不能止。一識者譏之曰「不知陽明謫龍場時有此淚否？」其人慚沮無以答。又一理學者見其師之子之妻之美，悅焉；久之，其夫死，約以為妻，未小祥而納之。而其言曰：「明季流賊之禍皆陽明所釀。」嗚呼！若輩之行如此類者豈堪多述。……故今之詆姚江者，無損於姚江毛髮，則程朱之見推，實程朱萬世之大阨爾。……《文集·與朱字綠書》

這兩段話，可以看出昆繩早年面目和當時所謂程朱學派者之品格何如，故錄之。此外闡發顏李學術與夫談經濟、考史蹟之文尚多，恕不錄了。

惲皋聞，名鶴生，江蘇武進人，生卒年無考。嘗在秦中晤謝野臣，語以習齋為學大旨，心善之。後至蠡縣訪習齋，則已沒，乃從恕谷求所著各書遍讀之，自稱私淑弟子。仿恕谷立日譜考究身心功過，每相見輒互證得失，其與恕谷往復切磋之語，見於《恕谷年譜》者甚多。皋聞每自南方寄書至，恕谷再拜然後啟讀，其重之如此。皋聞書言：「南旋以《存學》示人，雖倔強者亦首肯，知斯道之易行。」恕谷喜曰：「顏先生之道南矣！」皋聞所著書有《詩說》及《春秋附筆》。晚歸常州，為一鄉祭酒，故家子弟多從之遊。其後常州學術大昌，戴子高謂皆自皋聞開之。

程綿莊，名廷祚，字啟生，江蘇上元人。卒乾隆三十二年，年七十七。少篤於治經，後從惲皋聞聞顏李之學，上書恕谷，致願學之意。康熙庚子，恕谷南遊金陵，他屢過問學。讀習齋《存學編》，題其後云：「古之害道出於儒之外，今之害道出於儒之中。習齋先生起燕趙，當四海倡和翕然同風之日，乃能折衷至當而有以斥其非，蓋五百年間一人而已。」綿莊之學，以習齋為主，而參以梨洲、亭林，故讀書極博而皆歸於實用。所著有《易通》六卷，《大易擇言》三十卷，《彖爻求是說》六卷，《晚書訂疑》若干卷，《尚書通議》三十卷，《青溪詩說》二十卷，《論語說》《周禮說》各四卷，《禘說》二卷，《春秋識小錄》三卷。其集曰《青溪居士集》，詩文各二十卷。今唯《晚書訂疑》有刻本。《論語說》則戴子高采若干則入《顏氏學記》中，精到語頗多。

習齋之學，雖不為時流所喜，然而經恕谷極力傳播，昆繩、皋聞、綿莊相與左右之，當時有志之士聞風興起者也很不少。諸公既沒，而考證學大興，掩襲天下，學者差不多不知有習齋、恕谷了。其遺書亦什九散佚不可見。近代頭一位出來表彰他們的，曰戴子高。

子高，名望，浙江德清人。卒同治十二年，年三十七。他所遭極人生不堪之境遇，趙叔之謙替他作的墓表說道：「君生四歲，父歿；曾祖八十餘，祖五十餘，尚存；母及諸母皆寡。三世煢煢，抱一孺子而泣。……無何，曾祖與祖相繼奄忽。家貧歲饑，無所依賴，君挾冊悲誦。寡母節衣縮食資君以學。……庚申亂作，君奉母避入山，大困，無所得食。有至戚官閩中，母數命君往，不獲已。……自閩歸，將迎其母，聞湖州已陷，則仰天長號，僵僕絕氣；復忍死出入豺虎之叢求母所在，迄無所遇。……君至痛在心，未壯而歿。……然處顛頓狼狽呻吟哭泣中，終不廢學，學日益進。……」他一生困阨的大概，略可見了。他於同治八年輯成《顏氏學記》十卷。據自序所述，他之學顏李學，得力於他的朋友程履正貞。他費了好多年工夫，才把顏李的著述次第搜得，中間又經亂散失。當時每舉顏李姓氏問人，人無知者。他於是發憤輯成這部學記，卷一至卷三記習齋，卷四至卷七記恕谷，卷八記昆繩，卷九記綿莊，卷十則為顏李弟子錄。自序曰：

> ……其言憂患來世，正而不迂，質而不俗，以聖為軌，而不屑詭隨於流說。其行則為孝子，為仁人。於乎！如顏氏者，可謂百世之師已。其餘數君子，亦皆豪傑士也。同時越黃氏、吳顧氏，燕秦間有孫氏、李氏，皆以耆學碩德負天下重望，然於聖人之道，猶或沿流忘源，失其指歸。如顏氏之摧陷廓清，比於武事，其功顧不偉哉！世乃以其不事述作，遂謂非諸公匹，則吾不如七十子之徒與夫孟、荀、賈、董諸子，其視後儒著書動以千百計者，何如也？語曰「淫文破典」，孔子曰「天下有道，則行有枝葉；天下無道，則辭有枝葉」。敢述聖者之言，用告世之知德君子。《讁麟堂遺集》

子高說戴東原作《孟子緒言》，其論性本自習齋，最為有識。他對於方望溪之誣恕谷，極為不平；又說皖北某巨公序程綿莊書顛倒黑白，不知其人為誰也。這部《學記》，體裁全仿梨洲兩《學案》，能提要鉤玄，價值不在黃書下。

子高嘗從陳碩甫奐、宋於庭翔鳳游，於訓詁學所造甚深，又好西漢今文家言，著有《論語注》二十卷，《管子校正》二十四卷。趙叔輯其遺文曰《讁麟堂遺集》。子高晚年被曾文正聘任校書，然其學與流俗異，終侘傺以死。

自子高《學記》出，世始稍稍知有顏李學。而近人徐菊人世昌亦提倡之，屬其門客為顏李《語要》各一卷，《顏李師承記》九卷。《語要》破觚為圓，誣顏李矣，不逮《學記》遠甚。《師承記》搜采甚勤，可觀也。又匯刻《顏李遺書》數十種，亦徐氏行事之差強人意者。

# 九 科學之曙光

——王寅旭 梅定九 陳資齋 附・其他

做中國學術史，最令我們慚愧的是，科學史料異常貧乏。其中有記述價值的，只有算術和曆法方面。這類學問，在清代極發達，而間接影響於各門學術之治學方法也很多。

曆算學在中國發達甚古，然每每受外來的影響而得進步。第一次為唐代之婆羅門法，第二次為元代之回回法，第三次則明清之交耶穌會士所傳之西洋法。西洋法傳來之初期，學者如徐文定、李涼庵輩，以絕對信仰的態度迎之，研習其法而喚起一種自覺心。求中國曆算學之獨立者，則自王寅旭、梅定九始。

寅旭，名錫闡，一號曉庵，又號天同一生，江蘇吳江人。生明崇禎元年，卒清康熙二十一年，年五十五。曉庵與張揚園、顧亭林、潘力田友善，又嘗與萬充宗、徐圃臣往復論學。亭林《廣師篇》說：「學究天人，確乎不拔，吾不如王寅旭。」可見其傾倒之至了。嘗作《天同一生傳》云：「天同一生者，帝休氏之民也。治《詩》《易》《春秋》，明歷律象數。學無師授，自通大義，與人相見，終日緘默。若與論古今，則縱橫不窮。家貧不能多得書，得亦不盡讀，讀亦不盡憶。間有會意，即大喜雀躍，往往爾汝古人。……帝休氏衰，乃隱處海曲，冬夏褐，日中不爨，意泊如也。唯好適野，悵然南望，輒至悲欷，人皆目為狂生。生曰，我所病者未能狂耳。因自命希狂，號天同一生。『天同一』云者，不知其所指，或曰即莊周齊物之意，或曰非也。」《曉庵文集》卷三讀這篇寓言短傳，可想見他的品格和理想了。他又自書這傳後云：「天同一生挾過人之才，不獲當帝休之隆與時偕行，徒使志擬天地，跡近佯狂，以詭祕貽譏。……」可見他才氣不可一世，而對於明清興亡抱隱痛。志節狷介，不肯媚世，和顧亭林絕相類，不獨學問能自立名世也。

寅旭之生，正當歷議爭哄時。利、徐翻譯書既盛行，學者轉相誦習，或未研其理法而摭拾以自炫。舊派則楊光先為領袖，作枝辭游辭與之爭。寅旭少即嗜此學，潛心測實，「每夜輒登屋臥鴟尾間，仰觀星象，竟夕不寐，復發律算書玩索精思，於推步之理宏亮而不滯。久之則中西兩家異說，皆能條其原委，考鏡其得失」《文獻徵存錄》卷三。他自述實測之經歷道：「…… 每遇交會，必以所步所測課較疏密，疾病寒暑無間，…… 於茲三十年所，而食分求合於杪，加時求合於分，戛戛乎其難之。……」《推步交朔敘》他自立新法測日月食。據阮藝臺元《疇人傳》說，他「不爽杪忽」。我們是門外漢，不唯不敢下批評，而且不能述要領。但舉其論治學方法之言，以見其學之所自而已。他說：「…… 當順天以求合，不當為合以驗天。法所以差。固必有致差之故，法所吻合，猶恐有偶合之緣。測愈久則數愈密，思愈精則理愈出。」《歷測》又說：「…… 其合其違，雖可預信，而分杪遠近之細，必屢經實測而後可知。合則審其偶合與確合，違則求其理違與數違，不敢苟焉以自欺而已。」《推步交朔敘》又說：「專術之賾，糾繆萬端，不可以一發躁心浮氣乘於其間。」《測日小記敘》又說：「天運淵元，人智淺末，學之愈久而愈知其不及，入之彌深而彌知其難窮。……若僅能握觚而即以創法自命，師心任目，撰為鹵莽之術，約略一合，傲然自足，胸無古人，其庸妄不學未嘗艱苦可知矣。」同上讀這些話，可以知道寅旭的學問是怎樣得來的了。我們常說，治科學能使人虛心，能使人靜氣，能使人忍耐努力，能使人忠實不欺。寅旭便是絕好模範。曆算學所以能給好影響於清學全部者，亦即在此。

寅旭對於當時新舊之爭，當然不以守舊為然，然亦非一味的盲從新法。他說：「近代西洋新法，大抵與《土盤曆》同原，而書器尤備，測候加精。…… 徐文定以為，欲求超勝，必須會通；會通之前，先須翻譯；翻譯有緒，然後令深知法意者參詳考定。其意原欲因西法求進，非盡更成憲也。文定既逝，繼其事者僅能終翻譯之緒，未遑及會通之法，至矜其師說，齮齕異己，廷議紛紛。…… 今西法且盛行，向之異議者亦詘而不復爭矣。然以西法有驗於今，可也；如謂不易之法無事求進，不可也。……」《曆說一》他批評當時所謂西法，有不知法意者五，當辨者十。他自著《曉庵新法》六篇，自言：「會通若干事，考正若干事，表明若干事，增葺若干事。舊法雖舛而未遽廢者兩存之，理雖可知而非上下千年不得其數者闕之。雖得其數，而遠引古測未經目信者，別為補遺。」《曉庵新法．自序》他那種不設成見、實事求是的精神，大略可見了。

寅旭著述除《曉庵新法》六卷外，尚有《大統西曆啟蒙》，隱括中西曆術，簡而不遺。有《丁未曆稿》，寅旭每歲皆推歷，而丁未年與潘次耕布算，特著其說。有《推步交朔》及《測日小記》，辛酉八月朔當日食，以中西法及己所創新法預定時刻分杪，至其時與徐圃臣輩以五家法同測，而己法最密合，故志之。有《三辰志略》，則寅旭自創一儀器，可兼測日月星，自為之說，自為之解，其文仿《考工記》，有圜解，解句股割圜之法，繪圖立說，詳言其所以然；梅定九序之，謂「能深入西法之堂奧而規其缺漏」。定九嘗評：「近代曆學以吳江為最，識解在青州薛鳳祚以上。」見杭世駿《道古堂集》本傳徐敬可曾勸定九為寅旭曆書補作圖注，以發其深湛之思。定九亦說「王先生書用法精簡，好立新名，驟讀不能解」，銳意欲注之，惜因老病未成見定九《續學堂文鈔．書徐敬可圜解序後》。我們看這種故實，不獨知寅旭，益可以知定九了。

錢東生林說：「曆算之學，王氏精核，梅氏博大，各造其極，未可軒輊。」所以清代治此學者必曰王、梅，而梅學尤盛行於時。

梅定九，名文鼎，字勿庵，安徽宣城人，卒康熙六十年，年八十九。他二十七歲時，從遺獻倪觀湖問曆法，著《曆學駢枝》二卷，倪為首肯，自此便畢世委身此學。中年喪偶，不再娶，閉戶覃思，謝絕人事。值書之難讀者，必欲求得其說，往往至廢寢食，格於他端中輟，耿耿不忘，或讀他書無意中砉然有觸而積疑冰釋，乘夜秉燭亟起書之，或一夕枕上所得累數日書不盡，每漏四五下，猶篝燈夜讀，昧爽則已興矣。數十年如一日，其精力過人如此。聞有通茲學者，雖在遠道，不憚褰裳往從，人有問者，亦詳告之無隱。節錄毛際可撰傳、方苞撰墓表、杭世駿撰傳、阮元撰《疇人傳》原文。所著曆算書八十餘種，其要目如下：

（甲）曆學之部：

（一）闡明古曆法者

《曆經圖注》二卷。《元史》所載《曆經》，為許衡、郭守敬等合著。其文簡古，故釋之。

《古今曆法通考》七十卷。自洛下閎、射姓之歷起，以次論劉洪、姜岌、張子信、何承天、祖沖之、劉焯諸歷，李淳風之《麟德曆》，僧一行之《大衍曆》，晚唐《宣明曆》，王樸之《欽天曆》，宋之《統天曆》，耶律楚材之《庚午元曆》，迄郭守敬之《授時曆》止。所校論者凡七十餘家，實中國曆學史之大觀也。

《春秋以來冬至考》一卷。

《庚午元曆考》一卷。元太祖時，有西域人與耶律楚材爭月蝕，西法並絀，楚材乃作《西征庚午元曆》。此書專考之。

《元歷補註》二卷。根據郭守敬歷草以注《授時曆》。

《明大統曆立成注》二卷。

（二）研究西域曆法者。唐《九執曆》，為西法輸入之始，其後復有《婆羅門十一曜經》及《都聿利斯經》，皆九執之屬。元則有札馬魯丁之《西域萬年曆》，明則有馬沙亦黑、馬哈麻之《回回曆》，此皆印度及阿剌伯之學說，在千年前即已與中法參用者。定九推究其術，著歐羅巴法淵源所自。

《回回曆補註》三卷。

《西域天文書補註》二卷。

《三十雜星考》一卷。

《四省表景立成》一卷。陝西、河南、北直、江南四省之回教寺中，各有表景，據之以說明裡差。

《周髀算經補註》一卷。以《周髀》釋西域歷家蓋天之說。

《渾蓋通憲圖說訂補》一卷。研究《元史·札馬魯丁傳》中之「蓋天儀」，謂為《周髀》遺法流入西方。

《西國日月考》一卷。研究太陽曆。

（三）批評《崇禎曆書》者。《崇禎曆書》百餘卷，利、徐所編，即所謂歐羅巴之新西法也。定九發明或訂正之，為以下各書：

《曆書細草補註》三卷。《曆書》中有細草以便入算，定九以歷指大意隱括而為之注。

《交食蒙求訂補》二卷，《附說》二卷。此書已佚，補其細草。

《交食圖訂誤》一卷。

《求赤道宿度法》一卷。用弧三角法訂正《曆書》中細草。

《交食管見》一卷。言各地所見日月食何故不同，並立隨地測驗之捷法。

《日差原理》一卷。

《火緯本法圖說》一卷。

《七政前均簡法》一卷。

《上三星軌跡成繞日圓象》一卷。

《黃赤距緯圖辯》一卷。

《太陰表影辯》一卷。

《二星經緯考異》一卷。

《星晷真度》一卷。

（四）手訂曆志及關於曆學之意見。

《宣城分野志》。

《江南通志・分野志》。

《明史・曆志》。《明史》之《曆志》，本由吳志伊專任，徐善、劉獻廷、楊文言各有增定，最後則請正於黃梨洲及定九。定九為訂正訛舛五十餘處。

《曆志贅言》一卷。大意謂明朝的《大統曆》，實即元朝的《授時曆》，故明《曆志》應該對於元《曆志》敘述《授時曆》闕略之處詳為訂補。又《回回曆》為《授時》所自出，亦當敘其淵源。其餘如朱載堉、袁黃等學說，皆當備載。尤當特詳於利、徐改法之沿革。

《曆學疑問》一卷。曆學入門簡明之書。清聖祖極賞之。

《學歷說》一卷。大意謂古代歷家，因法疏多誤，乃附會祥之說以文飾其誤，最為不當。

（五）所創製之測算器及其圖說。

《測器考》二卷。

《自鳴鐘說》一卷。

《壺漏考》一卷。

《日晷備考》三卷。

《赤道提晷說》一卷。

以上皆對於舊器之考訂及說明。

《勿庵揆日器圖說》一卷。

《諸方節氣加時日軌高度表》一卷。

《揆日淺說》一卷。
《測景捷法》一卷。
《璇璣尺解》一卷。
《測星定時簡法》一卷。
《勿庵側望儀式》一卷。
《勿庵仰觀儀式》一卷。
《勿庵渾蓋新式》一卷。
《勿庵月道儀式》一卷。
以上皆自製器及自創法之說明。
《分天度理》一卷。
《陸海針經》一卷（一名《裡差捷法》）。
以上二書，應用曆算學以繪地圖。
（乙）算學之部
《勿庵籌算》七卷。
《勿庵筆算》一卷。
以上二書，皆改橫為直，便中土書寫。
《勿庵度算》二卷。當時西法用兩比例尺，定九只用一尺，又有矩算法。

《比例數解》四卷。說明「對數」之理。

《三角法舉要》五卷。以西法之三角與古法之勾股合論。

《方程論》六卷。

《幾何摘要》三卷。因《幾何原本》行文古奧，故易為顯淺之文，且刪繁補遺，以便學者。

《勾股測量》二卷。摭拾《周髀算經》《海島算經》《測圓海鏡》等書之言割圓術者發明之。

《九數存古》一卷。釋《九章算術》。

以上七書，合為《中西算學通》。

《少廣拾遺》一卷。

《方田通法》一卷。

《幾何補編》四卷。利、徐所譯《幾何》，僅成前六卷，止於測「面」。此書以意推演其量「體」之法，妙悟極多。

《西鏡錄訂注》一卷。《西鏡錄》不知誰作，唯其書成於《天學初函》以後，多加精之法，故為之注。

《權度通幾》一卷。說重學原理。

《奇器補詮》二卷。補王征《奇器圖說》。

《正弦簡法補》一卷。

《弧三角舉要》五卷。

《用勾股解幾何原本之根》一卷。謂「幾何不言勾股，然其理並勾股也。故其最難通者，以勾股釋之則明」。

《塹堵測量》一卷。

《仰觀覆矩》一卷。

《方圓冪積》二卷。

《麗澤珠璣》一卷。最錄與朋友論算資益之語。

《古算器考》一卷。

《數學星槎》一卷。專為初學算者之嚮導。

我在這裡講王、梅學術，自己覺得很慚愧，因為我是完全一個門外漢，實在不配講。以上所列許多書目，我連極簡單的提要也作不出來——內中偶湊幾句，恐怕也是外行話，至於批評，那更不用說了。但依我最粗淺的推測，則梅定九在學界所貢獻之成績大略如下：

第一，自來言曆法者，多雜以占驗迷信。看《漢書．藝文志》之「數術略」及各史曆志便知，雖唐、元兩代所輸入之西域學亦所不免。曆學脫離了占驗獨立，而建設在真正科學基礎之上，自利、徐始啟其緒，至定九才把這種觀念確定。《學歷說》講得最透快。

第二，曆學之歷史的研究，自定九始。——恐怕直到現在，還沒有第二個人比他研究得更博更通。凡一種學問經過歷史的研究，自然一不會籠統，二不會偏執。定九所以能成為斯學大家者，以此。

第三，向來治曆學者，多認為一種單純技術，雖黃梨洲、王寅旭似尚不免。定九認定曆學必須

## 九　科學之曙光

建設在數學基礎之上。所以明末清初因曆學發生爭議，其結果僅能引起學者社會對於曆學之興味。自《梅氏曆算全書》出世，始引起多數人對於算學之興味。老實說，從前算學是曆學附庸，定九以後才「蔚為大國」，且「取而代之」了。

第四，定九並不是專闡發自己的「絕學」，打「藏諸名山」的主意，他最努力於斯學之普及。他說：「吾為此學，皆歷最艱苦之後，而後得簡易。從吾游者，坐進此道，而吾一生勤苦，皆為若用矣。吾唯求此理大顯，使古人絕學不致無傳，則死且無憾，不必身擅其名也。」《疇人傳・本傳》觀此可以見大學者之態度及願力。曆算能成為清代的顯學，多由定九的精神和方法濬發出來。

第五，定九生當中西新舊兩派交哄正劇時，他雖屬新派的人，但不盲從，更不肯用門戶之見壓迫人；專采「求是」的態度，對於舊派不唯不抹殺，而且把許多古書重新解釋，回覆其價值，令學者起一番自覺，力求本國學問的獨立。後此戴東原震、焦里堂循、李尚之銳、汪孝嬰萊等輩，皆因研究古算書得有新發明。這種學風，不能不說是定九開闢出來。

自《崇禎曆書》刊行以後，治曆學者驟盛。若黃梨洲及其弟晦木，若毛西河，若閻百詩，皆有所撰述。青年史家潘力田亦與王寅旭共學，有往復討論書，見《曉庵遺書》中；其弟次耕，事寅旭，有著書。明史館中專任《曆志》之人，如吳任臣志伊等，並有名於時。而其間專以曆算名家者，則有：

薛鳳祚，字儀甫，淄川人。作《天學會通》，以對數立算。定九謂其書詳於法而無快論以發其趣。其全書嘗刻於南京，尚有《寫天新語》《氣化遷流》《四線新比例》等。

揭宣，字子宣，廣昌人。深明西術，而又別有悟入，謂七政之小輪，皆出自然，亦如盤水之運旋，而迥遭以行，急而生漩渦，遂成留逆。當時共指為創論。

方中通，字位伯，桐城人，以智子。著《數度衍》二十五卷，於《九章》之外蒐羅甚富。嘗與揭宣相質難，著《揭方問答》。

孔興泰，字林宗，睢州人。著《大測精義》，求半弧正弦法，與梅氏《正弦簡法補》之說不謀而合。

杜知耕，字端甫，柘城人。著《幾何論約》及《數學鑰圖注》。梅氏謂其釋《九章》頗中肯綮。

毛乾乾，字心易。與定九論周徑之理，因復推論及方圓相容相變諸率。

梅文鼐，字和仲，文鼏，字爾素，俱定九弟，與兄同治曆算。文鼐著《步五星式》六卷；文鼏著《經星同異考》一卷。文鼏善製圖，梅氏書中各圖多出其手。

這幾位都是定九同時人，學有心得，而薛儀甫最名家，時亦稱梅、王、薛雲。清聖祖喜曆算，故揣摩風氣者亦往往學之，李光地輩是也，然不能有所發明。同時有楊光先者，專著書難西術，名《不得已》書，然不解數理，弇陋強辯，徒爭意氣，非學者也。

自王、梅提倡斯學之後，許多古算書漸漸復活，經學大師大率兼治算。戴東原校《算經十種》，大辟町畦；而李尚之、汪孝嬰、董方立能為深沉之思，發明算理不少。晚清則西歐新算輸入，而李王叔、華若汀輩能名家。蓋有清一代，作者繩繩不絕，當別為專篇論列之。

# 十 清初學海波瀾余錄

# 十　清初學海波瀾余錄

從第五講到第十一講，把幾個重要學派各列舉幾位代表人物，敘述其學說梗概，清初學界形勢大略可見了。然而順、康間承晚明之敝，反動猛起，各方面有許多瑰奇之士，不相謀，不相襲，而各各有所創獲。或著作失傳，或無門弟子恢張其業，故世罕宗之。又或行誼可訾議，或本非純粹的學者，而所見殊有獨到處。總之，那時候學界氣象，如久經嚴冬，一旦解冬啟蟄，萬卉抽萌，群動蠕躍，煞是可愛。本講要把這些人——為我現在記憶所及者，提出十來位來講講。

## 一　方密之附：黃扶孟

方以智，字密之，安徽桐城人。明崇禎庚辰進士，官翰林院檢討。國變後從永曆帝於雲南，永曆亡，出家為僧，號藥地。他著有《通雅》五十二卷，考證名物、象數、訓詁、音聲。其目錄為：音義雜論，讀書類略，小學大略，詩說，文章薪火，疑始，釋詁，天文，地輿，身體，稱謂，姓名，官制，事制，禮儀，樂曲，樂舞，器用，衣服，宮室，飲食，算數，植物，動物，金石，諺原，切韻聲原，脈考，古方解。《四庫提要》很恭維這部書，說道：「明之中葉以博洽著者稱楊慎，而陳耀文起而與爭，然慎好偽說以售欺，耀文好蔓引以求勝。次則焦竑亦喜考證，而習與李贄游，動輒牽綴佛書，傷於蕪雜。然以智崛起崇禎中，考據精核，迥出其上。風氣既開，國初顧炎武、閻若璩、朱彝尊等沿波而起，始一掃懸揣之空談。……」

顧、閻輩是否受密之影響，尚難證明。要之密之學風，確與明季之空疏武斷相反，而為清代考證學開其先河，則無可疑。他的治學方法有特徵三端，一曰尊疑，他說：「…… 吾與方伎游，即欲通其藝也。欲物，欲知其名也。物理無可疑者，吾疑之，而必欲深求其故也。以至於頹牆敗壁之上有一字焉吾未之經見，則必詳其音義，考其原本，既悉矣，而後釋然於吾心。……」《通雅》錢澄之序述密之語又說：「學不能觀古今之通，又不能疑，焉貴書簏乎？……」又說：「因前人備列以貽後人，因以起疑。……」俱自序又說：「副墨洛誦，推至疑始。案：此用莊子語。始作此者，自有其故，不可不知，不可不疑也。」卷一，葉一可見他的學問，全由疑入。「無問題則無學問」，此理他見得極透。二曰尊證，他說：「考究之門雖卑，然非比性命可自悟，常理可守經而已，必博學積久，待征乃決。」凡例又說：「是正古文，必借他證，乃可明也。…… 智每駁定前人，必不敢以無證妄說。」卷首之一，葉五至六立論要舉證，是清儒最要的信條，他倡之最力而守之最嚴。三曰尊今，他說：「古今以智相積而我生其後，考古所以決今，然不可泥古也。古人有讓後人者，韋編殺青，何如雕版？龜山在今，亦能長律；河源詳於闊闊，江源詳於《緬志》；南極下之星，唐時海中占之，至泰西入，始為合圖，補開闢所未有。……」卷首之一，葉一又說：「後人因考辨而積悟之，自詳於前，前人偶見一端，而況有傳訛強爭者乎？」卷五十，葉二又說：「世以智相積而才日新，學以收其所積之智也。日新其故，其故愈新。」卷首之三，葉二十二又說：「先輩豈生今而薄今耶？時未至也，其智之變，亦不暇及也。不學則前人之智非我有矣；學而徇跡引墨，不失尺寸，則誦死人之句耳。」同上所以，他雖極博古而亦不賤今，他不肯盲從古人，全書千數百條，每條都有自己獨創的見解。

依我看，《通雅》這一部書，總算近代聲音訓詁學第一流作品。清代學者徐高郵王氏父子以外，像沒有那位趕得上他。但乾嘉諸老，對於這部書很少徵引，很少稱道，不知是未見其書，抑或有什麼門戶之見？清儒是看不起明儒的。密之純屬明人，這書又成於崇禎年間，也許清儒很少人讀過。密之最大的發明，在以音求義。他說：「音有定，字無定，隨人填入耳。各土各時有宜，貴知其故。」卷五十，葉一因此他最注意方言和諺語，書中特辟《諺原》一篇，其小序曰：「叔然作反切，本出於俚裡常言，宋景文筆記之，如『鯽溜』為就，『突欒』為團，『鯽令』為精，『窟籠』為孔，不可勝舉。訛失日以遠矣。然相沿各有其原，考之於古，頗有合。方音乃天地間自然而轉者，上古之變為漢、晉，漢、晉之變為宋、元，勢也。」卷四十九，葉一故以為欲做辨當名物的工作，「須足跡遍天下，通曉方言，方能核之」凡例。又不唯地方差別而已。他以為，「天地歲時推移而人隨之，聲音亦隨之。方言訓詁相傳，遂為典實」同上。「鄉談隨世變而改，不考世變之言，豈能通古今之詁而是正名物乎？」卷首之一，葉二十一他說：「古今之音，大概五變。」凡例「歲差自東而西，地氣自南而北。方言之變，猶之草木移接之變也。歷代訓詁、讖緯、歌謠、小說，即具各時之聲稱。」卷首之一，葉二十二「上古之音，見於古歌三百。漢、晉之音，見於鄭、應、服、許之論注。至宋漸轉，元周德清始起而暢之。《洪武正韻》，依德清而增入聲也。」卷五十，葉二十他說：「古字簡少通用。」卷二，葉十五所以「古人解字，皆屬借義，如賦詩斷章」卷二，葉十八。「週末至漢，皆以韻為解。」同上其於形亦然，「漢碑字見形相似，即借用之」同上，葉二十。有許多字因「事變義起，不得不分別，故未分字先分音，取其易記」卷一，葉五。其後則「因有一音，則借一字配之」

同上，葉十八。他以為文字孳乳寖多之故，皆由於此。「世變既繁，不得不爾，所以合所以分皆當知之。」同上，葉五他以為後人將古字增減或造新字，好古者動詆為俗，不知「六書之道，原以適用為主，未可謂後人必無當也」卷二，葉三十二。他最能辨別偽書，但以為雖偽亦復有用。他說：「書不必盡信，貴明其理，或以辨名當物，或以驗聲音稱謂之時變。則秦漢以降之所造所附，亦古今之征也。」卷首之一，葉五他對於古言古訓，爬羅剔抉，費了多少心血，真算得中國文字之功臣了。但他卻有一句極駭人的話，說道：「字之紛也，即緣通與借耳。若事屬一字，字各一義，如遠西因事乃合音，因音而成字，不重不共，不尤愈乎？」卷一，葉十八創造拼音文字之議，在今日才成為學界一問題，多數人聽了還是咋舌掩耳，密之卻已在三百年前提起。他的見識氣魄如何，可以想見了。

密之所造的新字母，乃斟酌古韻、華嚴字母、神珙譜、邵子衍、沈韻、唐韻、徽州所傳朱子譜、中原音韻、洪武正韻、郝京山譜、金尼閣譜而成。分為三十六韻十六攝而統以六余聲，自為《旋韻圖》表之。具見《通雅》卷五十《切韻聲原》中。可惜我於此學毫無研究，不唯不會批評，並且不會摘要。有志斯道者請看原書。

密之所著書，尚有《經學編》，有《易圖說》，似皆佚。又擬著《方域圖》《官製圖》，似尚未成。他早年才氣英發，為復社領袖，晚年間關萬里，奔走國難，石爛海枯，乃自逃於禪悅。錢飲光說：「今道人既出世矣，然猶不肯廢書，獨其所著書好作禪語，而會通以莊、《易》之旨；……若所謂《通雅》，已故紙視之矣。」讀此可知密之學術之變遷及其究竟了。

桐城方氏，在全清三百年間，代有聞人，最初貽謀之功，自然要推密之。但後來桐城學風並不循著密之的路走，而循著靈皋方苞的路走，我說這也是很可惜的事。

同時皖人中有黃生，字扶孟，歙縣人。明諸生，入清不仕，著有《字詁》一卷，《義府》一卷，《四庫全書》著錄，亦專主以聲音通訓詁。其族孫承吉說道：「公年差少於顧亭林。顧書公所未見，公書顧亦弗知。顧撰《音學五書》，厥功甚偉，唯尚未能得所會通。……公實有見於聲與義之相因而起，遂浚及於義通則聲通，為古今小學家之所創獲。」又說：「此學喻之者唯高郵王氏，引申觸類，為從古之所無，即先後乎王氏及與王氏同時者亦皆不得而與。蓋他儒以韻求聲，王乃言聲而不言韻，可謂窮本知歸。公生於王氏百數十載之前，非有來者相謀，而所造若是。……」《重刻字詁義府後序》雖子孫誦芬之辭，或未免稍過其實。總之《字詁》這部書在清代聲音訓詁學裡頭佔有重要位置，我們是要承認的。

## 二　陳乾初

陳確，字乾初，浙江海寧人，卒康熙十六年，年七十四。他是劉蕺山門生，卻極不喜歡理學。黃梨洲作他的墓誌銘，說道：「乾初讀書卓犖，不喜理學家言。嘗受一編讀之，心弗善也，輒棄去，遂四十年不閱。其後……問學於山陰先師，深痛末學之支離，見於辭色。……先師夢奠，得其遺書而盡讀之，憬然而喻，取其四十年所不閱者重閱之，則又格格不能相入。」《南雷文約》他這個人的氣象，大略可見了。梨洲又說：

> 乾初深痛「《樂記》人生而靜以上不容說，才說性便已不是性」之語。案：此是程子語。謂從懸空卜度至於心行路絕，自是禪門種草。宋人指《商書》「維皇降衷」、《中庸》「天命之謂性」為本體，必欲求此本體於父母未生以前，而過此以往即屬氣質，則工夫全無著落。當知「盡其心者知其性也」之一言，即是孟子道性善本旨。蓋人性無不善，於擴充盡才之後見之，如五穀不藝植不耔耘，何以見其種子美耶？……性之善不可見，分見於氣、情、才。故《中庸》以喜怒哀樂明性之中和，孟子以惻隱、羞惡、辭讓、是非明性之善，皆就氣、情、才言。後儒言「既發謂之情」，「才出於氣，有善有不善」者，非也。同上

又說：

> 乾初謂，人心本無所謂天理，人欲恰到好處即天理；其主於無慾者，非也。同上

讀這兩段話，前一段何其與顏習齋《存性篇》辨氣質性惡之說酷相類，後一段何其與戴東原《孟子字義疏證》順情養欲之說酷相類也？顏、戴二君，並非蹈襲乾初，因為我相信他們並沒有讀過乾初的書。但乾初以蕺山門人而有這種見地，真算得時代精神之先驅者了。

乾初不信《大學》為孔、曾所作，著《大學辨》以辨之。其略曰：

> 子言之矣，「下學而上達」，《易》稱「蒙養即聖功」，何小大之有？《論語》二十篇中，於《易》《詩》《書》《禮》《樂》三致意焉，而無一言及《大學》。小戴置其篇於《深衣》《投壺》之後，垂二千餘年，莫有以為聖經者。而程子始目為孔氏之遺書，又疑其錯簡而變易其文。朱子又變易程子之

文，且為之補傳，以絕無證據之言，強以為聖經，尊之《論語》之上。即其篇中兩引夫子之言，一引曾子之言，則自「十目」一節之外，皆非曾子之言可知。……朱彝尊《經義考》引

這是他用考證眼光證明《大學》之晚出。但他所以斷斷致辨者，不徒在其來歷，而尤在其內容。他以為：「《大學》言知不言行，格致誠正之工夫後失其倫序。」《經義考》引所以不得不辨。讀者須知，《大學》這篇書，經程朱捧場之後，他的身分高到何等地步，七八百年間為「格致」兩個字打的筆墨官司，也不知糟蹋天地間幾多紙料。乾初這種怪論，當然是冒天下之大不韙。所以當時學者如張楊園、黃梨洲、劉伯繩、沈甸華等——都是乾初學友，都紛紛移書責他，他卻毅然不顧。他臨死前一年，還有書和梨洲往復，大旨謂：「世儒習氣，敢於誣孔孟，必不敢倍程朱，可謂痛心！」吳騫著《陳乾初先生年譜》引他的獨立不懼精神，可概見了。

乾初對於社會問題，常為嚴正的批評與實踐的改革。深痛世人惑於風水，暴棺不葬，著《葬論》《喪實論》諸篇，大聲疾呼，與張楊園共倡立「葬親社」，到處勸人實行。屠、陸圻徵文壽母，他說：「世俗之事，非所當行。」當時東南社集講會極盛，他說：「衎衎醉飽，無益身心。」一切不赴。甲申以後，起義死事的人甚多，好名依附者亦往往而有。乾初說：「非義之義，大人弗為。人之賢不肖，生平具在。故孔子謂『未知生焉知死』。今人動稱末後一著，遂使姦盜優倡，同登節義，濁亂無紀。死節一案，真可痛也！」黃撰墓誌引他又嘗著《書潘烈婦碑後》，說道：「吾以為烈婦之死非正也。某嘗怪三代以後，學不切實，好為激烈之行，寖失古風，欲一論辯其非。……」吳著《年譜》引他立論不徇流俗，大略如此。

他和梨洲同門，但生前論學，往往不合。梨洲也不深知他，《南雷集》中他的墓誌銘兩篇，第一篇泛泛敘他的庸德而已，第二篇才把他學術要點摘出，自言：「詳玩遺稿，方識指歸，有負良友多矣。因理其緒言，以懺前過。」梨洲服善之誠，實可敬。乾初遺著，世罕傳本，不知尚存否？得梨洲一文，我們可以知道一位拔俗學者的面影，也算幸事了。

## 三 潘用微

潘平格，字用微《學案小識》作「用徵」，誤。浙江慈溪人。他的學術像沒有師承，也沒有傳授。他所著有《求仁錄》一書，我未得見，僅從唐鑒《國朝學案小識》所引覷其崖略。以下都是從唐著轉引。大概說：「孔門之學以求仁為宗。仁者，渾然天地萬物一體，而發見於吾人日用平常之事者也。……故曰：『有能一日用其力於仁矣乎？我未見力不足者。』……」又說：「學者之患，在於不知真心見在日用，而別求心，故有種種弊病以各成其學術。」他反對主敬主靜之養心法，以為養心用操持法總是不對，說道：「操持者，意也，識也；操持此心，是以意識治意識也。」所以他說：「敬即是心，而非敬以治心；心即是敬，而非主敬持敬。」而結論歸到「本體工夫非有二」，說道：「工夫二字，起於後世佛老之徒。蓋自倫常日用之外另有一事，故說是工夫。若主敬之學，先立體以為致用之本；窮理之學，先推極知識以為遇事之用；亦是另有一事，可說是工夫。……這便是學養子而後嫁了。」又說：「晦庵不信《大學》而信伊川之改《大學》，不格物而補格物之傳，以至象山、陽明不信曾、思、孟而謂顏子沒而聖學亡，今敢於悖先聖而不敢以悖後世諸賢，……總由學者讀注聽講，先入於近儒之說，故意見偏陂，窠臼難拔。某常說：『不得看注，不得看諸賢語錄』，蓋嘗深中其病，確知其害。」用微之學，我未見其全書，不敢輕下批評。約略看來，大率也是從宋明學上很用過苦功而力求解放者。《歸元恭文集》裡頭有《上潘先生書》兩通，第一通很尊仰他，第二通很詆毀他。像是元恭曾游用微之門，後來不以為然，又退出來。李恕谷記萬季野自述道：「吾少從黃先生游，聞四明有潘先生者，曰『朱子道，陸子禪』，怪之，往詰其說，有據。同學因轟言予畔黃先生，先生亦怒。……」《恕谷後集・萬季野小傳》然則季野亦頗心折其學了。可惜他生在浙東，浙東正是蕺山、梨洲勢力範圍，不容他有發展餘地。這個人便成為「中道而殤」的學者了。

## 四　費燕峰

費密，字此度，號燕峰，四川新繁人。生明天啟五年，卒清康熙三十七八年（?），年七十四五（?）。當張獻忠荼毒全蜀時，他團鄉兵拒賊，賊不能犯。永曆在滇，蜀人楊展據敘州嘉定、永寧為明守，燕峰以中書舍人蔘其軍，屯田積穀為一方保障。吳三桂入蜀，燕峰避亂陝西，尋即東下，自是流寓江淮間四十餘年。49歲，詣蘇門謁孫夏峰，夏峰年九十矣，與談學甚契。見《夏峰年譜》嘗游京師，交李恕谷，為作《大學辨業序》見《恕谷年譜》。工詩，為王漁洋所推服見《池北偶談》。遺著三種，曰《弘道書》，曰《荒書》，曰《燕峰詩抄》，近年大關唐氏始刻之。《荒書》記明清間蜀亂，為極詳實之史料。徐立齋、萬季野在明史館，以不得見為恨。《弘道書》成於晚年，為書三卷十五篇，曰《統典論》，曰《弼輔錄論》，曰《道脈譜論》，曰《古經旨論》，曰《原教》，曰《聖人取人定法論》，凡六篇，為上卷；《祀典議》五篇及《先王傳道述》《聖門傳道述》《吾道述》，凡八篇，為中卷；《聖門定旨兩變序記》一篇為下卷；其間復以表十一篇分附焉。

驟看這部書名和目錄，很像是一部宋明道學先生們理障的著作，其實大大不然。燕峰是對於宋元學術革命的急先鋒。這部書驚心動魄之言，不在顏習齋《四存編》之下。其最不同之點，則習齋連漢唐學派一概排斥，燕峰則提倡註疏。就這點論，燕峰不能如習齋之徹底，其學風實與後此乾嘉學派頗接近。但乾嘉學者並未受燕峰影響，不可不知。燕峰和同時的顏習齋、毛西河，雖同為反宋學的健將，而燕峰之特色，則在研究歷史上學術變遷之跡，能說明宋學所自出。他以為，中國學術自三國六朝以後分為南北兩派，而宋學則從南派衍來。其論南北派曰：

……迨於魏晉，王弼、何晏，習為清談，儒學始變，朝野相尚，損實壞政。中原淪沒，宋、齊、梁、陳，偏安江左，諸儒談經，遂雜玄旨，何承天、周弘正、雷次宗、劉瓛、沈麟士、明山賓、皇侃、虞喜、周舍、伏曼容、張緒諸君子，緇素並聽，受者甚廣。北方舊族，執經而言聖人之道，盧玄、王保安、刁沖、劉蘭、張吾貴、李同軌、徐遵明、熊安生、劉焯、劉炫諸儒，弟子著錄千萬計，古經得傳，深有賴焉。……《原教》

他續論自唐迄宋學術變遷大勢，說道：

唐啖助、王玄感、陸淳以來，詁經已出意見，尚未大變亂也。經旨大變，創於王軫，和以賈昌

> 朝。而劉敞為說，始異古註疏，然不著天下。王安石自昌朝發，獨任己私，本劉敞《七經小傳》，盡改古注為《新義》，……誣辨幽誕，以為道德性命之微。……安石言之則為《新義》，行之則為新法，天下騷然，宋遂南渡。當是時不守古經言「足兵足食」「好謀而成」，從生聚教訓實處講求，思以立國。而朝士所爭，乃王安石、程頤之學術，上殿專言「格物」，道德性命之說益熾。呂祖謙、陸九淵、朱熹、張栻、陳亮，論各不同，而九淵與熹尤顯。……熹為《集注》，力排七十子古今諸儒，獨取二程，然二程與安石稍異者，不過「靜坐」「體驗」「會活潑潑地」，氣質之性耳，一切道德性命臆說，悉本安石焉。……今之非安石者皆是也。安石、程、朱，小殊而大合，特未嘗就數家遺書細求耳。……明永樂專用熹說《四書五經大全》，命科舉以為程式。生徒趨時，遞相祖受。七十子所遺漢唐相傳共守之實學殆絕。……王守仁雖以熹窮理格物為非，而復溯九淵本心之說，改九淵接孟軻。自此窮理、良知二說並立，學者各有所好，互相仇敵……《道脈譜論》

他又論宋儒之學乃剽竊佛道兩家而來，歷舉邵雍之出於陳摶，周敦頤之出於壽厓。其考證雖不逮黃晦木、胡朏明之詳博，而論斷尤痛切。謂：

> 諸儒辟二氏，謂其惑世誣民，若不可令一日容於斯世；而陰竊其說以自潤，又何以服二氏？《聖門定旨兩變序記》
>
> 又謂：
>
> 羲、文、周、孔至宋，乃托二氏再生於天地之間。吾道受辱至此，百爾君子，欲不憤得乎？《道脈譜論》

他以為，「凡宋儒所自詡為不傳之祕者，皆彷佛為見，依倚成理。昔儒非不知之也，但不以為學」《古經旨論》。所以不以為學之故，他以為一因其不能普及，二因其不能應用。所謂不能普及者，他說：

聖人立教，十人中五人能知，五人不能知，五人能行，五人不能行，不以為教也……今大郡十餘萬家，長老子弟秀杰者，雖上下不齊，而常千百人於孝弟忠信詩書六藝之文可以與知也。浸汨敷衍於後儒性理新說，多者五六人或二三人，或千里無一人焉。道不遠人，說何艱深若此？《原教》

所謂不能應用者，他說：

清談害實，起於魏晉，而盛於宋南北。……齊逞臆見，專事口舌，又不降心將人情物理平居處事點勘離合，說者自說，事者自事，終為兩段。即有好議論，美聽而已矣。……後儒所論，唯深山獨處乃可行之，城居郭聚有室有家，必不能也。……無論其未嘗得而空言也，果靜極矣，活潑潑地會矣，坐忘矣，沖漠無朕至奧、心無時不在腔子裡、性無不復、即物之理無不窮、本心之大無不立而良知無不致矣，亦止與達摩面壁、天臺止觀同一門庭，何補於國？何益於家？何關於政事？何救於民生？《聖門定旨兩變序記》

他又極論空言高論之有害政治，說道：

論政當以身所當者為定。……井田封建，先王之善政也；郡縣阡陌，後王之善政也。……專言三代，欲以為治，不過儒生飾辭耀世，苟實行之，誤國家而害民生，必如社倉、青苗空竭四海而後止也。……自宋以來，天下之大患，在於實事與議論兩不相侔，故虛文盛而真用薄。儒生好議論，

然草野誦讀，未嘗身歷政事，執固言理，不達事變，滯古充類，責人所難。……《先王傳道述》

他又反對宋儒之禁慾主義，說道：

飲食男女，人之大欲存焉。眾人如是，賢哲亦未嘗不如是也。…… 欲不可縱，亦不可禁者也。不可禁而強禁之，則人不從；遂不禁任其縱，則風俗日壞。聖人製為禮樂，因人所欲，而以不禁禁之也。《統典論》

又說：

生命人所共惜也，妻子人所深愛也，產業人所至要也，功名人所極慕也，饑寒困辱人所難忍也，憂患陷阨人所思避也，義理人所共尊也，然惡得專取義理，一切盡舍而不合量之歟？論事必本於人情，議人必兼之時勢。功過不相掩，而得失必互存。不當以難行之事徒侈為美談，不當以必用之規遂指為不肖。《弼輔錄論》

燕峰學術的要點大略如此。我們拿來和亭林、習齋、乾初、東原諸家之說並讀，當可發見其相同之點甚多。蓋明學反動的結果，一時學風不期然而然也。但燕峰於破壞方面，不能如習齋之徹底，於建設方面，不能如亭林之健實，又沒有弟子以張其軍，遺書亦湮晦罕傳，所以這樣精悍的思想家，三百年間幾乎沒人知道。最初表彰他的，為同治間之戴子高，他的《謫麐堂集》中有《費舍人別傳》一篇，但亦語焉不詳。最近遺著出世，這位大學者漸漸復活起來了。

## 五　唐鑄萬胡石莊附：易堂九子

同時四川還有一位怪人，曰唐鑄萬。但費、唐兩位，雖屬蜀產，然中年以後都流寓江淮，我們是要注意的。

唐甄，原名大陶，字鑄萬，號圃亭，四川達州人。生明崇禎三年，卒清康熙四十三年，年七十五，與閻百詩、顏習齋同年卒。順治丁酉舉人。曾任山西長子縣知縣，僅十個月便去官，在任內勸民植桑八十萬株。他早年因蜀亂避地居蘇州，遂游長終老於蘇。家計赤貧，常常斷炊，采廢圃中枸杞葉為飯，衣服典盡，敗絮藍縷，陶陶焉振筆著書不輟。他學無師授，我們讀他的書，知道他曾與王昆繩、魏冰叔、顧景范為友。他著書九十七篇，初名曰《衡書》，晚乃改名《潛書》。魏冰叔初見《潛書》，大驚，曰：「此周秦之書也。今猶有此人乎？」梅定九一見便手錄全部，曰：「此必傳之作，當藏之名山以待其人耳。」俱見王聞遠著《圃亭先生行略》潘次耕為之序曰：「古之立言重世者，必有卓絕之識，深沉之思，蘊積於中，多不可制，吐而為辭，風發泉湧。若先秦諸子之書，醇駁不同，奇正不一，要皆獨抒己見，無所蹈襲，故能歷千載而不磨。…… 斯編遠追古人，貌離而神合，不名《潛書》，直名《唐子》可矣！」本書卷首鑄萬品格高峻，心胸廣闊，學術從陽明入手，亦帶點佛學氣味，確然有他的自得，又精心研究事務條理，不為蹈空鶩高之談。這部《潛書》，刻意摹追周秦諸子，想要成一家之言，魏、潘恭維的話，未免過當。依我看，這部書有粗淺語卻無膚泛語，有枝蔓語卻無蹈襲語，在古今著作之林，總算有相當位置。大約王符《潛夫論》、荀悅《申鑒》、徐幹《中論》、顏之推《家訓》之亞也。

鑄萬宗陽明心學，其自得處頗類心齋、東崖父子之以樂為學，嘗自述其下手法門道：

> 甄晚而志於道，而知即心是道，不求於外而一於心。而患多憂多恚為心之害。有教我以主靜者，始未嘗不靜，久則復動矣；有教我以主敬者，始未嘗不敬，久則復縱矣。從事於聖人之言，博求於諸儒之論，為之未嘗不力，而憂恚之疾終不可治。因思心之本體，虛而無物者也。時有窮達，心無窮達；地有苦樂，心無苦樂；人有順逆，心無順逆，三有者，世之妄有也；三無者，心之本無也；奈何以其所妄有，加之於其所本無哉？心本無憂恚，而勞其心以治憂恚，非計之得也。……吾今而知疾之所由來矣。吾之於人也，非所好而見之，則不宜於其人，名之於食也，非所好而進焉，則不宜於其味。……即此一人，即此一事，或宜於朝不宜於夕，或不宜於朝而宜於夕。其所不宜者，必當吾之不悅時也。其所宜者，必當吾之悅時也。然則宜在悅不在物也，悅在心不在宜也。故知不悅為戕心之刃，悅為入道之門。……於是舍昔所為，從悅以入，……無強制之勞，有安獲之益。……《悅入篇》

這段話大概是鑄萬一生得力所在。他以為「不悅則常懷煩懣，多見不平，多見非理，所以一切怨天尤人不相親愛，皆由此生。悅則反是」。我認為這話是很好的。我自己的修養也是向這條路上走。他又說：「古人教亦多術矣，不聞以悅教人，而予由此入者何？予蜀人也，生質如其山川，湍急不能容而恆多憂恚。細察病根，皆不悅害之。悅為我門，非眾之門。」這段話更好。講學專標一宗旨，此如指獨步單方以療百病，陸桴亭嘗非之。鑄萬主張各自搜尋自己病根，各自找藥，最為通達。他說地理關係影響到人的生質書中屢說這種話，亦極有理政。

鑄萬雖極力提倡心學，然與宋明儒明心見性之說不同。他養心專為治事用，所以心學只算手段，不算目的。他說：「事不成，功不立，又奚貴無用之心？不如委其心而放之。」《辨儒篇》所以他對於客觀的事物條理，認為必須詳實研究。他說：

顧景范語唐子曰：「子非程子、朱子，且得罪於聖人之門。」唐子曰：「是何言也！二子古之賢人也，吾何以非之？乃其學精內而遺外。……」顧子曰：「內盡即外治。」唐子曰：「然則子何為作方輿書也？但正子之心，修子之身，險阻戰備之形，可以坐而得之，何必討論數十年，而後知居庸、雁門之利，崤函、洞庭之用哉！」……《有為篇》

讀此可以知他對於客觀研究的態度如何了。《潛書》下篇所講，都是他對於政治上的意見，大抵按切事勢，不為迂談，亦可見他用力所在。

鑄萬對於社會問題，亦有許多特見。《備孝篇》說愛子者當無分男女，愛之若一，《內倫篇》《夫婦篇》說男女平等之理，《鮮君篇》《抑尊篇》《室語篇》力言君主專制政體之弊，《破崇篇》痛斥自殺之非，《大命篇》痛嘆貧富不均之現象，謂天下之亂皆從此起，皆驚心動魄之言，今錄其一二：

自秦以來，凡為帝王者皆賊也。……今也有負數匹布或擔數斗粟而行於途者，或殺之而有其布粟，是賊乎？非賊乎？……殺一人而取其匹布斗粟，猶謂之賊；殺天下之人而盡有其布粟之富，乃反不謂之賊乎？三代以後有天下之善者，莫如漢。然高帝屠城陽、屠穎陽，光武屠城三百。……古之王者，有不得已而殺者二：有罪不得不殺，臨戰不得不殺。……非是奚以殺為？若過裡而墟其裡，過市而竄其市，入城而屠其城，此何為者？大將……偏將……卒伍……殺人，非大將、偏將、卒伍殺之，天子實殺之。官吏殺之，非官吏殺之，天子實殺之。殺人者眾手，天子實為之大手。……百姓死於兵與因兵而死者十五六，暴骨未收，哭聲未絕，於是乃服袞冕、乘法駕、坐前殿受朝賀，高宮室、廣苑囿以貴其妻妾，以肥其子孫。彼誠何心而忍享之？若上帝使我治殺人之獄，我則有以處之矣。……《室語篇》

這些話與黃梨洲的《原君篇》不謀而合。三百年前有此快論，不能不說是特識。當清聖祖時，天下謳歌聖明，這種議論，也算大膽極了。他的《存言篇》，有一段說當時社會因窮凋敝之實狀，亦是絕好史料，可為官書粉飾謳歌之反證。他又說：

天地之道故平，平則萬物各得其所。及其不平也，此厚則彼薄，此樂則彼憂。為高臺者必有洿池，為安乘者必有繭足。王公之家一宴之味，費上農一歲之獲，猶食之而不甘。吳西之民，非凶歲，為麩粥，雜以莜稈之灰；無食者見之，以為是天下之美味也。人之生也，無不同也。今若此，不平甚矣！提衡者權重於物則墜，負擔者前重於後則傾，不平故也。……嗚呼！吾懼其不平以傾天下也。……《大命篇》

這話雖短，現代社會主義家之言汗牛充棟，只怕也不過將這點原理發揮引申罷了。

鑄萬的哲學——人生觀，也有獨到之處。他論人死而不死之理，頗能將科學的見解和宗教的見解調和起來。他說：

唐子見果贏，曰果贏與天地長久也；見桃李，曰桃李與天地長久也；見鴿，曰鴿與天地長久也。天地不知終始，而此二三類者見敝不越歲月之間，而謂之同長而並久。其有說乎？百物皆有精，無精不生，既生既壯，練而聚之，復傳為形。形非異，即精之成也；精非異，即形之初也。收於實，結於彈，禪代不窮。自有天地，即有是果蠃、鵅，以至於今。人之所知，限於其目，今年一果蠃生，來年一果蠃死，今日為鵅之子者生，來日為鵅之母者死。何其速化之可哀乎？察其形為精，精為形，萬億年之間，雖易其形為萬億果蠃，實萬億果蠃而一蔓也，雖易其形而為萬億鵅，實萬億鵅而一身也。果鳥其短忽乎？天地其長久乎？……人所欲莫如生，所惡莫如死，雖有高明之人，亦自傷不如龜鶴，自嘆等於蜉蝣，不察於天地萬物之故，反諸身而自昧焉。是故知道者，朋酒羔羊以慶友朋而不自慶，被衰圍绖以致哀於親而不自哀，蓋察乎傳形之常，而知生非創生、死非猝死也。……物之絕續眾矣，必有為絕為續者在其中，而後不窮於絕續也。人之死生多矣，必有非生非死者在其中，而後不窮於生死也。……仲尼觀水而嘆逝者；……時之逝也，日月迭行，晝夜相繼，如馳馬然；世之逝也，自皇以至於帝王，自帝王以至於今茲，如披籍然；人之逝也，少焉而老至，老矣而死至，如過風然。此聖人與眾人同者也。聖人之所以異於眾人者，有形則逝，無形則不逝，順於形者逝，立乎無形者不逝。無古今，無往來，無生死，其斯為至矣乎。《博觀篇》

這篇上半所講，就是莊子說「萬物皆種也，以不同形相禪」的道理。近代生物學家講細胞遺傳，最足以為他所說「傳形不窮」的證明。但他所說「有非生非死者在其中」，又非專指物質的細胞而言。細胞之相禪，人與果蠃、鵅所同；精神之相禪，則人所獨。精神之順應的相禪，盡人所同；精神之自主的相禪，則聖賢豪傑所獨。鑄萬之人生觀，大概如此。

然則儒家聖賢何故不談這種哲理耶？即《潛書》中亦何故很少談這種哲理耶？鑄萬以為實在是不該談。他說：

……如徒以身而已，一年十二月，一月三十日，一日九十六刻，一刻之間萬生萬死，草木之根枝化為塵土，鳥獸之皮骨化為塵土，人之肢體化為塵土；忽焉而有，忽焉而無。……而謂其滅則俱滅焉，必不然矣。不知，不智；知而不言，不仁。孔孟豈有不知！何為不言？非不言也，不可言也。聖人治天下，治其生也。生可治，死不可治，故生可言，死不可言也。……聖人若治死，必告人以死之道，則必使露電其身；糞土富貴，優偶冠裳，則必至政刑無用，賞罰無施。……夫天下之智者一二，愚者千萬，為善者少，為惡者多，而生死之理又不可以眾著。……是故聖人以可言者治天下，以不可言者俟人之自悟。……甄也生為東方聖人之徒，死從西方聖人之後矣。《有歸篇》

這話說得極平允，他對於佛法的信仰和徹悟，亦可想見了。他又說：「老養生，釋明死，儒治世，三者各異，不可相通。合之者誣，校是非者愚。」《性功篇》這種見地，比向來攘斥佛老或會通三教等學說，又高明得多了。

同時復有著書成一家言者曰胡石莊。

胡承諾，字君信，號石莊，湖北天門人。明崇禎舉人，生卒年無考。著《繹志》六十一篇三十餘萬言，其篇目如下：

志學明道立德養心修身言行成務辨惑聖王睿學至治治本任賢去邪大臣名臣諫諍功載吏治選舉朋黨辨奸教化愛養租庸雜賦導川敕法治盜三禮古制建置祲祥兵略軍政武備名將興亡凡事立教論交人道

出處取與慎動庸行父兄宗族夫婦祀先奉身養生經學史學著述文章雜說兼采尚論廣徵自敘石莊這個人和他這部書，從前幾乎沒有人知道。李申耆兆洛家藏有石莊的《讀書錄》寫本四冊，有柴虎臣紹炳的跋。申耆說他「文體類《淮南》《抱樸》，鱗雜細碎，隨事觀理而體察之」。這部書被人借觀失掉，申耆大以為恨。其後，申耆又從舊書攤裡得著這部《繹志》，託人刊刻，又失去多年，最後乃復得，道光十七年才托顧竹泉錫麒刻出。申耆批評他說是「貫通古今，包合宇宙，不敝之纂述也」。竹泉說「有《說苑》《新序》《法言》《申鑒》《人物誌》《潛夫論》《中說》之宏肆，而精粹過之。有《正蒙》《近思錄》《讀書錄》《呻吟語》之醇明，而條貫過之」。毛岳生說：「自前明來，書之精博有益於理道名實，決可見諸施設者，唯顧氏《日知錄》與先生是書為魁杰。」俱見本書卷首譚仲修獻說：「讀《繹志》，覺胡先生視亭林更大，視潛齋更實，視梨洲更確，視習齋更文。遺編晚出，知者蓋鮮。顯晦之數，豈有待耶？」《復堂日記》諸君對於這部書，可謂推崇極了。依我看，這書雖沒有什麼創獲的見解，然而他的長處在能通貫。每闡一義，四方八面都引申到，又廣取歷史上事跡做印證，實為一有系統之著作。可惜陳腐空廓語往往不免，價值雖在《日知錄》《思問錄》《潛書》下，比後來桐城派的「載道之文」，卻高十倍了。毛岳生說欲「少刪其繁近」，可惜沒有著手。若經刪汰一番，或者倒能增長它的價值。

鑄萬、石莊都是想「立言不朽」的人，他們的工作總算不虛，留下的書確能在學術界占相當位置。當時打這種主意的人也不少，如王昆繩、劉繼莊輩皆是。此外有所謂易堂九子者，學問路數有點和唐、胡相近，名聲遠在唐、胡上，而成就不及他們。今在這裡附論一下。

易堂九子皆江西人：寧都魏善伯祥、魏冰叔禧、魏和公禮、邱邦士維屏、李力負騰蛟、彭中叔任、曾青藜傳燦，南昌彭躬庵士望、林確齋時益也。他們當明末亂時，相約隱居於寧都之翠微山，其共同討論學問之所，名曰易堂，因以得名。九子中以三魏為領袖，次則邱邦士、彭躬庵，三魏中又以冰叔為魁，世所稱魏叔子也。他們的學風，以砥礪廉節、講求世務為主，人格都很高潔。冰叔當康熙己未舉鴻博時，被薦不至。時江西有謝秋水文洊，辟程山學舍集同志講程朱學，病易堂諸人「言用而遺體」，貽書冰叔爭之。冰叔覆書道：「今之君子，不患無明體者，而最少適用。學道人當練於世務，否則試之以事則手足錯亂，詢之以古則耳目茫昧，忠信謹守之意多，而狹隘杓牽之病作，非所以廣聖賢學也。」《魏叔子文集．復謝程山書》易堂學風，觀此可見一斑了。但他們專以文辭為重，頗有如顏習齋所謂「考纂經濟總不出紙墨見解」者。他們的文章也帶許多帖括氣，最著名的《魏叔子集》，討厭的地方便很多。即以文論，品格比《潛書》《繹志》差得遠了。

## 六　劉繼莊

劉獻廷，字君賢，號繼莊，順天大興人。生順治五年，卒康熙三十四年（1648-1695），年48。「先世本吳人，以官太醫，遂家順天。繼莊年十九，復寓吳中，其後居吳江者三十年。晚學游楚，尋復至吳，垂老始北歸，竟反吳卒焉。」《鮚埼亭集．劉繼莊傳》文他為萬季野所推重，引參明史館事，又嘗與顧景范、黃子鴻、閻百詩、胡東樵同修《大清一統志》。嘗遊湖南，交王船山，當時知有船山者，他一人而已。王昆繩說生平只有兩個朋友，第一個是劉繼莊，第二個才是李恕谷《恕谷後集．王子傳》。全謝山說：「予獨疑繼莊出於改步之後，遭遇崑山兄弟徐乾學、元文而卒老死於布衣。又其棲棲吳頭楚尾間，漠不為枌榆之念，將無近於避人亡命者之所為？是不可以無稽也，而竟莫之能稽。」《劉繼莊傳》文，下並同。又說：「蓋其蹤跡非尋常游士所閱歷，故似有所諱而不令人知。」謝山所提出這個悶葫蘆，我們生幾百年後，史料益缺乏，更無從猜度，總之知道繼莊是一個極奇怪人便了。他的著作或未成或散佚，現存的只有一部《廣陽雜記》。謝山從那部書裡頭摘出他的學術要點如下：

繼莊之學，主於經世。自象緯律歷，以及邊塞關要財賦軍器之屬，旁而岐黃者流，以及釋道之言，無不留心。深惡雕蟲之技。其生平自謂於聲音之道別有所窺，足窮造化之奧，百世而不惑。嘗作《新韻譜》，其悟自華嚴字母入，而參之以天竺陀羅尼、泰西蠟頂話、小西天梵書暨天方、蒙古、女真等音，又證之以遼人林益長之說，而益自信。同時吳修齡自謂倉頡以後第一人。繼莊則曰是其於天竺以下書皆未得通，而但略見華嚴之旨者也。繼莊之法，先立鼻音二，以鼻音為韻本，有開有合，各轉陰陽上去入之五音，陰陽即上下二平，共十聲，而不歷喉腭舌齒唇之七位，故有橫轉無直送，則等韻重疊之失去矣，次定喉音四，為諸韻之宗，而後知泰西蠟頂話、女真國書、梵音尚有未精者。以四者為正喉音，而從此得半音、轉音、伏音、送音、變喉音。又以二鼻音分配之，一為東北韻宗，一為西南韻宗。八韻立而四海之音可齊。於是以喉音互相合，凡得音十七；喉音與鼻音互相合，凡得音十；又以有餘不盡者三合之，凡得音五。共三十二音，為韻父，而韻歷二十二位，為韻母，橫轉各有五子，而萬有不齊之聲攝於此矣。嘗聞康甲夫家有紅毛文字，惜不得觀之以合泰西臘頂語之異同。又欲譜四方土音以窮宇宙元音之變，乃取《新韻譜》為主，而以四方土音填之，逢人便可印正。蓋繼莊是書，多得之大荒以外者，囊括浩博，學者驟見而或未能通也。

其論向來方輿之書，大抵詳於人事，而天地之故概未有聞。當於疆域之前別添數則，先以諸方之北極出地為主，定簡平儀之度制，為正切線表，而節氣之後先，日蝕之分杪，五星之陵犯占驗，皆可推矣。諸方七十二候各各不同，如嶺南之梅十月已開，桃李臘月已開，而吳下梅開於驚蟄，桃李開於清明，相去若此之殊。今世所傳七十二候，本諸《月令》，乃七國時中原之氣候。今之中原，已與七國之中原不合，則歷差為之。今於南北諸方細考其氣候，取其核者詳載之為一則，傳之後世，則天地相應之變遷可以求其微矣。燕京、吳下，水皆東南流，故必東南風而後雨。衡、湘水北流，故必北風而後雨。諸方山水之向背分合，皆當按籍而列之，而風土之剛柔暨陰陽燥濕之征，又可次第而求矣。諸方有土音，又有俚音，蓋五行氣運所宣之不同，各譜之為一則，合之土產，則諸方人民性情風俗之微，皆可推而見矣。此固非一人所能為，但發其凡而分觀其成，良亦古今未有之奇也。

其論水利，謂西北乃二帝三王之舊都，二千餘年未聞仰給於東南。何則？溝洫通而水利修也。自劉、石雲擾，以訖金、元，千有餘年，人皆草草偷生，不暇遠慮，相習成風，不知水利為何事。故西北非無水也，有水而不能用也。不為民利，乃為民害，旱則赤地千里，潦則漂沒民居；無地可瀦，無道可行，人固無如水何，水亦無如人何，虞學士始奮然言之，郭太史始毅然行之，未幾竟廢，三百年無過而向者。有聖人者出，經理天下，必自西北水利始。水利興，而後足食教化可施也。西北水利莫詳於《水經》酈注，雖時移勢易，十猶可得其六七。酈氏略於東南，人以此少之。不知水道之當詳，正在西北，欲取二十一史關於水利農田戰守者，各詳考其所以，附以諸家之說，以為之疏，以為異日施行者之考證。

又言朱子《綱目》非其親筆，故多迂而不切，而關係甚重者反遺之，當別作紀年一書。

凡繼莊所撰者，其運量皆非一人一時所能成。故雖言之甚殷而難於畢業。是亦其好大之疵也。

觀此，則繼莊學術之大概可見了。內中最重要的是他的《新韻譜》，音韻學在明清之交，不期而到處興起。但其中亦分兩派，一派以韻為主，顧亭林、毛西河、柴虎臣等是；一派以音為主，方密之、吳修齡及繼莊等是。以音為主者，目的總在創造新字母，又極注重方言。密之、繼莊同走這一條路。繼莊自負如此，其書必有可觀——最少也足供現在提倡字母的人參考——今失傳，真可惜了。次則他的地理書，所注重者為地文地理、人文地理。在那時候有這種見解，實可佩服，可惜沒有著成。又他想做的《水經注疏》，雖像沒有著手，然而在趙東潛、全謝山、戴東原以前，早已認識這部書的價值，也不能不說是他的特識。要之繼莊是一位極奇怪的人。王昆繩說：「生死無關於天下者，不足為天下士，即為天下士，不能與古人爭雄長，亦不足為千古之士。若處士者，其生，其死，固世運消長所關，而上下千百年中不數見之人也。」又說：「其心廓然大公，以天下為己任，使得志行乎時，建立當不在三代下。」《居業堂集．劉處士獻廷墓表》昆繩義氣不可一世，而推服繼莊到這步田地！繼莊真成了一個「謎的人物」了。

## 七　毛西河附：朱竹垞何義門錢牧齋

毛奇齡，字大可，浙江蕭山人。其徒稱為西河先生。卒康熙五十五年，年九十四。他本是一位有才華而不修邊幅的文人，少為詩詞，頗得聲譽，然負才佻達，喜臧否人物，人多怨之。嘗殺人，亡命淮上有年，施閏章為營救，倖免。康熙己未，舉鴻博，授檢討。時京師治經學者方盛，他也改行為「經師」，所著經學書凡五十種，合以其他著述共二百三十四卷。《四庫全書》著錄他的書多至四十部《皇清經解》所收亦不少。晚年門弟子頗多，李恕谷也從他問業，儼然「一代儒宗」了。他自己說有許多經學書是早年所著，因亂遺失其稿，晚年重行補訂。這話不知是否靠得住，姑妄聽之。

西河有天才而好立異，故其書往往有獨到處。有《河圖洛書原舛編》《太極圖說遺議》，辨圖書之偽，在胡東樵《易圖明辨》前，但在黃晦木後。有《仲氏易》，自稱是他哥哥的遺說，是不是且不管他，這部書駁雜的地方也很多，但提倡漢儒——荀爽、虞翻諸人的《易》學，總算由他開創。後來惠定宇之《易漢學》，卻受他的影響。有《春秋毛氏傳》，雖然武斷地方甚多，但對於當時著為功令的胡傳嚴為駁辨，廓清之功也不少。有《竟山樂錄》，自言家藏有明代宗藩所傳《唐樂笛色譜》，因得以推復古樂，這些話是否靠得住且不管他。他的音樂造詣何如，也非我們門外漢所能批評，但研究音樂的人，他總算很早，所以能引動李恕谷從他問業。有《蠻司合志》，記雲南、四川各土司沿革，雖其中錯謬不少，卻是前此所無之書。以上幾部書，我們不能不認他相當的價值。他對於宋儒猛烈攻擊，有《大學知本圖》《中庸說》《論語稽求編》等，但常有輕薄嫚罵語，不是學者態度。還有一部《四書改錯》，罵朱子罵得最厲害，後來聽見清聖祖要把朱子升祀大成殿，趕緊把板毀了。他因為要立異和人爭勝，所以雖然敢於攻《儀禮》，攻《周禮》，卻因閻百詩說《古文尚書》是假的，他偏翻過來說是真的，做了一部《古文尚書冤詞》，這回投機卻失敗了，沒有一個人幫他。

這個人品格是無足取的，全謝山作了一篇《毛西河別傳》，臚列他好些劣跡。我也懶得徵引了，但舉篇中論他學術的一段。謝山說西河著述中，「有造為典故以欺人者如謂《大學》《中庸》在唐時已與《論》《孟》並列於小經；有造為師承以示人有本者如所引《釋文》舊本，考之宋槧《釋文》，亦並無有，蓋捏造也；有前人之誤已經辨正而尚襲其誤而不知者如邯鄲淳寫魏石經，洪盤洲、胡梅磵已辨之，而反造為陳壽《魏志》原有邯鄲寫經之文；有信口臆說者如謂後唐曾立石經之類；有不考古而妄言者如熹平石經《春秋》並無《左傳》，而以為有《左傳》；有前人之言本有出而妄斥為無稽者如「伯牛有疾」章集注，出於晉欒肇《論語駁》，而謂朱子自造，則並《或問》《語類》亦似未見者。此等甚多；有因一言之誤而誣其終身者如胡文定公曾稱秦檜，而遂謂其父子俱附和議，則籍溪、致堂、五峰之大節，俱遭含沙之射矣；有貿然引證而不知其非者如引周公朝讀書百篇，以為《書》百篇之證；周公即見《冏命》《甫刑》耶；有改古書以就己者如漢《地理志》回浦縣，乃今臺州以東，而謂在蕭山之江口，且本非縣名其謬如此」。謝山性太狷急，其抨擊西河或不免過當，要之，西河是「半路出家的經生」，與其謂之學者，毋寧謂之文人也。

同時「文人的學者」，有兩個人應該附論，這兩人在學術界的衝動力不如西河，品格卻比他高——一是朱竹垞，一是何義門。

朱彝尊，字竹垞，浙江秀水人，卒康熙四十八年，年八十一。他也是康熙己未鴻博的檢討。他的詩和王漁洋齊名，但他在學問界也有很大的貢獻。他著有《日下舊聞》四十二卷，專考京城掌故。有《經義考》三百卷，把自漢至明說經的書大概都網羅齊備，各書序跋目錄都錄入，自己更提要批評。私人所撰目錄學書，沒有比他更詳博了。又有《瀛洲道古錄》若干卷，專記翰林院掌故，《五代史注》若干卷，《禾錄》若干卷，記秀水掌故，《鹺志》若干卷，記鹽政。竹垞之學，自己沒有什麼心得，卻是蒐集資料極為淹博，所以在清學界該還他一個位置。

何焯，字屺瞻，號義門，江蘇長洲人，卒康熙六十一年，年六十二。他早年便有文名，因為性情伉直，屢遭時忌，所以終身潦倒。他本是翁叔元門生，叔元承明珠意旨參劾湯斌而奪其位，他到叔元家裡大罵，把門生帖子取回。他喜歡校書，生平所校極多，因為中間曾下獄一次，家人怕惹禍，把他所有著作稿都焚燬了。現存的只有《困學紀聞箋》《義門讀書記》兩種。他所校多半是小節，又並未有用後來校勘家家法。全謝山說他不脫帖括氣，誠然。但清代校勘學，總不能不推他為創始的人。

更有一位人格極不堪，而在學界頗有名的人，曰錢牧齋。

錢謙益，字牧齋，晚號蒙叟，江蘇常熟人。他是一位東林老名士，但晚節猖披已甚。清師渡江，首先迎降，任南禮部尚書，其後因做官做得不得意，又冒充遺老，論人格真是一無可取。但他極熟於明代掌故，所著《初學集》《有學集》中，史料不少。他嘗親受業於釋憨山德清，人又聰明。晚年學佛，著《楞嚴蒙鈔》，總算是佛典註釋裡頭一部好書。他因為是東林舊人，所以黃梨洲、歸元恭諸人都敬禮他，在清初學界有相當的勢力。

## 八　呂晚村戴南山

初期學者有為文字獄所犧牲的兩位，曰：呂晚村、戴南山。這兩位都因身罹大禍，著作什九被燒燬，我們無從見其真相。據現在流傳下來的遺書而論，兩人都像不過是帖括家或古文家，不見得有很精深學問。但他們總是和清代學術有關係的人，雖然資料缺乏，也得記一記。

呂留良，字用晦，號晚村，浙江石門人，卒康熙二十二年，年五十五。他是一位廩生，康熙間曾薦舉山林隱逸、博學鴻儒，皆不就，篤守程朱學說，著書頗多，學風和朱舜水像有點相近。對於滿洲征服中國，憤慨最深。嘗說：「孔子何以許管仲不死公子糾而事桓公甚至美為仁者，是實一部《春秋》之大義也。君臣之義固重，而更有大於此者。所謂大於此者何耶？以其攘夷狄，救中國於被髮左衽也。」他的著述中像這樣的論調大概甚多。他卒後，他的門生嚴鴻逵、沈在寬誦法其學。康熙末年，有湘人曾蒲潭靜因讀晚村所批時文有論「夷夏之防」等語，大感動，到他家中求其遺書盡讀之，因與嚴、沈及晚村之子葆中為密友，自是思想大變。雍正初年，對於功臣猜忌特甚，川陝總督岳鐘琪有點不自安。蒲潭乃派他的門生張熙上書鐘琪，勸他革命，後來事情鬧穿了，將蒲潭及沈、張等，提京廷訊。鬧了幾年，結果將晚村剖棺戮屍，子孫族滅，門生故舊，株連無數。晚村所有著述，焚燬都盡，只有雍正御撰《駁呂留良四書義》一書，今尚流傳，因此可見晚村學說之一二。吾家中有此書，待檢出後擇要徵引。又據雍正上諭，知晚村有日記，有文集，文集中有致吳三桂書。上諭說：「其所著文以及日記等類，或鐫板流傳，或珍藏祕密，皆人世耳目所未經，意想所未到者。

朕翻閱之餘，不勝惶駭，蓋其悖逆狂噬之詞，凡為臣子者所不忍寓之於目，不忍出之於口，不忍述之於紙筆者也。」據此，則晚村之言論如何激烈，可以想見。雍正所著《大義覺迷錄》，專為駁晚村學說而作，內中辨夷夏的話最多，次則辨封建，據此亦可略見晚村著作內容如何了。雍正七年四月上諭引《晚村文集》，有「今日之窮，為羲皇以來所僅見」語。以與唐鑄萬《潛書·存言篇》對照，可想見所謂「康熙全盛」時民生狀況如何，實極重要之史料。雍正因晚村之故痛恨浙江人，說道：「朕向來謂浙江風俗澆漓，人懷不逞，如汪景祺、查嗣庭之流，皆謗訕悖逆，甚至民間氓庶，亦喜造言生事，皆呂留良之遺害也。」七年上諭浙中學者，自舜水、梨洲以至謝山，皆民族觀念極盛，本非倡自晚村。然晚村在當時浙學界有不小的勢力，我們倒是因讀雍正上諭才得知道哩。

戴名世，字田有，號南山，安徽桐城人。康熙五十二年下獄論死，年六十一。他本是一位古文家，桐城派古文，實應推他為開山之祖。他從小喜讀《左傳》《史記》，有志自撰明史。同縣方孝標嘗游雲南，著《滇黔紀聞》，述永曆間事，南山好其書。或說方孝標嘗受吳三桂偽職，似不確。後有永曆宦官出家為僧號犁支者，與南山門人余石民湛談永曆遺事頗多，南山采以入其集。康熙五十年為都御史趙申喬所劾，大獄遂起，其獄牽連至數百人方苞、韓菼等皆在內，因康熙帝從寬處置，論死者僅南山一人而止。《南山集》在當時為禁書，然民間傳本不絕。集中並無何等奇異激烈語，看起來南山不過一位普通文士，本絕無反抗清廷之意他是康熙四十八年榜眼，時年已五十七歲了。但他對於當時官修《明史》，確有所不滿。他說：

昔者宋之亡也，區區海島一隅，僅如彈丸黑子，不逾時而又已滅亡，而史得以備書其事。今以弘光之帝南京，隆武之帝閩越，永曆之帝兩粵、帝滇黔，地方數千里，首尾十七八年，揆以《春秋》之義，豈遽不為昭烈之在蜀，帝昺之在崖州？而其事漸以滅沒！……老將退卒，故家舊臣，遺民父老，相繼漸盡，而文獻無征，凋殘零落，使一時成敗得失與夫孤忠效死流離播遷之情狀，無以示於後世，豈不可嘆也哉？終明之世，三百年無史；金匱石室之藏，恐終淪散放失。而當世流布諸書缺略不詳，毀譽失實。嗟乎！世無子長、孟堅，不可聊且命筆。鄙人無狀，竊有志焉。……余夙者之志，於《明史》有深痛，輒好問當世事，而身所與士大夫接甚少，士大夫亦無以此為念者。……《南山集．與餘生書》

讀這篇書，南山對於《明史》的感想，略可概見，而其身遘大禍亦即以此。康熙中葉，文網極寬，思想界很有向榮氣象。此獄起於康熙倦勤之時，雖辯理尚屬寬大，然監謗防口之風已復開矣。跟著就是雍正間幾次大獄。而乾嘉學風，遂由此確立了。

本講所列舉的不倫不類十幾個人，論理，不應該在一塊兒評論，但因此益可見清初學術方面之多，與波瀾之壯闊。凡學界之「黎明期運動」，大率都是這種氣象。乾嘉以後，號稱清學全盛時代，條理和方法雖比初期緻密許多，思想界卻已漸漸成為化石了。

# 十一　清代學者整理舊學之總成績

# 十一　清代學者整理舊學之總成績

以乾嘉學派為中堅之清代學者，一反明人空疏之習，專從書本上鑽研考索，想達到他們所謂「實事求是」的目的。依我們今日看來，他們的工作，最少有一半算是白費，因為他們若把精力用到別個方向去，成就斷不止此。但這是為時代性所限，我們也不能太過責備。至於他們的研究精神和方法，確有一部分可以做我們模範的，我們萬不可以看輕他。他們所做過的工作，也確有一部分把我們所應該的已經做去，或者替我們開出許多門路來，我們不能不感謝。今將他們所表現的總成績，略分門類擇要敘述，且評論其價值。我個人對於繼續整理的意見，也順帶髮表一二。

## 一　經學

自顧亭林高標「經學即理學」之徽幟，以與空談性命之陋儒抗，於是二百年來學者家家談經，著作汗牛充棟。阮氏《皇清經解》、王氏《皇清經解續編》所收作者凡百五十七家，為書都三百八十九種，二千七百二十七卷。亦雲盛矣，而未收及續出者尚不在其列。幾部古經，是否值得費那麼大工夫去研究，另為一問題。他們費這些工夫，到底把這幾部古經研究清楚沒有，以下請逐部說明。

（甲）《易經》：《易經》是一部最帶神祕性的書。孔子自稱「假年以學」，相傳還有「韋編三絕」的故事，可見得這書自古已稱難懂了。漢代今文博士有施、孟、梁邱三家，又有費氏的古文，又有京、焦的別派。自王弼注出，盛行江左，唐人據此以作正義，自是漢《易》諸傢俱廢。今官書之《十三經註疏》，所宗者，弼學也。而五代、北宋間，道士陳摶始以道教中丹鼎之術附會《易》文，展轉傳至邵康節、周濂溪，於是有《先天》《太極》諸圖，《易》益棼亂不可理。程伊川作《易傳》，少談天道，多言人事，稍稱絜淨。朱晦庵又綜合周、邵、程之說作《易本義》，為明清兩朝功令所宗，蓋自王、韓康伯以後，《易》學與老莊之道家言混合；自周、邵以後，《易》學與後世矯誣之道教混合。清以前《易》學之重要流別變遷，大略如此。

清代《易》學第一期工作，專在革周、邵派的命，黃梨洲的《易學象數論》首放一矢。其弟黃晦木宗炎著《圖書辨惑》，把濂溪《太極圖說》的娘家——即陳摶自稱從累代道士傳來的《無極圖》——找出來了。同時，毛西河有《河圖洛書原舛》，大致與二黃之說相發明。其後胡朏明著《易圖明辨》，引證詳博，把所有一切怪誕的圖——什麼無極太極，什麼先天後天，什麼太陽少陽太陰少陰，什麼六十四卦的圓圈方位，一概打掃得干乾淨淨，一千年蒙罩住《易經》的雲霧算是開光了，這不能不說是清初學者的功勞。

他們對於周邵派的破壞算是成功了。建設的工作怎麼樣進行呢？論理，他們專重註疏，自應歸到王韓一派，但王注援老莊以談名理，非他們所喜。而且「輔嗣《易》行無漢學」，前人已經說過，尤為漢學先生們所痛恨。所以他們要另闢一條新路來。

清儒說《易》之書收入《皇清經解》者，最先的為毛西河之《仲氏易》。但這部書專憑個人臆見，學無淵源，後來學者並不重視他，所以影響也甚小。可以代表清儒《易》學者不過三家，曰惠定宇，曰張皋文，曰焦里堂。

惠定宇所著書，曰《周易述》二十一卷，《易漢學》七卷，《易例》二卷。其《九經古義》中關於《易》者亦不少。定宇的見解是，愈古愈好，凡漢人的話都對，凡漢以後人的話都不對。然則漢人的《易》說一部無存，怎麼辨呢？幸而有唐李鼎祚的《周易集解》，內中徵引許多漢儒各家遺說。定宇把他們都蒐集起來，爬梳整理一番，用的勞力真不小。我們讀這幾部書，才知道漢人《易》學的內容如何。這便是惠氏在學界一大成績，然成績亦止於此而已。若說他已經把這部《易經》弄通了，我們絕對不敢附和。為什麼呢？因為漢儒說《易》是否合於《易》旨，我們先已根本懷疑。漢儒講的什麼「互體」，什麼「卦變」，什麼「半象」「兩象」，什麼「納甲」「納音」「爻辰」，什麼「卦氣六日七分」，依我們看來，都是當時燕齊方士矯誣之說，和陳、邵《太極》《先天》等圖沒有什麼分別。王輔嗣把他們廓清辭辟，一點都不冤枉。定宇輩因為出自漢人，便認作寶貝，不過盲從罷了。而且定宇還有一個大毛病，是不知家法。同為漢儒，而傳受淵源不同，彼此矛盾的地方便不少。定宇統而名之曰「漢學」，好像漢人只有此學，又好像漢人個個都是此學，這便大錯了。定宇說的不過東漢末年鄭康成、荀慈明、虞仲翔等幾個人之學，頂多可以代表一兩派，而且各人所代表的派也不能相通。惠氏凡漢皆好的主張，只怕漢儒裡頭先自打起架來，他已無法和解了。

張皋文所著書，主要的是《周易虞氏義》九卷，還有《虞氏易禮》《易言》《易事》《易候》，及《荀氏九家義》《易義別錄》等。皋文憑藉定宇的基業，繼長增高，自然成績要好些。他的長處在家法明瞭，把虞仲翔一家學問，發揮盡致，別家作為附庸，分別搜擇，不相雜廁。我們讀這幾部書，可以知道漢《易》中最主要的部分——《虞氏易》有怎樣的內容，這是皋文的功勞。若問皋文的《易》

學是否真《易》學，便要先問仲翔的《易》學是否真《易》學。可惜這句話我是回答不出來的。

焦里堂所著書，有《易章句》十二卷，《易通釋》二十卷，《易圖略》八卷。統名《雕菰樓易學三書》。阮藝臺說他：「石破天驚，處處從實測而得，聖人復起，不易斯言。」王伯申說他：「鑿破混沌，掃除雲霧，可謂精銳之兵。」阮、王都是一代大儒，不輕許可，對於這幾部書佩服到如此，他的價值可推見了。裡堂之學，不能叫做漢學，因為他並不依附漢人。不唯不依附，而且對於漢人所糾纏不休的什麼「飛伏」「卦氣」「爻辰」「納甲」之類一一辨斥，和黃、胡諸人辨斥陳、邵《易》圖同一摧陷廓清之功。裡堂精於算理，又精於聲音訓詁，他靠這種學問做幫助，而從本經中貫穴鉤稽，生出妙解。王伯申說：「要其法，則比例二字盡之。所謂比例者，固不在他書而在本書也。」裡堂這幾部書，是否算得《易經》真解，雖不敢說，但他確能脫出二千年傳注重圍，表現他極大的創作力。他的創作卻又非憑空臆斷，確是用考證家客觀研究的方法得來，所以可貴。他發明幾個重要原則，曰旁通，曰相錯，曰時行，曰當位、失道，曰比例，都是從《彖》《象》《繫辭》所說中推勘出來。我細繹裡堂所說明，我相信孔子治《易》確曾用這種方法。我對於裡堂有些不滿的，是嫌他太騖於旁象而忽略本象。「旁通」「相錯」等是各卦各爻相互變化孳衍出來的義理，是第二步義理；本卦本爻各自有其義理，是第一步義理。顯堂專講第二步，把第一步幾乎完全拋棄，未免喧賓奪主了。

此外說《易》之書，雖然還有許多，依我看，沒有什麼價值，一概不論了。專就這三家看來，成績還不算壞。《易經》本是最難懂的一部書，我們能否有方法徹底懂它，很是問題。若問比較上可靠的方法嗎？我想，焦里堂帶我們走的路像是不錯。我們應用他以本書解本書法，把他所闕略的那部書——即本卦本爻之意義，重新鉤稽一番，發現出幾種原因來駕馭他，或者全部可以徹底真懂也未可知。這便是我對於整理《易經》的希望及其唯一方法了。

（乙）《尚書》：《尚書》是一部最囉唕——問題最多的書。相傳本有三千餘篇，孔子刪成百篇，已算得駭人聽聞的神話了。所謂百篇者，在漢初已有人見過，只傳得二十八篇，卻是有百篇的序文見於《史記》。不久又有什麼河內女子得著一篇《泰誓》，變成二十九篇。那篇《泰誓》是真是假，當時已成問題，然而不管真假，它只是曇花一現，忽然又隱身不見了。二十八篇或二十九篇，正立於學官，人人誦習了二百年。到西漢末，忽然有所謂《古文尚書》者出，說是孔安國家藏，獻入中祕，比原來的《今文尚書》多出十六篇來。因此惹起今古文之爭，學界生出絕大波瀾。西漢末的《古文尚書》是否靠得住，已成千古疑案。到東漢末，這新出的十六篇又隱身不見了。經一百多年，到東晉之初，忽然又說《古文尚書》復活轉來，卻是由十六篇變成二十五篇，還帶著一部孔安國的注！離奇怪誕，莫此為甚了。今文的二十八篇，到最近還有人對於它發生真假問題，這是後起之義，姑且不說。至所謂《古文尚書》者，偽中出偽，至再至三，說起來便令人頭眩！內中夾著一個《書序》真假問題，越發麻煩極了。自唐人撰諸經《正義》，採用東晉晚出的《古文尚書》及《孔安國傳》，自是這部書著為功令、立於學官者一千多年。直到清初，然後這種囉唕問題才解決十之八九了。

清初學者對於《尚書》第一件功勞，在把東晉《偽古文尚書》和《偽孔安國傳》宣告死刑。這件案最初的告發人，是宋朝的朱子，其後元吳澄、明梅等繼續控訴。到清初，黃梨洲當原告律師，做了一部《授書隨筆》給閻百詩，百詩便自己充當裁判官，著成《古文尚書疏證》八卷，宣告那部書的死刑。還有一位姚立方際恆可以算做原告律師，他做一部《尚書通論》，關於這問題搜出許多證據，其書似已失傳，但一部分已被閻氏采入《疏證》了。同時被告律師毛西河不服判決，做了一部《古文尚書冤詞》提起上訴。再審的裁判官便是惠定宇，著了一部《古文尚書考》，把被告的罪名越發弄確實了。還有兩位原告律師：一是程綿莊廷祚做一部《晚書訂疑》；一是段茂堂做一部《古文尚書撰異》，把毛律師強辯的話駁得落花流水，於是這件案總算定讞了。到光緒末年有一位洪右臣良品想再替被告上訴，卻是「時效」已過，沒有人受理了。這件案的決定，算是清儒在學術史上極有價值的事業。

假的部分剔出了，真的部分如何整理呢？《今文尚書》二十八篇，本屬春秋以前的語體文，佶屈聱牙，最稱難讀。自《偽孔傳》通行之後，漢儒傳注一概亡佚，更沒有一部完書可為憑藉。怎麼辦呢？乾隆中葉的學者，費了不少的勞力，著成三部書：一是江艮庭聲的《尚書集注音疏》十二卷；一是王西莊鳴盛的《尚書後案》三十卷；一是孫淵如星衍的《尚書今古文註疏》三十卷。他們三位是各不相謀的同時分途去著自己的書，他們所用的方法也大致相同，都是拿《史記》《尚書大傳》當底本，再把唐以前各種子書及籤注類的書，以至《太平御覽》以前之各種類書，凡有徵引漢儒解釋《尚書》之文慢慢蒐集起來，分綴每篇每句之下，成為一部漢儒的新注。三部書裡頭江艮庭的比較最壞。艮庭是惠定宇嫡派，一味的好古，沒有什麼別擇剪裁。王西莊蒐羅極博，但於今古文學說分不清楚，好為調和，轉成矛盾，是其短處。孫淵如算是三家之冠了。他的體例，是「自為注而自疏之」。注文簡括明顯，疏文才加詳，疏出注文來歷，加以引申，就組織上論，已經壁壘森嚴。他又注意今古文學說之不同，雖他的別擇比不上後來陳樸園的精審，但已知兩派不可強同，各還其是，不勉強牽合，留待讀者判斷從違。這是淵如極精慎的地方，所以優於兩家。

江、孫、王三家都是絕對的墨守漢學，非漢儒之說一字不錄。他們著書的義例如此，本也甚好，但漢儒所說一定就對嗎？怕未必然。《偽孔傳》雖偽，但都是採錄魏晉人舊說而成，安見所解沒有過於漢人處？宋儒經說，獨到之處甚多，時亦可以補漢人之闕失。乾嘉間學者對於他們一概排斥，也未免墮門戶之見。光緒末年簡竹居朝亮補救這種缺點，著一部《尚書集注述疏》，也仿淵如例，自注自疏，唯漢宋兼采，旁及《偽孔》。這書成於江、孫、王之後，自然收功較易。他的內容也稍嫌過繁，但採擇漢宋各家說很有別裁，不失為一良著。

漢代今古文之爭，本由《尚書》而起。東晉偽古文不必論矣，即所謂西漢真古文者來歷已很不分明。嘉道以降，今文學興，魏默深著《書古微》，提出《古文尚書》根本曾否存在之問題，是為閻百詩以後第二重公案，至今未決互見辨偽書條。

西漢晚出古文，真偽且勿論，其學說傳於東漢而為馬融、鄭玄所宗述，則甚明也。其與西漢今文博士說牴牾殊多，又甚明也。江、孫、王之書，以輯采馬、鄭注為中堅，只能代表古文說，不能代表今文說鄭君雖雲兼通今古，擇善而從，但仍祖古文為多。道咸間，陳樸園喬樅著《今文尚書說經考》三十三卷，《歐陽夏侯遺說考》一卷，很費些勞力才蒐集得來，我們從此可以知《尚書》最古的解釋了。

《尚書》裡頭的單篇，最複雜的是《禹貢》。胡朏明著《禹貢錐指》十卷，是為清代研究古地理之首，雖其書許多疏舛經後人補正，最著者成芙卿蓉鏡《禹貢班義述》，丁儉卿晏《禹貢錐指刊誤》等，其餘單篇及筆記中，此類著作甚多。然創始之勞，應該紀念的。

《尚書大傳》為漢初首傳《尚書》之伏生所著，而鄭康成為之注。這書在《尚書》學裡頭位置之重要自不待言，但原書在宋時已殘缺不完，明時全部亡佚了。清儒先後搜輯的數家，最後陳左海壽祺的《尚書大傳輯校》最稱完善，而皮鹿門錫瑞繼著《尚書大傳疏證》，更補其闕失而續有發明，也算《尚書》學中一附帶的成功了互見輯佚書條。

《書序》問題，亦至今未決。別於辨偽書條敘其經過，此不述。

總括起來，清儒之於「尚書學」，成績總算不壞。頭一件功勞，是把東晉偽古文打倒了，撥開無限雲霧。剩下真的二十八篇，也經許多人費很大的勞力，解釋明白了十之六七。我稍為不滿意的，是他們有時拘守漢儒說太過；例如「粵若稽古」，鄭注訓「稽古」為「同天」，甚可笑，但以出於鄭而強從之。關於校勘文字，時或缺乏判斷的勇氣；例如「在治忽」之或作「七始詠」，或作「來始滑」；「心腹腎腸」之或作「優賢揚」。諸家往往好為穿鑿曲護，致晦真意。關於研究制度，好引異代之書強為比附。例如釋「六宗」，附會《月令》之明堂，或《周官》大宗伯之日月、星辰、司中、司命、風師、雨師等。這類都是多數清儒公共的毛病。後有治此經者，專從訓詁上平實解釋，不要穿鑿，不要貪多，制度有疑則闕之。能泐成一部簡明的注，或者這部書有人人能讀的一天了。

（丙）《詩經》：《詩經》和《尚書》相反，算是問題最少的書。三百篇本文，幾乎絕無疑議之餘地。其最為聚訟之鵠者，唯一《毛詩序》。《詩序》問題，別詳辨偽書條下，現在暫且少講。但略講清朝以前詩學變遷形勢。西漢十四博士，《詩經》唯魯、齊、韓三家。毛氏則哀平間晚出古文，來歷頗不分明。自鄭康成依毛作箋，此後鄭學孤行，而三家俱廢。六朝經學，南北分派，唯《詩》則同宗毛、鄭無異辭。唐初正義因之，鄭學益成統一之局。唯自唐中葉以後，異論寖生，其發難大率由《詩序》，馴至「程大昌之妄改舊文，王柏之橫刪聖籍」《四庫提要》語，猖披極矣。朱晦翁亦因不滿於《詩序》而自作《集傳》。元、明以還，朱傳立於學官，而毛、鄭亦幾廢。清儒則乘此反動，以光復毛、鄭之學為職志也。

清儒在《詩》學上最大的功勞，在解釋訓詁名物。康熙間，有陳長髮啟源的《毛詩稽古編》，有朱長孺鶴齡的《毛詩通義》，當時稱為名著。由今觀之，乾隆間經學全盛，而專治詩者無人，戴東原輩雖草創體例，而沒有完書。到嘉道間，才先後出現三部名著：一、胡墨莊承珙的《毛詩後箋》；二、馬元伯瑞辰的《毛詩傳通釋》；三、陳碩甫奐的《詩毛氏傳疏》。胡、馬皆毛、鄭並釋，陳則專於毛；胡、馬皆有新解方標專條，無者闕焉，陳氏則純為義疏體，逐字逐句訓釋。三書比較，胡、馬貴宏博而陳尚謹嚴，論者多以陳稱最。陳所以專毛廢鄭者，以鄭固箋毛，而時復破毛，嚴格繩之，亦可謂為「不守師法」；又鄭本最長於禮，恆喜引禮解《詩》，轉生。孔沖遠並疏毛、鄭，疏家例不破注，故遇有毛、鄭衝突之處，便成了「兩姑之間難為婦」，勉強牽合打完場，那疏便不成片段了。碩甫專宗其一，也可以說他取巧。但毛傳之於訓詁名物，本極矜慎精審，可為萬世注家法程。碩甫以極謹嚴的態度演繹他，而又常能廣采旁征以證成其義，極潔淨而極通貫，真可稱疏家模範了。

名物訓詁之外，最引人注意的便是作詩的本事和本意。講到這一點，自然牽連到《詩序》的問題了。清學正統派，打著「尊漢」，「好古」的旗號，所以多數著名學者，大率群守毛序。然而舉叛旗的人也不少，最凶的便是姚立方，著有《詩經通論》，次則崔東壁述著有《讀風偶識》，次則方鴻濛玉潤著有《詩經原始》，這三部書並不為清代學者所重，近來才漸漸有人鼓吹起來。據我們看，《詩序》問題早晚總須出於革命的解決。這三部書的價值，只怕會一天比一天漲高吧？《詩經通論》我未得見，僅從《詩經原始》上看見片段的徵引，可謂精悍無倫。《讀風偶識》謹嚴肅穆，純是東壁一派學風。《詩經原始》稍帶帖括氣，訓詁名物方面殊多疏舛，但論詩旨卻有獨到處。

今文學復活，古文的《毛氏詩》，當然也在排斥之列。最初做這項工作者，則為魏默深之《詩古微》。《詩古微》不特反對《毛序》，而且根本反對《毛傳》，說全是偽作。我以為序和傳要分別論。序呢，無疑是東漢人妄作，傳呢，我並不敢說一定出自「子夏所傳」《漢書・儒林傳》述毛氏語，也許是西漢末年人造出來，但他對於訓詁名物解釋得的確好，雖以我向來崇尚今文的人也不敢鄙薄他。老實說，我是厭惡《毛序》而喜歡《毛傳》的，因為年代隔遠的人作序，瞎說某篇某篇詩的本事本意萬不會對的，這種作品當然可憎。至於訓釋文句，何必問他子夏不子夏，毛公不毛公？我們現在悉心研索還可以做一部好極的來哩！所以我對於攻擊《毛傳》，認為不必，但默深這部書，偏激的地方不少，但亦有許多嶄新的見解，可以供將來「新詩學」之參考。

齊、魯、韓三家學說，漢以後便亡了。宋王應麟有《三家詩考》一卷，是為搜輯之始。到清嘉道以後，繼起漸多。馮柳東登府有《三家詩異文疏證》九卷，有《三家詩異義遺說》二十卷，陳左海有《三家詩遺說考》十五卷，其子樸園有《四家詩異文考》五卷、《齊詩翼氏學疏證》二卷，嚴鐵橋可均有《輯韓詩》二十一卷，這都是興滅繼絕，不無微勞的了。

總括起來，清儒的《詩》學，訓詁名物方面，我認為成績很優良；詩旨方面，卻不能滿意，因為受《毛序》束縛太過了。但研究詩旨，卻不能有何種特別的進步的方法，大約索性不去研究倒好。戴東原說：「就全詩考其字義名物於各章之下，不必以作詩之意衍其說。蓋字義名物，前人或失之者，可以詳核而知，古籍具在，有明證也。作詩之意，前人既失其傳者，難以臆見定也。」《詩補傳自序》我想，往後研究《詩經》的人，只好以東原這話自甘。那麼，清儒所做工作，已經給我們不少的便利了。

（丁）三《禮》：三《禮》依普通的次序，是一《周禮》，二《儀禮》，三《禮記》，有時加上《大戴禮》，亦叫做「四禮」。這幾部書的時代真偽，都很有問題，留著在辨偽書條下再討論，今且不說。三《禮》都是鄭康成作的注。在康成畢生著述中，也可說是以這三部注為最。所以「三禮學」和「鄭學」，幾成為不可分的名詞。雖然，自古說「議禮之家紛如聚訟」。自孔門諸子，已經有許多交鋒爭辯，秦漢以後更不必說了，一部《白虎通義》便是漢儒聚訟的小影，一部《五經異義》，是鄭康成和許慎對壘，一部《聖證論》，是王肅和鄭康成對壘。這種筆戰，我們一看下去便頭痛。六朝、隋、唐的爭也不少。昔戰國諸子詆斥儒家，大都以「窮年不能究其禮」為口實，何況在千餘年異論更多之後？所以宋學興起，把這些繁言縟語擺脫不談，實是當然的反動。中間雖經朱子晚年刻意提倡，但他自己既沒有成書，門生所做又不對，提倡只成一句空話。宋、元、明三朝，可以說是三《禮》學完全衰熄的時代了。

這門學問是否有研究的價值，俟下文再說。現在且說清朝「禮學」復興的淵源。自黃梨洲、顧亭林懲晚明空疏之弊，提倡讀古書，讀古書自然觸處都感覺禮制之難懂了。他們兩位雖沒有關於禮學的專門著作，但亭林見張稷若治禮便讚歎不置，他的外甥徐健庵便著有《讀禮通考》。梨洲大弟子萬充宗、季野兄弟經學的著述，關於訓詁方面的甚少，而關於禮制方面的最多，禮學蓋萌芽於此時了。其後惠、戴兩家，中分乾嘉學派。惠氏父子著《禘說》《明堂大道錄》等書，對於某項的禮制，專門考索。戴學出江慎修，慎修著《禮書綱目》，對於禮製為通貫的研究。而東原所欲著之《七經小記》中，禮學篇雖未成，而散篇見於文集者不少。其並時皖儒如程易疇、金檠齋、凌次仲輩，皆篤嗜名物數制之學。而績溪、涇縣兩胡竹村、景莊以疏禮名其家，皆江、戴之遺風也。自茲以往，流風廣播，作者間出，而最後則孫仲容、黃儆季稱最善雲。

今先分經舉其最有名之著述，而關於貫通的研究次於後。

（1）《周禮》：清儒禮學雖甚昌，然專治《周禮》的人很少。兩經解所收，如江永《周禮疑義舉要》，沈彤《周官祿田考》，段玉裁《周禮漢讀書》，莊存與《周官記》《周官說》，徐養原《周官故書考》，王聘珍《周禮學》，不過寥寥數部，又皆屬於局部的研究，未有貫穴全書者。唯一的《周禮》專家就是孫仲容詒讓。他費二十年工夫成《周禮正義》八十六卷，這部書可算清代經學家最後的一部書，也是最好的一部書。其價值留待下文論新疏條下另行批評。

《考工記》本另為一部書，後人附入《周禮》。清儒對於這部書很有幾種精深的著作。最著者為戴東原之《考工記圖注》阮藝臺之《考工記車製圖考》，乃其少作，亦精核。次則王宗涑之《考工記考辨》。

（2）《儀禮》：清儒最初治《儀禮》者為張稷若爾岐，著《儀禮鄭注句讀》，顧亭林所稱「獨精三禮、卓然經師」也。乾嘉間則有凌次仲廷堪的《禮經釋例》十三卷，將全部《儀禮》拆散了重新比較整理貫通一番，發現出若干原則。凡通例四十，飲食之例五十有六，賓客之例十有八，射例二十，變例（即喪例）二十有一，祭例三十，器服之例四十，雜例二十有一。其方法最為科學的，實經學界一大創作也。次則有張皋文惠言的《儀禮圖》，先為宮室衣服之圖：宮室七，衣服十二。次則十七篇，每篇各為之圖：士冠十，士昏十二，士相見一，鄉飲酒九，鄉射十三，燕十七，大射十二，聘三十，公食大夫十二，覲八，喪服三十九，既夕十一，士虞六，特牲饋食十七，少牢饋食八，有司徹十八。其不能為圖者則代以表凡六篇，每圖每表皆綴以極簡單之說明。用圖表方法說經，亦可謂一大創作。宋人有《三禮圖》等書，僅圖器物，且多臆揣，不能援以為比。道、咸間，則有邵位西懿辰《禮經通論》，專明此經傳授源流，斥古文逸禮之偽。有這三部書振裘挈領，把極難讀的《儀禮》變成人人可讀，真算得勞苦功高了。其集大成者則有道光間胡竹村培翬之《儀禮正義》，為極佳新疏之一，當於新疏條下別論之。與竹村同時合作者有胡墨莊胡承洪之《儀禮今古文疏義》，但主於辨正文字，非為全書作新疏也，勿混視。

（3）《禮記》：清儒於《禮記》，局部解釋之小書單篇不少，但全部箋注，尚未有人從事。其可述者，僅杭大宗世駿之《續禮記集說》。其書仿衛湜例，為錄前人說，自己不下一字。所錄自宋元人迄於清初，別擇頗精審，遺佚之說多賴以存。例如姚立方的《禮記通論》，我們恐怕沒有法子再得見，幸而要點都採擷在這書裡頭，才能知道立方的奇論和特識，這便是杭書的功德。次則郭筠仙嵩燾的《禮記質疑》，對於鄭注所匡正不少。將來有著《禮記》新疏的人，這兩部書總算最好的資料了。朱彬的《禮記訓纂》未見，不敢批評。

《禮記》單篇別行之解釋，有皮鹿門錫瑞之《王制箋》，康長素有為之《禮運注》，劉古愚光蕡之《學記臆解》，各有所新發明。

（4）《大戴禮》：《大戴禮》舊唯北周盧辯一注，疏略殊甚，且文字訛脫亦不少。乾嘉間戴東原、盧抱經從事校勘，其書始稍稍可讀。阮藝臺欲重注之，未成，而孔巽軒廣森著《大戴禮記補註》，汪少山照著《大戴禮記補註》，二君蓋不相謀，而其書各有短長，汪似尤勝也。孔書刻於乾隆五十九年，有自序及阮元序。汪書年代無考，然有王昶序自稱同學弟，則汪年輩或稍先於孔也。

《大戴禮》單篇別行之解釋，則有黃相圃模之《夏小正分箋》《夏小正異義》。

書中《曾子立事》等十篇，清儒以為即《漢書．藝文志》「曾子十八篇」中之遺文，阮藝臺元把他抽出單行，為《曾子註釋》四卷。

（5）禮總：禮學家往往不專一經，因這門學問的性質本貫通群經也。通貫群經的禮學著作，有幾部書應該論列者。最初的一部徐健庵乾學的《讀禮通考》，百二十卷，這部書是健庵居喪時編的，為言喪禮最詳備之書，雖題健庵著，其實全出萬季野，所以甚好。健庵為亭林之甥也，有相當的學問，禮學尤其所好。觀《憺園集》論禮制諸篇可知。中間的一部是秦味經蕙田的《五禮通考》二百六十二卷。這書為續補《讀禮通考》而作，我很疑心有一大部分也出萬季野手，但未得確證，不敢斷言看第八講論萬季野著述。曾滌生大佩服此書，說他「體大物博，歷代典章具在；三禮之外，得此而四」。俞蔭甫則說他「按而不斷，無所折衷，可謂禮學之淵藪，而未足為治禮者之藝極」俱見《禮書通故》俞序。此書之短長，這兩段話盡之了。此書成於眾手，非味經自著。分纂的人確實可考者有戴東原、王蘭泉，也許錢竹汀、王西莊都在裡頭，其餘二三等學者當更不少。所以全書各篇價值不同，有很好的，有較次的，不如《讀禮通考》之畫一謹嚴。依我看，這書是一部很好的類書，價值在《文獻通考》上。專指禮制一部分言，《文獻通考》範圍比它更廣，所無的門類，自無從比較。或者也可以說是中國禮制史的長編。「按而不斷，無所折衷」，固然是它的毛病，但我總覺得「折衷」這句話是空的，自己以為折衷，別人看來不過多一重聚訟的公案。漢代的石渠奏議、白虎觀討論，何嘗不是想折衷？況且在場的人都是第一流學者了，你看算不算空論？所以按而不斷，或者也是此書的最好處理。最後的一部是黃儆季以周的《禮書通故》一百卷。儆季為薇香式三之子，傳其家學，博而能精；又成書最晚草創於咸豐庚申，告成於光緒戊寅，先輩所搜輯所考證，供給它以較豐富的資料。所以這部書可謂為集清代禮學之大成。他對於每項禮制都博徵古說而下以判斷，正和《五禮通考》的性質相反，他的判斷總算極矜慎極通明，但能否件件都算為定論，我卻不敢說了。

以上三種，是卷帙最浩博、材料最豐富的。此外，禮學重要著作，在初期則有惠天牧士奇的《禮說》，江慎修永的《禮書綱目》，算是這門學問中篳路藍縷的書。《禮書綱目》的體例，為後來秦、黃兩家所本，雖後起者勝，而前人之功萬不容沒。在中葉則任幼植大椿、程易疇瑤田、金輔之榜、凌次仲廷堪都有精到的著作，檠齋的《禮箋》，易疇的《通藝錄》最好，他們純粹是戴東原一派的學風，專做窄而深的研究，所選的題目或者是很小的，但在這個題目的範圍內，務把資料搜齊。類書式的案而不斷，他們是不肯的，但判斷總下得極審慎。所以他們所著雖多屬小篇，但大率都極精銳。《東原集》中考證禮制之文有十幾篇，正是如此。又焦里堂之《群經宮室圖》，雖標題「群經」，而所重在三禮，考證宮室最通贍之書也。此外則孔巽軒的《禮學卮言》，武虛谷億的《三禮義證》，金城齋鶚《求古錄禮說》，凌曉樓曙的《禮說》，陳樸園的《禮說》，性質大略相同，都各有獨到處。又如凌曉樓之《公羊禮疏》，侯君模之《穀梁禮證》等，雖擇他經，然專明彼中禮制一部分，亦禮學之流別也。其餘各家文集筆記論禮精核之專篇極多，不能具錄。

試總評清代禮學之成績，就專經解釋的著作論，《儀禮》算是最大的成功。凌、張、胡、邵四部大著，各走各的路，各做到登峰造極，合起來又能互相為用，這部經總算被他們把所有的工作都做盡了。《周禮》一向很寂寞，最後有孫仲容一部名著，忽然光芒萬丈。剩下的就是《禮記》，我們很不滿意。《大戴禮》本來是殘缺的書，有好幾位學者替他捧場，也還罷了。

就通貫研究的著作論，有徐、秦、黃三部大著，份量總算很重；其餘碎金式的零冊數篇，好的也不少。用從前經學家的眼光看，成績不能不算十分優良了。但這門學問到底能否成立，我們不能不根本懷疑。頭一件，所根據的幾部經，先自有無數問題。《周禮》之難信不必說了，《儀禮》成立的時代，也未有定論，《禮記》則各篇之真偽及時代，亦糾紛難理。萬一所憑藉的資料或全部或一部分是假的，那麼，所研究的豈非全部或一部分落空？第二件，就讓一步說都是真的，然而幾部書成立年代有很大的距離，總不能不承認。如說《周禮》《儀禮》是周公作，《禮記》是七十子後學者所記，首尾便一千多年了。然而裡頭所記各項禮制，往往東一鱗西一爪，非互勘不能說明。互勘起來，更矛盾百出。例如五等封建的裡數，井田的畝數，《孟子》和《周禮》和《王制》何等矛盾。五帝的祀典，《月令》和《帝系姓》何等矛盾。國學、鄉學的制度及所在地，《禮記》各篇中相互何等矛盾。

此類悉舉，不下數十事。學者對於哪部經都不敢得罪，只好四方八面彌縫會通。根本不能全通的東西，越會通越弄到一塌糊塗。議禮所以紛如聚訟，就是如此。從古已然，墨守漢學的清儒為尤甚。解釋專經時稍為好些，《儀禮》問題比較少，所以《儀禮》獨多好書。所以他們的成績雖然很好，我恐怕這些成績多半是空的。

禮學的價值到底怎麼樣呢？幾千年很瑣碎很繁重的名物宮室、衣服、飲食之類，制度井田、封建、學校、軍制、賦役之類，禮節冠昏喪祭之類，勞精敝神去研究它，實在太不值了。雖然，我們試換個方向，不把它當作經學，而把它當作史學，那麼，都是中國法制史、風俗史、××史、××史的第一期重要資料了。所以這門學問不必人人都學，自無待言。說它沒有學問的價值，卻大大不對。清儒的工作，最少也算替後人把所需要的資料蒐集在一處，而且對於各種資料相互的關係，和別擇資料的方法，有許多意見足供後人參考，這便是他們不可沒的功勞。我們若用新史家的眼光去整理它，可利用的地方多著哩。

（戊）《春秋》三傳：《春秋》是孔子唯一的著作。孟子、董仲舒、司馬遷說得如彼其鄭重，這部書地位之尊不待言了。但文字簡單到如彼，非傳不能明白，所以治《春秋》不能捨傳而專言經。

西漢博士，只有《公羊》底下嚴、顏兩家，也可以說《春秋》只有一傳。後來《穀梁》出來，又後來《左氏》出來，東漢時便三傳並行，各有專家，然終以《公羊》為最盛。六朝以後，《公》《谷》日廢，《左氏》孤行。唐代便漸漸的「《春秋》三傳束高閣，獨抱遺經究終始」了。啖助、趙匡之流，把三傳都攻擊得一錢不值。自此以後，紛紛奮臆作傳，而宋人胡安國的傳盛行。明永樂將《胡傳》立於學官，三傳真皆廢了。間有治《左傳》者，不過拿來做策論的資料。清以前《春秋》學的形勢，大略如此。清儒刻意復古，三傳之學漸漸的都恢復轉來。今分論之。

（1）《左氏傳》：《左傳》的真偽及著作年代很有問題，等到辨偽書條下再說。這部書本是史的性質而編在經部，所以學者對於它也有「史的研究」「經的研究」之兩派。史的研究派有一部極好的書，是顧震滄棟高的《春秋大事表》，其內容及價值前文已經說過看第八講末段。經的研究派，大抵對於杜注、孔疏摭拾糾補。乾隆以前未有專治此傳之人，到嘉、道間劉孟瞻文淇、伯山毓崧父子繼續著一部《左傳正義》，可惜迄未成書。當於新疏條下別論之。

（2）《公羊傳》：清儒頭一位治《公羊傳》者為孔巽軒廣森，著有《公羊通義》，當時稱為絕學。但巽軒並不通《公羊》家法，其書違失傳旨甚多。《公羊》學初祖，必推莊方耕存與，他著有《春秋正辭》，發明《公羊》微言大義，傳給他的外孫劉申受逢祿，著《公羊何氏釋例》，於是此學大昌。龔定庵自珍、魏默深源、凌曉樓曙、戴子高望都屬於這一派，各有散篇的著述。而陳卓人立費畢生精力，成《公羊義疏》七十六卷，實為董、何以後本傳第一功臣。其內容及價值，別於新疏條下論之。晚清則王壬秋闓運著《公羊籤》，然拘拘於例，無甚發明。其弟子廖季平平關於《公羊》著述尤多，然穿鑿過甚，幾成怪了。康先生有為從廖氏一轉手而歸於醇正，著有《春秋董氏學》《孔子改制考》等書，於新思想之發生，間接有力焉。

（3）《穀梁傳》：《穀梁》學自昔號稱孤微，清中葉以後稍振，其著作有鍾朝美文烝之《穀梁補註》，有侯君謨康之《穀梁禮證》，有柳賓叔興恩之《穀梁大義述》。柳書較佳。

綜校清代春秋學之成績，《左》《谷》皆微不足道。劉氏《左傳正義》若成，則左氏重矣。唯《公羊》極優良，諸經除《儀禮》外，便算它了。今文學運動以《公羊》為中心，開出晚清思想界之革命，所關尤重。

（己）四書：「四書」之名，是朱子以後才有的。明人及清的理學家關於四書的著作頗多，清的漢學家卻很少。最著名的，前有閻百詩之《四書釋地》，後有翟晴江灝的《四書考異》，但都是局部的考證，無關宏旨。清儒有價值的著作，還是將《大學》《中庸》璧回《禮記》《論語》《孟子》各別研究。

（1）《論語》：《論語》有一部名著，曰劉楚楨寶楠、叔俛恭冕繼續著成的《論語通義》，其價值及內容，在新疏條下別論之。今文派有戴子高的《論語注》，引《公羊》為解，雖多新見，恐非真義。別有焦里堂的《論語通釋》，雖寥寥短冊，發明實多。而簡竹居之《論語集注述疏》，則疏解朱注。宋人經注之有疏，此為創見雲。

《論語》單篇別行之解釋，則有江慎修之《鄉黨圖考》，蓋禮學之流。

（2）《孟子》：《孟子》也有一部名著，曰焦里堂循的《孟子正義》，別於新疏條論之。戴東原的《孟子字義疏證》，為清代第一流著述，但其目的不專在釋《孟子》，別於戴氏學專篇論之。

《孝經》本為附庸，亦無重要著述，不復論。《爾雅》別於新疏條小學修補之。

（庚）諸經新疏合評：現在之《十三經註疏》，其注出漢人者六《毛詩》《周禮》《儀禮》《禮記》《公羊傳》《孟子》，出魏晉人者五《周易》《左傳》《穀梁傳》《論語》《爾雅》，偽托漢人者一《尚書》，出唐人者一《孝經》，其疏出唐人者九自《周易》至《穀梁傳》，出宋人者四《孝經》《論語》《孟子》《爾雅》。清代提倡經學，於是註疏之研究日盛。然愈研究則愈發見其缺點。就疏的方面論，唐人孔、賈諸疏，本成於眾手，別擇不精，牴牾間出。且六朝經學，本分南北兩派，北尊實詁，南尚空談；初唐諸疏，除三禮外，率宗南派，大為清儒所不喜。宋人四疏，更不足道了。就注的方面論，除漢人六種外，其餘七種，皆大為漢學家所不滿意。以此之故，他們發憤另著新疏，舊注好的便疏舊注，不好的便連注一齊改造。自邵二雲造成孫仲容止，作新者十餘家。十三經中，有新疏者已得其十，這些新疏的作者，都是竭畢生之力，熔鑄幾百種參考書才泐成一稿，真算得清朝經學的結晶體了。今列舉各書，稍為詳細點說明，備將來匯刻《新十三經註疏》者採擇焉。一經有兩部以上之新疏者，只采一部，餘部附論。次第以著作年代先後為序。

《爾雅正義》二十卷餘姚邵晉涵二雲著，乾隆四十年屬稿，五十年成。凡經十年。

附：《爾雅義疏》二十卷棲霞郝懿行蘭皋著。

邵二雲是頭一位作新疏的人。這部《爾雅正義》，在清學史中應該特筆記載。舊註疏本《爾雅》，為晉郭璞注，宋邢昺疏。「邢疏多摭拾《毛詩正義》，掩為己說。南宋人已不滿其書，後采列諸經之疏，聊取備數而已。」原序語二雲此書，仍疏郭注。但舊本經文有訛舛，注亦多脫落。二雲先據唐石經及宋槧本，詳為增校，又博采漢舍人、姓名也，舊認為官名，誤。劉歆、樊光、李巡、孫炎，梁沈旋，陳顧野王，唐裴瑜諸君佚注，以郭為主，而分疏諸家於下。郭注雲未詳者，則博徵他經之漢人注以補之。《爾雅》緣音訓義者頗少，二雲更取聲近之字，旁推交通，申明其說。書凡三四易稿乃定。

郝氏《義疏》成於道光乙酉，後邵書且四十年，近人多謂郝優於邵。然郝自述所以異於邵者不過兩點，一則「於字借聲轉處詞繁不殺」，二則「釋草木蟲魚異舊說者皆由目驗」。胡培翬撰郝墓表引然則所異也很微細了，何況這種異點之得失，還很要商量呢。因前人成書增益補苴，較為精密，此中才以下盡人而可能。郝氏於發例絕無新發明，其內容亦襲邵氏之舊者十六七，實不應別撰一書。其有不以邵為然者，著一校補或匡正誤等書，善矣。《義疏》之作，剿說掠美，百辭莫辨。我主張公道，不能不取邵棄郝。

《尚書今古文註疏》三十卷陽湖孫星衍淵如著，乾隆五十九年屬稿，嘉慶二十年成，凡經二十二年。

附：《尚書集注音疏》十二卷吳縣江聲艮廷著。

《尚書後案》三十卷嘉定王鳴盛西莊著。

《尚書集注述疏》三十五卷順德簡朝亮竹居著。

自《偽古文尚書》定案之後，舊註疏裡頭的《偽孔傳》跟著根本推翻，孔穎達疏也自然「樹倒猢猻散」了。於是這部經需要新疏，比別的經更形急切。孫、江、王三家和段茂堂的《古文尚書撰異》，都是供給這種需要的應時著述。但這件事業甚難，因為別的疏都是隨注詮釋，有一定範圍。這部經現行的注既要不得，而舊注又皆散佚，必須無中生有造出一部注來，才可以做疏的基本。孫、江、王、段年輩相若，他們著手著述，像是不相謀，而孫書最晚成。四家中除段著專分別今古文字，罕及義訓外，余三家皆詮釋全經，純屬疏體。江氏裁斷之識較薄，其書用篆體寫經文，依《說文》改原字，其他缺點甚多。王氏用鄭注而兼存偽傳，又不載《史記》及《大傳》異說，是其所短。孫書特色，一在辨清今古文界限，二在所輯新注確立範圍。他認定《史記》為古文說因司馬遷從孔安國問故，《尚書大傳》及歐陽、大小夏侯為今文說因皆伏生所傳，馬融、鄭玄為孔壁古文說因出自衛宏、賈逵。他名之曰「五家三科」。這些人的遺說都升之為注，其餘先秦諸子及緯書、《白虎通》等之今古說，許氏《說文》中之古文說，皆附之疏中。取材矜慎，樹例謹嚴，故最稱善本。據錢衎石《記事稿》（卷十）說，淵如的經學書大半由李次白貽德續成，此書當亦在其列。

現在《尚書》新疏中誠無出孫著之右，但孫著能令我們滿足否？還不能。漢人注也有許多不對的地方，我在前段《尚書》條已經論過。但這一點姑且不管，即以漢注論，馬、鄭注和歐陽、夏侯遺說，孫氏蒐集未到而再經後人輯出者也很不少。所以我想現在若有位郝蘭皋，倒有一椿買賣可做。試把孫、江、王以後續輯的《尚書》古注重新審定一番，仍區畫今古文，制新注新疏，一定可駕諸家之上而不算蹈襲，可惜竟無其人哩！

簡竹居就是想做這椿買賣的人。可惜他學問不甚博，見解又迂滯一點。他的《集注述疏》，枝辭太多，還不能取孫淵如而代之哩。

《孟子正義》三十卷江都焦循裡堂著，嘉慶二十年始為長編，二十三年屬稿，二十四年成。《孟子》有趙岐注，實漢經師最可寶之著作。唯今註疏本之孫奭疏，純屬偽撰，錢竹汀及《四庫提要》已辨之。其書蕪穢踳駁處不可悉數，與孔、賈諸疏並列，真辱沒殺人了。所以新注之需要，除《尚書》外，則《孟子》最為急切。裡堂學問方面極多，其最用力者為《易》學三書。注《易》既成，才著手做此書，已經垂老，書才成便死了。他說：「為《孟子》作疏者十難。」見本書卷末，文繁不錄。但又說生在他的時代，許多難工夫都經前人做過，其難已減去七八。他備列所引當代人著述，從顧亭林、毛大可造成王伯申、張登封止，凡六十餘家，可見他搜采之勤與從善之勇了。他以疏解趙注為主，但「於趙氏之說或有所疑，不惜駁破以相規正」卷三十，葉九。是於唐人「疏不破注」之例，也並未嘗墨守。這書雖以訓釋訓詁名物為主，然於書中義理也解得極為簡當。裡堂於身心之學，固有本原，所以能談言微中也。總之，此書實在是後此新疏家模範作品，價值是永永不朽的。

《詩毛氏傳疏》三十卷長洲陳奐碩甫著，嘉慶十七年屬稿，道光二十年成，凡經二十八年。

這部書和並時胡、馬兩家書的比較，前在《詩經》條下已略為說明。孔穎達《毛詩正義》，合《毛傳》《鄭箋》而並疏之。碩甫以為鄭康成本治《韓詩》，後改從毛，而作箋又時雜魯說，實為不守家法。他自序雖未明斥鄭，言外實含此意。所以舍鄭而專疏毛。他自述撰著方法，說道：「初仿《爾雅》，編作義類。凡聲音訓詁之用，天地山川之大，宮室衣服制度之精，鳥獸草木魚蟲之細，分別部居，各為探索，久乃剷除條例章句，揉成作疏。」原書自序可見他這部書，先有一番分類的草稿，後來才通貫成書，所以全書沒有一點矛盾罅漏。碩甫是段茂堂弟子，最長於訓詁，《毛傳》是最古最好的訓詁書，所以此書所疏訓詁，最為精粹。至於禮數名物，則《毛傳》闕而不詳，《鄭箋》所補，以這部分為多。而碩甫不滿於鄭，他「博引古書，廣收前說，大抵用西漢以前之說，而與東漢人不苟同」。原書條例十九這一點是他很用力的地方，但成功如何，我卻未敢十分相信。總之這部書，碩甫「畢生思慮，薈萃於茲」自序語，其價值與《毛詩》同懸天壤，可斷言也。

《儀禮正義》四十卷績溪胡培翬竹村著。此書屬稿及告成年月難確考，唯卷首有道光己酉十月羅惇衍序，稱「先生力疾成書，書甫成，而遽歸道山」。己酉為道光二十九年，竹村正以其年七月卒，然則書亦成於其年也。羅序又言此書「覃精研思，積四十餘年」。然則嘉慶十年前後已屬稿矣。

竹村為胡樸齋匡衷之孫。樸齋著有《儀禮釋官》，甚精洽，故《儀禮》實其家學。竹村又受業凌次仲，盡傳其禮學，所以著《儀禮》新疏的資格，他總算最適當了。他以為「《儀禮》為周公所作，有殘闕而無偽托。鄭注而後，唯賈公彥疏盛行，然賈疏疏略，失經注意」，於是發憤著此書。自述「其例有四：曰補註，補鄭君所未備也；曰申注，申鄭君注義也；曰附註，近儒所說雖異鄭旨，義可旁通，廣異聞祛專己也；曰訂注，鄭君注義偶有違失，詳為辨正，別是非，明折衷也」。胡培翬著《族兄竹村先生事狀》引，見《研六室文鈔》卷首。我們看這四個例，就可以知道此書內容大概了。

《春秋公羊傳義疏》七十六卷句容陳立卓人著。此書著作年月無考。因我僅見《經解續編》本，序例皆失載，無從考定。唯據《句溪雜著》卷六《論語正義序》云：「道光戊子秋，立隨劉孟瞻、梅蘊生兩師，劉楚楨、包孟開兩先生赴鄉闈。孟瞻師、楚楨先生病《十三經》舊疏多踳駁，欲仿江氏、孫氏《尚書》，邵氏、郝氏《爾雅》，焦氏《孟子》，別作義疏。孟瞻師任《左氏傳》，楚楨先生任《論語》，而以《公羊》屬立……」則是書發意著述，當在道光八年，時卓人年僅二十耳。唯《雜著》有劉文淇（孟瞻）癸卯七月敘，語意全在敦促卓人之著此書，則似癸卯時尚未有端緒。《論語正義自序》稱庚申出守滇南，不克履任，以後蹀躞道路，不能著述，又遭亂，藏書盡毀云云；《論語正義序》又言「近甫輯成稿本，復櫜筆游楚越」。劉叔俛為作墓誌銘，則其游楚越，正在授雲南曲靖府不克到任之後。然則是書當成於癸卯（道光二十三年）、庚申（咸豐十年）之間，前後可十八年。唯戊子至癸卯間，預備工夫亦當不少耳。

注《公羊》的何邵公與鄭康成齊名，自然是諸經注中之最好者。但徐彥的舊疏空言敷衍，毫無發明，因為唐時《公羊》之學久絕，也難怪他。然疏之當改造，則學界所同認了。凌曉樓嘗銳意以此自任，晚年病風，精力不逮，僅成《公羊禮疏》十一卷。據劉孟瞻《句溪雜著序》。孟瞻，曉樓外甥也。卓人為曉樓弟子，繼師志以成此書。此書嚴守「疏不破注」之例，對於邵公只有引申，絕無背畔，蓋深知《公羊》之學專重口說相承，不容出入也。其所徵引，自董仲舒、司馬遷以下，凡漢儒治《公羊》家言者，殆網羅無遺；清儒自孔、莊、劉以下，悉加甄采，而施以嚴正的裁斷；禮制一部分，則多采師（凌）說而篤宗鄭氏，於程易疇、金輔之駁正最多。其於《公羊》家三世九旨諸說——邵公所謂「非常異義可怪之論」者，闡發無餘蘊，不獨非巽軒所夢見，即方耕、申受亦遜其精銳。在《公羊》學裡頭，大約算登峰造極的著作了。此書序例失傳，不能知其義例要點。我是二十七八年前曾讀過一遍，久已忘記，這段批評總不能寫出原書的特色。

《論語正義》二十四卷寶應劉寶楠楚楨著，子恭冕叔俛續。叔俛後序云：「道光戊子，先君子與劉先生文淇、梅先生植之、包先生慎言、柳先生興恩、陳丈立約各治一經。先君子發策得《論語》。先為長編數十巨冊。次乃薈萃折衷之。……既而精力就衰，後所闕卷畀恭冕使續成。咸豐乙卯，將卒業，而先君子不起。又十年，及乙醜之秋，而後寫定。」某某部分有叔俛所續，難確考。李蓴客《越縵堂日記》謂所續為《雍也篇》以後，當有據。然蓴客又指出，《公治篇》以前所引書，有為楚楨未見及者。然則全書殆皆經叔俛增訂矣。

附：《論語集注補正述疏》十卷順德簡朝亮竹居著。

《論語》學在漢有齊、魯、古三家，自張禹合齊於魯，鄭康成復合齊、魯於古，師法不可復辨。何晏《集解》，自言「集諸家之善，其不安者頗為改易」。然去取多乖，意蘊粗略，皇、邢二疏，益無所發明皇疏近人已疑其偽。劉氏此書，仍疏何注。叔俛所述凡例云：「注用《集解》者，所以存魏晉人著錄之舊。而鄭君遺注，悉載疏內。至引申經文，實事求是，不專一家。故於注義之備者則據注以釋經，略者則依經以補疏；其有違失未可從者，則先疏經文，次及注義。」據此可知，他對於何平叔《集解》實深致不滿，不過不得已而用之。故各章之疏，破注居半，在諸疏中算是最例外的了。陳卓人說：「視江、孫、邵、焦諸疏義，有過之無不及。」我未細讀，不敢多評，大概總不錯罷。

竹居疏晦翁《集注》，當然與漢學家不同調。但平心而論，晦翁《集注》實比平叔《集解》強。若把漢宋門戶擱在一邊，則疏他也何嘗不可？只是竹居之疏，我總嫌他空話太多一點。

《左傳舊註疏證》八十卷儀征劉文淇孟瞻著，於毓崧伯山、孫壽曾恭甫續，末成。

這部書始終未成，真是學界一件憾事。孟瞻、伯山父子之學，我們讀《青溪舊屋》《通義堂》兩集可以想見一斑。這部書之發起，據陳卓人說是道光八年和《論語正義》《公羊義疏》同時動議的見前。據伯山說：「草創四十年，長編已具，然後依次排比成書。」《通義堂集》卷六《先考行略》但《左傳》卷帙如彼其繁重，卒業自屬大難。孟瞻未及寫定而卒，伯山繼之，時值亂離，年僅五十卒，迄未能成，恭甫又繼之，年四十五卒，至《襄公》而絕筆。三世一經，齎志踵沒，可哀矣！據《國史儒林傳稿》此書既未得見，自無從妄下批評。但據伯山所述，知道他是革杜注的命。《左傳》自劉歆創通義訓後，賈逵、服虔兩注盛行，自杜預剽竊成今注，而舊注盡廢。預助司馬氏篡魏，許多詖邪之說夾在注中，所謂「飾經術以文訐言」者，前人論之甚多，大概不為冤枉。這些且不管它。至於盜竊成書，總不能不說是破壞著述家道德。孟瞻父子，就是要平反這重公案。此書體例：「先取賈、服、鄭三君之註疏通證明。凡杜氏所排擊者糾正之，所勦襲者表明之，其沿用韋氏《國語注》者，亦一一疏記。他如《五經異義》所載《左氏》說，皆本《左氏》先師，《說文》所引《左傳》，亦是古文家說，《漢書．五行志》所載劉子駿說，實《左氏》一家之學。又如經疏史注及《御覽》

等書所引《左傳》注，不載姓名而與杜注異者，亦是賈、服舊說。凡若此者，皆稱為舊注而加以疏證。其顧、惠補註及洪稚存、焦里堂、沈小宛等人專釋《左氏》之書，以及錢、戴、段、王諸通人說，有可採咸與登例。末始下以己意，定其從違。上稽先秦諸子，下考唐以前史書，旁及雜家筆記文集，皆取為證佐。期於實事求是，俾《左氏》之大義炳然復明。」伯山《先考行略》此書若成，價值或為諸家新疏之冠，也未可知。今既不得見，所以我不嫌繁重，把伯山的話全錄如前。劉家子弟聞尚有人，不審能把家藏稿本公之於世否？就是缺了昭、定、哀三公也無妨呀。

《周禮正義》八十六卷瑞安孫詒讓仲容著，同治季年草創，光緒二十五年成。

此書和黃儆季的《禮書通故》，真算得清代經師殿後的兩部名著了。此書重要的義例有如下諸點：其一，釋經語極簡，釋注語極詳。就這點論，和劉楚楨的《論語正義》正相反。蓋楚楨本不信任何氏《集解》，仲容則謂「鄭注詳博淵奧，註明即經明，義本一貫也」；其二，多存舊疏，聲明來歷。蓋賈疏在諸舊疏中本較好，原非《孟子》偽孫疏、《公羊》徐疏、《尚書偽孔傳》之孔疏等可比也。唐疏多乾沒舊義，近儒重修，時亦不免。如胡竹村《儀禮正義》襲用賈疏處蓋不少，而每沒其名。仲容則絕不攘善，於著述家道德守之最嚴；其三，雖極尊鄭注，而不墨守回護。他說：「唐疏例不破注，六朝義疏家原不盡然。」且康成對於杜（子春）、鄭（眾）亦時有糾正。所以他竊比斯義，「尋繹經文，博稽眾家，注有牾違，輒為匡糾」；其四，嚴辨家法，不強為牽合。清儒治禮，嗜博太過，每揉雜群書，強事會通。仲容謂「《周禮》為古文學，與今古師說不相同，曲為傅合，非唯於經無會，彌復增其紛糾」。所以他主於以本書解本書，他書不合之處，疏通別白使不相淆。就這點論，最合守約之法。綜而論之，仲容斯疏，當為清代新疏之冠，雖後起者勝，事理當然，亦其學識本有過人處也。《周禮》本書價值問題，迄未解決。仲容極端的尊信，是否適當，原很有商榷的餘地，但這部書最少也是西漢末一種古籍，就令出於漢人理想的虛構，也很值得細心研究。仲容這部疏，總算替原書做一個大結束了。

以上所舉九部新疏附見四部，十三經中已得九經了，餘下四經，還要附帶一講。

一、《孝經》：有善化皮鹿門錫瑞的《孝經義疏》，但我未見，不敢批評。《孝經》價值本來僅等於《禮記》之一篇，我想有無不甚足為輕重的。

二、《穀梁傳》：這部傳可謂「數奇」。據我所知，邵二雲曾著一部《穀梁正義》，像是未成。洪稚存《邵學士家傳》說他著有《穀梁古注》；錢竹汀《邵君墓誌銘》說他著有《穀梁正義》。我想或是《古注》已成，《正義》正在屬稿。蓋二雲以五十四誤藥暴卒，著作多未成也。其後梅蘊生植之又擬著《穀梁集解正義》，亦未成而卒。薛壽《學詁齋文集》卷下《秪庵集後序》云：「丁亥、戊子間，先生欲仿孫氏《尚書》、焦氏《孟子》例，撰《穀梁集解正義》，草創疏證而書未成」。案蘊生為劉孟瞻、劉楚楨之友，陳卓人之師。卓人述道光戊子與蘊生、二劉及包孟開赴鄉闈時，相約著各書（看前文《公羊義疏》條注）。當時，楚楨任《論語》，孟瞻任《左氏》，卓人任《公羊》，蘊生則任《穀梁》。蘊生《秪庵集》中有贈薛子壽詩雲「泛舟及包、劉，遂結著書約」，即指此事也。蘊生中年咯血，壽僅五十（見孟瞻所為《梅君墓誌銘》），故此書獨不成。大概邵著擬另集古注如孫氏《尚書》例，梅著擬仍疏范寧《集解》如焦氏《孟子》例，但都未成，不必多講了。

三、《禮記》：這部書始終未有人發心做新疏，總算奇事。

四、《易經》：做這部書的新疏，我想怕是不可能的。因為疏王、韓舊注，不獨清儒所不肯，且亦沒有什麼引申發明的餘地，除非疏李鼎祚的《集解》或另輯一注。但漢儒異說紛歧，遍疏亦窮於術。在我們看是「一丘之貉」，在尊崇漢學的清儒看是「兩姑之間難為婦」。所以，或如焦里堂之空諸依傍，獨抒己見；毛奇齡之《仲氏易》，姚配中之《周易姚氏學》等亦近此類。或如張皋文之專釋仲翔，抱殘守缺。皋文之《周易虞氏義》亦全經通釋，但非疏體。若要作一部「惠氏《易漢學》式」之新疏，恐怕誰也沒有這種勇氣。

以上所舉諸家新疏，是否算已經把這幾部經完全弄明白？這幾部經是否值得下恁麼大的工夫？都是別問題，我不敢輕下判斷。但和現行的《十三經註疏》比較，最少有兩種優異之點：第一，每一部疏由一人獨力做成，不像舊疏成於眾手；第二，每人只做一部疏，不像孔、賈輩之「包辦的」、「萬能的」。此專指唐疏言，幾部惡劣的宋疏更不足齒論。我們對於幾位著作家不能不十二分感服，因為他們的忠實和努力是很不容易學的。他們不為名，不為利，只是為學問而學問，把全生涯費在一部書，卒能貫徹初志。他們的學問有用無用另一問題，但他們做學問的方法真可學。做一門學問便要把他的內容徹底了解，凡一切關係的資料蒐集一無遺漏。著手著述之時，先定計畫，各有別裁。每下一判斷，必待眾證都齊之後。判斷對不對另一問題，也許證甚博而斷仍錯，但待證乃斷，便是忠實於學。所以這幾部書，無論如何，總是在學術史上有紀念的價值。至於他們所以能著成這幾部書，也非專靠他們個人之力。九部之中，兩部成於乾隆末年，七部在嘉、道以後，實由先輩已經做過許多工作，他們才利用而集其成。倘使他們生於明代或清初，也不能有這種成績。所以，我名之為「清代經學的結晶體」。有好事者能把諸書匯刻為一編，亦一佳話也。

（辛）其他通釋群經之著作：清儒以經學為學問中心。凡筆記類如《日知錄》《十駕齋養新錄》《東塾讀書記》等，文集類如戴、段、阮、錢諸集等，說經之文占大部分。想完全了解清人經學，這類書實極重要，但內容既不盡屬於經，我只得別標一題評它們的價值。這裡有幾部書，應該特提：

一、朱竹垞彝尊的《經義考》三百卷。這部書把竹垞以前的經學書一概網羅，簿存目錄，實史部譜錄類一部最重要的書，研究「經史學」的人最不可少。還有謝蘊山啟昆的《小學考》，也是踵朱書而成，其內容價值當於譜錄條下論之，今互見於此。

二、臧玉林琳的《經義雜記》三十卷。這書若出在乾、嘉以後，並不稀奇，因為它是康熙初年作品，而饒有乾嘉學派精神，所以要另眼看待。這書久藏於家。嘉慶間，才由他的玄孫臧在東庸刻出。有人說，內中一部分是在東所著，歸美先人，但無確據，不敢遽認為事實。

三、王伯申引之的《經義述聞》三十二卷。王石臞、伯申父子，為清學第一流大師，人人共知。這書名為「述聞」，蓋伯申自言聞於石臞者，其實他們以父子而兼師友，此書亦可稱父子合作也。這部書最大的價值，在校勘和訓詁方面，許多難讀或前人誤解的文句，讀了他便渙然冰釋。王氏父子理解直湊單微，下判斷極矜慎，所以能為一代所宗。試留心讀嘉、道以後著作，罕有能引《經義述聞》而駁之者。世所稱「王氏四種」者，乃此書與《經傳釋詞》《讀書雜誌》《廣雅疏證》合稱。實則四種合起來，才見得出王氏經學之全豹。今為敘述方便起見，那幾部在小學及子書兩條下別論。

四、俞蔭甫樾的《群經平義》十卷。此書全應用《經義述聞》的方法，繼續有所發明，價值也僅下《經義述聞》一等。

平心論之，清代風尚所趨，人人爭言經學，誠不免漢人「碎義逃難」、「說三字至二十餘萬言」之弊。雖其間第一流人物，尚或不免，承流望風者更不待言。所以，在清末已起反動，現在更不消說無人過問了。他們若能把精力和方法用到別的方面，成就或者可以很大，僅用之幾部古經，已覺十分可惜。即以經學論，講得越精細，越繁重，越令人頭痛，結果還是供極少數人玩弄光景之具，豈非愈尊經而經愈遭殃嗎？依我看，這種成績，只好存起來算作一代學術的掌故，將來有專門篤嗜此學之人，供他們以極豐富的參考。至於整理經學，還要重新辟一條路，令應讀之經，非全數都應讀也。注意！人人能讀而且樂讀。我雖然還沒有具體方法，但大概在用簡明的方法解釋其文句，而用有趣味有組織的方法發明其義理。義理方面且另說，文句方面則清儒替我們做過的工作實不少。大約清儒經學諸書，名物制度一類，聚訟不結者尚很多；訓詁一類，工夫已經做到八九成。這便是各位經師對於一般人最大的貢獻了。

## 二　小學及音韻學

小學本經學附庸，音韻學又小學附庸，但清儒向這方面用力最勤，久已「蔚為大國」了。方才說，他們最大的貢獻在訓詁；他們為什麼能有這種貢獻？就因為小學、音韻學成為專門之業。今為敘述方便起見，所以於經學之外，別立一節論他。

「小學」是襲用漢人的術語，實際上應該叫做文字學。這門學問，可以分為兩大類：一是研究一個字或一個詞的意義，二是研究字和詞的連綴用法。我為下文說明便利起見，杜撰兩個新術語：第一類叫做「字義學」；第二類叫做「字用學」。音韻學也是字義學的一部分。所有的小學書，什有九是字義學。字用學現在還幼稚得很哩。

字義學即是字典或辭典之學。我國古來之字典有三種組織法：一、以各字（或辭）所含意義分類組織，《爾雅》《方言》《釋名》《廣雅》等書便是；二、以各字的形體及所從偏旁分類組織，《說文》《玉篇》等書便是；三、以各字的讀音分類組織，《切韻》《集韻》《廣韻》等書便是。本書所講，以第一二類歸入小學，以第三類歸入音韻學。

崇禎十五年出版之方密之以智《通雅》五十卷，實為近代研究小學之第一部書，體例略仿《爾雅》，而門類稍有增減看第十二講方密之條。此書有許多新理解，先乾嘉學者而發明，但後來人徵引很少，不知何故。《爾雅》一類書之專門的研究，蓋始於戴東原。他著有《爾雅文字考》十卷，其書成而未刻，今恐已佚。據自序所說，原系隨手札記之書，大約於舍人、劉歆、樊光、李巡、鄭康成、孫炎舊注多所搜輯，補郭注之漏，正邢疏之失，至於「折衷前古，使《爾雅》萬七百九十一言，合之群經傳記，靡所扞格，則俟諸異日」。據此，知東原對於整理《爾雅》尚有許多計劃，此書尚非滿意之作也。其此類書現存者，則有：

《方言疏證》十三卷休寧戴震東原著。互見本節音韻條。

揚雄《方言》為西漢最好的小學書，東原首先提倡他。但這部書雖名為疏證，然而注重校勘，詮釋的工作尚少。自序說：「廣按群籍之引用《方言》及注者交互參訂，改正訛字二百八十一，補脫字二十七，刪衍字十七，逐條詳證之。」蓋自得此校本，然後《方言》可讀。《四庫》所著錄，聚珍板所印行，即此本也。段茂堂著《東原年譜》，稱「東原曾將《方言》分寫於《說文》每字之上」，亦是一種整理法。次則：

《爾雅正義》二十卷邵晉涵著，見前。

《爾雅釋義》十卷，《釋地以下四篇注》四卷嘉定錢坫獻之著。

《爾雅義疏》二十卷郝懿行著，見前。

此為疏釋《爾雅》之專書，皆乾、嘉間作品。《爾雅》這部書，清儒認定他是周公所作，把他捧得很高。依我們看，不過西漢末劉歆一派人將漢儒傳注采輯而成，年代也許在《方言》之後。但他把各字的性質意義分類排纂，又不但解釋單字，而且兼及二字以上連綴而成的「辭」，在當時確是一種很進步的字典或辭典，價值當然不朽。清儒提倡小學，於是這部書的研究日盛。邵二雲的《正義》，就是把戴東原所計劃的事業賡續成功，在這門學問裡頭算是創作。郝蘭皋補綴一番，愈益精密。這兩部書的比較價值，前節已論過，不再贅了。錢著未細讀，不敢妄評。此外有專釋《爾雅》名物之書，如程瑤田《通藝錄》中釋宮、釋草、釋蟲諸小記，任大椿之《釋繒》，洪亮吉之《釋舟》，劉寶楠之《釋谷》，錢大昕之《釋人》等。有專輯《爾雅》古注之書，如臧庸之《爾雅漢注》、黃奭之《爾雅古義》等。有釋《爾雅》著作體例之書，王國維之《爾雅草木鳥獸蟲魚釋例》甚好，惜僅限於一部分。這部書經二百年學者之探索，大概已發揮無餘蘊了。又次則：《釋名疏證》八卷，《補遺》一卷，《續釋名》一卷鎮洋畢沅秋帆著。

《釋名》為漢末劉熙撰，時代較《說文》稍晚。這書體例和《爾雅》略同，但專以同音為訓，為以音韻治小學之祖。《釋名疏證》題畢秋帆著，實則全出江艮庭聲之手。舊本訛脫甚多，畢、江據各經史注、唐宋類書及道釋二藏校正之，複雜引《爾雅》以下諸訓詁書證成其義。雖尚簡略，然此二書自是可讀。其最博洽精核者，則：

《廣雅疏證》十卷高郵王念孫石臞著。

《廣雅》為魏張揖著，出《爾雅》《方言》《釋名》之後，蒐集更博。石臞本著，先校正其訛舛，繼詮釋其義訓。校正訛字五百八十，脫者四百九十，衍者三十九，先後錯亂者百二十三，正文誤入音內者十九，音內字誤入正文者五十七。自序其著作宗旨及體例云：「訓詁之旨本於聲音，故有聲同字異，聲近義同，雖或類聚群分，實亦同條共貫。…… 此之不寤，則有字別為音，音別為義，或望文虛造而違古義，或墨守成訓而鮮會通。…… 今則就古音以求古義，引申觸類，不限形體。……其或張君誤采，博考以證其失；先儒誤說，參酌而寤其非。」所謂「就古音以求古義，引申觸類」，實清儒治小學之最大成功處。而這種工作，又以高郵王氏父子做得最精而最通。《廣雅疏證》實為研究「高郵學」者最初應讀之書。讀了它，再讀《讀書雜誌》《經傳釋詞》《經義述聞》，可以迎刃而解。石臞七十六歲才著手著此書，每日限定注若干個字，一日都不曠課，到臨終前四年才成石臞年八十九。所以這部書可算他晚年精心結撰之作。昔酈道元作《水經注》，論者咸謂注優於經。《廣雅》原書雖尚佳，還不算第一流作品，自《疏證》出，張稚讓倒可以附王石臞的驥尾而不朽了。以石臞的身分，本該疏《爾雅》才配得上，因為邵疏在前，恥於蹈襲，所以走偏鋒，便宜了張稚讓。然和郝蘭皋相比，蘭皋也算笨極了。此外應附記者有：

《小爾雅疏》八捲上虞王煦汾原著。

《小爾雅訓纂》六卷長洲宋翔鳳於庭著。

《小爾雅疏證》五卷嘉定葛其仁鐵生著。

《小爾雅義證》十三卷涇縣胡承珙墨莊著。

《小爾雅》，本是偽《孔叢子》中之一篇。清儒因他存輯漢人訓詁不少，抽出來單行研究。以上四書，大略同時所著，不相謀而各有短長，也算是走偏鋒而能成家的。

以上各書，都是清儒把漢、魏以前分義編纂的字典，用極綿密的工作去解釋，成績真可佩服。至於他們新編的字典則有：

《經籍籑詁》一百六十卷儀征阮元藝臺編。互見類書條。

這部書是阮藝臺任浙江學政時候，手創義例，命詁經精舍學生臧在東庸、臧禮堂和貴、洪筠軒顧煊、洪百里震煊、陳仲魚鱣、周鄭堂中孚等二十幾位分途編輯的。各字依《佩文韻府》的次序排列。每字的解釋，專輯集古書成說。所收者約為下列各種：一、古經古子本文中之訓詁。如「仁者人也，義者宜也」，「元者善之長也，亨者嘉之會也」之類。所收子書最晚者為《顏氏家訓》。二、各經注。以《十三經註疏》為主，佐以清儒所輯所古佚注。三、漢、魏以前子書及古史注。自《國語》韋注，《戰國策》《呂覽》《淮南子》高注，下至《列子》張注，《管子》房注，《荀子》楊注等。四、古史部集部注。限於《史記》裴集解、司馬索隱、張正義，《漢書》顏注，《後漢書》李注，《三國志》裴注，《楚辭》王注，《文選》李注。五、小學古籍。《爾雅》《方言》《說文》《廣雅》《釋名》《小爾雅》《字林》《埤蒼》《聲類》《通俗文》《匡謬正俗》《經典釋文》《一切經音義》《華嚴經音義》《翻譯名義》《隸釋》《隸續》等。唐以前訓詁，差不多網羅具備，真是檢查古訓最利便的一部類書。這書雖依韻編次，但目的並非在研究韻學。所以我不把他編在音韻條而編在本條。

最簡樸的古字典出在《爾雅》《方言》以前，為《漢書．藝文志》所述的秦時李斯的《倉頡》七章，趙高的《爰歷》六章，胡母敬的《博學》七章《漢志》說《史籀》十五篇，周宣王時書，我們不相信。漢興，閭裡書師把這三種糅合起來，每章六十字，共五十五章，名為《倉頡篇》。其後司馬相如的《凡將》，史游的《急就》，揚雄的《訓纂》，班固的《續訓纂》，相繼而起。這類字典，很像後世的《千字文》《百家姓》，又像醫家的《湯頭歌訣》，挑選幾百或幾千個單字，編成韻語，意義聯貫，專備背誦之用，並沒有什麼訓釋。西、東漢之交，研究日趨細密，便把所有的字分起類來——指事，象形，會意，形聲，轉注，假借，謂之六書。六書兩字始見《周禮》，其六種名則首載《漢志》，次為《說文序》。東漢人說是起自周公時，我們不相信。大概是揚雄、劉歆、杜林這班小學家研究出來的。和帝永元間，許叔重根據六書義例，以各字的形體及所從偏旁分類，著成一部《說文解字》，遂為秦、漢以來小學一大結束，又為後來字書永遠模範。《說文》這部書，清以前的人並不十分作興他。宋、元間徐鉉、徐鍇、李燾、吾邱衍等，雖間有撰述，然發明甚少，或反把他紊亂了。明末有一群文學家好用僻字，拿來當枕中鴻祕，但並不了解他的價值和作用趙宧光著《說文長箋》，顧亭林極攻擊他；明清之交，方密之算是最初提倡《說文》的人，在《通雅》中常常稱引或解釋。康熙一朝經學家雖漸多，但對於《說文》也並沒有人十分理會。乾隆中葉，惠定宇著《讀說文記》十五卷，實清儒《說文》專書之首，而江慎修、戴東原往復討論六書甚詳盡。東原對於這部書，從十六七歲便用功起，雖沒有著作，然傳授他弟子段茂堂。自是《說文》學風起水湧，占了清學界最主要的位置。謝蘊山啟昆《小學考》，說當時關於《說文》的名著有三部：

《說文解字注》三十卷金壇段玉裁茂堂著。《小學考》作《說文解字讀》，想是原名，後來很少人知道。

《說文統釋》六十卷嘉定錢大昭晦之著。

《說文解字正義》三十卷海寧陳鱣仲魚著。

茂堂的《說文》注，盧抱經序他說：「自有《說文》以來，未有善於此書者。」《小學考》卷十引王石臞序他說：「千七百年來無此作。」本書卷首百餘年來，人人共讀，幾與正經正注爭席了。《說文》自唐宋以來，經後人竄改或傳抄漏落顛倒的不少。茂堂以徐鍇本為主，而以己意推定校正的很多。後人或譏其武斷，所以《段注訂》鈕樹玉著，八卷、《段注考正》馮桂芬，十六卷一類書繼續出得不少。內中一部分，誠足為茂堂諍友。茂堂此注，前無憑藉，在小學界實一大創作。小有舛誤，毫不足損其價值，何況後人所訂所匡也未必盡對呢。茂堂又最長韻學，訂古韻為十七部，每字註明所屬之部，由聲音以通訓詁。王石臞序最稱讚他這一點，我想這點自然是他的好處，但未足以盡之。

錢、陳兩書未見，不知有無刻本？錢書有自序述十例：「一、疏證以佐古義；二、音切以復古音；三、考異以復古本；四、辨俗以證訛字；五、通義以明互借；六、從母以明孳乳；七、別體以廣異義；八、正訛以訂刊誤；九、崇古以知古字；十、補字以免漏落。」《小學考》引晦之為竹汀弟，其書應有相當價值。陳仲魚書，阮藝臺謂其「以聲為經，偏旁為緯」《論語古訓序》《小學考》引。果爾，則當與後此姚文田、朱駿聲各書同體例參看次段，但書名「正義」似是隨文疏釋，頗不可解。

自段注以後關於《說文》之著作，如嚴鐵橋可均之《說文校議》三十卷，錢獻之坫之《說文斠詮》十四卷，皆主於是正文字，而嚴著號稱精核。其通釋之書最著者，則：

《說方義證》五十捲曲阜桂馥未谷著。

《說文釋例》二十卷安丘王筠菉友著。

《說文句讀》三十卷同上。

桂書與段書不同之處：段書勇於自信，往往破字創義，然其精處卓然自成一家言；桂書恪守許舊，無敢出入，唯博引他書作旁證，又皆案而不斷。桂之識力不及段，自無待言，但每字羅列群說頗似《經籍纂詁》，觸類旁通，令學者⊠索而自得不為著者意見所束縛，所以我常覺桂書比段書更為適用。王菉友《釋例》，為斯學最閎通之著作價值可與凌次仲《禮經釋例》、劉申受《公羊釋例》相埒。凡名家著書，必有預定之計劃，然後駕馭材料，即所謂義例是也。但義例很難詳細臚舉出來，近人著述方法進步，大率自標凡例，以便讀者，然終不能十分詳盡，古人則用此法者尚少。全在好學者通觀自得，《說文》自然也是如此。又《說文》自大徐徐鉉以後竄亂得一塌糊塗，已為斯學中人所公認，怎麼樣才能全部釐正它呢？必須髮見出原著者若干條公例，認定這公例之後，有不合的便知是竄亂，才能執簡御繁，戴東原之校《水經注》即用此法。段茂堂之校《說文》，雖未嘗別著釋例，然在注中屢屢說「通例」如何如何我們可以輯出一部「說文段注例」，他所以敢於校改今本，也是以他所研究出的「通例」為標準。菉友這部《釋例》就是專做這種工作。他所發見的例是否都對，我不敢說但我覺得六七成對的，但他的創作力足與茂堂對抗，灼然無疑了。《說文句讀》成於《釋例》之後，隨文順釋全書，自然與段氏不盡同者五事：一、刪篆，二、一貫，三、反經，四、正雅，五、特識。見自序，文繁不錄。此書最後出而最明通，最便學者。

學者如欲治《說文》，我奉勸先讀王氏《句讀》，因為簡明而不偏詖；次讀王氏《釋例》，可以觀其會通。未讀過《說文》原書，驟讀《釋例》不能了解。段注呢？他是這門學問的「老祖宗」，我們不能不敬重他，但不可為他意見所束縛。或與《句讀》並讀亦可。桂氏《義證》擺在旁邊當「顧問」，有疑義或特別想求詳的字便翻開一查，因為他材料最豐富，其餘別家的書，不讀也罷了。用我的方法，三個月足可以讀通《說文》。我很盼望青年們送一個暑假的精力給這部書，因為是中國文字學的基礎。

清儒之治《說文》，本由古韻學一轉手而來，所以段注後頭附一部《六書音韻表》，注中各字於韻特詳。戴東原的《轉注二十章序》說：「昔人既作《爾雅》《方言》《釋名》，余以為猶闕一卷書……」這「一卷書」是什麼呢？就是以音韻為主的新字典。陳仲魚的《說文正義》「以聲為經，偏書為緯」，像是就想做這一卷書。後來姚秋農文田、錢溉亭塘各著《說文聲系》姚十四卷，錢二十卷，苗仙麓夔著《說文聲讀表》七卷，嚴鐵橋可均著《說文聲類》二卷，張皋文惠言著《說文諧聲譜》二十卷，其他同類的作品尚不下十餘家，最後則有：

《說文通訓定聲》十六卷吳縣朱駿聲允倩著。

這些人都像是因東原的話觸發出來，想把《說文》學向聲韻方面發展，而朱氏書最晚出，算是這一群裡頭最好的。這部書把全部《說文》拆散了重新組織。「舍形取聲貫穿連綴」凡例語，下同。各字分隸於他所立古韻十八部之下，「每字本訓外，列轉注、假借二事」，「凡經傳及古注之以聲為訓者，必詳列各字之下，標曰聲訓」，雙聲字「命之曰轉音」。總算把《說文》學這片新殖民地開闢差不多了，可惜少了一張表。姚秋農是這一派的先登者，他的書全部是表，但做得不好。

此外尚有對於《說文》作部分的研究者。如，因《說文》有徐氏新附入之字往往與本文混亂，於是有《說文新附考》一類書鄭珍著，六卷；因《說文》引經多與今本有異同，於是有《說文引經考》一類書吳玉搢著二卷，陳瑑著八卷，臧禮堂著二卷；因鐘鼎文字學發達的結果，對於《說文》中之籀文引起研究興味，於是有《說文古籀疏補》一類書莊述祖著六卷，潘祖蔭著一卷。此外這種局部的著述還不少，真算燦爛極了。

恁麼多關於《說文》的書，這門學問被他們做完了沒有呢？我說還不會。第一件，從姚秋農到朱允倩所做聲系一類書，我都認為不滿意，因為他們都注意收音，忽略發音，還不配戴東原所謂「那一卷書」。我對於這項意見，曾發表過《從發音上研究中國文字之源》一篇短文見《梁任公近著》第一輯卷下。第二件，《說文》的會意字還沒有人專門研究。《說文》標明「會意」的字雖不多，但凡雲「從某、從某」，或雲「從某、從某省」，都是會意；雲「從某、從某、某亦聲」者，都是形聲兼會意。而且依著「聲系一派」如我所說的發音來源才算徹底的主張，每字所諧的聲都有意義。然則形聲字的全部都是形聲兼會意了。會意字既如此其多，我們用社會學的眼光去研究，可以看出有史以前的狀況不少。這是文字學上一件大事業。這項意見，我二十年前曾發表過《國文語原解》一篇短文見《飲冰室叢書》，可惜我的見解都未成熟《國文語原解》尤其要不得。近來學問興味，又不向這方面發展，大概不會再往前研究了。但我確信這兩條路是可走的，很願意推薦給後起的青年們。

以上把「字義學」的成績大概說過了，附帶著要說說「字用學」。

最初的字，總是從實物或實像純客觀的一定之象，如方位、數目之類造起，漸漸到人類的動作人類和外界發生關係，兼主客兩體而成。漸漸到人類的心理，漸漸到純抽象的名詞，文字發展的次第大概如此。動作心理等已經有大部分來不及造，用舊字假借。還有所謂「語詞」的一部分發語詞、接續詞、感嘆詞、停頓詞、疑問詞等等，最初純用口語或手勢表現，根本就沒有這類字。書本上這類字都是假借同音之字來充數的。然而音是古今時時變化，地方又各各不同，既沒有一定之字，便隨人亂用。例如「乎」「無」「麼」「嗎」，本是一個音變化出來，但現在讀，音已經很不同，字形更是渺不相屬。而且用法擺在一句話中間的位置之類也常常因時而異，因地而異，因人而異。古書所以難讀，最主要的就是這部分不獨古書，白話亦然。所以有眼光的小學家發心做這部分工作，替後人減除困難。清儒頭一部書是：

《助字辨略》五卷確山劉淇南泉著。

南泉是素不知名的一位學者，這部書從錢警石《曝書雜記》、劉伯山《通義堂集》先後表章，才漸漸有人知道。書成於康熙初年，而和王伯申暗合的極多，伯山都把他們比較列出。伯申斷不是剽竊的人，當然是沒有見過這部書。清初許多怪學者，南泉也算其一了。至於這門學問的中堅，自然要推：

《經傳釋詞》十卷高郵王引之伯申著。

伯申以為：「自漢以來，說經者宗尚雅訓。凡實義所在，既明著之矣，而語詞之例，則略而不究，或即以實義釋之，遂使其文扞格而意亦不明。」自序語，下同。他拿許多古書比較研究，發見出許多字是「其為古之語詞較然甚著，揆之本文而協，驗之他卷而通，雖舊說所無，可以心知其意者」。他於是「引而伸之以盡其義類，自九經三傳及周、秦西漢之書，凡助語之文，遍為搜討，分字編次」，成了這十卷書。我們讀起來，沒有一條不是渙然冰釋，怡然理順，而且可以學得許多歸納研究方法，真是益人神智的名著了。後此從伯申脫化出來而範圍更擴大者，則有：

《古書疑義舉例》七卷德清俞樾蔭甫著。

蔭甫發見出許多古人說話行文用字之例卷一至卷四，又發見出許多後人因誤讀古書而妄改或傳抄訛舛以致失真之例卷五至卷七。上半部我們可以叫他作「古代文法書」，下半部可以叫他作「校勘祕訣」。王、俞二書，不過各兩小冊，我想凡有志讀秦漢以前書的人，總應該一瀏覽的。最後則有：

《文通》十卷丹徒馬建忠眉叔著。

眉叔是深通歐文的人，這部書是把王、俞之學融會貫通之後，仿歐人的文法書把語詞詳密分類組織而成的。著書的時候是光緒二十一、二年，他住在上海的昌壽裡，和我比鄰而居。每成一條，我便先睹為快，有時還承他虛心商榷。他那種研究精神，到今日想起來，還給我很有力的鞭策。至於他創作的天才和這部書的價值，現在知道的人甚多，不用我讚美了。

音韻學為清儒治經之副產物，然論者或謂其成績為諸學之冠。我素來沒有研究，完全外行，對於內容得失不敢下半句批評，只把這門學問的來歷和經過說說，還怕會說錯哩。

清代的音韻學，從一個源頭上分開兩條支路發展，一是古韻學，一是切韻學。

古韻學怎樣來歷呢？他們討論的是那幾樁問題呢？稍有常識的人，總應該知道現行的《佩文韻府》，把一切字分隸於一百零六個韻。上下平聲合三十，上聲二十九，去聲三十，入聲十七。《韻府》本於南宋的《禮部韻略》。《韻略》百零七部，比《韻府》多一部。《韻略》本於唐的《廣韻》。《廣韻》卻是分為二百零六部，現在韻書最古而最完備的莫如《廣韻》。所以研究此學都以《廣韻》為出發點。為什麼由二百零六變為一百零七？這是唐宋後音變的問題，古韻家懶得管它。《廣韻》

二百六部分得對不對？這是唐音的問題，古韻家也懶得管它。他們所討論者，專在三代秦漢時候韻之分部如何。古書中如《易經》《詩經》《楚辭》《老子》等幾乎全書都協韻，然而拿《廣韻》和《韻略》比對起來，卻什有九並不同韻。宋以來儒者，沒有法子解釋這緣故，只好說是「借葉」。本不同韻，勉強借來葉的。清儒以為漫無範圍的亂借亂葉，豈不是等於無韻嗎？所以他們反對此說，一定要找出古人用韻的規律來，換句話說，就是想編一部「古佩文韻府」。

清代音韻學的鼻祖，共推顧亭林。他著有《音學五書》一《音論》，二《易音》，三《詩本音》，四《唐韻正》，五《古音表》，為生平得意之作，凡經三十年，五易其稿。自言：「據唐人以正宋人之失，據古經以正沈氏（約）、唐人之失，而三代以上之音，部分秩如，至賾而不可亂。」同時柴虎臣紹炳、毛稚黃先舒等皆治此學，有著述，而理解遠不逮亭林。毛西河喜立異爭名，專著書和亭林作對。書名《古今通韻》，凡十二卷。然而所說話毫無價值，沒有人理他。亭林以後中興此學者為江慎修，著《古韻標準》。慎修弟子戴東原著《聲類表》《聲韻考》。東原復傳其弟子段茂堂、王石臞、孔巽軒。茂堂著《六書音韻表》，據以注《說文》；石臞、巽軒都各有撰述。石臞書近由上虞羅氏印行，巽軒書名曰《詩聲類》。而段、王后輩有江晉三有誥著《音學三書》，亦頗多創獲。要之，乾、嘉以後言古韻者雖多，而江、戴門下薪火相傳，實為其中堅。

他們最主要的工作是研究古韻分部。他們以為《廣韻》二百六部乃唐以後聲音繁變派衍出來的，古代沒有那麼複雜，所以要把它歸併成若干部，以求合古人所用之韻。

這種工作，不始於清儒。宋朝的鄭庠是最先研究的，他把二百六部歸併成六部。亭林拿它作研究基礎，析為十部，慎修又析為十三部，茂堂又析為十七部，東原析為十八部，巽軒析為十九部，石臞析為二十一部，晉三也是二十一部，而和石臞又微不同，東原所謂「以漸加詳」也。後人雖於諸家互有從違，然很少能出其範圍。

我想讀者一定要發問：二百零六部規定為六部、十部……不太少嗎？怎樣歸併法呢？勿驚！《廣韻》的二百六部系兼包平、上、去、入四聲的。四聲雖有清濁高低舒促之別，韻總是一貫，所以拿平聲可以代表上、去、入。《廣韻》的平聲也只有五十七部，將五十七歸併為六或二十一，並非不可能之事。歸併到怎樣程度才能和古書所用的韻吻合？便是他們苦心研究的第一個問題。

平聲和上聲去聲是容易印合的，「東」「湅」「動」一讀下去，當然知道是同部。唯有入聲最囉唣，每每調不出來。《廣韻》平聲有五十七韻，入聲只得三十四韻。對照起來，便有二十二韻，只有平上去而無入。到底這三十四個入聲韻該如何分配？最足令講古韻的人頭痛，這是他們苦心研究的第二個問題，許多辨難都從此起。

讀以上所講，大概可以知道他們問題焦點所在了。為力求明晰起見，將鄭庠、顧炎武、江永、段玉裁四家所分類列出一張表。把這表說明之後，再說戴、孔、王諸家所以異同之故。

## 鄭、顧、江、段古韻分部比較表

<table>
<tr><th colspan="2">鄭氏六部</th><th colspan="2">顧氏十部</th><th colspan="2">江氏十三部</th><th colspan="2">段氏十七部</th></tr>
<tr><th>平聲</th><th>入聲</th><th>平聲</th><th>入聲</th><th>平聲</th><th>入聲</th><th>平聲</th><th>入聲</th></tr>
<tr><td rowspan="4">1東冬江陽庚清蒸</td><td rowspan="4">屋沃覺藥陌錫職</td><td>1東冬鐘江</td><td rowspan="4">無</td><td>1東冬鐘江</td><td rowspan="4">無</td><td>9東冬鐘江</td><td rowspan="4">無</td></tr>
<tr><td>7陽唐</td><td>8陽唐</td><td>10陽唐</td></tr>
<tr><td>8耕庚清青</td><td>9耕庚清青</td><td>1耕庚清青</td></tr>
<tr><td>9蒸登</td><td>10蒸登</td><td>6蒸登</td></tr>
<tr><td rowspan="3">2支微齊佳灰</td><td rowspan="3">無</td><td rowspan="3">2支脂之微齊皆灰咍</td><td rowspan="3">質術帶物迄月沒易末陸轄屑薛麥昔錫職德</td><td rowspan="3">2支脂之微齊皆灰咍</td><td rowspan="3">麥昔錫職德</td><td>1之咍</td><td>職德</td></tr>
<tr><td>15脂微齊皆灰</td><td>術物迄月沒易末黠轄薛</td></tr>
<tr><td>16支佳</td><td>陌麥昔錫</td></tr>
<tr><td rowspan="3">3魚虞歌麻</td><td rowspan="3">無</td><td rowspan="2">3魚虞模侯</td><td rowspan="2">藥鐸陌</td><td rowspan="2">3魚虞模</td><td rowspan="2">藥鐸陌</td><td>4侯</td><td>無</td></tr>
<tr><td>5魚虞模</td><td>藥鐸</td></tr>
<tr><td>6歌戈麻</td><td>無</td><td>7歌戈麻</td><td>無</td><td>17歌戈麻</td><td>無</td></tr>
<tr><td rowspan="3">4真文元寒刪先</td><td rowspan="3">質物月局黠屑</td><td rowspan="3">4真諄臻文欣元魂痕寒桓刪山先仙</td><td rowspan="3">無</td><td rowspan="2">4真諄臻文欣魂痕</td><td rowspan="2">質術節物迄沒</td><td>12真臻先</td><td>質節屑</td></tr>
<tr><td>13諄文欣魂痕</td><td>無</td></tr>
<tr><td>5元寒桓刪山先仙</td><td>月局末黠轄屑薛</td><td>14元寒刪山仙</td><td>無</td></tr>
<tr><td rowspan="2">5蕭宵尤豪</td><td rowspan="2">無</td><td rowspan="2">5蕭宵看豪尤幽</td><td rowspan="2">屋沃濁覺</td><td>6蕭宵看豪</td><td>無</td><td>2蕭宵看豪</td><td>無</td></tr>
<tr><td>11尤侯幽</td><td>屋沃燭覺</td><td>3尤幽</td><td>屋沃燭覺</td></tr>
<tr><td rowspan="2">6侵覃鹽鹹</td><td rowspan="2">緝合葉洽</td><td rowspan="2">10侵覃談鹽添咸銜嚴</td><td rowspan="2">緝合煮葉帖洽狎業乏</td><td>12侵</td><td>緝</td><td>7侵鹽添</td><td>緝業帖</td></tr>
<tr><td>13覃談鹽添咸銜嚴凡</td><td>合齋葉帖狎業乏</td><td>8覃談咸銜嚴凡</td><td>合煮洽狎業乏</td></tr>
</table>

表的說明

一、將《廣韻》五十七個平聲韻挑出三十個當代表此三十個就是現行《佩文韻府》所採用，再將他分成六部，這是鄭氏作始之功。

二、把鄭氏的第一部東冬江陽庚青蒸析為四部一、東冬鐘江，二、陽唐，三、庚耕清青，四、蒸登是顧氏的發明。江、段無改。

三、鄭氏的第二部支微齊佳灰，顧、江無改。段氏把他析為三部一、之咍，二、脂齊皆灰，三、支佳，這是段氏的大發明，東原、石臞都拍案叫絕。「之」「脂」「支」，現在讀起來毫無分別茂堂從古書中考出他分別甚明，但亦沒有法子讀成三種音，晚年以書問江晉三云：「足下能知其所以分為三乎？僕老耄，倘得聞而死，豈非大幸！」

四、鄭氏的第三部魚虞歌麻，顧氏析為二，一、魚虞模侯，二、歌麻。江氏因之，但把「侯」剔出歸併「尤幽」部。段氏則既不以「侯」合「魚虞模」，也不以合「尤幽」，完全令他獨立，所以共析成三部。這部分的問題，以「侯」之分合為最主要。

五、鄭氏的第四部真文元寒刪先，顧氏因之。江氏析為二，一、真諄臻文欣魂痕，二、元寒桓刪山先仙。段氏復將江氏第一類析為二，變成三部，又將江氏第三類的「先」移入第一類的「真臻」。「真」和「文」之分，是段氏特點。

六、鄭氏的第五部蕭宵尤豪。顧氏因之。江氏析為二，一、蕭宵肴豪，二、尤侯幽。段氏因之，但將「侯」剔出另立部。「侯」和「尤」之分，是段氏特點。

七、鄭氏的第六部侵覃鹽咸。顧氏因之。江氏析為二，一侵，二覃談鹽添咸銜嚴凡。段氏因之，但割「鹽添」合於「侵」。

以上為平聲五十七部之分合變遷，比較的還容易了解。最麻煩的是入聲分配問題，另加說明：

八、鄭氏六部，有入聲者僅三。顧氏十部，有入聲者四。江氏十三部，有入聲者七。段氏十七部，有入聲者八。這是將入聲性質剖析逐漸精密的表徵。

九、顧氏入聲的分配和鄭氏幾乎全相反。除鄭第六部與顧第十部相同外，鄭第一第四部有入聲，顧無；鄭第二第三第五部無入聲，顧有。

十、顧、江、段公認為無入聲者五部：一、東冬鐘江，二、陽唐，三、庚耕清青，四、蒸登，五、歌戈麻。江、段認為無入聲者一部：蕭宵肴豪。

十一、入聲中問題較少者，「緝合」以下九韻配「侵覃」以下九韻，「質櫛」配「真臻」，「屑」配「先」。其餘皆有問題。

以上把四家異同之點大概說過。以下把餘人改正的部分略說：

一、戴東原之特點。戴雖為段之師，然其《聲類表》實作於段氏《六書音韻表》之後，進一步研究。他最主要的發明：(一) 將段氏的「脂」部再剖析，立「祭泰夬廢」一部，此部有去聲而無平上。(二) 將「緝合」以下九韻另為一部，此部有入聲而無上去。蓋四聲之分，本起六朝，古人無此。戴氏分部，不限平聲，是其通識。其餘入聲之分配各部，亦頗有異同，不具述。

二、孔巽軒之特點。巽軒對於段：析「東」「冬」為二，並「真文」為一，亦別出「緝合」等九韻為一部，共十八部。

三、王石臞之特點。石臞工作，專在剖析入聲。他別立「質」「月」「緝」「盍」四部，合諸段氏所分，共為二十一部。「質」「月」二部皆有去而無平上，「緝」「盍」二部則無平上而並無去。

四、江晉三之特點。晉三亦分二十一部，但不與王氏同。其分「東」「冬」為二，同孔氏；「祭」部獨立，同戴氏；入聲則別立「葉」「緝」兩部。晉三於戴、孔之書皆未見據段茂堂信上說。蓋暗合，非蹈襲也。

以上重要之古韻說略具。此後尚有莊葆琛之十九部，張皋文之二十部，乃至近人之二十三部、二十八部等，大抵衍江、戴、段、王之緒稍事補苴，不複述。至於各家所說誰是誰非，我完全外行，不敢參加討論。

古韻學研究的對象，在各字的收音。還有專從發音方面研究的，名為切韻學。用舊話來比附，也可以說古韻學是研究疊韻，切韻學是研究雙聲。

切韻之學，起於東漢孫炎，以兩字切成一字之音，實我國音學初祖。後來魏李登作《聲類》書已佚，見《隋書．經籍志》，始整齊而衍其緒。隋陸法言作《切韻》書已佚，近在敦煌石室發現唐寫殘本。為後此《廣韻》所自本。自梵語隨佛典入中國，中唐以後釋神珙、釋守溫仿之創立字母，為斯學別創一蹊徑，即「見溪群疑」第三十六母是也。宋人用之以治舊有之反切，則為等韻學。直到今日，創立注音字母及其他新字母之種種研究，皆從孫炎、陸法言、守溫所走的線路逐漸發展出來。

清代切韻學，也是顧亭林提倡起，他的《音論》，論發音原理的不少。但亭林最大的成績還在古韻學，其對於切韻學的貢獻，像還比不上方密之看第十二講。亭林弟子潘次耕耒著《類音》《四庫提要》述其內容云：「耒受業於顧炎武。炎武之韻學欲復古人之遺，耒之韻學則務窮後世之變。其法增三十六母為五十母；每母之字，橫播為開口、齊齒、合口、撮口四呼；四呼之字，各縱轉為平上去入四聲；四聲之中，各以四呼分之。……」據此可知，次耕的工作全在創新字母。尤當注意者，字母和四聲的關係，實近來新字母學一個頗費討論的問題，次耕已顧及了。《類音》這書我未得見，但《遂初堂集》裡頭有《聲音元本論》《南北音論》《古今音論》《全分音論》《反切音論》等篇，讀之可見其學說大概。他說：「聲音先文字而有。聲止於一，字則多寡不論，或一音而數字，或有音而無字。後世字書韻書，不得其天然條貫，則如散錢亂卒而不可整齊。」他極贊字母為發天地之祕，但以為舊行三十六母「有復有漏」，他把復的刪去例如「知徹澄娘」之與「照穿床泥」，而別增其缺漏者十餘母。他最注重「無字之音」，說道：「今所釐正，皆出乎天然。天然者，人所本有之音也。本有之音而不能盡出，則以習誦有字之音，罕道無字之音也。」大抵次耕的目的，在把中國人口裡所說得出的音都搜齊，改造一套科學的合理的字母。他的成績如何我不敢說，眼光總算高極了。同時吳修齡喬亦治此學，「以二合翻切收盡諸法，立二十四條以盡諧聲之變」，斥守溫為「無知妄作，貽毒後人」見《廣陽雜記》卷四。其書今不傳。

康熙末則劉繼莊獻廷治此學，他曾從幾位怪僧研究等韻，又曾見過吳修齡。但他說：「修齡於天竺陀羅尼、泰西蠟頂（即羅馬字）、天方、蒙古、女直諸書，皆未究心，特震旦一隅之學耳。」他創的新字母，以三十二音為韻父，二十二音為韻母，橫轉各有五子，又可以用來譜四方土音。他的書名《新韻譜》，可惜久已失傳了。看他所著《廣陽雜記》及《鮚埼亭集》中《劉繼莊傳》。

乾、嘉大師之音韻學，全部精力耗在古韻上頭。但江慎修的《音學辨微》，講切韻的地方也不少。戴東原著《轉語》二十章，已佚。其自序曰：「人之語言萬變，而聲氣之微，有自然之節限。……今各從乎聲以原其義。聲自微而之顯，言者未終，聞者已解，辨於口不繁，則耳治不惑。入口始喉下抵唇末，按位以譜之，其為聲之大限五，小限各四。於是互相參伍，而聲之用蓋備矣。……凡同位則同聲，同聲則可以通乎其義。……」此書專由聲音以究訓詁，為戴氏獨得之學。後此王氏父子即應用此法，卓著成績，然固是切韻之學，非古韻之學也。此外則錢竹汀亦極意切韻，考證沿革及新創理解頗多看《十駕齋養新錄》卷五。

專門研究古代切韻孫炎至陸法言。當以吾鄉先輩陳蘭甫先生澧的《切韻考》為絕作。書凡六卷，附外篇三卷，自言：「僕考《切韻》，無一字漏略。蓋專門之學必須如此，但恐有武斷處，如段茂堂之於《說文》耳。僕為此甚辛苦，若有證誤，亦猶亭林先生之古韻，後人因而加密可耳。」《東塾集》卷四《與趙子韶書》其書取《廣韻》中所錄陸法言《切韻》之反切語如「東，德紅切」「同，徒紅切」等，綜合剖析為科學的研究：「切韻之法，以二字為一字之音，上字與所切之字雙聲，下字與所切之字疊韻。」原書條例語，見卷一。他把上字——即雙聲字，分為四十類。他說切韻最要緊是辨清濁引孫愐《唐韻》序後論語。切語上字即清濁所由定，故四十類中復分為清聲二十一類，濁聲十九類。他說這四十類所用字，「實孫叔然（炎）以來，師師相傳以為雙聲之標目，無異後世之字母」卷六，葉七。我曾用英語拼音印證他的四十類。其發音如 d 者一，如 ch 者四，如 chi 者三，如

s者三，如g者一，如k者二，如b者二，如f者二，如ph者一，如y者三，如u者二，如ts者三，如ti者二，如t者二，如uh者二，如p者三，如hs者一，如sh者一，如j者一，如m者一，如qu者一，如l者一，如n者二，如xh者一，共為二十種發音。其重複者，當是從前實有分別而現在已經分不出來如段茂堂所講的「支」「之」「脂」。漢至唐的發音，大約盡於此了。以上都是說上一字的雙聲。至於下一字的疊韻，則依《廣韻》，以四聲為類。我們若用江、段諸人古韻分部為韻的標準，亦得。他於是做成一篇表，分為兩卷，「取《廣韻》每一音之第一字，以其切語上字聲同類者直寫之，下字韻同類者橫寫之，平上去入，相承編排」卷四，葉一。守溫以前中國固有的字母及其用法，大略可考見了。

這部書除對於《切韻》本身嚴密研究發明外，還有附帶的價值。他對於切韻學發達的歷史，敘述得詳贍而有體要。他的外篇有一張表，切韻和守溫字母對照，對於守溫的長短得失批評得最為公平。

唐以後韻學，專門研究的很少。亭林《唐韻正》以後，像沒有幾部書也許是我固陋，宋以後更不必說了。依我看，倒是越近越要緊。我們研究這門學問的目的，是要想知道現在中國話的來歷。秦漢以前古韻雖講得甚明，中間已脫去一截了。人的口音，日日轉變，古有今無，古無今有的，不知凡幾。若能仿錢竹汀研究「古無輕唇音」的法子看《十駕齋養新錄》卷五，研究得若干個原則，真是學界之寶！依我想，做這種工作有兩條路可走：用《廣韻》及《經典釋文》之音，和《禮部韻略》《洪武正韻》《佩文韻府》之音，和現在讀音逐一比較，此其一。隋、唐以來，翻譯佛典盛行，元代和中亞細亞及歐洲皆來往頻繁，明中葉以後則歐人東來譯語輸入，累代所譯名詞，現在尚有大部分有原語可以對照，從這裡面最可以調查出各時代的讀音。知道讀音之後，便可以求出變化的原則。例如 Bhuda，用現在話該譯作「布達」，而佛經卻譯作「佛陀」。因這個「佛」字，我們可以推定唐時還沒有 F 發音。竹汀所謂「古無輕唇音」，至唐猶然。因這個「陀」字，我們可以推定唐時「歌」「麻」不分，或者只有歌韻而無麻韻。又如 Gibraltor 譯作「直布羅陀」明代《職方外紀》譯名，我們可以推定明代已有輕唇音，而歌、麻未分。從這方面用心研究，或者有意外收穫也未可知，此其二。此外在各家筆記詩集中也許有零碎而可寶的資料。例如蘇東坡的雙聲詩或稱口吃詩：「江干孤居高關扃」，「皓鶴下浴紅荷湖」。用廣東話讀起來，前一句都是k發音，後一句都h發音，煞是可笑。當時以此作遊戲，可見其發音必同一。用現在北京話讀，便是好幾個字不同發音了。某種音某時失掉，從這些地方都可以看得出來。例如法國語 h 發音已經失掉，許多字頭一母為 h 者都省卻不念。我們亦然，原來的 h 發音多變為 ch。拿廣東話和北京話比對可見，廣東話多唐宋舊音也。我想，這是音韻學的新殖民地，清儒還未有開闢，有志的青年不妨試試。

方言學是音韻學極重要一部門，所以最古的小學家揚雄便注意到他。清儒這方面用力很少。次耕、繼莊雖知道注重，但他的成績如何，今已不可考了。直到章太炎炳麟才特別提倡，太炎是現代音韻學第一人。他的《文始》，由音衍訓，直湊單微。他還有一部《新方言》，極有價值。但這件事總算各地方人分擔研究，才能得相當資料，恐怕非組織學會不可。

研究方言學主要目的，要發見各地方特別發音的原則。像陳蘭甫先生的《廣州音說》《東塾集》

卷一，把廣東話和北京話不同的那幾點提出綱領來，才算學者的著述。

## 三　校注先秦子書及其他古籍

自清初提倡讀書好古之風，學者始以通習經史相淬礪，其結果惹起許多古書之復活，內中最重要者為秦漢以前子書之研究。此種工作，頗間接影響於近年思想之變化。次則古史書、地理書等之研究，足以補助文獻學的也不少。

關於子書研究的最後目的，當然是要知道這一家學說的全部真相，再下嚴正的批評。但是，想了解一家學說，最少也要把他書中語句所含意先看得明白。然而這些先秦古書都是二千年前作品，所用的字義和語法多與今不同，驟讀去往往不能索解，而且向來注家甚少，或且並沒有人注過，不像那幾部經書經許多人揣摩爛熟。所以想研究子書，非先有人做一番註釋工夫不可。註釋必要所注所釋確是原文，否則「舉燭」「鼠璞」，動成笑話，而真意愈晦。不幸許多古書，展轉傳抄傳刻，訛舛不少，還有累代妄人，憑臆竄改，越發一塌糊塗。所以要想得正確的註釋，非先行（或連帶著）做一番校勘工夫不可。清儒對於子書（及其他古書）之研究，就順著這種程式次第發展出來。

註釋之學，漢唐以來已經發達的很燦爛。清儒雖加精密，也不能出其範圍，所以不必多講。校勘之學，為清儒所特擅，其得力處真能發蒙振落。他們註釋工夫所以能加精密者，大半因為先求基礎於校勘，所以我在論次他們所校注的古書以前，先把「前代校勘學的特質」說說。次段所說不限於校勘古子，凡經史等一切校勘都包在內，請注意。

校勘之意義及範圍有多種，方法當然隨之而異。第一種校勘法，是拿兩本對照，或根據前人所徵引，記其異同，擇善而從。因為各書多有俗本傳刻，因不注意或妄改的結果發生訛舛；得著宋元刻本或精鈔本，或舊本雖不可得見，而類書或其他古籍所引有異文，便可兩兩勘比，是正今謬。這種工作，清初錢遵王曾、何義門焯等人漸漸做起，元和惠氏父子也很用功。乾、嘉以後學者個個都喜歡做。而最專門名家者，莫如盧抱經文弨、顧澗廣圻、黃蕘圃丕烈，次則盧雅雨見曾、丁叔衢杰、陳仲魚鱣、吳兔床騫、鮑以文廷博、錢警石泰吉、汪小米遠孫、蔣生沐光煦、張叔未廷濟、陸存齋心源、繆小山荃孫等。這種工作的代表書籍，則《義門讀書記》何焯著、《援鶉堂隨筆》姚範著、《群書拾補》盧文弨著、《士禮居題跋》黃丕烈著、《思適齋文集》顧廣圻著、《讀書叢錄》洪頤煊著、《經籍跋文》陳鱣著、《斠補隅錄》蔣光煦著、《札迻》孫詒讓著、……《雅雨堂叢書》盧見曾刻、《經訓堂叢書》畢沅刻、《士禮居叢書》黃丕烈刻、《別下齋叢書》蔣光煦刻、《十萬卷樓叢書》陸心源刻……各書所附校勘記及題跋，武英殿版《十三經註疏校勘記》阮元及其弟子著等。這種工作的成績也有高下之分，下等的但能校出「某本作某」，稍細心耐煩的人便可以做；高等的能判斷「某本作某是對的」，這便非有相當的學力不可了。這種工作很瑣碎，很枯燥無味，非有特別嗜好的人，當然不必再去做它，但往往因一兩字的校正，令全段的正確解釋。他們費畢生心血留下這點成績，總值得我們敬服感謝。

第二種校勘法，是根據本書或他書的旁證反證校正文句之原始的訛誤。前文所說第一種法，是憑善本來校正俗本。倘若別無善本，或所謂善本者還有錯誤，那便無所施其技了。第二種法再進一步，並不靠同書的版本，而在本書或他書找出憑證。這種辦法又有兩條路可走：第一條路是本書文句和他書互見的，例如《荀子．勸學篇》前半和《大戴禮記．勸學篇》全同；《韓非子．初見秦篇》，亦見《戰國策》；《禮記．月令篇》，亦見《呂氏春秋》；《淮南子》《韓詩外傳》和《新序》《說苑》，往往有相重之條；乃至《史記》之錄《尚書》《戰國策》《漢書》之錄《史記》。像這類，雖然本書沒有別的善本，然和他書的同文，便是本書絕好的校勘資料。例如《荀子．勸學篇》，據《大戴記》可以校出脫句脫字訛字七八處，因此可以推想其他諸篇訛脫也不少，可惜無別部的同文。這種校法雖比第一種已稍繁難，但只需知道這一篇在他書有同文，便可拿來比勘。方法還是和第一種同樣。更有第二條路是：並無他書可供比勘，專從本書各篇所用的語法字法注意，或細觀一段中前後文義，以意逆志，發見出今本訛誤之點。這種例不能遍舉，把《讀書雜誌》等書看一兩卷，便知其概。這種工作，非眼光極銳敏、心思極縝密，而品格極方嚴的人不能做。清儒中最初提倡者為戴東原，而應用得最純熟矜慎卓著成績者為高郵王氏父子。這種方法好是好極了，但濫用它，可以生出武斷臆改的絕大毛病，所以非其人不可輕信。

第三種校勘法是，發見出著書人的原定體例，根據它來刊正全部通有的訛誤。第一、第二兩種法，對於一兩個字或一兩句的訛誤當然有效。若是全部書抄刻顛倒紊亂，以至不能讀，或經後人妄改，全失其真，那麼唯一的救濟法，只有把現行本未紊未改的部分精密研究，求得這書的著作義例。凡一部有價值的著作，總有他的義例。但作者自己寫定凡例的不多，即有亦不詳。然後根據它來裁判全書，不合的便認為訛誤。這種辦法，例如酈道元《水經注》，舊刻本經文注文混亂的很多；戴東原研究出經注異同的三個公例看下文本書條，把它全部釐正。又如墨子的《經》上下，《經說》上下四篇，原書寫法和後來刻本寫法不同，每條的上下文往往相亂；我著的《墨經校釋》，發明「經說首字牒經」之例看下文本書條。也把它全部釐正。又如《說文解字》，經徐鉉及別的人增補竄亂，多非許氏之舊；段茂堂、王菉友各自研究出許多通例，也把它全部釐正。此等原屬不得已辦法，卻算極大膽的事業。所研究出的義例對嗎，那麼撥雲霧而見青天，再痛快沒有了；不對嗎，便是自作聰明，強古人以就我，結果把原書鬧得越混亂，墮入宋明人奮臆改書的習氣。所以這種方法的危險程度比第二種更大做得好比他成績亦更大，萬不可輕用。段氏的《說文》，還被後人攻擊得身無完膚哩！其他可想了。

第四種校勘法是，根據別的資料，校正原著之錯誤或遺漏。前三種法，都是校正後來傳刻本之錯誤，力求還出原書的本來面目，校勘範圍總不出於文句的異同和章節段落的位置。然而校勘家不以此自足，更進一步對於原書內容校其闕失。換言之，不是和抄書匠刻書匠算帳，乃是和著作者算帳。這種校法，也分根據本書、根據他書兩種。根據本書者，例如《史記》記戰國時事，《六國表》和各世家各列傳矛盾之處便不少，便據世家列傳校表之誤，或據表校世家列傳之誤。根據他書者，例如《三國志》和《後漢書》，記漢末事各有異同；或據陳校範誤，或據範校陳誤。又如《元史》最惡劣，據《元祕史》《聖武親征錄》等書校其誤。這種工作，限於史部，經子兩部卻用不著。這種工作，若把它擴大，便成獨立的著述，不能專目為校勘，但目的若專在替一部名著拾遺補闕，則仍屬校勘性質。清儒這種工作的代表著述，其遍校多書者，則如錢竹汀《二十二史考異》、王西莊《十七史商榷》之類；其專校一書者，則如梁曜北玉繩《史記志疑》、施研北國祁《金史詳校》之類。

以上四種，大概可以包括清儒校勘學了。別有章實齋《校讎通義》裡頭所討論，專在書籍的分類簿錄法，或者也可以名為第五種。但既與普通所謂校勘不同，故暫不論。

前五種中，前三種算是狹義校勘學，後兩種算是廣義校勘學。狹義校勘學經清儒一二百年的努力和經驗，已造成許多百公認的應用規律，俞蔭甫《古書疑義舉例》的末三卷，便是這種公例的集大成。欲知此學詳細內容，宜一讀。此種所舉規律，還是專屬第一二種，因第三種無一般的規律可言。

清儒之校勘學，應用範圍極普遍，本節所舉成績，專重先秦諸子及幾部重要古籍，其正經正史等已詳彼部，此不多述。

凡校勘諸子多帶著註釋，所以下文論列各書，校釋雜舉，不復細分。

校釋諸子（或其他古籍）之書，薈萃成編最有價值者：其一，為盧抱經之《群書拾補》。抱經所校各書，有多種已將新校本刻出其目大概都見下文；剩下未刻者，有許多校語批在書眉，把它匯成此書。大率用第一種校法為多，用第二種者亦間有；其二，為王石臞之《讀書雜誌》，所校為《逸周書》《戰國策》《史記》《漢書》《管子》《晏子春秋》《墨子》《荀子》《淮南內篇》，共九種，末附以《漢隸拾遺》。石臞應用第二種校法為最精最慎，隨校隨釋，妙解環生，實為斯學第一流作品；其三，為俞蔭甫之《諸子平議》，所校為管、晏、老、墨、荀、列、莊、商、韓、呂、董、賈、淮南、揚，共十五種。蔭甫私淑石臞父子，刻意模仿。《群經平議》模仿《經義述聞》《諸子平議》模仿《讀書雜誌》。但他並非蹈襲，乃應用王家的方法，補其所未及，所以這部書很足以上配石臞。

以下把他們校釋過的書分部敘論。

1．《荀子》

荀子與孟子同為儒家兩大師，唐以前率皆並稱。至宋儒，將《孟子》提升為經，而《荀子》以「異端」見斥。其書黤昧了七八百年了。乾隆間汪容甫著《荀卿子通論》《荀卿子年表》俱見《述學．內篇》，於是荀子書復活，漸成為清代顯學。其書舊注只有唐楊倞一家，尚稱簡絜，而疏略亦不少。刻本復有訛奪。容甫蓋校正多條，然未成專書。專書自謝金圃墉、盧抱經之合校本始，今浙刻《二十二子》本改採是也。書中列輯校名氏除盧、謝外，尚有容甫及段茂堂、吳兔床、趙敬夫（曦明）、朱文游（奐）五人。此本雖謝盧並名，然校釋殆皆出抱經。謝序云：「援引校讎，悉出抱經，參互考證，遂得蕆事。」然則此書實盧校而謝刻耳。在咸同以前，洵為最善之本。盧校出後，顧澗復校所得宋本，續校若干條，為《荀子異同》一卷，附輯《荀子佚文》。郝蘭皋亦為《荀子補註》一卷，劉端臨臺拱為《荀子補註》一卷，陳碩甫奐為《荀子異同》，陳觀樓昌齊《荀子正誤》，卷數俱未詳，皆有所發明。而王石臞《讀荀子雜誌》八卷較晚出，精闢無倫，諸家之說時亦甄采。唯陳觀樓似未見采（？）。觀樓極為石臞所推。其書已佚，可惜也。次則俞蔭甫《荀子平議》四卷，體例同石臞。自顧郝至王、俞，皆條釋別行，不附本書。最後乃有王益吾先謙著《荀子集解》二十卷，自楊倞至清儒諸家說網羅無遺，而間下己意，亦多善解。計對於此書下工夫整理的凡十五家，所得結果令我們十分滿意。

2．《墨子》

戰國時儒墨同稱顯學。漢後墨學之廢既二千年了，鄭樵《通志・藝文略》載有樂臺注，久佚。乾隆四十一二年間，汪容甫最初治此學，有校本及《表微》一卷，今不傳見《述學・墨子敘》及《後敘》。而盧抱經、孫淵如、畢秋帆同時治之。秋帆集其成為《墨子注》十六卷，以乾隆四十八年成，今《經訓堂叢書》本是也浙刻《二十二子》本采之。畢注前無所承，其功蓋等於茂堂之注《說文》。秋帆自序稱「盧、孫互校此書，略有端緒，沅始集其成。……」大約淵如自有校本，而秋帆所校，則抱經相助為多。又淵如為畢注作敘，稱翁覃溪（方綱）亦有校本，但畢序未及之。其後顧澗又據道藏本重校寫定一通，專務是正文字；繼則王石臞摘條校注，為《讀墨子雜誌》六卷，俞蔭甫著《墨子平議》三卷，蘇爻山時學著《墨子刊誤》若干卷。爻山，廣西藤縣人。不聞有他種著作。此書陳蘭甫先生為之序，稱其「正訛字、改錯簡，渙然冰釋，怡然理順」。（《東塾集》卷三）孫仲容已采其說入《間詁》，不知原書今尚存否。而洪筠軒頤煊、戴子高望，亦各有所校釋。據孫氏《間詁・序》所稱。其書吾皆未見。洪著殆指散見《讀書叢錄》中者。至光緒間十九年癸巳刻成，孫仲容詒讓「覃思十年」原序語，集諸家說，斷以己所心得，成《墨子間詁》十四卷；復輯《墨子篇目考》《墨子佚文》《墨子舊敘》，合為附錄一卷；復撰《墨子傳略》《墨子年表》《墨學傳授考》《墨子緒聞》《墨學通論》《墨家諸子鉤沉》各一篇，合為《墨子後語》二卷。俞蔭甫序之，謂其「整紛剔蠹，摘無遺；旁行之文，盡還舊觀；訛奪之處，咸秩無紊。自有《墨子》以來，未有此書」。誠哉然也！大抵畢注僅據善本讎正即吾所謂第一種校勘法，略釋古訓；蘇氏始大膽刊正錯簡；仲容則諸法並用，識膽兩皆絕倫，故能成此不朽之作。然非承盧、畢、孫、王、蘇、俞之後，恐亦未易得此也。仲容於《修身》《親士》《所染》諸篇，能辨其偽，則眼光遠出諸家上了。其《附錄》及《後語》，考訂流別，精密閎通，尤為向來讀子書者所未有。蓋自此書出，然後《墨子》人人可讀。現代墨學復活，全由此書導之。此書初用活字版印成，承仲容先生寄我一部，我才二十三歲耳。我生平治墨學及讀周秦子書之興味，皆自此書導之，附記志感。古今注《墨子》者固莫能過此書，而仲容一生著述，亦此書為第一也。

同時有王王秋亦為《墨子注》，鮮所發明，而輕議盧、畢所校，斥為「淺率陋略」，徒自增其妄而已。唯對於《經說》四篇，頗有新解，是其一節之長。他又將《大取》篇分出一半，別自為篇，名為《語經》，可謂大膽已極。要之，王秋頗有小慧而學無本原，學問已成的人，讀他的書有時可以助理解，初學則以不讀為妙。

《墨子》七十一篇中，最宏深而最難讀者，莫如《經》上下、《經說》上下、《大取》、《小取》之六篇。晉魯勝曾為《墨辯注》，惜久佚。《隋書·經籍志》已不著錄，其敘僅見《晉書·隱逸傳》。畢注於他篇雖多疏略，然尚有所發明，獨此六篇，則自稱「不能句讀」。唯彼據《經》上篇有「讀此書旁行」一語，於篇末別為《新考定經上篇》分上下兩行橫列。最初發見此經舊本寫法，不能不算畢氏功勞。其後丁小雅杰、許周生宗彥，皆提出《經說》四篇特別研究，今皆不傳見孫志祖《讀書脞錄》。次則張皋文作《墨經說解》二卷，用魯勝「引說就經」之例，將四篇逐條拆開，互相比附，眉目朗然，這是張氏功勞。自畢秋帆與孫淵如函札往復，已發見此四篇多言名學看畢注本《經上篇》後孫星衍跋語。而鄒特夫伯奇則言《墨子》中有算術，有光學，有重學，以告陳蘭甫，而著其說於所著《學計一得》中。自是《墨經》內容之豐富，益為學界所注視。孫氏《間詁》，於他篇詮釋殆已十得八九，獨此四篇者，所釋雖較孫、張稍進步，然遺義及誤解仍極多。章太炎炳麟《國故論衡》中有《原名》《明見》諸篇，始引西方名學及心理學解《墨經》，其精絕處往往驚心動魄。而胡適之適著《中國哲學史大綱》，唯《墨辯》一篇最精心結撰，發明實多。適之又著《小取篇新詁》，亦主於以西方名學相引證。我自己也將十來年隨時札記的寫定一篇，名曰《墨經校釋》，其間武斷失解處誠不少，然亦像有一部分可供參考。其後有栾調甫著《讀梁任公〈墨經校釋〉》，雖寥寥僅十數條，然有卓識，明於條貫，其最大發明，在能辨墨學與惠施一派名學之異同。最近則章行嚴士釗常為討論《墨經》之短文，時有創獲。而伍非百著《墨辯解故》，從哲學科學上樹一新觀察點，將全部《墨經》為系統的組織，吾雖未細讀其書，然頗信其為斯學一大創作也。蓋最近數年間，《墨經》諸篇為研究墨學之中心，附庸蔚成大國，不久恐此諸篇將發揮無餘蘊，墨學全部復活了。

3．《管子》

《管子》舊有尹知章注，訛題為房玄齡。其注頗淺陋，明劉績頗有糾正，亦得失參半。嘉慶初，王石臞、伯申父子初校此書，時與孫淵如商榷。淵如亦自有所校，而以稿屬洪筠軒頤煊。筠軒采孫、王校刪其重複，附以己說，成《管子義證》八卷嘉慶十七年成。其後石臞又續有所校。更采及洪書，成《讀管子雜誌》二十四卷，凡六百四十餘條嘉慶二十四年成，在全部《讀書雜誌》中，此種卷帙最浩博了。同、光間則戴子高望的《管子校正》二十六卷，俞蔭甫的《管子平議》六卷，同時先後成書。這幾部校釋本都算很有價值。有丁士涵者，陳碩甫門人，著《管子案》四卷。碩甫手定義例，且助其搜輯。但其書不見傳本，想未刻耶？但《管子》古文古訓太多，錯字錯簡亦不少，又其中關於理財一部分之文，尤多特別術語，索解為難，今後若有好學之士，能採集以上各本，更悉心研究補其所未及，別成《管子集解》，庶幾本書漸漸可讀了。

《弟子職》為《管子》中一篇，清儒多提出專釋。莊保琛述祖有《集解》，洪稚存亮吉有《籖釋》，王菉友筠有《正音》，各一卷。

4．《韓非子》

《韓非子》未大經整理，現行最佳者為吳山尊鼒之仿宋乾道本。有顧澗《識誤》三卷。此外則盧氏《群書拾補》所考證，僅一卷；王氏《讀書雜誌》僅十四條；俞氏《平議》亦僅一卷；孫仲容《札迻》中若干條。此外則更無聞（？）。近王慧英先慎有《韓非子集解》二十卷，薈集眾說，較稱善本，但比諸乃兄之《荀子集解》差多了。因此書先輩遺說可憑藉者不如《荀子》之多，而先慎學識又凡庸也。所以這部書還希望有人重新整理才好。嘗見日本人宮內鹿川所著《韓非子講義》，校勘訛錯者不少，但未註明所據以校者為何本。他說別有《韓非子考異》一書。惜未得見。

5·《老子》《莊子》《列子》

這三部書，清儒沒有大用過工夫。盧氏《拾補》，《老》、《莊》無，有《列》一卷；王氏《雜誌》，則《老》四條，《莊》三十五條，《列》無有；俞氏《平議》則《老》《列》各一卷，《莊》三卷。其他籤釋者殆不見。其校本稍可觀者，則《老子》有畢秋帆之《老子道德經考異》二卷，用唐傅奕本校通行偽河上公注本，間下訓釋。《列子》有任幼植大椿、汪蘇潭繼培校張湛注本，有秦敦夫恩復校盧重元注本。《莊子》除明世德堂本，別無新校本。

《莊子》郭注剽自向秀，實兩晉玄談之淵藪。後此治此學者，罕能加其上。清儒於此種空談名理之業，既非所嗜，益非所長，故新注無足述者。王益吾亦有《莊子集解》，比諸所解《荀子》相去霄壤了。郭孟純慶藩的《莊子集釋》，用註疏體，具錄郭注及陸氏《經典釋文》，而蒐集晉唐人逸注及清儒盧、王諸家之是正文字者，間附案語，以為之疏，在現行《莊子》諸註釋書中算最好了。馬通伯（其昶）的《莊子故》亦頗簡明。

章太炎的《齊物論釋》，是他生平極用心的著作，專引佛家法相宗學說比附莊旨，可謂石破天驚。至於是否即《莊子》原意，只好憑各人領會罷。

6·《晏子春秋》

此書依我看純屬偽書，沒有費力校釋的價值。但清儒多信為真，盧、王、俞各有校釋王二卷，俞一卷。畢氏經訓堂本，依明沈啟南本重校，又從《太平御覽》補輯末章所缺；秋帆自為《音義》二卷，用力頗勤，就本書論，也算善本了。

7・《呂氏春秋》

《呂氏春秋》有漢高誘注，先秦諸子中注家，此其最古。現行最善者為畢氏經訓堂本，蓋據元大字本精校，盧抱經實董其事。此後梁曜北玉繩有《呂子校補》二卷，陳觀樓昌齊有《呂氏春秋正誤》二卷，俞蔭甫有《呂氏春秋平議》三卷王氏《雜誌》有三十八條，皆出畢本後。此書還很有整理餘地，我盼望有一本新的《呂氏春秋集解》出來。

以上幾部子書——都是《漢書．藝文志》「諸子略」所著錄的——就清儒整理成績之高下我所認為的為次第。其他沒有經過什麼校釋工夫者——如平津館本之《商君書》，守山閣本之《慎子》《尹文子》《公孫龍子》等，雖間附有校勘記或輯佚文，但其細已甚，故不論列。又久佚重輯之本——如《尸子》等，歸入輯佚條。又確知其為偽書——如《鬼谷子》《關尹子》等，雖有校釋，亦從摒棄。

「諸子略」以外之先秦古書，曾經整理者如下。

8・《逸周書》

《逸周書》七十一篇，見《漢志》，或以為孔子刪《書》所餘者。信否且勿論，要之總算先秦一部古書，殆不容疑。舊注為晉孔晁著，亦算得一部古注。清乾嘉間校理此書者有惠定宇、沈果堂彤、趙敬夫曦明、張芑田坦、段茂堂、沈朗仲景熊、梁曜北、梁處素履繩、陳省衷雷等俱見盧本校目。而盧抱經集諸家說寫定重刻，即抱經堂本是。其後王石臞、洪筠軒各有所釋《讀逸周書雜誌》四卷，居王書之首。道光間，則陳逢衡著《逸周書補註》二十四卷道光五年刻成，朱亮甫右曾著《周書集訓校釋》十卷道光二十六年成。陳著詳實明暢，可為此書最善讀本。朱著稍晚出，蓋未見陳著，但亦有所發明。又有丁宗洛《逸周書管箋》十六卷，未見。丁與朱同治此書，見朱自序。

9．《國語》

《國語》韋昭注為漢注古書之一，現行者以士禮居仿宋刻本為最善。由黃蕘圃、顧澗合校，附校勘記。其專門校注之書，則汪小米遠孫有《國語三君注輯存》四卷、《國語考異》四卷、《國語發正》二十一卷，已疏證無遺義。昔人稱《國語》為「春秋外傳」，而清儒整理之勤，實視《左傳》所謂《內傳》有過之無不及也。若有人薈萃諸家作一新的「國語集解」，便更好了。

10．《戰國策》

《戰國策》高誘注，價值等於韋注《國語》。士禮居仿宋本，亦黃、顧合校，有校勘記，與《國語》可稱「姊妹書」。校而兼釋者則有王石臞《讀戰國策雜誌》三卷。

戰國為我國文化史極重要時代，而史料最缺乏，所存唯《國策》一書，又半屬「縱橫家言」，難據為信史，學者所最苦痛也。於是，有將此書為局部分析的研究者，則程春海恩澤《國策地名考》二十卷，極博洽詳實。張翰風（琦）的《戰國策釋地》二卷，目的亦同程書，但遠不逮其博贍。而林鑒塘春溥之《戰國紀年》六卷，考證詳慎，校正《通鑑》之誤不少。林氏《竹柏山房十一種》中，此書最有價值。

11．《竹書紀年》及《穆天子傳》（互見辨偽、輯佚兩章）

《竹書紀年》，乃晉太康間在汲郡今河南汲縣魏安厘王塚中所得，當時學者荀勖、束皙、王接、和嶠、衛恆、王庭堅、摯虞、謝衡相與討論辯難，學者起一極有趣味之波瀾，其始末具見《晉書》

束晳、王接、衛恆諸傳，及杜預《左傳後序》、和嶠《穆天子傳序》。但其書已佚於兩宋之際。今本《紀年》二卷，乃元明人搜輯，複雜采《史記》《通鑑外紀》《路史》諸書而成。清儒嗜古，研究此書者極盛，大約可以分四派：一、並汲冢原書亦指為晉人偽撰者錢大昕、王鳴盛等。二、並今本亦信為真者徐文靖等。三、以古本為真、今本為偽者郝懿行、章學誠、朱右曾、王國維等。四、雖不認今本為真，然認為全部皆從古本輯出者洪頤煊、陳逢衡、林春溥等。我個人的意見，則完全主張第三派。

關於此書的著述，據我所知者，有徐位山文靖之《竹書紀年統箋》、有孫晴川之騄之《考定竹書紀年》，有董豐垣之《竹書紀年辨證》，有雷瞻叔學淇之《考訂竹書紀年》《竹書紀年義證》，有洪筠軒之《校正竹書紀年》，有武授堂億之《竹書紀年補註》，有郝蘭皋之《竹書紀年校正》，有陳逢衡之《竹書紀年箋證》《集證》凡例中稱張宗泰有《校補紀年》，陳詩有《紀年集注》，趙紹祖有《紀年校補》，韓怡有《紀年辨正》，鄭環有《竹書考證》，皆未見，有朱亮甫之《汲冢紀年存真》，有林鑒塘《竹書紀年補證》，有董覺軒沛之《竹書紀年拾遺》，有王靜安國維之《古本竹書紀年輯校》《今本竹書紀年疏證》。我所曾讀者徐、洪、陳、林、王五家。徐氏《統箋》為治斯學之嚆矢，然書成於康熙間，考證學未興，故所箋駁雜無義法，徒為偽書助焰。洪氏《校正》，林氏《補證》，皆頗潔淨，而識斷尚欠精擇。陳氏《集證》，積十年之功乃成，浩博詳贍書凡五十卷。卷首《集說》一篇，敘原來歷及前人批評，蒐羅至博，足為治此學之最好資料。唯調停古今本，時復進退失據。王氏《輯校》《疏證》二書最晚出、最謹嚴，但未及疏注。學者據王著以求汲冢真面目，據陳著以解釋此書內容，則這書可以全部弄明白了。

《穆天子傳》與《紀年》同出汲塚，其真偽有連帶關係，信古本《紀年》者則亦信之。其書出郭璞注，洪筠軒嘗據諸本精校，自是此書始可讀。而丁益甫謙作《穆天子傳地理考證》，篤信歐洲少數學者所倡中國人種西來之說，而援本傳為證。其所比附往往新奇可喜，是否真相，則更俟論定耳。

12.《山海經》

《山海經》有漢郡縣名，其書或出漢人手，最少亦經漢人竄附，蓋無可疑。然其中大部分含神話性質，蓋自先秦傳來，應認為我族最古之半小說體的地理書。書有郭璞注，與所注《爾雅》，同為後世所重。清儒初治此者，有吳志伊任臣《山海經廣注》，然濫引《路史》及六朝唐宋人詩文，以至晚明惡劣類書，殊無義法。乾隆末畢秋帆始為《山海經新校注》，一考正篇目，二考正文字，三考正山名水道。自言歷五年乃成，蓋其生平得意之作。有孫淵如後序，自言曾為《山海經音義》，見畢書乃自毀其稿。其後郝蘭皋為《山海經箋疏》，與其《爾雅義疏》，同為郭注功臣。

13.《孫子》《吳子》《司馬法》

前三書為最古之兵家言，《漢志》以冠「兵書略」。今傳本唯《孫子》尚可信，余二書恐出漢人依託，但亦一古籍矣。孫淵如有精校本，刻於平津館。其自序言屬顧澗作《音義》，未知成否？

14.《周髀算經》

此書為最古之算學書。是否必出先秦，則不敢斷言。戴東原有精校本，為戴校《算經十書》之首。

15．《黃帝內經素問》

此書為最古之醫學書，殆出漢人手，而清儒皆以為先秦舊籍。錢錫之熙祚有精校本，胡荄甫澍又有《內經校義》。

以下敘述清儒對於漢以後要籍之校釋事業。

16．《淮南子》

《淮南鴻烈》為西漢道家言之淵府，其書博大而有條貫，漢人著述中第一流也。有東漢高誘注，亦注家最善者；許慎亦嘗注之，今劖入高注本。清儒首治此書者為莊伯鴻逵吉，當乾隆末，用道藏本校俗本，而以案語申己見，雖名校實兼注也。浙刻《二十二子》改採即此本。自莊書出，而誦習本書者認為唯一之善本，蓋百餘年。然同時盧抱經別有拾校。嘉慶間則王石臞、伯申父子之《讀淮南內篇雜誌》二十二捲出，亦以道藏本為主，參以群書所引，訂正俗本九百餘條；書既成，而顧澗以所得宋本新校各條示之，伯申得輯為《補遺》一卷。同時陳觀樓昌齊著《淮南子正誤》十二卷，石臞亟稱之，見石臞集中《賜書摟集序》。此書在《賜書樓叢書》中，吾未見。又胡澍有《淮南子校義》，亦未見。又劉端臨臺拱、王南陔紹蘭亦有斷片的發明。在晚清則有俞蔭甫《淮南內篇平議》四卷，有陶子珍方琦《淮南許注異同詁》若干卷，而孫仲容亦間有札記。經諸家校理之後，書中微文奧義蓋已什得八九。最近則劉叔雅文典著《淮南鴻烈集解》二十一卷民國十三年刻成，博采先輩之說劉端臨、陳觀樓、胡荄甫之書皆未見徵引，參以己所心得，又從《御覽》《〈選〉注》等書采輯佚文佚注甚備，價值足與王氏《荀子集解》相埒。

《淮南》單篇之訓釋，則有錢溉亭塘之《淮南天文訓補註》，以高誘不通天文學，所注多疏舛，故補正之。

17．《尚書大傳》（互見輯佚）

《尚書大傳》為漢初第一位經師伏生所著，而漢末第一位經師鄭玄為之注，固宜為治經者所重。然其書自宋時已殘缺，至明遂亡。清儒先後搜輯，則有仁和孫氏之騄本，德州盧氏見曾本，曲阜孔氏廣森本。孔本較善，然訛漏猶不免。嘉道間陳左海壽祺更輯校為三卷，附辨訛一卷，又加案語甚多，此書始漸可讀。光緒間皮鹿門錫瑞《尚書大傳疏證》七卷，所輯又增於陳氏，而其疏釋專采西漢今文經說，家法謹嚴。

18．《韓詩外傳》

韓氏為西漢今文三家詩之一。其《詩內傳》四卷，《詩故》三十六卷，《詩說》四十一卷，久亡。存者唯《外傳》六卷，乾隆前通行本以毛刻最善，然訛脫亦不少。盧抱經曾有校本，未沕專書。其門人趙億孫懷玉於乾隆五十二年成新校本；明年周霽原廷寀復有校注本；吳棠匯合趙、週二本刻行，此書遂易讀了。

19．《春秋繁露》

董子《春秋繁露》為西漢儒家言第一要籍，不獨《公羊》學之寶典而已。其書宋時已有四刻，多寡不同，樓鑰校正，始為定本。然明代所翻樓本，又訛脫百出。乾隆開四庫館，乃取《永樂大典》中樓本詳校補一千一百餘字，刪一百十餘字，改字一千八百二十餘字。《提要》所謂：「海內不見完本三四百年……神明煥然，頓還舊笈，雖日習見之書，實則絕無僅有之本也。」三十八年校訂進。越十二年，盧抱經依聚珍版所刻四庫本重校，間下案釋，是為抱經堂本浙刻《二十二子》采此本。《繁露》正文，此為最善本了。原書向無專注，嘉慶間二十年，凌曉樓曙創為《春秋繁露注》十七卷。曉樓傳莊、劉之學，諳熟《公羊》家法，故所注獨出冠時，與段氏《說文》同功矣。《畿輔叢書》所刻凌注本，每卷有張駒賢校正，所校將二百條，亦凌氏功臣也。其後魏默深源有《董子春秋發微》七卷，原書未見，《古微堂集》有序及目錄。吾師康長素先生有《春秋董氏學》八卷，皆析擘原書，分類以釋微言大義，非箋注體。最近則蘇厚庵輿著《春秋繁露義證》十七卷，精審又駕凌注之上了。

20.《列女傳》附《新序》《說苑》

劉向《列女傳》為現存最古之傳記書，清代為之注者有王照圓郝懿行妻、梁端汪遠孫妻兩家，而王石臞、伯申父子及王南陔亦各有條校。

劉向《新序》《說苑》，今所行皆舊本。陳左海各有新校本，未刊。

21.《法言》《太玄》

揚雄這兩部書，本沒有什麼價值，但因屬西漢人書，所以「過而存之」。《法言》李軌注，有徐新田養原校本。而俞氏《諸子平議》，兩書亦各占一卷。

22.《潛夫論》《鹽鐵論》附《論衡》

王符《潛夫論》，俗本訛奪至不可讀。汪蘇潭繼培據元刻及他書所引校正甚多，又依采經書，疏證事辭，為《潛夫論箋》十卷。此書自是始可讀。

桓寬《鹽鐵論》專記漢代民獻議政一場公案。昭帝始元六年，詔丞相、御史大夫與所舉賢良文學語，問民間所疾苦。賢良文學請罷鹽鐵酒榷，昭帝從之。此書即記當時代表政府之丞相等，與代表民意之賢良等，兩造辯論語。實歷史上最有關係最有趣味的一部書。今通行者明張氏本，篇第字句，割裂增易不少。盧抱經嘗以《永樂大典》本及他本是正若干條。其後陽城張氏有重刻本，顧澗薲為作《考證》三卷。今本題張敦仁著，實顧代作，見《思適齋集》九。汪蘇潭簸《潛夫》後，擬續治此書，未成而卒見《潛夫論箋》王紹蘭序。王益吾復刻張本，將盧、顧所校散入正文；又以所自校，別為《小識》一卷。而俞蔭甫、孫仲容亦各有所校。自是此書漸可讀。最近門人楊遇夫樹達創為《鹽鐵論校注》若干卷，算是本書空前作品了。

王充《論衡》實漢代批評哲學第一奇書，盧、王皆未校及。俞蔭甫、孫仲容所校，約數十條。蔣生沐光煦從元刻本校補今本脫文三百餘字。但全書應加董治之處尚不少，我很盼好學之士能做這件工作。

23.《白虎通義》《五經異義》附《風俗通》

東漢章帝建初四年，詔諸儒會白虎觀講議五經同異，帝親稱制臨決，實學術上一種公開討論。《白虎通義》即記其討論結果也。此書舊唯《漢魏叢書》本最通行。乾隆間，莊葆琛始有校本，且釐定目錄，搜輯闕文；盧抱經續校訂，為今抱經堂本。卷首列舊校名氏，除葆琛外，尚有趙曦明、秦黌、梁同書、孫志祖、周廣業、吳騫、朱型、梁履繩、汪繩祖等。道光間陳卓人著《白虎通疏證》十二卷。卓人本受《公羊》學及禮學於凌曉樓，此書實足與凌注《繁露》並美。

《五經異議》，為許慎撰、鄭玄駁，東漢兩大經師精力所集也。《隋志》著錄十卷，宋時已佚；清四庫館始有輯本。次則莊葆琛、錢晦之大昭、孔叢伯廣林續輯。最後則陳左海續輯，詳為箋注，成《五經異義疏證》三卷。此書遂復活。

應劭《風俗通義》亦漢人一名著。清儒整理尚少，唯盧氏《群書拾補》中有條校及補遺。其後張介侯澍則有《補風俗通姓氏篇》一卷。我盼望有人對於此書再做一番工作。

24．《越絕書》《華陽國志》

漢袁康《越絕書》，有價值的記載頗不少，例如分古代所用兵器為用石、用銅、用鐵三時代。惜刻本訛舛極多。盧抱經有校本，未刻，其略僅見孫仲容《籀述林》中。

晉常璩《華陽國志》，為方志之祖，其書有義法，有條貫，卓然著作之林。唯通行明刻本缺兩卷。他刻雖補足，而訛舛殆不可讀。嘉慶間廖氏刻本，乃顧澗薲據宋元豐呂氏、嘉泰李氏兩本精校，自此始有善本。

25．《抱樸子》

以漢以後方士家言附會先秦道家，始於晉葛洪《抱樸子》，實學術嬗變一關鍵也。此書乾隆前無善本，自孫淵如據《道藏》本精校，盧抱經、顧澗薲復參合諸本助之，重刻平津館本，自是此書可讀。

26．《水經注》

漢桑欽《水經》北魏酈道元注，為現存最古之地理書。乾隆以前唯明朱謀㙔箋稱最善，顧亭林所謂「有明一部書」也。然而訛舛已不一而足。後項駰復刻，掩為己有，又多刪削，書愈不可讀。

趙、戴等皆校朱書，然楊星吾謂其皆未見朱氏原本。入清，考古學勃興，此書大為世所重。據趙東潛所述，則有錢遵王曾、黃梨洲、孫潛夫潛、顧亭林、顧景范、閻百詩、黃子鴻儀、劉繼莊、胡朏明、姜西溟宸英、何義門焯、沈繹旃炳巽、杭大宗、齊次風召南諸本。由中二顧、閻、胡，皆於自著書史徵引詮解，並非專校原書。梨洲則刪去注文中無豫《水經》者，欲復唐李氏刪《水經》十卷之舊，又自為《今水經》，蓋有所不慊於酈氏。子鴻則依酈注，每卷各寫一圖，是為作圖之始。繼莊則欲作《水經注疏》，而未就，發其義例於《廣陽雜記》中。自余諸家，皆依通行朱本各自籤校。此乾隆以前斯學大略形勢也。

乾隆中葉趙東潛一清、戴東原震、全謝山祖望同時治此書，其著作先後發表。東原在四庫館，實手校此書，校成首由聚珍版印行，自是酈氏本來面目，厘然大明，學者稱快。然而三家精詣，同符者十而七八，於是發生蹈襲問題——即著述家道德問題。三家子弟及鄉里後學各有所祖，成為近百年來學界一樁公案，至今未決。今略述其真相如下。

謝山自其先代三世治此書，有雙韭山房舊校本。謝山曾七度手校，集中有五校本題詞，自訂《雙韭山房書目》，有《七校水經注》四十卷趙本卷首亦引全氏七校本，蓋全部於乾隆十七年在粵寫定。然卒後遺著散佚，將越百年，其同裡後學王艧軒始釐正其稿；又數十年，至光緒十四年薛叔耘福成徇董覺軒沛之請始刻之，今寧波崇實書院本是也。故全書最先成而最晚出。

東潛為趙谷林子，梨洲再傳，其學蓋有所受；又與謝山為摯友，日夕商榷，其書成於乾隆十九年有自序。四庫館開，采以進，被著錄，然未有刻本行世。乾隆五十一年，畢秋帆從東潛子載元索得原稿，刊之於開封，趙書始顯。

東原治此書，始於乾隆三十年，至三十七年刊於浙東，未及四之一，而被召入四庫館。在館中據《永樂大典》本校此書，明年成，以聚珍版印行；復自理舊業，成書四十卷，以三十九年刊行，即孔氏微波榭本是也。故戴書最晚成，而最先出。

因此糾纏出許多問題。其一，為趙戴問題，盧抱經謂梁曜北、處素兄弟校刊趙書，參取東原書為之。梁氏兄弟，仁和人，為東潛同裡後輩，畢刊趙書由彼校定。東原弟子段茂堂因移書曜北詰問看《經韻樓集·與梁曜北書》。梁氏《清白士集》中未有答書，不知是否慚伏；然張石舟、魏默深，則謂趙書未刊以前，先收入《四庫全書》，今刊本與四庫本無二，明非梁氏勦戴改作，實為戴在四庫館先睹預竊之明證。看徐時棟《煙嶼樓集·記杭堇浦》篇。又周壽昌《思益堂日札》卷四，又薛刻全校本董沛著例言，又楊守敬著《水經注疏要刪·凡例》。但據段茂堂說，戴未入四庫館以前，曾以所著示紀曉嵐、錢竹汀、姚姬傳及茂堂，皆錄有副本看段著《東原年譜》。似此，則戴非勦趙又甚明。

其二，為趙全問題。趙、全本至交，相約共治此學。全為趙書作序，趙書引全說不一而足，兩書同符十九，本無嫌疑。然張石舟則謂東潛子宦於鄂，畢秋帆時為鄂督索觀舊稿時，以巨資購謝山本以應看全本例言。此說若信，則現行趙本實勦全。而林頤山則斥現行全本為偽出，謂不唯襲趙，兼又襲戴，疑出王艧軒輩手看王先謙合校本序錄，及楊氏《註疏要刪·凡例》。

吾今試平亭此獄。三君皆好學深思，治此書各數十年，所根據資料又大略相同。東原謂從《永樂大典》本校正。據後人所考證，則戴本與《大典》不合者正多，然則其精思獨得，非盡有依據也。謝山首與李穆堂鈔《大典》，然所鈔僅及平韻。《水經注》收入上聲「水」字，是在萬一千卷以外，故謝山不及見。東潛未入翰林，更無從見矣。故《大典》本非三家所據。則閉門造車，出門合轍，並非不可能之事。東原覃精既久，入館後睹趙著先得我心，即便採用，當屬事實。其所校本屬官書，不一一稱引趙名，亦體例宜爾。此不足為戴病也。趙氏子弟承製府垂盼，欲益榮其親；曜北兄弟以同裡後學董其事，亦欲令趙書盡美無復加；趙、全本世交，則購采全稿潤益之；時戴本既出，則亦從而擷采；凡此恐皆屬事實。全氏本為斯學開山之祖，然趙、戴本既盛行，全本乃黮沒百餘年。其同裡後學王、董輩深為不平，及得遺稿，亦欲表章之使盡美，其間不免采彼兩本，以附益其所未備，恐亦屬事實。要而論之，三家書皆不免互相勦，而皆不足為深病。三家門下，各尊其先輩，務欲使天下之美，盡歸於我所崇敬之人，攘臂迭爭，甚無謂也。

上所記繁而不殺，誠非本書篇幅所許。但此事實清代學一大公案，可以見一時風氣之小影，亦治史者所宜知，故論列如上。

以下略評三家特點：

戴氏治學，精銳無前，最能發明原則，以我馭書。《水經注》舊本，經、注混淆不可讀。戴氏發見經、注分別三例：一、經文首雲「某水所出」，以下不更舉水名；注則詳及所納群川，更端屢舉。二、各水所經州縣，經但雲「某縣」；注則年代既更，舊縣或湮或移，故常稱「某故城」。三、經例雲「過」，注例雲「逕」看段氏《東原年譜》。此三例，戴氏所獨創，發蒙振落。其他小節，或襲趙氏，不足為輕重。

全、趙比肩共學，所得原不以自私，故從同者滋多。趙本博引清初諸說，辨證最詳晰，非戴所及；且凡引他說皆著所出，體例亦嚴。全氏分別注有大小——注中有注，是其特識，余與趙氏同之。

三家以前諸校本，吾皆未見。唯謝山最服沈繹旃，謂「其校定此書幾三十載，最能抉摘善長（酈道元）之疏略」五校本題詞，當是最佳之作。

以後諸校本，則畢秋帆、孫淵如各有成書，然兩君皆非地學專家，似無足以增益三家者。道咸以後，則有沈欽韓文起《水經注疏證》、汪梅村士鐸著《水經注提綱》《水經注釋文》，皆未刊，不審內容如何。汪復有《水經注圖》，胡文忠為刻之，則續黃子鴻之緒而補其逸也。

陳蘭甫先生灃以酈氏當時，滇黔之地淪於爨謝，故注記東北諸水詳而確，西南則略而訛，乃為《水經注西南諸水考》補而糾之，在本書諸家著作中最為別裁。但先生於西南諸水亦未經實測，恐不能多優於酈氏也。

王益吾為合校本，以聚珍版（即戴本）及趙本為主，參以諸家，雖無新發明，而最便學者。王氏所著書大率如此。但進孫淵如紕全，不無遺議。

最後有楊惺吾守敬為《水經注疏》八十卷，以無力全刻，乃節為《要刪》若干卷。其書頗為朱謀瑋訟直，而不肯作趙、戴輿臺，謂：「此書為酈氏原誤者十之一二，為傳刻之誤者十之四五，為趙戴改訂及誤者亦十之二三。」凡例語此亦乾嘉以來一反動也。

吾向未治此學，不敢以門外漢評各家得失，但述此學經過狀況如前。治之者多，故敘述不避詞費。唯此書值得如此用功與否，實一問題。以吾觀之，地理不經實測，總是紙上空談，清儒併力治《水經注》，適以表現清代地學內容之貧乏而已。

27．《顏氏家訓》

隋顏之推《家訓》，為現存六朝人著述中最有價值者。舊本訛脫不少。乾隆間趙敬夫曦明為之注，而盧抱經校補之，自是此書有善本。

28．《經典釋文》

唐陸德明《經典釋文》，為治訓詁音韻者所宗，而除散在諸經註疏之外，單行本殆絕。盧抱經將《通志堂經解》本細校重雕，附《考證》三十卷，自是此書有善本。

29．《大唐西域記》《慈恩法師傳》

唐僧玄奘歸自印度，綜其行歷著《大唐西域記》十二卷，其弟子彥悰為之箋。慧立亦奘弟子，為奘作傳，曰《大唐慈恩法師傳》十卷。此二書實世界的著作，近今歐洲各國咸有譯註，而本國治之者闕如。最近有丁益甫謙著《大唐西域記考證》，引據各史外國傳，旁采西人地理家言，實此書之篳路藍縷也。《慈恩傳》則有最近支那內學院所刻精校本，除校字外，頗引他書記載有異同者校出若干條，在現行本中總算精善。但此二書之整理，尚有待於將來。

30．《困學紀聞》

宋王應麟《困學紀聞》，為清代考證學先導，故清儒甚重之。閻百詩、何義門、全謝山皆為作注，而翁載青元圻集其大成。一宋人書而注之者四家，其尊尚幾等古子矣。

上所舉三十幾種書，專注重校勘的成績，而註釋則其副產也。書以屬於秦漢以前子部者為多，而古史傳之類間附焉。不及群經者，經書累代承習者眾，訛錯較少。其有異文校讎，率附見諸家註疏中，不為專業也。諸史之刊誤糾謬補遺等，屬於吾所謂第四種校勘，別於史學章述其成績，此不更贅。

其他古書曾經各家校勘而未有重刻本者，不能具舉。今將幾部最精善之校勘家著作，列其所校書目供參考：

盧抱經《群書拾補》：《五經正義表》《易經註疏》《周易略例》《尚書註疏》《春秋左傳註疏》《禮記註疏》《儀禮註疏》《呂氏讀詩記》《史記惠景間侯者年表》《續漢書志注補》《晉書》《魏書》《宋史孝宗紀》《金史》《資治通鑑序》《文獻通考經籍》《史通》《新唐書糾繆》《山海經圖贊》《水經序》《鹽鐵論》《新序》《說苑》《申鑒》《列子張湛注》《韓非子》《晏子春秋》《風俗通義》《劉晝新論》《潛虛》《春渚紀聞》《嘯堂集古錄》《鮑照集》《韋蘇州集》《元微之集》《白氏長慶集》《林和靖集》

王石臞《讀書雜誌》：《逸周書》《戰國策》《史記》《漢書》《管子》《晏子春秋》《墨子》《荀子》《淮南內篇》《漢隸拾遺》《後漢書》《老子》《莊子》《呂氏春秋》《韓子》《法言》《楚辭》《文選》

蔣生沐《斠補隅錄》：《尚書全解》《爾雅》《續通鑑》《東漢會要》《吳越春秋》《錢塘遺事》《宣和奉使高麗圖經》《管子》《荀子》《意林》《酉陽雜俎》《唐摭言》《蘆浦筆記》《陳後山集》

俞蔭甫《諸子平議》《讀書余錄》：《管子》《晏子春秋》《老子》《墨子》《荀子》《列子》《莊子》《商子》《韓非子》《呂氏春秋》《董子春秋繁露》《賈子》《淮南子內經》《楊子太玄經》《楊子法言》《內經素

問》《鬼谷子》《新語》《說苑》

孫仲容《札迻》：《易乾鑿度鄭康成注》《易稽覽圖鄭注》《易通卦驗鄭注》《易是類謀某氏注》《易坤靈圖鄭注》《易乾元序制記鄭注》《韓詩外傳》《春秋繁露》《春秋釋例》《急就篇顏師古注》《方言郭璞注》《釋名》《戰國策高誘鮑彪注》《越絕書》《吳越春秋徐天祜注》《漢舊儀》《列女傳》《山海經郭璞注》《山海經圖贊》《水經酈道元注》《管子尹知章注》《晏子春秋》《老子河上公王弼注》《文子徐靈府注》《鄧析子》《列子張湛盧重元注》《商子》《莊子郭象注》《尹文子》《鶡冠子陸佃注》《公孫龍子謝希深注》《鬼谷子陶宏景注》《荀子楊倞注》《呂氏春秋高誘注》《韓非子》《燕丹子》《新語》《賈子新書》《淮南子許慎高誘注》《鹽鐵論》《新序》《說苑》《法言李軌注》《太玄經範望注》《潛夫論》《白虎通德論》《風俗通義》《獨斷》《申鑒》《中論》《抱樸子》《金樓子》《新論袁孝政注》《六韜》《孫子曹操注》《吳子》《司馬法》《尉繚子》《三略》《素問王冰注》《周髀算經趙爽甄鸞李淳風注》《孫子算經》《術數記遺甄鸞注》《夏侯陽算經》《易林》《周易參同契》《穆天子傳郭璞注》《漢武帝內傳》《列仙傳》《西京雜記》《南方草木狀》《竹譜》《楚辭王逸注》《蔡中郎集》《琴操》《文心雕龍》

晚清「先秦諸子學」之復活，實為思想解放一大關鍵。此種結果，原為乾嘉派學者所不及料，然非經諸君下一番極枯燥極麻煩的校勘工夫，則如《墨子》《管子》一類書，並文句亦不能索解，遑論其中所含義理。所以清儒這部分工作，我們不能不竭誠感謝。現在這部分工作已經做得差不多了。以後進一步研究諸家學術內容，求出我國文化淵源流別之所出所演，發揮其精詣，而批評其長短得失，便是我們後輩的責任。

# 四　辨偽書

無論做哪門學問，總須以別偽求真為基本工作。因為所憑藉的資料若屬虛偽，則研究出來的結果當然也隨而虛偽，研究的工作便算白費了。中國舊學，什有九是書本上學問，而中國偽書又極多，所以辨偽書為整理舊學裡頭很重要的一件事。

中國偽書何以如此其多呢？偽書種類和作偽動機，到底有多少種呢？請先說說。

「好古」為中國人特性之一，什麼事都覺得今人不及古人，因此出口動筆，都喜歡借古人以自重。此實為偽書發達之總原因。歷代以來，零碎間作之偽書不少，而大批製造者則有六個時期：其一，戰國之末，百家各自立說，而托之於古以為重。孟子所謂「有為神農之言者許行」。何獨許行，諸家皆然。其始不過稱引古人之說，其徒變本加厲，則或專造一書而題為古人所著，以張其學。《漢書·藝文志》所列古書，多有注「六國時人依託」者，此類是也；其二，西漢之初，經秦火後，書頗散亡，漢廷「廣開獻書之路」《史記·儒林傳》語，懸賞格以從事收集。希望得賞的人有時便作偽以獻。《漢書》所注「後人依託」者，此類是也。隋唐以後，此種事實亦常有。其三，西漢之末，其時經師勢力極大，朝政國故，皆引經義為程式。王莽謀篡，劉歆助之。他們做這種壞事，然而腦筋裡頭又常常印上「事必師古」這句話，所以利用劉歆校《中祕書》的地位，贗造或竄亂許多古書以為後援。所謂經學今古文之爭，便從此起；其四，魏晉之交，王肅注經，務與鄭康成立異爭名；爭之不勝，則偽造若干部古書為後盾；其五，兩晉至六朝，佛教輸入，道士輩起而與之角，把古來許多名人都拉入道家，更造些怪誕不經的書嫁名古人，編入他的「道藏」，和「佛藏」對抗；其六，明中葉以後，學子漸厭空疏之習，有志復古而未得正路，徒以雜博相尚，於是楊慎、豐坊之流，利用社會心理，造許多遠古之書以嘩世取名。自余各朝代都有偽書，然不如這六個時期之盛。大抵宋元間，偽書較少自然不是絕無，因為他們喜歡自出見解，不甚借古人為重。其中如《太極圖》之類，性質雖像偽書，但他們說是自己推究出來，並不說從那部書上有傳下來伏羲寫定的圖。唐代偽佛典甚多，偽儒書較少，因為當時佛學占學界最重要位置。

古今偽書，其性質可分為下列各類：（一）古書中偶見此書名，其書曾否存在，渺無可考，而後人依名偽造者。例如隋劉炫之偽《三墳》，元吾衍之偽《晉乘》《楚檮杌》，此等作偽最笨，最容易發現。（二）本有其書，但已經久佚。而後人竊名偽造者。例如《漢志》「《孔子家語》二十七篇」，顏師古曰「非今所有《家語》」。偽書中此類最多，最不易辨。（三）古並無其書，而後人嫁名偽造者。例如隋張弧偽《子夏易傳》，明豐坊偽《子貢詩傳》之類。（四）偽中出偽者。例如列御寇本《莊子》寓言中人物，《漢志》有《列子》八篇，已屬週末或漢初人偽撰。而今存之《列子》，又屬晉張湛偽撰，並非漢舊。偽書中此類亦不少，子部尤多。（五）真書中雜入偽文者。例如《韓非子》不偽，而《初見秦篇》決偽；《史記》不偽，而《武帝紀》決偽；《論語》不偽，而「佛肸」「公山弗擾」等章決偽；《左傳》不偽，而「其處者為劉氏」等句必偽。古書中如此者極多，極不易辨。（六）書不偽而書名偽者。例如《左傳》確為先秦書，然標題為《春秋左氏傳》，認為解釋《春秋》之書則偽。（七）書不偽而撰人姓名偽者。例如《管子》《商君書》確為先秦書，但指為管仲、商鞅所作則偽。（八）原書本無作者姓名年代，而後人妄推定為某時某人作品，因以成偽或陷於時代錯誤者。例如《周髀》本一部古書，指為周公作則偽；《素問》本一部古書，指為黃帝作則偽。此類書亦甚多，不易辨別。(九)書雖不全偽，然確非原本者。例如《今本竹書紀年》，汲冢遺文多在其中，然指為即汲冢本則偽。(十)偽書中含有真書者，例如《孔叢子》確為晉人偽作，然其中《小爾雅》一篇，則為《漢志》舊本。

辨偽的工作由來已久。《漢書・藝文志》明注「依託」者七，「似依託」者三，「增加」者一，隋僧法經著《眾經目錄》，別立「疑偽」一門，此皆有感於偽書之不可不辨。可惜怎樣辨法，未得他們說明。宋人疑古最勇，如司馬光之疑《孟子》，歐陽修之疑《易・十翼》、疑《周禮》《儀禮》，朱熹之疑《周禮》、疑《古文尚書》，鄭樵之疑《詩序》、疑《左傳》，皆為後世辨偽學先河。其他如《郡齋讀書志》《直齋書錄解題》等，指斥偽書亦不少。晚明胡應麟著《四部正訛》，始專以辨偽為業。入清而此學益盛。

清儒辨偽工作之可貴者，不在其所辨出之成績，而在其能發明辨偽方法而善於運用。對於古書發生問題，清儒不如宋儒之多而勇，然而解決問題，宋儒不及清儒之慎而密。宋儒多輕蔑古書，其辨偽動機，往往由主觀的一時衝動。清儒多尊重古書，其辨偽程式，常用客觀的細密檢查。檢查的重要方法如下。

(一)從著錄傳授上檢查。古書流傳有緒，其有名的著作，在各史經籍志中都有著錄，或從別書記載他的淵源。若突然發現一部書，向來無人經見，其中定有蹊蹺。如先秦書不見《漢書・藝文志》，漢人書不見《隋書・經籍志》，唐以前不見《崇文總目》，便十有九靠不住。試舉其例：

〔例一〕《古三墳》《晉乘》《楚檮杌》，除《左傳》《孟子》一見其名外，《漢》《隋》等志從未見過，亦未有人徵引過。隋和元時候忽然出現，不問而知為偽。

〔例二〕東晉《古文尚書》，和《漢書．藝文志》所載的篇數，及他書所載的篇名，都不同，故知非原本。

〔例三〕如《毛詩序》《史記》《漢書》兩《儒林傳》《漢書．藝文志》皆未言及，故可決為西漢前所無。

〔例四〕《隋書．經籍志》明言「《魯詩》亡」，明末忽出現《申培詩說》，當然是偽。

（二）從本書所載事跡、制度或所引書上檢查。書中與事實文句，只有後人徵引前人，不會前人徵引後人，這是顯而易見的。犯這類毛病的書，當然是靠不住。試舉其例：

〔例一〕《管子》記毛嬙、西施，《商君書》記長平之役，是管仲、商鞅萬看不見的事。故知兩書決非管、商作，最少亦有一部分為後人竄亂。

〔例二〕《史記》載元帝、成帝時事，司馬遷無論如何長壽，絕不能見。故知《史記》有一部分靠不住。

〔例三〕《左傳》記智伯事，可知作者決非與孔子同時。

〔例四〕《月令》有「太尉」官名，可見是秦人作，決非出周公。

〔例五〕《山海經》有漢郡縣名，可見決非出伯益。

〔例六〕《易林》引《左傳》《左傳》自東漢始傳佈，可知作者決非西漢的焦延壽。

（三）從文體及文句上檢查。文體各時代不同，稍多讀古書的人，一望便知。這種檢查法，雖不必有枝節證據，然而不會錯的。試舉其例：

［例一］《黃帝素問》長篇大段的講醫理，不獨三代以前，即春秋間也無此文體。用《論語》《老子》等書便可作反證。故此書年代，可定為漢，最早亦不過戰國末。

［例二］《尚書》二十八篇佶屈聱牙，而《古文尚書》二十五篇文從字順，什九用偶句，全屬晉人文體，不獨非三代前所有，並非漢以前所有。

［例三］現引《關尹子》，全屬唐人翻譯佛經文體，不獨非與老聃同時之關尹所能做，又不獨非劉歆校訂《七略》以前的人所能做，乃至並不是六朝以前人所能做。

（四）從思想淵源上檢查。各時代有各時代的思想，治學術史的人自然會看出，作偽的瞞不過明眼人。試舉其例：

［例一］《管子》裡頭有駁「兼愛」，駁「寢兵」之說，非墨翟宋鈃以後，不會發生這種問題。故知這書決非春秋初年管仲所作。

［例二］《列子》裡頭有「西方之聖人」等語，其中和佛教教理相同者甚多。故知決為佛教輸入後作品，決非莊子以前的列御寇所作。

［例三］《大乘起信論》，舊題馬鳴菩薩造。其書全屬和會龍樹世親兩派學說，和《藏》中馬鳴別的著述思想不同。故知決非龍樹以前馬鳴所造。

［例四］《楞嚴經》，雜入中國五行說及神仙家甚多，故知決非印度人著作。

[例五] 近人輯《黃梨洲遺著》，內有《鄭成功傳》一書，稱清兵為「大兵」，指鄭氏為「叛逆」，與梨洲思想根本不相容。故知為後人影射梨洲的《臺灣鄭氏始末》而作。

（五）從作偽家所憑藉的原料上檢查。造偽書的人，勢不能一個字一個字憑空創造，況且他既依託某人，必多采某人之說以求取信。然而割裂撏撦，很難「滅盡針線跡」，不知不覺會露出馬腳來，善於辨偽的人自能看出。試舉其例：

[例一] 《古文尚書》把荀子引《道經》的「人心之危，道心之微」，和《論語》的「允執其中」連湊起來，造成所謂「十六字心傳」，但意義毫不聯屬。

[例二] 《毛詩序》抄襲《樂記》和《論語》的話，斷續支離，完全不通。

（六）從原書佚文佚說的反證上檢查。已佚的書，後人偽造。若從別的書發現所引原書佚文，為今本所無，便知今本靠不住。試舉其例：

[例一] 《晉書》束晳、王接、摯虞等傳言《竹書紀年》，有「太甲殺伊尹、文丁殺季歷」等事，當時成為學界討論一問題，今本無之。可知今本決非汲冢之舊。

[例二] 司馬遷從孔安國問故，《史記》釋《尚書》皆用孔義。東晉晚出《古文尚書》孔傳，文字和釋義都不同《史記》，故知決非安國作。

[例三] 崔鴻《十六國春秋》，其體例略見《魏書》及《史通》。明代所出本與彼不符，便靠不住。

以上所述各種檢查真偽的方法，雖未完備，重要的大率在此。舉例皆隨手拈起，亂雜不倫，讀者諒之。清儒辨偽書，多半用這些方法，嚴密調查，方下斷語。其中武斷的當然也不少。他們的態度，比宋儒穩健多了，所以結果也較良好。

有一事應該特別注意。辨偽書的風氣，清初很盛，清末也很盛，獨乾嘉全盛時代，做這種工作的人較少。乾嘉諸老好古甚篤，不肯輕易懷疑。他們專用綿密工夫在一部書之中，不甚提起眼光超覽一部書之外。他們長處在此，短處也在此。

清初最勇於疑古的人應推姚立方際恆。他著有《尚書通論》辨偽古文，有《禮經通論》辨《周禮》和《禮記》的一部分，有《詩經通論》辨《毛序》。其專為辨偽而作的則有：

《古今偽書考》。

這書從孔子的《易繫辭傳》開起刀來，把許多偽書殺得落花流水。其所列書目如下：

《易傳》即《十翼》《子夏易傳》《關朗周易》《麻衣正易心法》《焦氏易林》《易乾鑿度》《古文尚書》《尚書漢孔氏傳》《古三墳書》《詩序》《子貢詩傳》《申培詩說》《周禮》《大戴記》《孝經》《忠經》《孔子家語》《小爾雅》《家禮儀節》以上經部《竹書紀年》《汲塚周書》《穆天子傳》《晉乘書》《楚檮杌》《漢武故事》《飛燕外傳》《西京雜記》《天祿閣外史》《元經》《十六國春秋》《隆平集》《致身錄》以上史部《鬻子》《關尹子》《子華子》《亢倉子》《晏子春秋》《鬼谷子》《尹文子》《公孫龍子》《商子》《鶡冠子》《慎子》《於陵子》《孔叢子》《文中子》《六韜》《司馬法》《吳子》《尉繚子》《李衛公問對》《素書》《心書》《風後握奇經》《周髀算經》《石申星經》《續葬書》《撥沙錄》《黃帝素問》《神異經》《十洲記》《列仙傳》《洞冥記》《靈樞經》《神農本草》《秦越人難經》《脈訣》《博物誌》《杜律虞注》以上子部以上認為全部偽作者。

《儀禮》《禮記》《三禮考注》《文子》《莊子》《列子》《管子》《賈誼新書》《傷寒論》《金匱玉函經》

以上認為真書雜以偽者。

《爾雅》《韻書》《山海經》《水經》《陰符經》《越絕書》《吳越春秋》

以上認為非偽而撰人名氏偽者。

《春秋繁露》《東坡志林》

以上認為書不偽而書名偽者。

《國語》《孫子》《劉子新論》《化書》

以上認為未能定其著書之人者。

立方這部書，體例頗凌雜重要的書和不重要的書夾在一起，篇帙亦太簡單，未能盡其辭，所斷亦不必盡當。但他所認為有問題的書，我們總有點不敢輕信罷了。此後專為辨證一部或幾部偽書，著為專篇者，則有：

閻百詩的《古文尚書疏證》，惠定宇的《古文尚書考》。

萬充宗斯大的《周官辨非》。

孫頤谷志祖的《家語疏證》。

范家相的《家語證偽》。

劉申受逢祿的《左氏春秋疏證》。

康長素先生的《新學偽經考》。

王靜安國維的《今本竹書紀年疏證》。

崔觶甫適的《史記探原》。

閻惠兩家書，專辨東晉《偽古文尚書》及《偽孔安國傳》。後來像這類書還很多，有點近於「打死老虎」，不多舉了。萬書辨《周禮》非周公作，多從制度與古書不合方面立論。孫書辨《家語》為王肅所偽撰；他還有一部《孔叢子疏證》和這書是「姊妹書」，但未著成。劉書守西漢博士「《左氏》不傳《春秋》」之說，謂《左傳》解經部分皆劉歆偽撰。康先生書總結西漢今古文公案，對於劉歆所提倡的《周官》《左傳》《毛詩》《逸禮》《古文尚書》非東晉晚出者、《爾雅》等書皆認為偽。王書專辨明人補撰之《竹書紀年》，用閻、惠、孫之法，一一指出其剽竊湊附之贓證。崔書則宗康先生說，謂《史記》有一部分為劉歆所竄亂，一一指明疑點。清儒專為辨偽而作的書，我所記憶者只此數部，余容續訪。

其非專辨偽而著書而書中多辨偽之辭者，則有魏默深《詩古微》之辨《毛詩》；邵位西懿辰《禮經通論》之辨《逸禮》；方鴻濛玉潤《詩經原始》之辨《詩序》等。而其尤嚴正簡絜者，則：

崔東壁述的《考信錄》。此書雖非為辨偽而作，但他對於先秦的書，除《詩》《書》《易》《論語》外，幾乎都懷疑，連《論語》也有一部分不相信。他的勇氣真可佩服。此外諸家筆記文集中辨偽的著作不少，不能盡錄。

「四庫」著錄之書，《提要》明斥其偽或疑其偽者則如下次序依原書：

《子夏易傳》：全偽

《古文尚書》及孔安國傳：全偽
《尚書大傳》：疑非伏生著
《詩序》：疑撰人
《古文考經孔安國傳》：全偽
《方言》：疑撰人
《竹書紀年》：今本偽，古本未定
《晏子春秋》：疑撰人及年代
《孔子家語》：斷為王肅依託
《孔叢子》：同上
陸賈《新語》：斷為後人纂集
王通《文中子中說》：疑其書並疑其人
《風後握奇經》：全偽
《太公六韜》：全偽
司馬穰苴《司馬法》：疑偽
《黃石公三略》及《素書》：全偽
《管子》：疑非管仲作
《商子》：疑非商鞅作

《黃帝素問》：斷為周秦間人作

《靈樞經》：疑唐王冰依託

《黃帝宅經》：全偽

郭璞《葬書》：全偽

《鬻子》：全偽

《墨子》：疑非墨翟作

《子華子》：全偽

《鬼谷子》：全偽

劉歆《西京雜記》：斷為梁吳均依託

《山海經》：斷為非夏禹、伯益所作

東方朔《神異經》及《海內十洲記》：全偽

班固《漢武故事》及《武帝內傳》：全偽

干寶《搜神記》、陶潛《搜神後記》：全偽

張華《博物誌》：全偽

任昉《述異記》：全偽

黃帝《陰符經》：全偽

《關尹子》：全偽

河上公《老子注》：全偽

《列子》：疑撰人

劉向《列女傳》：全偽

《四庫提要》為官書，間不免敷衍門面，且成書在乾隆中葉，許多問題或未發生，或未解決。總之，《提要》所認為真的，未必便真；所指為偽的，一定是偽，我敢斷言。

今將重要之偽書，已定案、未定案、全部偽、部分偽、人名偽、書名偽等，分別總括列表如下。所錄限於漢以前書，或託名漢以前書者；其術數、方伎等書，雖託名漢以前者，亦不錄。其未定案者間附鄙見。

（甲）全部偽絕對決定者：

《古文尚書》及《孔安國傳》問題起自宋代，到清初完全解決，公認為魏王肅偽撰。

《古文考經孔安國傳》偽撰人未定。

《孔子家語》及《孔叢子》乾隆中葉問題完全解決，公認為魏王肅偽撰。

《陰符經》《六韜》漢以後人偽撰。

《鬻子》《關尹子》《子華子》《文子》《亢倉子》《鶡冠子》《鬼谷子》《於陵子》《尉繚子》各書著錄《漢書・藝文志》者已不可盡信，今本又非《漢志》之舊。大率晉至唐所陸續依託。

《老子》的河上公注晉以後人偽撰。

陸賈《新語》，賈誼《新書》晉以後人偽撰。

（乙）全部偽大略決定者：《周禮》此書問題最大，從初出現到今日二千年，爭論不決。據現在趨勢，則不認為周公製作者居多。大概此趨勢愈往後愈明瞭。應認為漢劉歆雜采戰國政書附以己意偽撰。

《孝經》春秋時無「經」之名，大約漢人所撰，托諸孔子、曾子。

《晏子春秋》大約西漢人偽撰。

《列子》此問題發生不久，但多數學者已漸漸公認為晉張湛所偽撰。

《吳子》《司馬法》大約西漢人偽撰。

《毛詩序》此亦宋以來宿題。撰人名氏擬議蜂起。今多數學者漸認為後漢衛宏撰，與孔子、子夏、毛公無涉。

（丙）全部偽否未決定者：

《尚書百篇序》是否伏生、孔安國時已有，何人所作，完全未決。

《古本竹書紀年》及《穆天子傳》古本《紀年》之偽，不待言。但有人謂晉太康汲郡發塚事根本靠不住。如此則此兩書純屬晉人偽撰。但我頗信其真。

《逸周書》有人指為偽，但清儒信為真者居多。我雖不認為周初書，但謂非漢以後人撰，其中或有一部分附益則不可知。

《申子》《尸子》《慎子》《尹文子》《公孫龍子》此五書已佚，今存者或不全，或由近人輯出，原書是否本人所作，抑秦漢以後人依託，問題未決。

（丁）部分偽絕對決定者：

《老子》中「夫佳兵者不祥」一節無舊注，是知後人加入。

《墨子》中《親士》《修身》《所染》三篇後人采儒家言掩飾其書。

《莊子》中《外篇》《雜篇》之一部分「內篇」為莊生自作，無同題；「外篇」則後人偽續者甚多；「雜篇」亦間有。

《韓非子》中《初見秦篇》由《戰國策》混入。

《史記》中記昭、宣、元、成以後之文句褚少孫至劉歆等多人續入。

《楚辭》中之屈原《大招》漢人摹仿《招魂》而作。

（戊）部分偽未決定者：

《今文尚書》二十八篇中之《虞夏書》二十八篇為孔子時所有，蓋無疑。但《虞夏書》是否為虞夏時書，則大有問題，恐是周初或春秋時人所依託。

《左傳》中釋經語今文學家不承認《左氏》為解釋《春秋》之書，謂此部分皆漢人偽托。

《論語》二十五篇中後五篇有人謂漢張禹所竄亂。

《史記》中一部分有人謂劉歆竄改。

《荀子》《韓非子》之各一部分有人謂後人誤編。

《禮記》及《大戴禮記》之一部分有人指為漢人偽撰。然兩書本題「七十子後學者所記」，其範圍包及漢儒，有漢人作不能謂為偽作。

（己）撰人名氏及時代錯誤者：

《易彖傳》《象傳》《繫辭》《文言》《說卦》《序卦》《雜卦》相傳為孔子作。有人攻其非。但原並未題為孔子作，不得遂為後人依託孔子。

《儀禮》相傳為周公作，亦後人臆推。大抵應為西週末、春秋初之作。

《爾雅》《小爾雅》後人指為周公作，純屬臆推。大抵為西漢人最集訓詁之書。

《管子》《商君書》《漢書．藝文志》題為管仲、商鞅作，乃漢人誤推。大抵屬戰國末年法家者流所編集。

《孫子》十三篇舊題孫武作，不可信。當是孫臏或戰國末年人書。

《尚書大傳》舊題伏生作，是否未定，總是西漢經生所著。

《山海經》或言大禹作，伯益作，當然不可信。大約是漢代相傳一部古書。

各種緯書自《易乾鑿度》以下二十餘種，漢儒或指為孔子作，當然不可信，大約是戰國末年傳下來古代神話書。

《周髀算經》相傳周公或商高作，當然不可信。大約是週末或漢初相傳古算書。

《素問》《難經》相傳黃帝、秦越人作，當然不可信。大約是秦漢間的醫書。

《越絕書》舊題子貢作。據原書末篇敘詞用隱語自著其名，已知作者為會稽袁康，後漢人。

以上各書之真偽及年代，或屬前代留下來的宿題，或屬清儒發生的新題。清儒經三百年多少人研究討論的結果，已經解決的十之三四，尚未解決的十之六七。但解決問題固然是學術上一種成績，提出問題也算一種成績。清儒在這部分所做的工作也算可觀了。「求真」為學者的責任。把古書真偽及年代辨析清楚，尤為歷史學之第一級根據。我盼望我們還繼續清儒未完的工作。

辨偽書的工作，還有一部分為清儒所未嘗注意者，七千卷的佛藏，其中偽書不少，自僧祐《三藏記集》、法經《眾經目錄》以來，已別立偽妄、疑似兩部嚴為沙汰，而贗品流傳，有加無已。即如佛教徒人人共讀之《大佛頂首楞嚴經》及《大乘起信論》，據我們仔細研究，完全是隋唐間中國人偽作。其他類此者尚不少，恨未有如閻百詩、孫頤谷其人者一一為之疏通證明也。

## 五　輯佚書

書籍遞嬗散亡，好學之士，每讀前代著錄，按索不獲，深致慨惜，於是乎有輯佚之業。最初從事於此者為宋之王應麟，輯有《三家詩考》《周易鄭氏注》各一卷，附刻《玉海》中，傳於今。明中葉後，文士喜摭拾僻書奇字以炫博，至有造偽書以欺人者，時則有孫瑴輯《古微書》，專蒐羅緯書佚文，然而範圍既隘，體例亦復未善。入清而此學遂成專門之業。

輯佚之舉，本起於漢學家之治經。惠定宇不喜王、韓《易》注而從事漢《易》，於是有《易漢學》八卷之作。從唐李鼎祚《周易集解》中剌取孟、京、干、鄭、荀、虞諸家舊注分家疏解，後又擴充為《九經古義》十六卷，將諸經漢人佚注益加網羅。惠氏弟子余仲林蕭客用其師法，輯《古經解鉤沉》三十卷，所收益富。此實輯佚之嚆矢，然未嘗別標所輯原書名，體例仍近自著。

《永樂大典》者，古今最拙劣之類書也。其書以《洪武韻目》按字分編。每一字下，往往將古書中凡用該字作書名之頭一字者全部錄入，例如一東韻下之「東」字門，則將當時所存之《東觀漢記》全部錄入。而各書之一部分，亦常分隸人名地名等各字之下。其體例固極蕪雜可笑，然稀見之古書賴以保存者頗不少。其書本貯內府，康熙間因編官書，移置翰林院供參考。此後蛛網塵封，無人過問者數十年。此書為明成祖命胡廣、王洪等所編，計六萬二千八百七十七卷，目錄六十卷，裝一萬一千九十五冊。清乾嘉間存九千八百八十一冊，直至清末猶貯翰林院。義和團之亂，為八國聯軍瓜分以盡。除當時踐踏毀失外，現存歐美日本各國圖書館中，每館或百數十冊，或一兩冊不等。雍、乾之交，李穆堂、全謝山同在翰林，發見此中祕笈甚多，相約鈔輯。兩君皆貧士，所鈔無幾。時范氏天一閣、馬氏小玲瓏山館，亦托全氏代鈔。而此書廢物利用的價值，漸為學界所認識。乾隆三十八年，朱筠河筠奏請開四庫館，即以輯《大典》佚書為言，故《四庫全書》之編纂，其動機實自輯佚始也。館即開，即首循此計劃以進行，先後從《大典》輯出之書，著錄及存目合計凡三百七十五種，四千九百二十六卷。其部屬如下：

經部　六十六種
史部　四十一種
子部　一百零三種
集部　一百七十五種

觀上表所列，則當時纂輯《大典》之成績實可驚。以卷帙論，最浩博者，如李燾《續資治通鑑長編》之五百二十卷，薛居正《五代史》之百五十卷，郝經《續後漢書》之九十卷，王珪《華陽集》之七十卷，宋祁《景文集》之六十五卷……其餘二三十卷以上之書，尚不下數十種。其中於學術界有重要關係者頗不少。例如東漢班固、劉珍等之《東觀漢紀》，元代已佚。其書為范蔚宗所不採而足以補《後漢書》闕失者頗不少，今輯得二十四卷，可以存最古的官修史書之面目。又如《五代史》，自歐書出後，薛書寖微，遂至全佚。然歐史摹仿《春秋》筆法，文務簡奧，重要事實多從刊落。今重裒薛史，然後此一期之史蹟稍得完備。又如漢至元古數學書——《九章算術》《孫子算經》，晉劉徽《海島算經》《五曹算經》《夏侯陽算經》，北周甄鸞《五經算術》，宋秦九韶《數學九章》，元李治《益古演段》等，皆久佚。四庫館從《大典》輯出，用聚珍版刊布，喚起學者研究算術之興味實非淺鮮。亦有其書雖存而篇章殘缺，據《大典》葺而補之，例如《春秋繁露》；或其書雖全，而訛脫不可讀，據《大典》讎而正之，例如，《水經注》。凡此之類，皆纂輯《大典》所生之良結果也。

纂輯《大典》所費工力，有極簡易者，有極繁難者。極簡易者，例如《續通鑑長編》五百餘卷，全在「宋」字條下，不過一鈔胥迻錄之勞，只能謂之鈔書，不能謂之輯書。極繁難者，例如《五代史》，散在各條，篇第凌亂，蒐集既備，佐以他書，苦心排比，乃克成編。提要云：「臣等謹就《永樂大典》各韻中所引薛史，甄錄條系，排纂先後，檢其篇第，尚得十之八九；又考宋人書之徵引薛史者，每條採取，以補其闕，遂得依原本卷數，勒成一編。」非得邵二雲輩深通著述家法，而赴以精心果力，不能蕆事。薛史編輯全出二雲手，見阮雲《國史儒林傳稿》。此種工作，遂為後此輯佚家模範。

《永樂大典》所收者，明初現存書而已。然古書多佚自宋元。非《大典》中所能搜得，且《大典》往往全書連載，迻鈔較易。舍此以外，求如此便於撮纂者，更無第二部。清儒好古成狂，不肯以此自甘，於是更為向上一步之輯佚。

向上一步之輯佚，乃欲將《漢書‧藝文志》《隋書‧經籍志》中曾經著錄而今已佚者，次第輯出。其所憑藉之重要資料，則有如下諸類：

一、以唐宋間類書為總資料。——如《北堂書鈔》《藝文類聚》《初學記》《白帖》《太平御覽》《冊府元龜》《山堂考索》《玉海》等。

二、以漢人子史書及漢人經注為輯周秦古書之資料。——例如《史記》《漢書》《春秋繁露》《論衡》等所引古子家說；鄭康成諸經注、韋昭《國語注》所引緯書及古系譜等。

三、以唐人義疏等書為輯漢人經說之資料。——例如從《周易集解》輯漢諸家《易》注；從孔賈諸疏輯《尚書馬鄭注》《左氏賈服注》等。

四、以六朝唐人史注為輯逸文之資料。——例如裴松之《三國志注》，裴駰以下《史記注》，顏師古《漢書注》，李賢《後漢書注》，李善《文選注》等。

五、以各史傳注及各古選本各金石刻為輯遺文之資料。——古選本如《文選》《文苑英華》等。

其在經部，則現行《十三經註疏》中其注為魏晉以後人作者，清儒厭惡之，務輯漢注以補其闕。《易》註：排斥王弼，宗鄭玄、虞翻等。自惠氏輯著《易漢學》之後，有孫淵如輯《孫氏周易集解》十卷續李鼎祚；有盧雅雨見曾輯《鄭氏易注》十卷；有丁升衢傑輯《周易鄭注》十二卷；有張皋文輯《周易虞氏義》九卷、《鄭氏義》二卷、《荀氏九家義》一卷、《易義別錄》十四卷孟喜、姚信、翟子元、蜀才、京房、陸績、干寶、馬融、宋衷、劉表、王肅、董遇、王廙、劉瓛、子夏；有孫步升堂輯《漢魏二十一家易注》三十三卷子夏、鄭玄、陸績、孟喜、京房、馬融、荀爽、劉表、宋衷、虞翻、王肅、姚信、王廙、張璠、向秀、干寶、蜀才、翟元、九家集注、劉瓛。尚有馬竹吾國翰所輯，家數太多，不具錄。

《尚書》註：排斥《偽孔傳》，推崇馬融、鄭玄，漸及於西漢今文，江艮庭之《集注音疏》，王西莊之《後案》，孫淵如之《今古註疏》前經學章有專論，其大部分功臣皆在輯馬、鄭注也。而淵如於全疏外，復輯有《尚書馬鄭注》十卷，馬竹吾亦輯《尚書馬氏傳》四卷。今文學方面，則有陳樸園喬樅《今文尚書經說考》三十二卷、《歐陽夏侯遺說考》二卷，馬竹吾則輯《尚書》歐陽、大夏侯、小夏侯章句各一卷，而《尚書大傳》輯者亦數家看前校勘章。

《詩》註：《毛傳》《鄭箋》皆完，待輯者少。唯今文之魯、齊、韓三家師說久佚，則有馬竹吾輯《魯詩故》三卷，《齊詩傳》二卷，有邵二雲輯《韓詩內傳》一卷，宋綿初輯《韓詩內傳征》四卷，有嚴鐵橋可均輯《韓詩》二十卷，有馬竹吾輯《韓詩故》《韓詩薛君章句》各二卷，《韓詩內傳》《韓詩說》各一卷，有馮雲伯登府《三家詩異文疏證》六卷，有陳左海輯《三家詩遺說考》十五卷，其子樸園輯《四家詩異文考》五卷，著《齊詩翼氏學疏證》二卷。

三《禮》皆鄭注，精博無遺憾，故可補者希。然《周禮》之鄭興、鄭眾、杜子春、賈逵、馬融、王肅諸注；《儀禮》之馬融、王肅諸注；《禮記》之馬融、盧植、王肅諸注；馬竹吾亦各輯為一卷。又有丁儉卿晏之《佚禮抉微》，則輯西漢末所出《儀禮》逸篇之文。

《春秋》三傳註：《公羊》宗何氏，別無問題。《穀梁》范寧注，頗為清儒所不滿，故邵二雲輯《穀梁古注》未刊。《左傳》則排斥杜預，上宗賈逵、服虔，故馬宗璉有《賈服注輯》未見，李貽德有《春秋左傳賈服注輯述》二十卷，臧壽恭有《春秋左氏古義》六卷。

《論語》《孝經》《爾雅》，今註疏本所用皆魏晉人注，故宋於庭翔鳳輯《論語鄭注》十卷；劉申受逢祿輯《論語述何》二卷；鄭子尹珍輯《論語三十七家注》四卷；臧在東庸、嚴鐵橋各輯《孝經鄭氏注》一卷；在東又輯《爾雅漢注》三卷，黃右原奭輯《爾雅古義》十二卷。

緯書自明人《古微書》所輯已不少，清儒更增輯之，最備者為趙在翰所輯《七緯》三十八卷。玉函山房、漢學堂兩叢書皆有專輯。

清儒最尊鄭康成，競輯其遺著。黃右原輯《高密遺書》十四種《六藝論》《易注》《尚書注》《尚書左傳注》《毛詩譜》《箴膏肓》《起廢疾》《發墨守》《喪服變除》《駁五經異義》《答臨孝存周禮難》《三禮目錄》《魯禘祫義》《論語注》《鄭志》《鄭記》。孔叢伯廣林輯《通德遺書》十七種《箴膏肓》《起廢疾》《發墨守》分為三種，增《尚書中侯注》《論語弟子篇》二種，無《鄭志》《鄭記》，余目同黃輯。袁鈞輯有《鄭氏佚書》二十一種增《尚書五行傳注》《尚書略說注》二種，有《鄭志》《鄭記》，余目同孔輯。而陳仲魚鱣又別輯《六藝論》，錢東垣、王復等又先後別輯《鄭志》。其《尚書大傳注》《駁五經異義》，有多數輯本，已詳前。

以上經部。

史部書輯之目的物，一為古史，一為兩晉六朝人所著史。

古史中以《世本》及《竹書紀年》為主要品。

《世本》為司馬遷所據以作《史記》者。《漢書．藝文志》著錄十五卷，其書蓋佚於宋元之交因鄭樵、王應麟尚及徵引。清儒先後輯者有錢大昭、孫馮翼、洪飴孫、雷學淇、秦嘉謨、茆泮林、張澍七家。秦本最豐，凡十卷，余家皆二卷或一卷。然秦將《史記》世家及《左傳》杜注、《國語》韋注，凡涉及世系之文皆歸於《世本》，原書既無明文，似太涉泛濫，茆、張兩家似最詳實。秦嘉謨輯本乃盜竊洪孟慈（飴孫）者，見洪用懃《授經堂未刊書目》。

汲塚《竹書紀年》，亦出司馬遷前，而為遷未見，在史部中實為鴻寶。明以來刻本既出偽撰，故清儒亟欲求其真。先後輯出者，有洪頤煊、陳逢衡、張宗泰、林春溥、朱右曾、王國維諸家。王輯最後最善。

史家著作，以兩晉六朝為最盛，而其書百不存一，學者憾焉。清儒乃發憤從事搜輯。其用力最勤者為章逢之宗源，著有《隋書經籍志考證》。今所存者僅史部，為書十三卷余三部不知已成否。書名雖似踵襲王應麟之《漢書藝文志考證》，而內容不同。彼將《隋志》著錄各書，每書詳考作者履歷及著述始末，與夫後人對於此書之批評。除現存書外，其餘有佚文散見群籍者皆備輯之，雖皆屬片鱗殘甲，亦可謂宏博也已。

其後則有姚氏之駰輯八家《後漢書》東觀、謝承、薛瑩、張璠、華嶠、謝沈、袁山松、司馬彪，汪氏文臺輯七家《後漢書》謝承、薛瑩、司馬彪、華嶠、謝沈、袁山松、張璠及失名氏一種，湯氏球輯兩家《漢晉春秋》習鑿齒、杜延業，兩家《晉陽秋》孫盛、檀道鸞，五家《晉紀》干寶、陸機、曹嘉之、鄧粲、劉謙之，十家《晉書》臧榮緒、王隱、虞預、朱鳳、謝靈運、蕭子雲、蕭子顯、史約、何法盛及晉諸公別傳，十八家霸史蕭方等《三十國春秋》、武敏之《三十國春秋》、常璩《蜀李書》、和苞《漢趙紀》、田融《趙書》、吳篤《趙書》、王度《二石傳》、范亨《燕書》、車頻《秦書》、王景暉《南燕書》、裴景仁《秦記》、姚和都《後秦記》、張諮《涼記》、喻歸《西河記》、段龜龍《涼記》、劉昞《敦煌實錄》、張詮《南燕書》、高閭《燕志》；而張介侯澍以甘肅之特注意甘涼掌故，專輯鄉邦遺籍，所輯有趙岐《三輔決錄》、佚名《三輔故事》、辛氏《三秦記》、楊孚《涼州異物誌》、張諮《涼州記》、佚名《西河舊事》、喻歸《西河記》、佚名《沙州記》。皆兩晉六朝史籍碎金也。

地理類書，則有畢秋帆輯王隱《晉書道地記》《太康三年地誌》，有張介侯輯闞駰《十三州志》。政書類則有孫淵如輯《漢官》六卷。王隆《漢官》及《漢官解詁》、衛宏《漢舊儀》及補遺，應劭《漢官儀》、蔡質《漢官典職儀式選用》、丁孚《漢儀》。譜錄則有錢東垣輯王堯臣《崇文總目》等。

以上史部。

子部書，有唐馬總《意林》所鈔漢以前古子，其書為今已佚者，加以各種類書各種經注等所徵引，時可資採摭。然所輯不多。稍可觀者如嚴可均輯《申子》，章宗源、任兆麟輯《屍子》，章宗源輯《燕丹子》，嚴可均輯補《商子》《慎子》，張澍輯補《司馬法》，茆泮林輯《計然萬物錄》，孫馮翼、茆泮林輯《淮南萬畢術》等。馬氏國翰《玉函山房叢書》所輯《漢志》先秦佚子，則儒家十五種《漆雕子》《宓子》《景子》《世子》《魏文侯書》《李克書》《公孫尼子》《內業》《讕言》《寗子》《王孫子》《董子》（董無心）、《徐子》《魯連子》《虞氏春秋》，農家三種《神農書》《野老》《范子計然》，道家書七種《伊尹書》《辛甲書》《公孫牟子》《田子》《老萊子》《黔婁子》《鄭長者書》，法家一種《申子》，名家一種《惠子》，墨家五種《史佚書》《田俅子》《隨巢子》《胡非子》《纏子》，縱橫家二種《蘇子》《闕子》，黃氏奭《子史鉤沉》中之周秦部分，亦有五種《六韜》《李悝法經》《范子計然》《神農本草經》《淮南萬畢術》。黃氏以周輯《逸子》未刊，其序見《儆季雜著》之周秦部分，亦有六種《太公金匱》《魯連子》《范子計然》《隨巢子》《王孫子》《申子》。

現存各子書輯其佚文者，則有孫仲容之於《墨子》，王石臞之於《荀子》、王先慎之於《韓非子》等。《孟子外書》，林春溥有注本。但此書趙岐已明辨為偽托。

現存古子輯其佚注者，則有孫馮翼輯司馬彪《莊子注》，許慎《淮南子注》等。以吾所見，輯子部書尚有一妙法。蓋先秦百家言，多散見同時人所著書。例如從《孟子》《墨子》書中輯告子學說；從《孟子》《荀子》《莊子》輯宋鈃學說；從《莊子》書中輯惠施、公孫龍學說；從《孟子》《荀子》《戰國策》書中輯陳仲學說；從《孟子》書中輯許行、白圭學說……諸如此類，可輯出者不少，惜清儒尚未有人從事如此也。

以上子部。

集部之名，起於六朝，故考古者無所用其輯。然蒐集遺文，其工作之繁重亦正相等。晚明張溥之《漢魏百三家集》，事實上什九皆由裒輯而成，亦可謂之輯佚。但其書不註明出處，又各家皆題為

「某人集」，而其人或本無集，其集名或並不見前代著錄。任意錫名，非著述之體也。清康熙間官修《全唐文》《全唐詩》《全金詩》，其性質實為輯佚。與《唐文粹》《宋文鑑》等書性質不同。彼乃選本，立一標準以為去取。此乃輯本，見一篇收一篇，務取其備。集部輯佚，實昉於此。

張月霄金吾輯《金文最》百二十卷，凡費十二年始成。李雨村調元輯《全五代詩》一百卷。某氏輯《金遼詩》若干卷。其書未見，其名偶忘。繆小山輯《遼文存》六卷，其工作頗艱辛。其最有價值者有嚴鐵橋之《全上古三代兩漢三國兩晉六朝文》七百四十六卷，凡經、史、子、傳記、專集、註釋書、類書、舊選本、釋道藏、金石文、六朝以前之文，凡三千四百九十七家，自完篇以至零章斷句，搜輯略備。每家各為小傳，冠於其文之前，可謂藝林淵海也已。《吳山尊日記》謂此書實孫淵如輯而鐵橋攘之。吾謂鐵橋決非攘書者。況淵如貴人，鐵橋寒士，鐵橋依淵如幕府，以所著贈名淵如則有之耳。張紹南作《淵如年譜》，謂晚年與鐵橋同輯此書。或淵如發起，且以藏書資鐵橋，斯可信也。（楊星吾《晦明軒稿》論此案，與吾意略同。）

劉孟瞻文淇《揚州文征》、鄧湘皋顯鶴《沅湘耆舊集》等，性質亦為輯佚，蓋對於一地方人之著作搜采求備也。此類書甚多，當於方志章別論之。

以上集部。

嘉道以後，輯佚家甚多，其專以此為業而所輯以多為貴者，莫如黃右原奭、馬竹吾國翰兩家。今舉其輯出種數。

黃氏《漢學堂叢書》：

經解八十六種

通緯五十六種

子史鉤沉七十四種

馬氏《玉函山房輯佚書》：

經部四百四十四種內緯書四十種

史部八種

子部一百七十八種

上兩家所輯雖富，但其細已甚，往往有兩三條數十字為一種者，且其中有一部分為前人所輯，轉錄而已，不甚足貴。馬氏書每種之首冠以一簡短之提要，說明本書來歷及存佚沿革，頗可觀。

鑒定輯佚書優劣之標準有四：

（一）佚文出自何書，必須註明；數書同引，則舉其最先者。能確遵此例者優，否者劣。

（二）既輯一書，則必求備。所輯佚文多者優，少者劣。例如《尚書大傳》，陳輯優於盧、孔輯。

（三）既需求備，又需求真。若貪多而誤認他書為本書佚文則劣。例如秦輯《世本》劣於茆、張輯。

（四）原書篇第有可整理者，極力整理，求還其書本來面目。雜亂排列者劣，例如邵二雲輯《五代史》，功等新編，故最優。——此外更當視原書價值何如。若尋常一俚書或一偽書，搜輯雖備，亦無益，費精神耳。

總而論之，清儒所做輯佚事業甚勤苦，其成績可供後此專家研究資料者亦不少，然畢竟一鈔書匠之能事耳。末流以此相矜尚，治經者現成的三《禮》鄭注不讀，而專講些什麼《尚書》《論語》鄭注；治史者現成之《後漢書》《三國志》不讀，而專講些什麼謝承、華嶠、臧榮緒、何法盛；治諸子者現成幾部子書不讀，而專講些什麼佚文和什麼偽妄的《鬻子》《燕丹子》。若此之徒，真可謂本末倒置，大惑不解。善夫章實齋之言曰：「……今之俗儒，逐於時趨，而誤以擘績補苴，謂足盡天地之能事也。幸而生後世也。如生秦火未毀以前，典籍具存，無事補輯，彼將無所用其學矣。」《文史通義．博約中篇》

## 六　史學

清代史學開拓於黃梨洲、萬季野，而昌明於章實齋。吾別有專篇論之看第五講、第八講、第十二講。但梨洲、季野在草創時代，其方法不盡適用於後輩。實齋才識絕倫，大聲不入裡耳，故不為時流宗尚。三君之學不盛行於清代，清代史學界之恥也。清代一般史學家思想及其用力所在，王西莊之《十七史商榷序》最足以代之。今節錄如下：

……大抵史家所記典制，有得有失，讀史者不必橫生意見，馳騁議論以明法戒也。但當考其典制之實，俾數千百年建置沿革瞭如指掌，而或宜法或宜戒，待人之自擇焉可耳。其事跡則有美有惡，讀史者亦不必強立文法，擅加與奪，以為褒貶也。但由考其事績之實，年經事緯，部居州次，記載之異同，見聞之離合，一一條析無疑，而若者可褒若者可貶，聽諸天下之公論焉可矣。……

讀史之法與讀經小異而大同。……治經斷不敢駁經。而史則雖子長、孟堅，苟有所失，無妨箴而砭之。此其異也。……

大抵自宋以後所謂史家，除司馬光、鄭樵、袁樞有別裁特識外，率歸於三派。其一派則如胡安國、歐陽修之徒，務為簡單奧隱之文辭，行其溪刻隘激之「褒貶」。其一派則蘇洵、蘇軾父子之徒，效縱橫家言，任意雌黃史蹟，以為帖括之用。又其一派則如羅泌之徒之述古、李燾之徒之說今，唯侈浩博，不覆審擇事實。此三派中分史學界七百餘年，入清乃起反動。

清初史學，第一派殆已絕跡，第二派則侯朝宗方域、魏叔子禧等扇其焰，所謂「古文家」「理學家」從而和之，其間如王船山，算是最切實的，然習氣尚在所不免。第三派則馬宛斯驌、吳志伊任臣及毛西河、朱竹垞輩，其著述專務內容之繁博以炫流俗，而事實正確之審查不甚厝意。雖然，自亭林、梨洲諸先覺之倡導，風氣固趨健實矣。

乾嘉間學者力矯其弊，其方向及工作，則略如王西莊所云云。大抵校勘前史文名之訛舛，其一也；訂正其所載事實之矛盾錯誤，其二也；補其遺闕，其三也；整齊其事實使有條理易省覽，其四也。其著述門類雖多，精神率皆歸於此四者。總而論之，清儒所高唱之「實事求是」主義，比較的尚能應用於史學界，雖其所謂「實事」者或毛舉細故，無足重輕，此則視乎各人才識何如。至於其一般用力方法，不可不謂比前代有進步也。

今就各家所業略分類，以論其得失：

## （甲）明史之述作　附清史史料

清初史學之發展，實由少數學者之有志創修《明史》，而明史館之開設，亦間接助之。其志修《明史》者，首屈指亭林、梨洲，然以畢生精力赴之者，則潘力田、萬季野、戴南山。

自唐以後，各史皆成於官局眾修之手，是以矛盾百出，蕪穢而不可理。劉子玄、鄭漁仲已痛論其失，而卒莫之能改。累代學者亦莫敢以此自任。逮清初而忽有潘、萬、戴三君，先後發大心，負荷斯業，雖其功皆不就，不可謂非豪傑之士也。錢牧齋亦有志自撰《明史》，其人不足道，但亦略有史才。然書既無成，可不復論。

三家之中，潘、萬學風大略相同，專注重審查史實。蓋明代向無國史，不如清代國史館之能舉其職，遞續修纂。只有一部《實錄》，既為外間所罕見，且有遺缺缺建文、天啟、崇禎三朝。而士習甚囂，黨同伐異，野史如鯽，各從所好惡以顛倒事實，故明史號稱難理。潘力田發心作史，其下手工夫即在攻此盤錯。其弟次耕序其《國史考異》云：「亡兄博極群書，長於考訂，謂著書之法，莫善於司馬溫公。其為《通鑑》也，先成長編，別著考異，故少牴牾。……於是博訪有明一代之書，以《實錄》為綱領，若志乘，若文集，若墓銘家傳，凡有關史事者一切鈔撮薈萃，以類相從，稽其異同，核其虛實。……去取出入，皆有明征；不徇單辭，不逞臆見；信以傳信，疑以傳疑。……」《遂初堂集》卷六又序其《松陵文獻》曰：「亡兄與吳先生（炎）草創《明史》，先作長編，聚一代之書而分劃之，或以事類，或以人類，條分件系，匯群言而駢列之，異同自出，參伍鉤稽，歸於至當，然後筆之於書。」同上卷七力田治史方法，其健實如此，故顧亭林極相推挹，盡以己所藏書所著稿畀之。其書垂成，而遭「南潯史獄」之難。既失此書，復失此人，實清代史學界第一不幸事也。遺著倖存者僅《國史考異》之一部分原書三十餘卷，僅存六卷及《松陵文獻》，讀之可見其史才之一斑。

季野學術，已具第八講，此不多述。彼為今本《明史》關係最深之人，學者類能知之。但吾以為，《明史》長處，季野實屍其功；《明史》短處，季野不任其咎。季野主要功作，在考證事實以求真是，對於當時史館原稿既隨時糾正，復自撰《史稿》五百卷，自言：「吾所取者或有可損，而所不取者，必非其事與言之真，而不可益。」故《明史》敘事詳實，不能不謂季野詒謀之善。雖然，《史稿》為王鴻緒所攘，竄改不知凡幾。魏默深有《書王橫雲明史稿後》辨證頗詳。後此采王稿成書，已不能謂為萬氏之舊。且季野最反對官局分修制度，而史館沿舊制卒不可革。季野雖負重望，豈能令分纂者悉如其意？況季野卒於康熙四十一年，《明史》成於乾隆四年，相距幾四十年，中間史館廢弛已久；張廷玉草草奏進時，館中幾無一知名之士，則其筆削失當之處，亦概可想。故季野雖視潘、戴為幸，然仍不幸也。最不幸者是《明史稿》不傳。然《明史》能有相當價值，微季野之力固不及此也。

戴南山罹奇冤以死，與潘力田同，而著作之無傳於後，視力田尤甚。大抵南山考證史蹟之懇摯，或不如力田、季野，此亦比較之辭耳。觀集中《與餘生書》（即南山致禍之由者），其搜查史料之勤慎，尚可見；且彼亦與季野有交期，特其精力不甚費於考證耳。而史識、史才，實一時無兩，其遺集中《史論》《左氏辨》等篇，持論往往與章實齋暗合。彼生當明史館久開之後，而不慊於史館諸公之所為，常欲以獨立私撰《明史》，又常與季野及劉繼莊、蔡瞻岷約偕隱舊京共泐一史。然而中年饑驅潦倒，晚獲一第，卒以史事罹大僇，可哀也！其史雖一字未成，然集中有遺文數篇，足覘史才之特絕。其《孑遺錄》一篇，以桐城一縣被賊始末為骨幹，而晚明流寇全部形勢乃至明之所以亡者見具焉，而又未嘗離桐而有枝溢之辭。其《楊劉二士合傳》，以楊畏知、劉廷杰、王運開、運宏四人為骨幹，寥寥二千餘言，而晚明四川雲南形勢若指諸掌。其《左忠毅公傳》以左光斗為骨幹，而明末黨禍來歷及其所生影響與夫全案重要關係人面目皆具見。蓋南山之於文章有天才，善於組織，最能駕馭資料而鎔冶之，有濃摯之情感而寄之於所記之事，不著議論且蘊且泄，恰如其分，使讀者移情而不自知。以吾所見，其組織力不讓章實齋，而情感力或尚非實齋所逮。有清一代史家作者之林，吾所俯首，此兩人而已。

潘、萬、戴之外，有應附記者一人，曰傅掌雷維鱗。其人為順治初年翰林，當明史館未開以前，獨立私撰《明書》一百七十卷。書雖平庸不足稱，顧不能不嘉其志。雖然，三君之書或不成，或不傳，而唯傅書巋然存，適以重吾曹悲也。

明清鼎革之交一段歷史，在全部中國史上實有重大的意義。當時隨筆類之野史甚多，雖屢經清廷禁毀，現存者尚百數十種。其用著述體稍經組織而其書有永久的價值者，則有吳梅村偉業之《鹿樵紀聞》，專記流寇始末；其書為鄒漪所盜改，更名《綏寇紀略》，竄亂原文，顛倒事實處不少。有王船山之《永曆實錄》，記永曆帝十五年間事跡，有紀有傳；有戴耘野笠之《寇事編年》《殉國彙編》，實潘力田《明史長編》之一部；耘野與亭林、力田為至友。力田修《明史》，耘野為擔任晚明部分，此諸書即其稿。見潘次耕《寇事編年序》。有黃梨洲之《行朝錄》，於浙閩事言之較詳；有萬季野之《南疆逸史》，有溫睿臨之《南疆繹史》，皆半編年體；有計用賓六奇之《明季北略》《明季南略》，用紀事本末體，組織頗善；有邵念魯廷采之《東南紀事》《西南紀事》，蓋以所聞於黃梨洲者重加甄補，成為有系統的著述，於當時此類著作品中稱甚善雲。嘉道以降，文網漸寬，此類著述本可以自由，然時代既隔，資料之蒐集審查皆不易，唯徐亦才鼒之《小腆紀傳》最稱簡潔。戴子高望嘗欲作《續明史》，成傳數篇，惜不永年，未竟其業。錢映江綺著《南明書》三十六卷，據譚復堂雲已成，不審有刻本否，亦不知內容何如。

官修《明史》自康熙十八年開館，至乾隆四年成書，凡經六十四年。其中大部分率皆康熙五十年以前所成，以後稍為補綴而已。關於此書之編纂，最主要人物為萬季野，盡人皆知。而大儒黃梨洲、顧亭林，於義例皆有所商榷。而最初董其事者為葉讱庵及徐健庵、立齋兄弟，頗能網羅人才，故一時績學能文之士，如朱竹垞、毛西河、潘次耕、吳志伊、施愚山、汪堯峰、黃子鴻、王昆繩、湯荊峴、萬貞一等咸在纂修之例，或間接參定。《明史》初稿某部分出某人手，可考出者，如《太祖本紀》、高文昭章睿景純七朝后妃傳至江東李文進、龍大有列傳四十七篇出湯荊峴；《成祖本紀》出朱竹垞；《地理志》出徐健庵；《食貨志》出潘次耕；《曆志》出吳志伊、湯荊蜆；《藝文志》出尤西堂；太祖十三公主至曹吉祥傳一百二十九篇，出汪堯峰；熊廷弼、袁崇煥、李自成、張獻忠諸傳，出萬季野；流賊、土司、外國諸傳出毛西河。……此類故實，散見諸家文集筆記中者不少。吾夙思蒐集匯列之，惜所得尚希耳。一時流風所播，助長學者社會對於史學之興味亦非淺鮮也。

史學以記述現代為最重，故清人關於清史方面之著作，為吾儕所最樂聞，而不幸茲事乃大令吾儕失望。治明史者常厭野史之多，治清史者常感野史之少。除官修《國史》、《實錄》、《方略》外，民間私著卷帙最富者，為蔣氏良騏、王氏先謙之兩部《東華錄》，實不過鈔節《實錄》而成。欲求如明王世貞之《弇州乙部稿》等稍帶研究性質者且不可得。進而求如宋王偁之《東都事略》等斐然述作者，更無論矣。其局部的紀事本末之部，最著者有魏默深源之《聖武記》、王王秋闓運之《湘軍志》等。默深觀察力頗銳敏，組織力頗精能，其書記載雖間有失實處，固不失為一傑作。王秋文人，缺乏史德，往往以愛憎顛倒事實。郭筠仙、意城兄弟嘗逐條簽駁，其家子弟匯刻之，名曰《湘軍志平議》。要之王秋此書文采可觀，其內容則反不如王定安《湘軍記》之詳實也。其足備表志一部分資料者，如祁鶴皋韻士之《皇朝藩部要略》對於蒙古部落封襲建置頗詳原委；如程善夫慶余之《皇朝經籍志》《皇朝碑版錄》《八卿表》《督撫提鎮年表》等，當屬佳構，存否未審見戴子高所作程墓表。此外可稱著作者，以吾固陋，乃未之有聞。其人物傳記之部，最著者有錢東生林之《文獻徵存錄》、李次青元度之《國朝先正事略》等。錢書限於學者及文學家，頗有條貫；李書涉全部，自具別裁，而儉陋在所不免。其部分的人物，則如董兆熊之《明遺民錄》、張南山維屏之《國朝詩人征略》等頗可觀。至於《碑傳集》錢儀吉編，《續碑傳集》繆荃孫編，《國朝耆獻類征》李桓編等書，鈔撮碑誌家傳，只算類書，不算著述。李書尤蕪雜，但亦較豐富。至如筆記一類書，宋明人所著現存者，什之五六皆記當時事跡。清人筆記有價值者，則什有九屬於考古方面。求其記述親見親聞之大事，稍具條理本末如吳仲倫德旋《聞見錄》、薛叔耘福成《庸庵筆記》之類，蓋不一二覯。昭槤《嘯亭雜錄》、姚元之《竹葉亭筆記》、陳康祺《郎潛紀聞》之類，雖皆記當時事，然全屬官場瑣末掌故，足資史料者甚少。故清人不獨無清史專書，並其留詒吾曹之史料書亦極貧乏。以吾個人的經驗，治清史最感困難者，例如滿洲入關以前及入關初年之宮廷事跡與夫旗人殘暴狀況，《實錄》經屢次竄改，諱莫如深。孟蕁生《心史叢刊》記累朝改《實錄》事頗詳。又如順治康熙間吏治腐敗，民生凋敝，吾儕雖於各書中偶見其斷片，但終無由知其全部真相，而據官書記載，則其時乃正黃金時代。又如咸同之亂，吾儕耳目所稔，皆曾胡輩之豐功偉烈，至洪楊方面人物制度之真相，乃無一書記述。又如自戊戌政變，義和團以至辛亥革命，雖時代密邇，口碑間存，然而求一卷首末完備年月正確之載記，亦杳不可得。……竊計自漢晉以來二千年，私家史料之缺乏，未有甚於清代者。蓋緣順康雍乾間文網太密，史獄屢起，「禁書」及「違礙書」什九屬史部，學者咸有戒心。乾、嘉以後，上流人才集精力於考古，以現代事跡實為不足研究。此種學風及其心理，遺傳及於後輩，專喜撏撦殘編，不思創垂今錄。他不具論，即如我自己便是遺傳中毒的一個人。我於現代事實所知者不為少，何故總不肯記載以詒後人？吾常以此自責，而終不能奪其考古之興味。故知學風之先天的支配，甚可畏也。嗚呼！此則乾嘉學派之罪也。

（乙）上古史之研究

《史記》起唐虞三代，而實跡可詳記者實斷自春秋而取材於《左氏》。《通鑑》則托始戰國。而《左傳》下距《戰國策》既百三十三年，中間一無史籍，《戰國策》又皆斷片記載，不著事實發生年代。於是治史學者當然發生兩問題：一春秋以前或秦漢以前史蹟問題；一春秋戰國間缺漏的史蹟及戰國史蹟年代問題。

第一問題之研究，前此則有蜀漢譙周《古史考》、晉皇甫謐《帝王世紀》皆佚，宋胡宏《皇大紀》、呂祖謙《大事記》，羅泌《路史》、金履祥《通鑑前編》等。清初治此者則有馬宛斯驌、李廌清鍇。宛斯之書曰《繹史》，百十六卷，仿袁樞紀事本末體，蓋畢生精力所萃。蒐羅資料最宏博，顧亭林極稱之，時人號曰「馬三代」。廌清之書曰《尚史》，七十卷，仿正史紀傳體《世系圖》一卷，《本紀》五卷，《世家》十三卷，《列傳》三十四卷，《系》四卷，《年表》十卷，《序傳》一卷，博贍稍遜馬書。李為鐵嶺人，關東唯一學者。此兩書固不愧著作之林。但太史公固云：「百家言黃帝，其言不雅馴，搢紳先生難言之。」宛斯輩欲知孔子所不敢知，雜引漢代讖緯神話，泛濫及魏晉以後附會之說，益博則愈益其蕪穢耳。然馬書以事類編，便其學者。李映碧清為作序，稱其特長有四：一、體制之別創，二、譜牒之咸具，三、紀述之靡舛，四、論次之最核。後兩事吾未敢輕許，但其體制別創確有足多者。蓋彼稍具文化史的雛形，視魏晉以後史家專詳朝廷政令者蓋有間矣。宛斯復有《左傳事緯》，用紀事本末治《左傳》；而高江村士奇之《左傳紀事本末》，分國編次，則復左氏《國語》之舊矣。此外則顧復初《春秋大事表》，為治春秋時代史最善之書，已詳經學章，不複述。

嘉慶間則有從別的方向——和馬宛斯正相反的方法以研究古史者，曰崔東壁述，其書曰《考信錄》。《考信錄提要》二卷，《補上古考信錄》二卷，《唐虞考信錄》八卷，《洙泗考信錄》四卷，《豐鎬別錄》《洙泗余錄》各三卷，《孟子實錄》《考信附錄》《考信續說》各二卷。太史公謂：「載籍極博猶考信於六藝。」東壁墨守斯義，因取以名其書。經書以外隻字不信。《論語》《左傳》，尚擇而後從，《史記》以下更不必論。彼用此種極嚴正態度以治古史，於是自漢以來古史之雲霧撥開什之八九。其書為好博的漢學家所不喜。然考證方法之嚴密犀利，實不讓戴、錢、段、王，可謂豪傑之士也。

研究第二問題者，嘉道間有林鑒塘春溥，著《戰國紀年》六卷，同光間有黃薇香式三，著《周季編略》九卷。兩書性質體裁略同，黃書晚出較優。

第二問題，在現存資料範圍內，所能做的工作不過如此，不復論。第一問題中春秋前史蹟之部分，崔東壁所用方法，自優勝於馬宛斯。雖然，猶有進。蓋「考信六藝」，固視輕信「不雅馴之百家」為較有根據。然六藝亦強半春秋前後作品，為仲尼之徒所誦法。仲尼固自言「夏殷無征」，則自周以前之史蹟，依然在茫昧中。六藝果能予吾儕以確實保障否耶？要之，中國何時代有史，有史以前文化狀況如何，非待採掘金石之學大興，不能得正當之解答，此則不能責備清儒，在我輩今後之努力耳。

（丙）舊史之補作或改作

現存正史類之二十四史，除《史記》、兩《漢》及《明史》外，自余不滿人意者頗多。編年類司馬《通鑒》止於五代，有待賡續。此外偏霸藩屬諸史，亦時需補葺。清儒頗有從事於此者。

陳壽《三國志》精核謹嚴，夙稱良史，但其不滿人意者三點：一、行文太簡，事實多遺；二、無志表；三、以魏為正統。宋以後學者對於第三點抨擊最力，故謀改作者紛紛。宋蕭常、元郝經兩家之《續後漢書》，即斯志也。清則咸同間有湯承烈著《季漢書》若干卷，吾未見其書；據莫邵亭友芝稱其用力尤在表志，凡七易稿乃成。爭正統為舊史家僻見，誠不足道，若得佳表志，則其書足觀矣。

《晉書》為唐貞觀間官修，官書出而十八家舊史盡廢，劉子玄嘗慨嘆之。其書喜采小說，而大事往往闕遺，繁簡實不得宜。嘉慶間周保緒濟著《晉略》六十卷，仿魚豢《魏略》為編年體也。丁儉卿晏謂其「一生精力畢萃於斯，體例精深，因而實創」；魏默深謂其「以寓平生經世之學，遐識渺慮，非徒考訂筆力過人」，據此則其書當甚有價值。乾隆間有郭倫著《晉紀》六十八卷，為紀傳體。

魏收《魏書》夙稱「穢史」，蕪累不可悉指。其於東西魏分裂之後，以東為正，以西為偽，尤不愜人心。故司馬《通鑒》不從之。乾隆末謝蘊山啟昆著《西魏書》二十四卷，糾正收書之一部分。南北正統之爭本已無聊，況於偏霸垂亡之元魏，為辨其孰正孰僭，是亦不可以已耶，然蘊山實頗具史才，此書於西魏二十餘年間史料採摭殆無遺漏，結構亦謹嚴有法，固自可稱。

今二十四史中，《宋書》《南齊書》《梁書》《陳書》《北魏書》《北齊書》《北周書》之與《南史》《北史》《舊唐書》之與《新唐書》《舊五代史》之與《新五代史》，皆同一時代而有兩家之著作，文之重複者什而八九，兩家各有短長，故官書並存而不廢。然為讀者計，非唯艱於省覽，抑且苦於別擇矣。於是校合刪定之本，頗為學界所渴需。清初有李映碧清著《南北史合鈔》口卷，刪宋、齊、梁、陳、魏、齊、周、隋八書，隸諸南北二史而夾注其下。其書盛為當時所推服，與顧氏《方輿紀要》、馬氏《繹史》稱為海內三奇書。實則功僅鈔撮，非為不足比顧，並不足比馬也。映碧復鈔馬令、陸游兩家之《南唐書》為一書。康、雍之交，有沈東甫炳震著《新舊唐書合鈔》二百六十卷。其名雖襲映碧，而體例較進步，彼與兩書異同，經考訂審擇乃折衷於一。其《方鎮表》及《宰相世系表》正訛補闕，幾等於新撰，全謝山謂「可援王氏《漢書藝文志考證》之例孤行於世」者也《鮚埼亭集．沈東甫墓誌銘》。要之此二書雖不能謂為舊史之改造，然刪合剪裁，用力甚勤，於學者亦甚便。

《五代史》自歐書行而薛書殆廢，自《四庫》輯佚，然後兩本乃並行。歐仿《春秋》筆法，簡而無當；薛書稍詳，而蕪累掛漏亦不少。要之其時宇內分裂，實不能以統一時代之史體為衡。薛歐皆以汴京稱尊者為骨幹，而諸鎮多從闕略，此其通蔽也。清初吳志伊任臣著《十國春秋》百十四卷吳十四卷，南唐二十卷，前蜀十三卷，後蜀十卷，南漢九卷，楚十卷，吳越十三卷，閩十卷，荊南四卷，北漢五卷，十國紀元世系表合一卷，地理志二卷，藩鎮表、百官表各一卷。以史家義法論，彼時代之史，實應以各方鎮醜夷平列為最宜。實則宜將梁、唐、晉、漢、周並夷之為十五國。吳氏尚一間未達也。吳氏義例，實有無薛歐所不及處。然其書徒侈捃摭之富，都無別擇，其所載故事又不注出處。蓋初期學者著述，體例多缺謹嚴，又不獨吳氏也。道咸間，粵人吳蘭修著《漢紀》，梁廷枏著《南漢書》，皆足補吳書所未備，而考核更精審。

嘉慶間陳仲魚鱣著《續唐書》七十卷，以代五代史，其意蓋不欲帝朱溫，而以後唐李克用直接唐昭宗；後唐亡後，則以《南唐》續之。其自作此書，則將以處於劉、歐兩《唐書》與馬、陸兩《南唐書》之間。此與湯氏《季漢書》、謝氏《西魏書》同一見解。為古來大小民賊爭正統閏位，已屬無聊，況克用朱邪小夷，又與朱溫何別？徒浪費筆墨耳。然亦猶薛歐妄宗汴京稱尊者而造為「五代」一名稱，有以惹起反動也。有李旦華（憲吉）著《後唐書》內容略同，未刻。

元人所修三史宋遼金，在諸史中稱為下乘，內中《金史》因官修之舊，較為潔淨。金人頗知注重文獻，史官能舉其職，元好問、劉祁等私家著述亦豐，故《金史》有所依據。《宋》《遼》二史蕪穢漏略特甚。遼地偏祚短，且勿論。宋為華族文化嫡裔，而無良史，實士夫之恥也。《宋史》中北宋部分本已冗蕪，南宋部分尤甚。錢竹汀云：《宋史》述南渡七朝事，叢冗無法，不如九朝之無善；寧宗以後四朝，又不如高、孝三朝之詳明。識者早認為有改造之必要。明末大詞曲家湯玉茗顯祖曾草定體例，鉤乙原書，略具端緒見王阮亭《分甘余話》及梁曜北《瞥記》。清初潘昭度得玉茗舊本因而擴之，殆將成書見梁茝林《退庵隨筆》。但今皆不傳。乾隆末邵二雲發憤重編《宋志》，錢竹汀、章實齋實參與其義例，以舊史南宋部分最蒙詬病，乃先仿王偁《東都事略》，著《南都事略》，而《宋志》草創之稿亦不少見《章實齋文集·邵與桐別傳》。然二雲體弱多病，僅得中壽卒年五十四，兩書俱未成，即遺稿鱗爪，今亦不得見。又章實齋治史別有通裁，常欲仍「紀傳之體，而參（紀事）本末之法，增圖譜之例，而刪書志之名」；以為載諸空言，不如見諸實事，故「思自以義例撰述一書，以名所著之非虛語；因擇諸史之所宜致功者，莫如趙宋一代之書」《文集·與邵二雲論修宋史書》。是實齋固刻意創作斯業，然其書亦無成。以亟須改造之《宋史》，曾經多人從事，其中更有史學大家如二雲、實齋其人者，然而此書始終未得整理之結果，並前輩工作之痕跡亦不留於後，不得不為學術界痛惜也。朱記榮《國朝未刊遺書志略》載有吳縣陳黃中《宋史稿》二百十九卷。

《元史》之不堪，更甚於元修之史。蓋明洪武元年宋景濂之奉敕撰《元史》，二月開局，八月成書，二次重修，亦僅閱六月，潦草一至於此！雖鈔胥迻錄成文，尚虞不給，況元代國史本無完本，而華蒙異語扞格滋多者耶？故或以開國元勛而無傳並名氏亦不見，或一人而兩傳、三傳，其《刑法》《食貨》《百官》諸志，皆直鈔案牘，一無剪裁，於諸史中最為荒穢。清儒發憤勘治，代有其人。康熙間則邵戒三遠平著《元史類編》四十二卷，然僅就原書重編一過，新增資料甚少，體例亦多貽笑大方。乾隆間則錢竹汀銳意重修，先為《元史考異》十五卷，然新史正文僅成《氏族表》《經籍志》兩篇。竹汀學術方面甚多，不能專力於此，無足怪也。據鄭叔問《國朝未刊遺書目》，言竹汀已成《元史稿》一百卷。嘉慶間則汪龍莊輝祖著《元史本證》五十卷，分《證誤》《證遺》《證名》三部分，竹汀謂其「自攄新得，實事求是，有大醇而無小疵」原書卷首《錢序》。推挹可謂至矣。右三家者，除竹汀所補表志外，余皆就原書拾遺匡謬，其對於全部之改作，則皆志焉而未之逮。大抵《元史》之缺憾，其一固在史法之蕪穢，其一尤在初期事實之闕漏。蒙古人未入中國，先定歐西。太祖、太宗、定宗、憲宗四朝，西征中亞細亞全部以迄印度，北征西伯利亞以迄中歐，及世祖奠鼎燕京，其勢已鄰弩末。前四朝事跡，實含有世界性，為《元史》最主要之部分，而官修《元史》概付闕如，固由史官荒率，抑亦可憑藉之資料太闕乏也。乾隆間自《永樂大典》中發見《元祕史》及《皇元聖武親征錄》所記皆開國及太祖時事。兩書出而「元史學」起一革命。錢竹汀得此兩書，錄存副本，其所以能從事考證《元史》者蓋以此。其後張石洲穆將《親征錄》校正，李仲約文田為《元祕史》作注，於是治元史者興味驟增。雖然，元時之修國史，其重心不在北京史館，而在西域宗藩。有波斯人拉施特者，承親王合贊之命，著《蒙古全史》寫以波斯文，實為元史第一瑰寶，而中國人夙未之見。至光緒間洪文卿鈞使俄，得其鈔本，譯出一部分，而《元史》學又起第二次革命。蓋自道、咸以降，此學漸成顯學矣。近百年間，從事改造《元史》，泐成書者，凡四家：

一、魏默深源《新元史》九十卷道光間著成，光緒三十一年刻。

二、洪文卿鈞《元史譯文證補》三十卷光緒間著成，光緒二十六年刻。

三、屠敬山寄《蒙兀兒史記》，卷數未定光緒、宣統間隨著隨刻。

四、柯鳳蓀紹忞《新元史》二百五十七卷民國十一年刻。

吾於此學純屬門外漢，絕無批評諸書長短得失之資格。唯據耳食所得，則魏著訛舛武斷之處仍不少，蓋創始之難也。但舍事跡內容而論著作體例，則吾於魏著不能不深服。彼一變舊史「一人一傳」之形式，而傳以類從。其傳名及篇目次第為……太祖服各國，太宗、憲宗兩朝平服各國。中統以後屢朝平服叛藩，勛戚開國四杰，開國四先鋒二部長，誓渾河功臣，開國武臣，開國相臣，開國文臣，平金功臣，平蜀功臣，平宋功臣，世祖相臣，……治歷治水漕運諸臣，平叛藩諸臣，平東夷南夷諸臣，中葉相臣等。但觀其篇目，即可見其組織之獨具別裁。章實齋所謂「傳事與傳人相兼」，司馬遷以後未或行之也。故吾謂魏著無論內容罅漏多至何等，然固屬史家創作，在斯界永留不朽的價值矣。洪著據海外祕笈以補證舊史，其所勘定之部分又不多，以理度之固宜精絕。屠著自為史文而自注之，其注純屬《通鑒考異》的性質，而詳博特甚，凡駁正一說，必博徵群籍，說明所以棄彼取此之由；以著作體例言，可謂極矜慎極磊落者也。柯著彪然大帙，然篇首無一字之序，無半行之凡例，令人不能得其著書宗旨及所以異於前人者在何處？篇中篇末又無一字之考異或按語，不知其改正舊史者為某部分？何故改正？所根據者何書？著作家作此態度，吾未之前聞。吾嘗舉此書記載事實是否正確，以問素治此學之陳援庵垣，則其所序批評，似更下魏著一等也，吾無以判其然否。最近柯以此書得日本博士。

上所舉皆不滿於舊史而改作者。其藩屬敵國外國之史，應補作者頗多，惜少從事者。以吾所知有洪北江《西夏國志》，十六卷，未刻。而黃公度遵憲之《日本國志》四十卷，在舊體史中實為創作。

溫公《通鑑》絕筆五代。賡而續之者，在宋則有李燾，迄於北宋，在明則陳、王宗沐、薛應旂，皆迄元末。然明人三家，於遼金正史束而不觀，僅據宋人紀事之事，略及遼金繼世年月，荒陋殊甚。清初徐健庵著《資治通鑑後編》百八十四卷，襄其事者為萬季野、閻百詩、胡東樵等。《四庫》著錄，許其善述。然關於北宋事跡，則李燾《長編》足本之在《永樂大典》者未出；關於南宋事跡，則李心傳《系年要錄》亦未出；元代則文集說部散於《大典》中者，亦多逸而未見。徐著在此種資料貧乏狀態之下，勢難完善，且於遼金事太不厝意，亦與明人等；而宋嘉定後、元至順前，亦太荒略，故全部改作，實為學界極迫切之要求，至乾隆末然後畢秋帆沅《續資治通鑑》二百二十捲出現。此書由秋帆屬幕中僚友編訂，凡閱二十年，最後經邵二雲校定。章實齋《邵與桐別傳》云：「畢公以二十年功，屬賓客續《宋元通鑑》，大率就徐本損益，無大殊異。……君出緒餘，為之覆審，其書即大改觀。……畢公大悅，謂迥出諸家《續鑑》上。」可見書實成於邵手。而章實齋實參與其義例。實齋有代秋帆致錢竹汀論《續鑑》書，見本集。函中指摘陳王薛徐諸家缺失，及本書所據資料所用方法，甚詳核。可見章氏與此書關係極深。其書「宋事，據二李燾、心傳而推廣之，遼金二史所載大事無一遺落，又據旁籍以補其逸。元事，多引文集，而說部則慎擇其可徵信者。仍用司馬氏例，折衷諸說異同，明其去取之故，以為《考異》。……」章代畢致錢書中語。蓋自此書出而諸家《續鑑》可廢矣。

自宋袁樞作《通鑑紀事本末》，為史界創一新體。明陳邦瞻依其例以治宋史、元史。清初則有谷賡虞應泰著《明史紀事本末》八十卷，其書成於官修《明史》以前，采輯及組織皆頗費苦心。姚立方謂此書為海昌談孺木（遷）所作，其各篇附論則陸麗京（圻）作。鄭芷畦述朱竹垞言，謂此書為徐倬作，雖皆屬疑案，然其書出谷氏者甚少，蓋可斷言。葉廷琯《鷗波漁話》辨證此事最平允。而馬宛斯有《左傳事緯》，高江村士奇有《左傳紀事本末》，皆屬此類書。

（丁）補各史表志

表志為史之筋干，而諸史多缺，或雖有而其目不備。如「藝文」僅漢、隋、唐、宋、明五史有之，余皆闕如。三國六朝海宇分裂，疆域離合，最難董理，而諸史無一注意及此者，甚可怪也。宋錢文子有《補漢兵志》一卷；熊方有《補後漢書年表》若干卷，實為補表志之祖。清儒有事於此者頗多，其書皆極有價值。據吾所知見者列目如下：

《歷代史表》五十九卷鄞縣萬斯同季野著。此書從漢起至五代止，獨無西漢及唐，以《漢書》《新唐書》原有表也，所表皆以人為主，《方鎮年表》各篇最好。唯東漢於表人外，別有《大事年表》一篇，是其例外。

又季野尚有《紀元匯考》四卷、《歷代宰輔匯考》八卷，性質亦略同補表。

《二十一史四譜》五十四卷歸安沈炳震東甫著。四譜者，一紀元，二封爵，三宰執，四謚法。所譜自漢迄元。

《歷代藝文志》口卷仁和杭世駿大宗著（未見）。

以上總補。

《歷代地理沿革表》四十七卷常熟陳芳績亮工著。此書自漢至明分十二格，表示州郡縣沿革。

《史目表》二卷陽湖洪飴孫孟慈著。此書乃表各史篇目，甚便比觀，雖非補表，附錄於此。又歸安錢念劬（恂）亦有《史目表》一卷，但采洪著稍有加減，非創作也。

以上總補。

《史記天官書補目》一卷陽湖孫星衍淵如著。

《楚漢諸侯疆域志》三卷儀征劉文淇孟瞻著。

以上補《史記》《漢書》。

《後漢書補表》八卷嘉定錢大昭晦之著。此書因熊方舊著而補其闕、正其訛。為《諸侯王》《王子侯》《功臣侯》《外戚恩澤侯》《宦者侯》《公卿》，凡六表。《補續漢書藝文志》一卷嘉定錢大昭晦之著。《補後漢書藝文志》四卷番禺侯康君謨著。《後漢書三公年表》一卷金匱華湛恩孟超著。

以上補《後漢書》。

《三國志補表》六卷常熟吳卓信頊儒著。《三國志補表》十卷同上。上二書未刻，見朱記榮《國朝未刊遺書志略》。《補三國疆域志》二卷陽湖洪亮吉稚存著。《補三國藝文志》四卷番禺侯康君謨著。《三國職官表》三卷陽湖洪飴孫孟慈著。《三國紀年表》一卷錢唐周嘉猷兩塍著。《三國郡縣表補正》八卷宜都楊守敬星吾著（未見）。

以上補《三國志》。

《補晉兵志》一卷嘉興錢儀吉衎石著。《補晉書藝文志》四卷常熟丁國鈞著。《補晉書藝文志》口卷番禺侯康君謨著（未見）。《補晉書經籍志》四卷錢塘吳士鑒著。《補晉書藝文志》五卷萍鄉文廷式著。《東晉疆域志》四卷陽湖洪亮吉稚存著。《十六國疆域志》十六卷同上。

以上補《晉書》。

《南北史表》七卷錢唐周嘉猷兩塍著。《年表》一卷，《世系表》五卷，《帝王世系表》一卷。《南北史補志》十四卷江寧汪士鐸梅村著。原書三十卷，今存十四卷，內《天文志》四卷、《地理志》四卷、《五行志》二卷、《禮儀志》三卷；其《輿服》《樂律》《刑法》《職官》《食貨》《氏族》《釋老》《藝文》八志，佚於洪楊之亂。《東晉南北朝輿地表》二十八卷嘉定徐文範仲圃著。《年表》十二卷，《州郡表》四卷，《郡縣沿革表》六卷，《世系圖表》附《各國疆域》二卷。《十六國春秋世系表》二卷嘉興李旦華厚齋著。《補宋書刑法志》《食貨志》各一卷棲霞郝懿行蘭皋著。補《宋、齊、梁、陳、魏、北齊、周各書藝文志》各一卷番禺侯康君謨著（未見）。《補梁書、陳書藝文志》各一卷武進湯洽著（未見）。《補梁疆域志》四卷陽湖洪齮孫子齡著。

以上補南北朝諸史。

《唐書史臣表》一卷嘉定錢大昕竹汀著。《唐五代學士表》．卷同上。《唐折衝府考》四卷仁和勞經原笙士著，其子格季言補輯。《唐折衝府考補》一捲上虞羅振玉叔蘊著。此二書雖非純粹的補表志，而性質略同，附見於此。《唐藩鎮表》金匱華湛恩孟超著（未見，卷數未詳）。

以上補《唐書》。

《五代紀年表》一卷錢唐周嘉猷兩塍著。《補五代史藝文志》一卷江寧顧櫰三著。

以上補《五代史》。

《宋史藝文志補》一捲上元倪燦著。《元史藝文志》四卷嘉定錢大昕竹汀著。《元史氏族表》三卷同上。《宋學士年表》一卷同上。《補遼金元三史藝文志》一捲上元倪燦著。又一卷江都金門詔著。

以上二書似不佳。《宋遼金元四史朔閏表》二卷嘉定錢大昕竹汀著。

以上補宋遼金元史。

此類書吾所知見者得以上若干種當有未知者，容更搜補。清儒此項工作，在史學界極有價值。蓋讀史以表志為最要，作史亦以表志為最難。舊史所無之表志，而後人摭拾叢殘以補作則尤難。右諸書中，如錢衎石之《補晉兵志》，以極謹嚴肅括之筆法，寥寥二三千言另有自注，而一代兵制具見。如錢晦之之《補續漢書藝文志》、侯君謨之《補三國藝文志》等，從本書各傳所記及他書所徵引辛勤搜剔，比《隋經籍志》所著錄增加數倍，而各書著作來歷及書中內容亦時復考證敘述，視《隋志》體例尤密。如洪北江、劉孟瞻之數種補疆域志，所述者為群雄割據、疆場屢遷的時代，能苦心鉤稽，按年月以考其疆界，正其異名。如周兩塍之《南北史世系表》，仿《唐書宰相世系表》之意而擴大之，將六朝矜崇門第之階級的社會能表現其真相。如錢竹汀之《元史藝文志》及《氏族表》可據之資料極貧乏，而能鉤索補綴，蔚為大觀。⋯⋯凡此皆清儒絕詣，而成績永不可沒者也。

此外有與補志性質相類者，則如錢衎石之《三國志會要》五卷已成未刻，《晉會要》《南北朝會要》各若干卷未成；楊晨之《三國會要》有刻本；徐星伯松之《宋會要》五百卷，《宋中興禮書》二百三十一卷，《續通書》六十四卷俱未刻。

以上所舉，各史應補之表志，亦已十得四五，吾儕所最不滿意者，則食貨、刑法兩志補者甚寡僅有一家。兩志皆最要而頗難作，食貨尤甚，豈清儒亦畏難耶，抑不甚注意及此耶？

舊史所無之表，吾認為有創作之必要者，略舉如下：

一、外族交涉年表：諸外族侵入，於吾族舊史關係至巨，非用表分別表之，不能得其興衰之真相。例如《匈奴年表》，從冒頓起，至劉淵、赫連之滅亡表之；《鮮卑年表》從樹機能始，至北齊、北周之滅亡表之；《突厥年表》，從初成部落，至西突厥滅亡表之；《契丹年表》，從初成部落，至西遼滅亡表之；《女真年表》，從金初立國，至清入關表之；《蒙古年表》，自成吉思以後，歷元亡以後，明清兩代之叛服，乃至今日役屬蘇維埃俄國之跡皆表之。自余各小種族之興僕，則或以總表表之。凡此皆斷代史所不能容。故舊史未有行之者，然實為全史極重要脈絡。得此則助興味與省精力皆甚多，而為之亦並不難，今後之學者宜致意也。羅叔蘊著《高昌麴氏年表》等，即此意。惜題目太小，範圍太狹耳。

二、文化年表：舊史皆詳於政事而略於文化，故此方面之表絕無。今宜補者，例如《學者生卒年表》《文學家生卒年表》《美術家生卒年表》《佛教年表》《重要書籍著作及存佚年表》《重要建築物成立及破壞年表》等。此類表若成，為治國史之助實不細。創作雖不甚易，然以清儒補表志之精神及方法赴之，資料尚非甚缺乏也。

三、大事月表：《史記》之表，以遠近為疏密。三代則以世表，十二諸侯、六國及漢之侯王將相則以年表，秦楚之際則以月表。蓋當歷史起大變化之事跡，所涉方面極多，非分月表不能見其真相。《漢書》以下二十三史，無復表月者矣。今對於舊史欲補此類表，資料甚難得，且太遠亦不必求詳。至如近代大事，例如《明清之際月表》《咸豐軍興月表》《中日戰役月表》《義和團事件月表》《辛亥革命月表》等，皆因情形極複雜，方面極多，非分月、且分各部分表之，不能明晰。吾儕在今日，尚易集資料。失此不為，徒受後人責備而已。

吾因論述清儒補表志之功，感想所及，附記如右。類此者尚多，未遑遍舉也。要之，清儒之補表志，實費極大之勞力，裨益吾儕者真不少。惜其眼光尚局於舊史所固有，未能盡其用耳。

（戊）舊史之註釋及辨證

疏注前史之書，可分四大類。其一，解釋原書文句音義者，如裴駰之《史記集解》，顏師古、李賢之《兩漢書》注等，是也；其二，補助原書遺佚或兼存異說者，如裴松之之《三國志注》等，是也；其三，校勘原書文字上之錯舛者，如劉攽、吳仁杰之《兩漢刊誤》等，是也；其四，糾正原書事實上之訛謬者，如吳縝之《新唐書糾繆》等，是也。清儒此類著述中，四體皆有，有一書專主一體者，有一書兼用兩體或三體者。其書頗多，不能悉舉。舉其要者錯綜論列之。

清儒通釋諸史最著名者三書，曰：

《二十一史考異》一百卷，附《三史拾遺》五卷、《諸史拾遺》五卷嘉定錢大昕竹汀著。

《十七史商榷》一百卷嘉定王鳴盛西莊著。

《二十二史札記》三十六卷陽湖趙翼甌北著。

三書形式絕相類，內容卻不盡從同者一部分。錢書最詳於校勘文字，解釋訓詁名物，糾正原書事實訛謬處亦時有。凡所校考，令人渙然冰釋，比諸經部書，蓋王氏《經義述聞》之流也。王書亦間校釋文句，然所重在典章故實，自序謂：「學者每苦正史繁塞難讀，或遇典制茫昧，事跡樛葛，地理職官眼瞇心瞀，試以予書置旁參閱，疏通而證明之，不覺如關開節解，筋轉脈搖。……」誠哉然也！書末《綴言》二卷，論史家義例，亦殊簡當。趙書每史先敘其著述沿革，評其得失，時亦校勘其牴牾，而大半論「古今風會之遞變、政事之屢更，有關於治亂興衰之故者」自序語。但彼與三蘇派之「帖括式史論」截然不同。彼不喜專論一人之賢否、一事之是非，唯捉住一時代之特別重要問題，羅列其資料而比論之，古人所謂「屬辭比事」也。清代學者之一般評判，大抵最推重錢，王次之，趙為下。以余所見，錢書固清學之正宗，其校訂精核處最有功於原著者；若為現代治史者得常識、助興味計，則不如王、趙。王書對於頭緒紛繁之事跡及制度，為吾儕絕好的顧問，趙書能教吾儕以抽象的觀察史蹟之法。陋儒或以少談考據輕趙書，殊不知竹汀為趙書作序，固極推許，謂為「儒者有體有用之學」也。又有人謂趙書乃攘竊他人，非自作者。以趙本文士，且與其舊著之《陔余叢考》不類也。然人之學固有進步，此書為甌北晚作，何以見其不能？況明有竹汀之序耶？並時人亦不見有誰能作此類書者。或謂出章逢之（宗源），以吾觀之，逢之善於輯佚耳，其識力尚不足以語此。

武英殿版《二十四史》每篇後所附考證，性質與錢氏《考異》略同，尚有杭大宗世駿《諸史然疑》、洪稚存亮吉《四史發伏》等。洪筠軒頤煊《諸史考異》、李次白貽德《十七史考異》，疑亦踵錢例，然其書未見。

其各史分別疏證者，分隸於一總書之下，如錢竹汀之《史記考異》，即《二十一史考異》之一部分；《史記拾遺》，即《三史拾遺》之一部分，不再舉。則《史記》有錢獻之坫《史記補註》一百三十六卷，梁曜北玉繩《史記志疑》三十六卷，王石臞念孫《讀史記雜誌》六卷，崔觶甫適《史記探原》八卷等。錢書當是巨製，惜未刻，無從批評。王書體例，略同錢氏《考異》。梁書自序言：「百三十篇中愆違疏略，觸處滋疑，加以非才刪續，使金罔別，鏡璞不完，良可閔嘆！……」書名「志疑」，實則刊誤糾謬，什而八九也。崔書專辨後人續增竄亂之部分，欲廓清以還史公真相，故名曰「探原」。

《史記》為第一部史書，其價值無俟頌揚。然去古既遠，博采書記，班彪所謂「一人之精，文重思煩，故其書刊落不盡，多不齊一」。此實無容為諱者。加以馮商、褚少孫以後，續者十餘家。孰為本文？孰為竄亂？實難辨別。又況傳習滋廣，傳寫訛舛，所在皆是。故各史中最難讀而亟須整理者，莫如《史記》。清儒於此業去之尚遠也。然梁、崔二書，固已略辟蠶叢。用此及二錢二王所校訂為基礎，輔以諸家文集筆記中之所考辨，匯而分疏於正文之下，別成一集校集注之書，庶為後學省無數迷惘。是有望於今之君子！

《漢書》《後漢書》有吳枚庵翌鳳《漢書考證》十六卷未見，惠定宇《後漢書補註》二十四卷侯君謨、沈銘彝各續補惠書一卷，錢晦之大昭《漢書辨疑》二十二卷、《後漢書辨疑》十一卷、《續漢書辨疑》九卷，王石臞《讀漢書後漢書雜誌》共十七卷，陳少章景雲《兩漢訂誤》五卷，沈文起欽韓《兩漢書疏證》共七十四卷，周荇農壽昌《漢書注校補》五十六卷、《後漢書注校正》八卷，王益吾先謙《漢書補註》一百卷、《後漢書集解》九十卷、《續漢書志集解》三十卷等。諸書大率釋文、考異、訂誤兼用，而《漢書》則釋文方面更多，因其文近古較難讀也；《後漢書》則考異方面較多，以諸家逸書謝承、華嶠、司馬彪等遺文漸出也。王益吾《補註》《集解》最晚出，集全清考訂之成，極便學者矣。

《三國志》有杭大宗《三國志補註》六卷，錢竹汀《三國志辨疑》三卷，潘眉《三國志考證》八卷，梁茝林章鉅《三國志旁證》三十卷，陳少章《三國志舉正》四卷，沈文起《三國志注補》《訓故》《釋地理》各八卷，侯君謨《三國志補註》一卷，周荇農《三國志注證遺》四卷等。此書裴注全屬考異補逸性質，諸家多廣其所補，沈則於其所不注意之訓故地理方面而補之也。

馬、班、陳、范四史最古而最善，有註釋之必要及價值，故從事者多，《晉書》以下則希矣。其間歐公之《新五代史》最有名而文句最簡，事跡遺漏者最多，故彭掌仍元瑞仿裴注《三國》例，為《五代史記注》七十四卷，吳胥石蘭庭亦有《五代史記纂誤補》四卷《纂誤》為宋吳縝撰，則糾歐之失也。而武授堂億、唐春卿景崇亦先後以此例注歐之《新唐書》。武書似未成，唐成而未刻雲。其餘如洪稚存之《宋書音義》、杭大宗之《北齊書疏證》、劉恭甫壽曾之《南史校議》、趙昭祖之《新［舊］唐書互證》等，瑣末點綴而已。

遼、金、元三史最為世詬病。清儒治《遼史》者，莫勤於厲樊榭鶚之《遼史拾遺》二十四卷。治《金史》者，莫勤於施研北國祁之《金史詳校》十卷。其《元史》部分，已詳前節，不再論列。唯李仲約文田之《元祕史注》十五卷，蓋得蒙古文原本對譯勘正而為之注，雖非正注史，附錄於此。

注校舊史用功最巨而最有益者，厥唯表志等單篇之整理。蓋茲事屬專門之業，名為校注，其難實等於自著也。最初業此者，則宋王應麟之《漢書藝文志考證》。清儒仿行者則如：

孫淵如《史記天官書考證》十卷未刻。

梁曜北《漢書人表考》九卷《古今人表》之注也。從古籍中蒐羅諸人典故殆備，可稱為三代前人名辭典。又翟文泉（雲叔）有《校正古今人表》。

全謝山《漢［書］地理志稽疑》口卷又段茂堂有《校本地理志》，未刻。

錢獻之坫《新斠注漢書地理志》十六卷，《漢書十表注》十卷《表注》未刻。

汪小米遠孫《漢書地理志校本》二卷。

吳頊儒卓信《漢書地理志補註》百零三卷頊儒尚有《漢三輔考》二十四卷，亦《地理志》之附庸也。

楊星吾守敬《漢書地理志補校》二卷。

陳蘭甫《漢書地理志水道圖說》七卷。

洪筠軒《漢志水道疏證》四卷。

徐星伯松《漢書地理志集釋》十六卷，《漢書西域傳補註》二卷。

李恢垣光廷《漢西域圖考》七卷此書實注《漢書．西域傳》也。

李生甫賡藝《漢書藝文志考誤》二卷未刻。

朱亮甫右曾《後漢書郡國志補校》口卷未刻。錢晦之有《後漢郡國令長考》，實釋《郡國志》之一部分。

錢獻之《續漢書律曆志補註》二卷未刻。

畢秋帆《晉書地理志新校正》五卷。

方愷《新校晉書地理志》一卷。

張石洲穆《延昌地形志》口卷此用延昌時為標準，補正《魏書地形志》也。

章逢之宗源《隋書經籍志考證》十三卷此書雖注重輯佚，但各書出處多所考證，亦不失為註釋體。

楊星吾《隋［書］地理志考證》九卷。

張登封宗泰《新唐書天文志疏正》口卷未刻。

沈東甫炳震《校正唐書方鎮表》《宰相世系表》此兩篇在《新舊唐書鈔》中，但全部校補，重新組織。全謝山謂當提出別行，誠然。又《唐書宰相世系表訂訛》十二卷此書單行。

董覺軒沛《唐書方鎮表考證》二十卷似未刻。

以上各史表志專篇之校注，與補志表同一功用。彼則補其所無。此則就其有者，或釋其義例、或校其訛舛，或補其遺闕也。顧最當注意者，上表所列，關於地理者什而八九，次則經籍，次則天文、律歷皆各有一二，而食貨、刑法、樂、輿服等乃絕無。即此一端，吾儕可以看出乾嘉學派的缺點。彼輩最喜歡研究僵定的學問，不喜歡研究活變的學問。此固由來已久，不能專歸咎於一時代之人，然而彼輩推波助瀾，亦與有罪焉。彼輩所用方法極精密，所費工作極辛勤，惜其所研究之對象不能副其價值。嗚呼！豈唯此一端而已矣。

### （己）學術史之編著及其他

專史之作，有橫斷的，有縱斷的。橫斷的以時代為界域，如二十四史之分朝代，即其一也。縱斷的以特種對象為界域，如政治史、宗教史、教育史、文學史、美術史等類是也。中國舊唯有橫斷的專史而無縱斷的專史，實史界一大憾也。《通典》及《資治通鑑》可勉強作兩種方式之縱斷的政治史。內中唯學術史一部門，至清代始發展。

舊史中之儒林傳、藝文志，頗言各時代學術淵源流別，實學術史之雛形。然在正史中僅為極微弱之附庸而已。唐宋以還，佛教大昌，於是有《佛祖通載》《傳燈錄》等書，謂為宗教史也可，謂為學術史也可，其後儒家漸漸仿效，於是有朱晦翁《伊洛淵源錄》一類書。明代則如周汝登《聖學宗傳》之類，作者紛出，然大率藉以表揚自己一家之宗旨，乃以史昌學，非為學作史，明以前形勢大略如此。

清初，孫夏峰著《理學宗傳》，復指導其門魏蓮陸一鰲著《北學編》，湯荊峴斌著《洛學編》，學史規模漸具。及黃梨洲《明儒學案》六十二捲出，始有真正之學史，蓋讀之而明學全部得一縮影焉。然所敘限於理學一部分，例如王弇州、楊升庵……輩之學術在《明儒學案》中即不得見。而又特詳於王學，蓋「以史昌學」之成見，仍未能盡脫。梨洲本更為《宋元學案》，已成十數卷，而全謝山更續為百卷。謝山本有「為史學而治史學」的精神，此百卷本《宋元學案》，有宋各派學術——例如洛派、蜀派、關派、閩派、永嘉派，乃至王荊公、李屏山等派——面目皆見焉，洵初期學史之模範矣。

敘清代學術者有江子屏藩之《國朝漢學師承記》八卷，《國朝宋學淵源記》三卷，有唐海鏡鑒之《國朝學案小識》十五卷。子屏將漢學、宋學門戶顯然區分，論者或病其隘執。然乾、嘉以來學者事實上確各樹一幟，賤彼而貴我，子屏不過將當時社會心理照樣寫出，不足為病也。二書中《漢學》編較佳，《宋學》編則漏略殊甚，蓋非其所喜也。然強分兩門，則各人所歸屬亦殊難正確標準，如梨洲、亭林編入《漢學》附錄，於義何取耶？子屏主觀的成見太深，其言漢學，大抵右元和惠氏一派，言宋學則喜雜禪宗。觀《師承記》所附《經師經義目錄》，及《淵源記》之附記，可見出。好持主觀之人，實不宜於作學史，特其創始之功不可沒耳。唐鏡海蒐羅較博，而主觀抑更重。其書分立「傳道」「翼道」「守道」三案，第其高下；又別設「經學」「心學」兩案，示排斥之意。蓋純屬講章家「爭道統」的見解，不足以語於史才明矣。聞道咸間有姚春木椿者，亦曾著《國朝學案》，其書未成，然其人乃第三四流古文家，非能治學者，想更不足觀也。吾發心著《清儒學案》有年，常自以時地所處竊比梨洲之故明，深覺責無旁貸；所業既多，荏苒歲月，未知何時始踐夙願也。

學史之中，亦可分析為專門，或專敘一地學風，或專敘一學派傳授分佈。前者如《北學編》《洛學編》等是，後者如邵念魯廷采之《陽明王子及王門弟子傳》《蕺山劉子及劉門弟子傳》即其例。學派的專史，清代有兩名著：其一為李穆堂紱之《陸子學譜》，貌象山之真；其二為戴子高望之《顏氏學記》，表習齋之晦，可謂振裘挈領，心知其意者矣。

文學美術等宜有專史久矣，至竟闕然！無已，則姑舉其類似者數書。一、阮藝臺之《疇人傳》四十六卷，羅茗香士琳《續疇人傳》六卷，諸可寶之《疇人傳三編》七卷，詳述歷代天算學淵源流別。二、張南山維屏之《國朝詩人征略》六十卷，網羅有清一代詩家，各人先為一極簡單之小傳，次以他人對於彼之論評，次乃標其名著之題目或摘其名句。道光前作者略具焉。三、卞永譽之《式古堂書畫匯考》三十卷，其畫考之部，首為畫論卷一，次為收藏法卷二，次論前代記載名畫目錄及評論之書卷三至七，次乃遍論三國兩晉迄明畫家卷八至三十，頗有別裁，非等叢鈔，儼具畫史的組織，宜潘次耕極賞之也。有魯東山駿《宋元以來畫人姓氏錄》三十六卷，以韻編姓，實一部極博贍之畫家人名辭典。此數書者即不遽稱為文學史、美術史，最少亦算曾經精製之史料，惜乎類此者且不可多得也。

最近則有王靜安國維著《宋元戲曲史》，實空前創作，雖體例尚有可議處，然為史界增重既無量矣。

(庚) 史學家法之研究及結論

千年以來，研治史家義法能心知其意者，唐劉子玄、宋鄭漁仲與清之章實齋學誠三人而已。茲事原非可以責望於多數人，故亦不必以少所發明為諸儒詬病。顧吾曹最痛惜者，以清代唯一之史家章實齋，生乾、嘉極盛時代，而其學竟不能為斯學界衣被以別開生面，致有清一代史學僅以摭拾叢殘自足，誰之罪也？實齋學說，別為專篇，茲不復贅。

## 七　方志學

最古之史，實為方志，如《孟子》所稱「晉《乘》、楚《檮杌》、魯《春秋》」，墨子所稱「周之《春秋》，宋之《春秋》，燕之《春秋》」；莊子所稱「百二十國寶書」，比附今著，則一府州縣誌而已。唯封建與郡縣組織既殊，故體例靡得而援焉。自漢以降，幅員日恢，而分地紀載之著作亦孳乳寖多，其見於《隋書．經籍志》者，則有下列各類：

一、圖經之屬。如《冀幽齊三州圖經》及羅含《湘中山水記》、劉澄之《司州山川古今記》等。

二、政記之屬。如趙曄《吳越春秋》，常璩《華陽國志》，失名《三輔故事》等。

三、人物傳之屬。如蘇林《陳留耆舊傳》，陳壽《益都耆舊傳》等。

四、風土記之屬。如圈稱《陳留風俗傳》，萬震《南州異物誌》，宗懍《荊楚歲時記》等。

五、古蹟之屬。如佚名《三輔黃圖》，揚衒之《洛陽伽藍記》等。

六、譜牒之屬。如《冀州姓族譜》，洪州、吉州、江州、袁州諸《姓譜》等。

七、文征之屬。如宋明帝《江左文章志》等。

自宋以後，薈萃以上各體成為方志。方志之著述，最初者為府志，繼則分析下達為縣誌，綜括上達為省志。明以前方志，今《四庫》著錄者尚二十七種，存目亦數十。《四庫》例：宋元舊志全收，明則選擇綦嚴，僅收五種，清則唯收當時所有之省志而已。然道、咸以後，學者蒐羅遺佚，《四庫》未收之宋元志續出重印者不少，以吾所見尚二十餘種。入清，則康熙十一年曾詔各郡縣分輯志書，而成者似不多，佳構尤希。雍正七年因修《大清一統志》，需省志作資料，因嚴諭促修，限期蒇事。今《四庫》著錄自李衛等監修之《畿輔通志》起至鄂爾泰監修之《貴州通志》止，凡十六種，皆此次明詔之結果也。成書最速者為《廣東通志》，在雍正八年，最遲者為《貴州通志》，在乾隆六年。旋復頒各省府州縣誌六十年一修之令。雖奉行或力不力，然文化稍高之區，或長吏及士紳有賢而好事者，未嘗不以修志為務，舊志未湮，新志踵起。計今所存，恐不下二三千種也。

方志中什之八九，皆由地方官奉行故事，開局眾修，位置冗員，鈔撮陳案，殊不足以語於著作之林。雖然，以吾儕今日治史者之所需要言之，則此二三千種十餘萬卷之方志，其間可寶之資料乃無盡藏。良著固可寶，即極惡俗者亦未宜厭棄。何則？以我國幅員之廣，各地方之社會組織，禮俗習慣，生民利病，樊然淆雜，各不相侔者甚夥。而疇昔史家所記述，專注重一姓興亡及所謂中央政府之囫圇畫一的施設，其不足以傳過去現在社會之真相，明矣。又正以史文簡略之故，而吾儕所渴需之資料乃摧剝而無復遺，猶幸有蕪雜不整之方志，保存所謂「良史」者所吐棄之原料於糞穢中，供吾儕披沙揀金之憑藉，而各地方分化發展之跡及其比較，明眼人遂可以從此中窺見消息，斯則方志之所以可貴也。

方志雖大半成於俗吏之手，然其間經名儒精心結撰或參訂商榷者亦甚多。吾家方志至少，不能悉舉，顧以睹聞所及，則可稱者略如下。

康熙《鄒平縣誌》馬宛斯獨撰，顧亭林參與。

康熙《濟陽縣誌》張稷若獨撰。

康熙《德州志》顧亭林參與。
康熙《靈壽縣誌》陸稼書為知縣時獨撰。
乾隆《歷城縣誌》周書昌（永年）、李南澗（文藻）合撰。
乾隆《諸城縣誌》李南澗獨撰。
乾隆《寧波府志》萬九沙（經）、全謝山參與。
乾隆《太倉州志》王述庵（昶）獨撰。
乾隆《鄞縣誌》錢竹汀參與。
乾隆《汾州府志》《汾陽縣誌》俱戴東原參與。
乾隆《松江府志》《邠州志》《三水縣誌》俱孫淵如主撰。
乾隆《偃師縣誌》《安陽縣誌》，嘉慶《魯山縣誌》《寶豐縣誌》《郟縣誌》俱武授堂（億）主撰。
乾隆《西寧府志》《烏程縣誌》《昌化縣誌》《平陽縣誌》俱杭大宗（世駿）主撰。
乾隆《廬州府志》《江寧府志》《六安州志》俱姚姬傳（鼐）主撰。
乾隆《寧國府志》《懷慶府志》《延安府志》《涇縣誌》《登封縣誌》《固始縣誌》《澄城縣誌》《淳化縣誌》《長武縣誌》俱洪稚存主撰。
乾隆《和州志》《永清縣誌》《亳州志》俱章實齋獨撰。
乾隆《天門縣誌》《石首縣誌》《廣濟縣誌》《常德府志》《荊州府志》俱章實齋參與。
乾隆《富順縣誌》段茂堂為知縣時獨撰。

乾隆《朝邑縣誌》錢獻之（坫）主撰。

嘉慶《廣西通志》謝蘊山（啟昆）為巡撫時主撰。

嘉慶《湖北通志》乾隆末畢秋帆為總督時主撰，章實齋總其事，但今本已全非其舊。

嘉慶《浙江通志》，道光《廣東通志》《雲南通志》皆阮藝臺主撰。《廣東志》，陳觀樓（昌齊）、江子屏（藩）、謝裡甫（蘭生）等總纂。

嘉慶《安徽通志》陶雲汀（澍）主撰，陸祁孫（繼輅）總纂。

嘉慶《揚州府志》伊墨卿（秉綬）倡修，焦里堂、姚秋農（文田）、秦敦夫（恩復）、江子屏等協成。

嘉慶《徽州府志》夏朗齋（鑾）、汪叔辰（龍）合撰，龔自珍參與。

嘉慶《鳳臺縣誌》李申耆（兆洛）為知縣時獨撰。

嘉慶《懷遠縣誌》李申耆主撰，董晉卿（士錫）續成。

嘉慶《禹州志》《鄢陵縣誌》《河內縣誌》洪幼懷（苻孫）主撰。

嘉慶《長安縣誌》《咸寧縣誌》董方立（祐誠）主撰。

嘉慶《郯城縣誌》陸祁孫主撰。

道光《湖廣通志》林少穆（則徐）總裁，俞理初（正燮）總纂。

道光《陝西通志》蔣子瀟（湘南）參與。

道光《雷州府志》《海康縣誌》陳觀樓獨撰。

道光《興文縣誌》《屏山縣誌》《大足縣誌》《瀘溪縣誌》張介侯（澍）為知縣時獨撰。
道光《武岡府志》《寶慶縣誌》鄧湘皋（顯鶴）獨撰。
道光《南海縣誌》吳荷屋（榮光）主撰。
道光《河內縣誌》《永定縣誌》《武陟縣誌》方彥聞（履箋）主撰。
道光《貴陽府志》《大定府志》《興義府志》《安順府志》鄒叔績（漢勛）主撰。
道光《新會縣誌》黃香石（培芳）、曾勉士（釗）合撰。
道光《濟寧州志》許印林（瀚）獨撰。
道光《涇陽縣誌》蔣子瀟主撰，刻本多改竄。
咸豐《邳州志》《清河縣誌》魯通甫（一同）主撰。
咸豐《遵義府志》莫子偲（友芝）、鄭子尹（珍）合撰。
同治《江西通志》董覺軒（沛）總纂。
同治《蘇州通志》馮林一（桂芬）主撰。
同治《南海縣誌》鄒特夫（伯奇）、譚玉生（瑩）主撰。
同治《番禺縣誌》陳蘭甫主撰。
同治《江寧府志》汪梅村（士鐸）主撰。
同治《湖州府志》《歸安縣誌》陸存齋（心源）主撰。
同治《鄞縣誌》《慈溪縣誌》董覺軒、徐柳泉（時棟）合撰。

光緒《畿輔通志》黃子壽（彭年）總纂。

光緒《山西通志》曾沅甫（國荃）總裁、王霞舉（軒）總纂。

光緒《湖南通志》郭筠仙（嵩燾）、李次青（元度）總纂。

光緒《安徽通志》何子貞（紹基）總纂。

光緒《湘陰縣圖志》郭筠仙獨撰。

光緒《湘潭縣誌》《衡陽縣誌》《桂陽縣誌》俱王壬秋（闓運）主撰。

光緒《杭州府志》《黃岩縣誌》《青田縣誌》《永嘉縣誌》《仙居縣誌》《太平續志》俱王子莊（棻）主撰。

光緒《紹興府志》《會稽新志》俱李蓴客（慈銘）主撰。

光緒《湖北通志》《順天府志》《荊州府志》《昌平縣誌》俱繆小山（荃孫）主撰。

宣統《新疆圖志》王晉卿（樹枏）總纂。

民國《江陰縣誌》繆小山主撰。

民國《合川縣誌》孫親石（森楷）獨撰。

以上諸志，皆出學者之手，斐然可列著作之林者。吾不過隨舉所知及所記憶，掛漏蓋甚多，然亦可見乾嘉以降，學者日益重視斯業矣。

方志之通患在蕪雜。明中葉以後有起而矯之者，則如康海之《武功縣誌》，僅三卷，二萬餘言；韓邦靖之《朝邑縣誌》，僅二卷，五千七百餘言，自詫為簡古。而不學之文士如王漁洋、宋牧仲輩震而異之，比諸馬班。耳食之徒，相率奉為修志模楷，即《四庫提要》亦極稱之。又如陸稼書之《靈壽縣誌》，借之以昌明理學，而世人亦竟譽為方志之最良者。乾隆以前一般人士對於方志觀念之幼稚誤謬，可以想見矣。注意方志之編纂方法，實自乾隆中葉始。李南澗歷城、諸城兩志，全書皆纂集舊文，不自著一字，以求絕對的徵信。後此志家，多踵效之。謝蘊山之《廣西通志》，首著敘例二十三則，遍征晉唐宋明諸舊志門類體制，捨短取長，說明所以因革之由。認修志為著述大業，自蘊山始也。故其志為省志模楷，雖以阮藝臺之博通，恪遵不敢稍出入，繼此更無論。余如焦里堂、李申耆集中，皆有專論修志體例之文，然其間能認識方志之真價值、說明其真意義者，則莫如章實齋。

實齋以清代唯一之史學大師，而不能得所藉手以獨撰一史，除著成一精深博大之《文史通義》，及造端太宏未能卒業之《史籍考》外，其創作天才，悉表現於和州、亳州、永清三志及《湖北通志》稿中。「方志學」之成立，實自實齋始也。實齋關於斯學之貢獻，首在改造方志之概念。前此言方志者，為「圖經」之概念所囿，以為僅一地理書而止。實齋則謂方志乃《周官》小史、外史之遺，其目的專以供國史取材，非深通史法不能從事。概念擴大，內容自隨而擴大。彼乃著《方志設立三書議》，謂：「凡欲經紀一方之文獻，必立三家之學：仿紀傳正史之體而作『志』，仿律令典例之體而作『掌故』，仿《文選》《文苑》之體而作『文征』。三書相輔而行，缺一不可。」彼晚年應畢秋帆聘，總鄂志局事，即實行其理想，分泐《湖北通志》《湖北掌故》《湖北文征》三書，彼又以為「志」須繼續增修，而資料非隨時保存整理，則過此將散失不可復理，於是倡議各州縣設立志科，使文獻得有所典守而不墜，而國史取材，亦可以有成式而免參差蕪猥之患。又晰言省志與府志、府志與縣誌地位之差別，大旨謂府縣誌為省志資料，省志為國史資料，各自有其任務與其組織；省志非拼闔府縣誌可成，府縣誌非割裂省志可成。

實齋所改造之方志概念既與前不同，則其內容組織亦隨之而異。今試將舊志中號稱最佳之謝氏《廣西通志》，與實齋所擬《湖北三書》稿，比較如下。

嘉慶《廣西通志》目錄：

訓典四表：郡縣沿革　職官　選舉　封建

九略：輿地——疆域圖、分野、氣候、戶口、風俗、物產。山川——山、川、水利。關隘建置——城池、廨置、學校、壇廟、梁津。經政——銓選、恤助、經費、祿餉、恤政、田賦、鹽法、榷稅、積貯、祀典、土貢、學制、兵制、馬政、郵政、承審土司事件、口糧、鹽倉、刑具、鼓鑄、陂河、經費、船政。前事藝文——經、史、子、集、傳記、事記、地記、雜記、志乘、奏疏、詩文。金石勝蹟——城池、署宅、塚墓、寺觀。

二錄：宦績　謫宦

六列傳：人物　土司　列女　流寓　仙釋　諸蠻

《湖北三書》目錄：

《湖北通志》七十四篇

二紀：皇言　皇朝編年（附前代）

三圖：方輿　沿革　水道
五表：職官　封建　選舉　族望　人物
六考：府縣　輿地　食貨　水利　藝文　金石
四政略：經濟　循績　捍禦　師儒
五十三傳（目多不載）
《湖北掌故》六十六篇
吏科——四目：官司員額、官司職掌、員缺繁簡、吏典事宜。
戶科——十九目：賦役、倉庾、漕運、雜稅、牙行等。
禮科——十三目：祀典、儀注、科場條例等。
兵科——十二目：將弁員額、兵丁技藝額數、武弁例馬等。
刑科——六目：裡甲、編甲圖、囚糧衣食、三流道裡表等。
工科——十二目：城工、塘汛、江防、銅鐵、礦廠、工料價值表等。
《湖北文征》八集：
甲集上下——裒錄正史列傳。
乙集上下——裒錄經濟策要。
丙集上下——裒錄詞章詩賦。
丁集上下——裒錄近人詩詞。

約而言之，向來作志者皆將「著述」與「著述資料」混為一談。欲求簡潔斷制不失著述之體耶？則資料之割捨者必多。欲將重要資料悉予保存耶？則全書繁而不殺，必蕪穢而見厭。故康之《武功》，韓之《朝邑》，與汗牛充棟之俗志交譏，蓋此之由。實齋「三書」之法，其《通志》一部分，純為「詞尚體要」「成一家言」之著述；《掌故》《文征》兩部分，則專以保存著述所需之資料。既別有兩書以保存資料，故「純著述體」之《通志》，可以肅括閎深，文極簡而不虞遺闕。實齋所著《方志辨體》自述其《湖北通志》稿之著述義例，內一段云：「《通志》食貨考田賦一門，余取《賦役全書》布政使司總匯之冊，登其款數，而採用明人及本朝人所著財賦利病奏議詳揭及士大夫私門論撰，聯絡為篇。為文不過四五千言，而讀者於十一府州數百年間財賦沿革弊利，洞如觀火。蓋有布政司以總大數，又有議論以明得失，故文簡而事理明也。舊志盡取各府州縣《賦役全書》，挨次排纂，書盈五六百紙。……閱者連篇累卷。但見賦稅錢谷之數，而數百年利病得失則茫然無可求。……」

其保存資料之書，又非徒堆積檔案謬誇繁富而已，加以別裁，組織而整理之，馭資料使適於用。《湖北掌故》中有《賦役表》一篇，《方志辨體》述其義例云：「志文既擷其總要，貫以議論，以存精華，仍取十一府州六十餘州縣《賦役全書》，巨帙七十餘冊，總其款目以為之經，分其細數以為之緯，縱橫其格，排約為《賦役表》。不過二卷之書，包括數十巨冊，略無遺脫。……」觀此可見《掌故》書體例一斑。實齋之意，欲將此種整理資料之方法，由學者悉心訂定後，著為格式，頒下各州縣之「志科」，隨時依式最錄，則不必高材之人亦可從事，而文獻散亡之患可以免。此誠保存史料之根本辦法，未經人道者也。實齋所作《州縣請立志科議》云：「天下大計，既始於州縣，則史事責成，亦當始於州縣之志。州縣有荒陋無稽之志，而無荒陋無稽之令史案牘。…… 故州縣之志，不可取辦於一時，平日當於諸典吏中，特立志科，僉典吏之稍明於文法者，以充其選。而且立為成法，俾如法以紀載。…… 積數十年之久，則訪能文學而通史裁者，筆削以為成書。…… 如是又積而又修之，於事不勞而功效已為文史之儒所不能及。」

實齋之於史，蓋有天才，而學識又足以副之。其一生工作，全費於手撰各志，隨處表現其創造精神。以視劉子玄、鄭漁仲，成績則既過之矣。今《和》《亳》《永清》三志，傳本既甚希，吾儕僅在《文史通義》外篇見其敘例；《湖北通志》，則畢秋帆去職後，全局皆翻；嘉慶官本，章著痕跡，渺不復存，幸而《遺書》中有檢存稿及未成稿數十篇，得以窺其崖略。然固已為史界獨有千古之作品，不獨方志之聖而已。吾將別著《章實齋之史學》一書詳論之，此不能多及也。

吾於諸名志，見者甚少，不敢細下批評。大約省志中嘉道間之廣西謝志，浙江、廣東阮志，其價值久為學界所公認，同光間之畿輔李志、山西曾志、湖南李志等，率皆踵謝、阮之舊，而忠實於所事，抑其次也。而宣統新疆袁志，前無所承，體例亦多新創，卓然斯界後起之雄矣。各府州縣誌，除章實齋諸作超群絕倫外，則董方立之《長安》《咸寧》二志，論者推為冠絕今古；鄭子尹、莫子偲之《遵義志》，或謂為府志中第一；而洪稚存之《涇縣》《淳化》《長武》，孫淵如之《邠州》《三水》，武授堂之《偃師》《安陽》，段茂堂之《富順》，錢獻之之《朝邑》，李中耆之《鳳臺》，陸祁孫之《郯城》，洪幼懷之《鄢陵》，鄒特夫、譚玉生之《南海》，陳蘭甫之《番禺》，董覺軒之《鄞縣》《慈溪》，郭筠仙之《湘陰》，王壬秋之《湘潭》《桂陽》，繆小山之《江陰》，皆其最表表者。而比較其門目分合增減之得失，資料選擇排配之工拙，斯誠方志學中有趣且有益的事業。余有志焉，而今病未能也。

昔人極論官修國史之弊。蓋謂領其事者皆垂老之顯宦，不知學問為何物；分纂人員猥濫，無所專責，雖有一二達識，不能盡其才。故以劉子玄之身具三長，三入史館，而曾不得一藉手以表所學，徒發憤於《史通》，此其明效矣。方志地位，雖亞於國史，然編纂之形式，率沿唐後官局分修之舊，故得良著甚難，而省志尤甚。必如謝蘊山、阮藝臺之流，以學者而任封圻，又當承平之秋，史事稀簡，門生故吏通學者多，對於修志事自身有興味，手定義例，妙選人才分任而自總其成，故成績斐然也。然以乾隆末之湖北志局，以畢秋帆為總督，而舉國以聽於章實齋，亦可謂理想的人選矣。全書已成未刻，畢忽去位，而局中一校對員陳增者構煽其間，遂至片跡不存。若非實齋白錄有副本之一部分，則數年間努力之結果，皆灰飛燼滅矣。始末見《章氏遺書》中《方志略例》及各散篇。又如乾隆初年之《浙江通志》，其經籍一門出杭大宗手，而卒被局員排擠削去。大宗雖別錄單行，然今竟不可得見矣。看《道古堂集．兩浙經籍志序》。州縣誌規模較小，責任轉專，故得良著亦較易。或績學之長官親總其事，如陸稼書之在靈壽，段茂堂之在富順，李申耆之在鳳臺；或本邑耆宿負重望居林下，發心整理鄉邦文獻，如王述庵之於太倉，武授堂之於偃師、安陽，陸存齋之於歸安，鄧湘臯之於寶慶，繆小山之於江陰；又或為長官者既物色得人，則隆其禮貌，專其委任，拱手仰成，不予牽制，如永清之得章實齋，長安、咸寧之得董方立。三者有一於此，斯佳志可成。雖然，猶有難焉。以郭筠仙之通才博學，官至督撫，歸老於鄉，自任本縣《湘陰圖志》總纂，書已告成，而為李桓所扼，卒歷若干年，僅得以私貲付刻。始末見本書後序。蔣子瀟受聘修《涇陽志》，體例一仿實齋，及全書刻出，凡例仍其原文，而內容已竄改無完膚矣。見《七經樓文集》「關中志乘」條。夫方志之著述，非如哲學家文學家之可以閉戶瞑目其理想而遂有創獲也。其最主要之工作在調查事實，蒐集資料。斯固非一手一足之烈，而且非借助於有司或其他團體，則往往不能如意。故學者欲獨力任之，其事甚難，而一謀於眾，則情實糾紛，牽制百出。此所以雖區區一隅之志乘，而躊躇滿志者且不一二睹也。

雖然，以乾、嘉以後諸名志與康、雍以前各志相較，乃至與宋、元、明流傳之舊志相較，其進步既不可以道裡計，則諸老之努力固未為虛也。

官修之外，有私家著述，性質略與方志同者。此類作品，體制較為自由，故良著往往間出。其種別可略析如下：

一、純屬方志體例而避其名者。例如嘉慶初師荔扉之《滇系》，實私撰之《雲南通志》，因舊通志極蕪略，且已七十年失修，乃獨力創此。又如劉端臨之《揚州圖經》，劉楚楨之《寶應圖經》，兩書吾未見，疑實具體之州志、縣誌。許石華之《海州文獻錄》。亦未見，劉伯山《通義堂集》有序，極稱之。

二、專記一地方重要史蹟者。其體或為編年，例如汪容甫之《廣陵通典》，此書極佳，實一部有斷制之揚州史。董覺軒之《明州系年要略》；此書未見，當是一部好寧波史。或為紀事本末，例如馮蒿庵蘇之《滇考》。此書甚佳，能言雲南與中原離合之所由。

三、專記人物者。此即《隋志》中《某某耆舊傳》《某某先賢傳》之類，實占方志中重要部分。例如潘力田之《松陵文獻》，此書為極用心之作，詳其弟次耕所序。劉伯山毓崧之《彭城獻征錄》，馬通伯其昶之《桐城耆舊傳》，徐菊人世昌之《大清畿輔先哲傳》等。

四、專記風俗軼聞者。此即《隋志》中「風土記」「異物誌」之類，亦方志之一部。例如屈翁山大均之《廣東新語》，田綸霞雯之《黔書》等。

五、不肯作全部志，而摘取志中應有之一篇，為己所研究有得而特別泐成者。例如全謝山之《四明族望表》，實《鄞縣誌》中主要之創作。前此各方志無表族望者。謝山此篇出，章實齋復大鼓吹之，同光後之方志多有此門矣。孫仲容之《溫州經籍志》，實將來作《溫州志》者所不能復加。此書佳極，仿朱氏《經義考》，蒐羅殆備。劉孟瞻之《揚州水道記》，林月亭伯桐之《兩粵水經注》，即揚州或兩廣志中水道篇之良著。陳靜庵述之《補湖州府天文志》，即府志之一部。

六、有參與志局事而不能行其志，因自出所見，私寫定以別傳者。例如焦里堂之《刊記》，伊墨卿修《揚州圖經》，裡堂主其事。墨卿去官而局廢。裡堂乃出所考證，私撰此書。吳山夫玉搢之《山陽志遺》等。《淮安府志》志山陽事頗多漏略。山夫躬在志局，心不慊焉，別為此書。

七、有於一州縣內復析其一局部之地作專志者。例如張炎貞之《烏青文獻》，烏青為蘇州一鎮，炎貞為潘力田學友。此書效《松陵文獻》，三十年乃成。焦里堂之《北湖小記》，北湖為揚州鄉村，裡堂所居。此書凡六卷四十七篇，阮藝臺謂足覘史才。乃至如各名城志，例如朱竹垞之《日下舊聞》，專記京師事。各名山志，例如徐霞客之《雞谷山志》，體倒精審獨絕等。

凡此皆方志之支流與裔，作者甚多，吾不過就所記憶，各舉一二種以為例。此類書自宋以來已極發達。有清作者，雖無以遠過於前代，然其間固多佳構，或竟出正式方志上也。

以文征列方志三書之一，此議雖創自章實齋，然一地文征之書，發源既甚早，實齋文征體例，與諸家所輯不盡從同。歷代集部所著錄，若《蘇州名賢詠》《浙東酬唱集》《河汾遺老詩》《會稽掇英集》《宛陵群英集》，其最著名而範圍較廣者如元遺山之《中州集》，皆是也。然多屬選本，或專為一時少數人酬唱之薈萃，含史學的意味蓋尚少。清代學者殆好為大規模的網羅遺佚，而先著手於鄉邦。若胡文學之《甬上耆舊詩》三十卷，李鄴嗣補之為若干卷，全祖望續之為七十卷，又國朝部分四十卷。沈季友之《檇李詩系》四十二卷。若張廷枚之《姚江詩存》若干卷。若汪森之《粵西詩載》二十五卷、《粵西文載》七十五卷。若費經虞及其子密之《劍閣芳華集》二十五卷明代蜀人詩，此皆康、雍以前所輯也。中葉以後，踵作滋繁。若盧見曾之《江左詩征》、王豫《江蘇詩征》，吳顥及其孫振棫之《杭郡詩輯》，吳允嘉之《武林耆舊集》，阮元之《淮海英靈集》輯揚州及南通州人作、《兩浙輶軒錄》督浙學時所輯，劉寶楠《寶應文征》，溫汝適之《粵東文海》《粵東詩海》，羅學鵬之《廣東文獻》，鄭珍之《播雅》輯貴州遵義府人詩，鄧顯鶴之《資江耆舊集》《沅湘耆舊集》，夏退庵之《海陵文征》《詩征》，沈翁之《湖州詩摭》，朱祖謀之《湖州詞錄》等。悉數之殆不下數十種，每種為卷殆百數十。其宗旨皆在鉤沉搜逸，以備為貴，而於編中作者大率各系以小傳。蓋徵文而征獻之意亦寓焉。

亦有不用總集體而用筆記體，於最錄遺文之外再加以風趣者。如戴璐之《吳興詩話》，朱振采之《江西詩話》，莫友芝之《黔詩紀略》等。

亦有不限於鄉邦人所作，而凡文章有關鄉邦掌故皆最錄之，如焦循之《揚州足征錄》等。

亦有簿錄鄉邦人之著述作，記其存佚為之提要者，如孫詒讓之《溫州經籍志》，朱振采之《豫章經籍志》，廖平之《井研藝文志》等。

更有大舉蒐集鄉邦人著述匯而刻之者，如《畿輔叢書》《嶺南遺書》《豫章叢書》等，別於論叢書章，臚舉其目。

凡此皆章實齋所謂方志三書之一也。語其形式，實等類書，除好古者偶一摩挲，更無他用。雖然，深探乎精神感召之微，則其效亦可得言。蓋以中國之大，一地方有一地方之特點，其受之於遺傳及環境者蓋深且遠，而愛鄉土之觀念，實亦人群團結進展之一要素。利用其恭敬桑梓的心理，示之以鄉邦先輩之人格及其學藝，其鼓舞浚發，往往視逖遠者為更有力。地方的學風之養成，實學界一堅實之基礎也。彼全謝山之極力提倡浙東學派，李穆堂之極力提倡江右學派，鄧湘皋之極力提倡沅湘學派，其直接影響於其鄉後輩者何若，間接影響於全國者何若，斯豈非明效大驗耶？詩文之征，者舊之錄，則亦其一工具而已。

## 八　地理學

中國地理學，本為歷史附庸，蓋自《漢書》創設地理志，而此學始漸發展也。其後衍為方志之學，內容頗雜，具如前章所述。現存之古地理書，如唐代之《元和郡縣誌》、宋代之《太平寰宇記》《元豐九域志》等，其性質可謂為方志之集合體。蓋皆以當時郡縣為骨幹，而分列境界、風俗、戶口、姓氏、人物、土產等。後此明清《一統志》，皆仿其例也。其專言水道之書，則有如《水經注》等；專言域外地理之書，則有如《大唐西域記》等。

晚明有一大地理學者，曰徐霞客宏祖，所著《霞客遊記》，成於崇禎十三年，一般人多以流連風景之書視之，不知霞客之遊，志不在選勝，而在探險也。潘次耕序之云：「霞客之遊，在中州者無大過人。其奇絕者，閩粵楚蜀滇黔，百蠻荒徼之區，皆往返再四。……先審山脈如何去來，水勢如何分合，既得大勢後，一丘一壑支搜節討。……沿溯瀾滄、金沙，窮南北盤江之源，實中土人創辟之事。……山川條理，臚列目前。土俗人情，關梁阨塞，時時著見。向來山經地誌之誤，釐正無遺，然未嘗有怪迂侈大之語，欺人以所不知。……」《遂初堂集》卷七蓋以科學精神研治地理，一切皆以實測為基礎，如霞客者真獨有千古矣。

清康熙間復有一實測的地理學家，曰南昌梁質人盼，著有《西陲今略》。劉繼莊記其事云：「梁質人留心邊事已久。遼人王定山為河西靖逆侯張勇中軍，與質人相與甚深。質人因之遍歷河西地，因得悉其山川險要，部落遊牧，暨其強弱多寡離合之情，皆洞如觀火，著為一書，凡數十卷，曰《西陲今略》。歷六年之久，寒暑無間，其書始成。余見其稿，果有用之奇書也。」《廣陽雜記》二繼莊極心折此書，嘗於逆旅中費二十二日之工，晝夜不停，手錄其稿。余考質人蓋習與李恕谷游，好顏習齋之學者。見《恕谷年譜》徐霞客為西南探險家，質人亦西北探險家矣。惜其書久佚，並繼莊複寫本亦不可見，不獲與霞客《游記》同受吾曹激賞也。

航海探險家，則有同安陳資齋倫炯，所著書曰《海國聞見錄》。資齋以閩人，幼為水手，其遊蹤東極日本，西極波斯灣；中國沿海岸線，週曆不下數十次。後襲父蔭，康熙末官至提督。其書雖僅兩卷，然於山川阨塞，道裡遠近，沙礁島嶼之夷險，風雲氣候之變化，無不憑其實驗，纖悉備書。其論海防主要地點，曰旅順，曰膠澳，曰舟山，曰金廈二島，曰臺灣，曰虎門，曰欽州。至今淪沒殆盡，夫誰識二百年前，固早有高掌遠蹠，目營而心注之者耶？噫！資齋之論渤海，謂登州、旅順，南北對峙，而以成山為標準。是知膠、威、旅大失，而北洋門戶撤矣。其論南海，謂金廈二島，為閩海咽喉；虎門、香山，實粵東門戶，廉多沙，欽多島，據天然之保障；海南孤露，地味瘠薄，不及臺灣澎湖沃野千里，可以屏捍內地。是知臺灣、廣州灣之失，而南屏壞矣。其論東海，謂定海為南海之堂奧，乍浦濱於大海，東達漁山，北達洋山，某處水淺可以椗船，某處水深可以通航。是知舟山為中部最良之軍港矣。其遠見碩畫，大率類此。

以上三家，吾名之曰探險的實測的地理學者。其有本此精神而更努力於地理學觀念之全部改造者，則手鈔《西陲今略》之劉繼莊其人也。

繼莊之言曰：「今之學者率知古而不知今，縱使博極群書，亦只算半個學者。」《廣陽雜記》卷三，葉十其對於一切學術，皆以此為評判之鵠，故同時顧景范、萬季野之地理學，彼雖表相當的推許，然終以「僅長於考古」少之。其自己理想的新地理學則略如下：

方輿之書，所記者唯疆域建置沿革、山川古蹟、城池形勢、風俗職官、名宦人物諸條耳。此皆人事，於人地之故，概乎未之有聞也。余意於疆域之前，別添數條，先以諸方之北極出地為主，定簡平儀之度，製為正切線表，而節氣之後先，日食之分杪，五星之淩犯占驗，皆可推求。以簡平儀正切線表為一，則諸方之七十二候各各不同，如嶺南之梅，十月已開；湖南桃李，十二月已爛漫。無論梅矣，若吳下，梅則開於驚蟄，桃李放於清明。相去若此之殊也。……今於南北諸方，細考其氣候，取其確者，一候中不妨多存幾句，傳之後世，則天地相應之變遷，可以求其微矣。余在衡久，見北風起，地即潮濕，變而為雨，百不失一，詢之土人，雲自來如此。始悟風水相逆而成雨。燕京吳下，水皆東南流，故必東南風而後雨；衡湘水北流，故須北風也。然則諸方山川之背向，水之分合，支流何向，川流何向，皆當案志而求，匯成一則，則風土之背正剛柔，暨陰陽燥濕之征，又可次第而求矣。諸土產，此方所有，他方所無者，別為一則，而土音譜合俚音譜共為一則，而其人情風俗之征，皆可案律而求之矣。然此非余一人所能成。余發其凡，觀厥成者望之後起之英耳。

《廣陽雜記》卷三，葉四十九

繼莊書除《廣陽雜記》五卷外，片紙無存，其地理書恐亦未成一字。然觀以上所論，則其注意於現代所謂地文學與人生地理學，蓋可概見。彼蓋不以記述地面上人為的建置沿革為滿足，進而探求「人地之故」——即人與地相互之關係，可謂絕識矣。繼莊好游，不讓霞客。《鮚埼亭集》有記劉繼莊遺事一則云：「……萬先生（季野）與繼莊共在徐尚書（健庵）邸中。萬先生終朝危坐觀書，而繼莊好游，每日必出，或兼旬不返，歸而以所歷告之萬先生。萬先生亦以其所讀書證之，語畢復出。……」而所至皆用實地調查之功，《雜記》中所記氣候、地形、物產，影響於人類生活之實例，是自親歷目驗者頗多，皆所謂「人地之故」也。要之，繼莊之地理學雖未有成書，然其為斯學樹立嶄新的觀念，視現代歐美學者蓋未遑多讓。惜乎清儒佞古成癖，風氣非一人能挽，而三百年來之大地理學家，竟僅以專長考古聞也。

清儒之地理學，嚴格的論之，可稱為「歷史的地理學」。蓋以便於讀史為最終目的，而研究地理不過其一種工具，地理學僅以歷史學附庸之資格而存在耳，其間亦可略分三期：第一期為順康間，好言山川形勢阨塞，含有經世致用的精神；第二期為乾嘉間，專考郡縣沿革、水道變遷等，純粹的歷史地理矣；第三期為道咸間，以考古的精神推及於邊徼，寖假更推及於域外，則初期致用之精神漸次復活。

顧亭林著《天下郡國利病書》及《肇域志》，實為大規模的研究地理之嚆矢。其《利病書》自序云：「感四國之多虞，恥經生之寡術，於是歷覽二十一史以及天下郡縣誌書，一代名公文集，及章奏文冊之類，有得即錄。……」是其著述動機，全在致用；其方法則廣搜資料，研求各地狀況，實一種政治地理學也。惜其書僅屬長編性質，未成為有系統的著述，且所集資料，皆求諸書本上，本已不甚正確，時過境遷，益為芻狗，即使全部完整，亦適成其為歷史的政治地理而已。

清代第一部之考古的地理書，端推顧景范祖禹之《讀史方輿紀要》百三十卷。景范著此書，二十九歲始屬稿，五十歲成，二十餘年間，未嘗一日輟業。其書前九卷為歷代州域形勢；後七卷為山川源委及分野；余百十四卷則各省府州縣分敘。每省首冠以總序一篇，論其地在歷史上關係最重要之諸點，次則敘其疆域沿革，山川險要，務使全省形勢瞭然。每府亦仿此，而所論更分析詳密。每縣則紀轄境內主要之山川關隘橋驛及故城等。全書如一長篇論文。其頂格寫者為正文，低格寫者為注，夾行寫者為注中之注。體裁組織之嚴整明晰，古今著述中蓋罕其比。

景范與徐霞客異，其所親歷之地蓋甚少。然其所記載，乃極詳實而正確，觀魏禧、熊開元兩序，可見其概。魏序云：「北平韓子孺時從余案上見此書，瞪目視余曰：『吾不敢他論。吾僑家雲南，出入黔蜀間者二十餘年，頗能知其山川道裡。顧先生閉戶宛溪，足不出吳會，而所論攻守奇正荒僻幽仄之地，一一如目見而足履之者，豈不異哉！』……」熊序云：「余楚人，習聞三楚之要，莫如荊襄，又熟履其地，考往事得失。及令崇邑，知海外一區，為三吳保障。……罔非身履而知。今宛溪坐籌一室，出入二十一史，凡形勢之險阨，道裡之近遙，山水之源委，稱名之舛錯，正其訛，核其實，芟其蔓，振其綱。……」專憑書本上推勘考證，而能得爾許收穫，可謂異事！固由其力精勤，抑亦有通識、能別裁之效也。然此種研究法，終不能無缺憾。故劉繼莊評之曰：「《方輿紀要》誠千古絕作，然詳於古而略於今。以之讀史，固大資識力，而求今日之情形，尚須歷練也。」《廣陽雜記》二景范自論其書，亦曰：「按之圖畫，索之典籍，亦舉一而廢百耳。」又言：「了了於胸中，而身至其地反憒憒焉，則見聞與傳聞異辭者之不可勝數也。」彼蓋深有感於地理之非實測不能徵信矣。嘉慶間濟寧許雲嶠（鴻磐）著有《方輿紀要考證》，辨正顧氏之舛漏頗多。凌次仲稱許之。惜其書已佚。

景范之書，實為極有別裁之軍事地理學，而其價值在以歷史事實為根據。其著述本意，蓋將以為民族光復之用。自序所言，深有隱痛焉。序中首述顧氏得姓之由，引《商頌》「韋顧既伐」文而申之曰：「後有棄其宗祀，獻符瑞於仇讎之庭者，是則顧之罪人也。」又述其父臨終遺命云：「嘗怪我明《一統志》，先達稱為善本，然於古今戰守攻取之要，類皆不詳；於山川條列，又復割裂失倫，源流不備。…… 何怪今之學者，語以封疆形勢，惘惘莫知，一旦出而從政，舉關河天險，委而去之。…… 及余之身，而四海陸沉，九州騰沸。…… 嗟乎！園陵宮闕，城郭山河，儼然在望，而十五國之幅員，三百年之圖籍，泯焉淪沒，文獻莫征，能無悼嘆乎！余死，汝其志之矣。」上所述著作動機，可知其非徒欲垂空文以自見雲爾。蓋其書經始於順治十二三年間。時永曆尚存，閩鄭未滅，仁人志士，密勿奔走謀匡復者，所在多有。此書之作，則三年畜艾之微意也。在今日海陸交通狀況，迥異三百年前，其書自強半不適於用，然國內戰爭一日未絕跡，則其書之價值，固一日未可抹煞也。

若離卻應用問題，而專就研究方法及著述體裁上評價，則在今日以前之地理書，吾終以此編為巨擘。若仿其成規，而推及軍事以外各方面，斯可為躊躇滿志之作矣。本書凡例末條言：「《周官·職方》，兼詳人民、六畜、土宜、地利。…… 余初撰次歷代鹽鐵、馬政、職貢 …… 等，尋皆散軼，病侵事擾，未遑補綴。其大略僅錯見篇中，以俟他時之審定，要未敢自信為已成之書也。」據此知景范所欲撰著，尚不止此。彼卒年僅五十七，晚歲多病，未終其業也。

景范嘗與萬季野、閻百詩、胡朏明、黃子鴻等，同參徐健庵在洞庭山所開之《大清一統志》局事。蓋景范、子鴻屬草最多云。其後乾隆八年，統志始告成，其中一部分實采自《方輿紀要》，對勘可知也。乾隆末，洪稚存著《乾隆府廳州縣圖志》五十卷，則《一統志》之節本，稍便翻覽而已。

部州郡縣之建置，代有革易，名稱棼亂，讀史者深所患苦。有兩書頗便檢閱者，一為康熙間常熟陳亮工芳績所著《歷代地理沿革表》四十七卷，一為道光間武陵楊愚齋丕復所著《輿地沿革表》四十卷。陳書按古以察今，楊書由今以溯古。陳書以朝代為經，地名為緯。楊書以地名為經，朝代為緯，兩書互勘，治史滋便，陳楊兩氏皆無他種著述。陳之祖父為顧亭林友。《亭林集》中有贈亮工詩。其書至道光間始刻出，上距成書時百六十餘年。楊書亦光緒間始刻出，上距成書時三十餘年。而李申耆之《歷代地理志韻編今釋》二十卷，不用表體，純依韻以編為類書，尤便檢查。

鄭漁仲有言：「州縣之設，有時而更；山川之形，千古不易。…… 後之史家，主於州縣；州縣移易，其書遂廢。…… 以水為主，…… 則天下可運諸掌。」地理書如《元和郡縣》《太平寰宇》，以至《方輿紀要》《一統志》等，皆所謂主於州縣者也。以水為主者，起於酈道元《水經注》，然其書太騖文采，泛濫於風景古蹟，動多枝辭，且詳於北而略於南；加以距今千載，陵谷改移，即所述北方諸水亦多非其舊。於是清儒頗有欲賡續其業而匡救其失者。最初則有黃梨洲之《今水經》，惜太簡略，而於塞外諸水亦多舛訛。次則有戴東原之《水地記》，造端甚大，惜未能成。洪汝登謂已成七冊，今孔洪谷所刻僅一卷，自崑崙之虛至太行山而止。次則有齊次風召南之《水道提綱》二十八卷，號稱精審。其書以巨川為綱，以所會眾流為目。其源流分合，方隅曲折，統以今日水道為主，不屑屑附會於古義，而沿革同異，亦即互見於其間以上《四庫提要》語。乾隆間修《一統志》，次風實總其成。總裁任蘭枝。凡勘定諸纂修所分輯之稿，咸委諸次風。此書即其在志局時所撰，蓋康熙朝所繪內府輿圖，經西士實測，最為精審，而外間得見者希。次風既有著述之才，而在志局中所睹資料又足以供其驅使，故為書特可觀也。其專研究一水源委者，如萬季野之《崑崙河源考》，阮藝臺之《浙江考》等名著尚多。

河防水利，自昔為國之大政，言地理學者夙措意焉。然著作價值，存乎其人。顧景范《方輿紀要》凡例云：「河防水利之書，晚近記載尤多，浮雜相仍，無裨實用。」其最有名者，則歸安鄭芷畦元慶之《行水金鑑》一百七十五卷，是書題傅澤洪撰，蓋芷畦在傅幕府為之纂輯，而遂假以名，如萬季野之《讀禮通考》假名徐氏矣。《四庫提要》謂：「有明以後，此類著作漸繁。大抵偏舉一隅，專言一水。其綜括古今，臚陳利病，統四瀆分合、運道沿革之故，彙輯以成一編者，莫若此書之詳且善。……」蓋芷畦與萬九沙、李穆堂、全謝山為友，其於學所得深也。道光間黎世埈有《續行水金鑑》百五十八卷。董士錫亦有《續行水金鑑》，詳今略古。戴東原亦有《直隸河渠書》百十一卷，蓋趙東潛所草創，而東原為之增訂。後為無賴子所盜，易名《畿輔安瀾志》，刻於聚珍板雲。自余類此之書尚多，其在學術上有永久價值者頗少，不具錄。

清儒嗜古成癖，一切學問皆傾向於考古。地理學亦難逃例外，自然之勢也。故初期所謂地理學家，胡朏明之得名，則以《禹貢錐指》；閻百詩之得名，則以《四書釋地》；自余如亭林、季野，皆各有考古的地理書。雍、乾以降，則《水經注》及《漢書．地理志》實為研究之焦點。《水經注》自全、趙、戴三家用力最深外，綜前清一代治此者，尚不下二三十家，其人與其書已略見校勘章。《漢地理志》之校補註釋，亦不下二十家，略見史學章表志條，今皆不具述。若錢竹汀，若洪稚存，皆於研究郡國沿革用力最勤。自余諸名家集中，關於考證古水道或古郡國者，最少亦各有一二篇，其目不能遍舉。其成書最有價值者，則如江慎修之《春秋地理考實》，程春海之《國策地名考》等。

因研究《漢書．地理志》，牽連及於《漢書．西域傳》，是為由古地理學進至邊徼及域外地理學之媒介。邊徼地理學之興，蓋緣滿洲崛起東北，入主中原。康、乾兩朝，用兵西陲，闢地萬里。幅員式廓，既感周知之必需，交通頻繁，復覺研求之有借。故東自關外三省，北自內外蒙古，西自青海、新疆、衛藏，漸為學者興味所集，域外地理學之興，自晚明西土東來，始知「九州之外復有九州」。而竺古者猶疑其誕。海禁大開，交涉多故，漸感於知彼知己之不可以已，於是談瀛之客，頗出於士大夫間矣。蓋道光中葉以後，地理學之趨向一變，其重心蓋由古而趨今，由內而趨外。

以邊徼或域外地理學名其家者，壽陽祁鶴皋韻士，大興徐星伯松、平定張石洲穆、邵陽魏默深源、光澤何願船秋濤為最著。而仁和龔定庵自珍、黟縣俞理初正燮、烏程沈子敦垚、固始蔣子瀟湘南等，其疏附先後者也。此數君者，時代略銜接，相為師友，而流風所被，繼聲頗多。茲學遂成道光間顯學。

邊徼地理之研究，大率由好學之謫宦或流寓發其端。如楊大瓢賓之《柳邊紀略》，為記述黑龍江事情之創作，蓋其父以罪編置此地，大瓢省侍時記其間見也。洪北江亦以譴謫成《伊犁日記》《天山客話》等書，實為言新疆事之嚆矢。此等雖皆非系統的著述，然間接喚起研究興味固不少。祁鶴皋、徐星伯皆夙治邊徼地理，皆因遣戍伊犁而其學大成。鶴皋於乾隆季年在史館創撰《蒙古王公表》，凡閱八年，成書百二十卷；中國學者對於蒙古事情為系統的研究，自此始也。嘉慶十年，鶴皋以公罪戍伊犁，則於其間成《西陲總統事略》十二卷，《西域釋地》二卷，歸後又成《藩部要略》十六卷，《西陲要略》一卷。其雲西陲者則新疆，雲藩部者則諸部蒙古也。星伯以嘉慶十七年戍伊犁，續補鶴皋之《總統事略》，即其後進呈、賜名《新疆識略》者是也。其在戍也，復成《新疆賦》二卷，《西域水道記》五卷，《漢書西域傳補註》二卷；復有《元史西北地理考》《西夏地理考》，未刻。內《西域水道記》最為精心結撰之作，蓋自為記而自釋之，其記以擬《水經》，其釋則擬酈注也。而李恢垣光廷著《漢西域圖考》，雖未歷其地，而考證有得者頗多。

張石洲著《蒙古遊牧記》十六卷，《北魏地形志》十三卷。《遊牧記》蓋與鶴皋之《藩部要略》相補，《要略》為編年史，此則專門地誌也。屬稿未竟而卒，何願船補成之。

龔定庵著有《蒙古圖志》，為圖二十有八，為表十有八，為志十有二，凡三十八篇。其《像教志》《水地誌》《臺卡志》《字類表》《聲類表》《氏族表》，及《在京氏族表》《冊降表》《寄爵表》《烏梁海志》《青海志》等，皆有序文見本集中，蓋深通史裁之作品也。定庵復有《北路安插議》《西域置行省議》等篇，言新疆事頗中窾要。同時魏默深亦治西北史地之學，而其精力萃於《新元史》一書，考證地理蓋其副業雲。

何願船稍晚出，壽亦最短，然其學精銳無前，所著《北徼彙編》八十六卷，咸豐間賜名《朔方備乘》。其書為「聖武述略」六，東海諸部內屬述略、索倫諸部內屬述略、喀爾喀內屬述略、準噶爾蕩平述略、烏梁海內屬述略、哈薩克內屬述略。為「考」二十有四，北徼星度考、北徼界碑考、北徼條例考、北徼喀倫考、北徼形勢考、俄羅斯館考、俄羅斯學考、雅克薩城考、尼布楚城考、波羅的等路疆域考、錫伯利等路疆域考、俄羅斯亞美裡加屬地考、北徼城垣考、北徼邑居考、艮維窩集考、庫葉附近諸島考、北徼山脈考、艮維諸水考、包楞格河源流考、額爾齊斯河源流考、北徼水道考、北徼教門考、北徼方物考、烏孫部族考。為「傳」六，漢魏北徼諸國傳、周齊隋唐北徼諸國傳、遼金元北徼諸國傳、元代北徼渚王傳、歷代北徼用兵將帥傳、國朝北徼用兵將帥傳。為「紀事始末」

二，俄羅斯互市始末、土爾扈特歸附始末。為「記」二，俄羅斯進呈書籍記、俄羅斯叢記。為「考訂諸書」十五，「辨正諸書」五，目多不具舉。為表七，北徼事跡表上下、北徼沿革表、北徼地名異同表、俄羅斯境內分部表、北徼世次表、北徼頭目表。而以「圖說」一卷終焉。其書言蒙古最詳，而尤注重中俄關係；有組織，有別裁，雖今日讀之，尚不失為一名著也。

同光間治西北地理者，有順德李仲約文田著《元祕史注》《雙溪集注》等，所注專詳地理；有吳縣洪文卿鈞著《元史譯文證補》，末附考數篇，皆言地理。大抵道咸以降，西北地理學與《元史》學相併發展，如驂之有靳。一時風會所趨，士大夫人人樂談，如乾、嘉之競言訓詁音韻焉。而名著亦往往間出，其大部分工作在研究蒙古，而新疆及東三省則其附庸也。

此類邊徼地理之著作，雖由考古引其端，而末流乃不專於考古，蓋緣古典中可憑藉之資料較少。而茲學首倡之人如祁鶴皋、徐星伯輩，所記載又往往得自親歷也。其專以考古邊徼地理名家者，在清季則有丁益甫謙。

益甫以鄉僻窮儒，交遊不廣，蓄書不多，而所著《蓬萊軒輿地叢書》六十九卷，探賾析微，識解實有獨到處，除各史之蠻夷傳咸分別考證外，其餘凡關於邊徼及域外地理之古籍，上自《穆天子傳》，中逮法顯、玄奘諸行傳，下迄耶律楚材、丘長春諸游記，外而《馬哥波羅游記》，皆詳細籤釋。成書凡數十種，皆互相鉤稽發明，絕少牴牾。其中不能無誤謬處，自是為時代及資料所限，不能苛求。可謂釋地之大成，籀古之淵海也已。其學風與益甫略相近而學力亦相埒者，則有錢唐吳祁甫承志，著有《唐賈耽記邊州入四夷道裡考實》五卷。

言世界地理者，始於晚明利瑪竇之《坤輿圖說》，艾儒略之《職方外紀》。清初有南懷仁、蔣友仁等之《地球全圖》。然乾嘉學者視同鄒衍談天，目笑存之而已。嘉慶中林少穆則徐督兩廣，命人譯《四洲志》，實為新地誌之嚆矢。鴉片戰役後，則有魏默深《海國圖志》百卷，徐松龕繼畬《瀛環志略》十卷，並時先後成書。魏書道光二十二年成六十卷，二十七年刻於揚州，咸豐二年續成百卷。徐書作始於道光二十三年，刻成於二十八年。魏書不純屬地理，卷首有籌海篇，卷末有《籌夷章條》《夷情備采》《戰艦、火器條議》《器藝貨幣》等。篇中多自述其對外政策，所謂「以夷攻夷」「以夷款夷」「師夷長技以制夷」之三大主義。由今觀之，誠幼稚可笑，然其論實支配百年來之人心，直至今日猶未脫離淨盡，則其在歷史上關係，不得謂細也。徐書本自美人雅裨理，又隨時晤泰西人輒採訪，閱五年數十易稿而成，純敘地理，視魏書體裁較整。此兩書在今日誠為芻狗，然中國士大夫之稍有世界地理知識，實自此始，故略述其著作始末如上。其晚近譯本，不復論列也。

製圖之學，唐代《十道圖》今已不存，而元朱伯思之圖，在前代號稱最善，蓋所用者阿拉伯法也。清聖祖委任耶穌會士分省實測，於康熙五十三年成《內府輿圖》，為後此全國地圖所本。乾隆平定準、回部及大小金川後，使用新法測量，成《西域圖志》，益精善矣詳官書章。然皆屬殿板，民國罕見。道光間，李申耆創製《皇朝一統輿圖》一卷，《歷代地理沿革圖》二十二幅，其沿革圖用朱墨套印，尤為創格，讀史者便焉。同治間，胡文忠林翼撫鄂，著《大清一統輿圖》三十一卷，凡海岸、山脈、河流、湖澤、道裡、城邑、臺站、關塞，無不詳細登錄。其開方之法，則準以緯度，一寸五分為一方，方為百里。各行省及外藩皆作專圖，可分可合，實當時空前之作也。光緒間楊星吾守敬著《歷代輿地沿革險要圖》，因李氏之舊，稍加精密。鄒沅帆代鈞自制中國輿地尺，一華尺等於百萬分米特之三十萬又八千六百四十二。以繪世界全圖。凡外圖用英法俄尺者，悉改歸一律，無論何國何地，按圖可得中國裡數分率之準焉，此清代製圖學進步之大凡也。

## 九　譜牒學

方志，一方之史也；族譜家譜，一族一家之史也；年譜，一人之史也。章實齋語意。三者皆為國史取材之資。而年譜之效用，時極宏大。蓋歷史之大部分，實以少數人之心力創造而成。而社會既產一偉大的天才，其言論行事，恆足以供千百年後輩之感發興奮，然非有嚴密之傳記以寫其心影，則感興之力亦不大。此名人年譜之所以可貴也。

年譜蓋興於宋。前此綜記一人行事之著作見於著錄者，以《東方朔傳》《李固別傳》等為最古，具體殆類今之行狀。其有以年經月緯之體行之者，則薛執誼之《六一居士年譜》、洪興祖之《昌黎先生年譜》、魯訔之《杜甫年譜》、吳斗南之《陶潛年譜》，其最先也。自明以來，作者繼踵，入清而極盛。

第一類，自撰年譜。歐美名士，多為自傳，蓋以政治家自語其所經歷，文學家自語其所感想，學者自語其治學方法……令讀者如接其謦欬，而悉其甘苦，觀其變遷進步，尚友之樂，何以加諸？中國古代作者，如司馬遷、東方朔、司馬相如、揚雄、班固、王充、劉知幾等皆有之，而遷、充、知幾之作附於所著書後者，尤能以真性情活面目示吾儕，故永世寶焉。年譜體興，自譜蓋鮮。明以前靡得而指焉，所見者僅有明張文麟自撰《端岩年譜》。清人自譜之可稱者如下：

《孫夏峰先生年譜》夏峰八十七歲時自撰大綱，門人湯斌、魏一鰲、趙御眾、耿極編次而為以注，並續成後五年。

《毋欺錄》朱伯廬（用純）著。此書自記其言論、行事、感想，皆系以年，實等於自撰年譜也。光緒間金吳瀾匯刻《歸顧朱三先生年譜》，即以此當朱譜。

《魏敏果公年譜》魏環溪（象樞）口授，子學誠等手錄。

《蒙齋年譜》田山薑（雯）六十歲時自著，子肇麗續成後十年。

《漁洋山人年譜》王貽上（士禎）自著，小門生惠棟補註。

《漫堂年譜》宋牧仲（犖）自著。

《恕谷先生年譜》李恕谷（塨）自為日譜，五十二歲時命門人馮辰輯之為年譜，實等自撰也。凡恕谷友已下世者，皆附以小傳則全出辰手。

《尹元孚年譜》尹元孚（會一）自著。

《瞿木夫自訂年譜》木夫名中溶，錢竹汀女婿。

《言舊錄》張月霄（金吾）自撰年譜。

《病榻夢痕錄》《夢痕余錄》汪龍莊（輝祖）自撰年譜。本錄記事，余錄記言。

《敝帚齋主人年譜》徐彝舟（鼒）自撰。

《退庵自訂年譜》梁茝林（章鉅）自撰。

《駱文忠公秉章年譜》自撰。

《葵園自定年譜》王益吾（先謙）自撰。

此外自撰年譜有刻本者尚十數家，以其人無足稱，不復論列。黃梨洲、施愚山皆有自撰譜，已佚。自撰年譜中主人若果屬偉大人物，則其價值誠不可量，蓋實寫其所經歷所感想，有非他人所能及者也。惜以上諸家能饜吾望者尚少，內中最可寶者厥唯《恕谷年譜》。其記述自己學問用力處，可謂「驚心動魄，一字千金」；彼又交遊甚廣，一時學風藉以旁見者不少。其體裁最完整者莫如汪龍莊之《夢痕錄》。惜龍莊學識頗平凡，不足耐人尋味耳。章實齋、邵二雲皆龍莊摯友。若彼二人有此詳細之自敘，豈非快事！葵園譜下半述其刻書編書之經歷頗可觀。月霄、彝舟皆質樸有風趣。木夫譜最可見乾嘉學風印象，且錢竹汀學歷多藉以傳。夏峰譜原文雖簡，得注便詳，明清之交「北學」「洛學」之形勢見焉。其餘則「自鄶以下」矣。

此外亦有自撰墓誌銘之類者，以吾記憶所及，則屈翁山、張稷若、李恕谷、彭南畇皆有之。又如汪容甫有《自序》，則文人發牢騷之言，所裨史料僅矣。其仿馬班例為詳密的自述，附所著書中者甚少，吾憶想所得，唯顧景范《讀史方輿紀要序》頗近是。

第二類，友生及子弟門人為其父兄師友所撰年譜。此類年譜價值，僅下自撰一等，因時近地切，見聞最真也。但有當分別觀之者。其一，先問譜主本人價值如何？若尋常達宦之譜，事等諛墓，固宜復瓿。其二，譜主人格雖可敬，然豐於所昵，人之恆情；親故之口，慮多溢美。其三，即作譜者力求忠實，又當視其學識如何？「相知貴相知心」，雖父師亦未必遂能得之於子弟。以此諸因，此類譜雖極多，可稱者殊寥落，今略舉如下：

《孫文正公（承宗）年譜》《鹿江村先生（善繼）年譜》門人陳鋐著。

《劉蕺山先生（宗周）年譜》門人董瑒著，子汋錄遺。

《漳浦黃先生（道周）年譜》門人莊起儔著。尚有門人洪思、鄭亦鄒兩本在前。

《申端愍公（允佳）年譜》子涵光著。《申鳧盟（涵光）年譜》弟涵盼著。

《顧亭林先生（炎武）年譜》子衍生著。後人續者尚數家，見第三類。

《李二曲先生（顒）年譜》門人王心敬著。

《魏石生先生（裔介）年譜》子荔彤著。

《顏習齋先生（元）年譜》門人李塨、王源合著，以習齋自撰日譜為底本。

《湯文正公（斌）年譜》門人王廷燦著。

《查他山先生（慎行）年譜》外曾孫陳敬璋著。

《陸稼書先生（隴其）年譜》子宸征、子婿李鉉合著。

《施愚山先生（閏章）年譜》曾孫念曾著。

《全謝山先生（祖望）年譜》門人董秉純著。

《汪雙池先生（紱）年譜》門人金龍光著。

《戴東原先生（震）年譜》門人段玉裁著。

《阮尚書（元）年譜》子福著。

《孫淵如先生（星衍）年譜》友人張紹南著。

《洪北江先生（亮吉）年譜》門人呂培著。

《弇山畢公（沅）年譜》門人史善長著。

《方植之（東樹）年譜》從弟宗誠著。

《吳山夫（玉搢）年譜》友人丁晏著。

《養一子（李兆洛）年譜》門人蔣彤著。

《陳碩甫先生（奐）年譜》門人管慶祺、戴望著。

《阿文成公（桂）年譜》孫那彥成、門人王昶同著。

《曾文正公（國藩）年譜》門人李瀚章、黎庶昌等著。

《左文襄公（宗棠）年譜》湘潭羅正鈞著。

《羅忠節公（澤南）年譜》失著人名氏。

《王壯武公（鑫）年譜》湘潭羅正鈞著。

《丁文誠公（葆楨）年譜》門人唐炯著。

《劉武慎公（長祐）年譜》友人鄭輔綸、王政慈同著。

上所列除他山、愚山兩譜時代稍後外，其餘皆作譜人直接奉手於譜主，聞見最親切者。然價值亦有差等。最上乘者應推戴山、習齋、東原三譜，次則雙池、養一兩譜，蓋皆出於其最得意門生之手，能深知其學也。蕺山譜記譜主學行外，尤多晚明時局史料。自余諸學者之譜，亦皆有相當價值，須改造者亦不少，若亭林譜即其例也。諸大學者中，如胡朏明，惠定宇，江慎修，李穆堂，錢竹汀，段茂堂，王石臞、伯申父子，焦里堂，莊方耕，劉申受，魏默深，陳蘭甫，俞蔭甫……皆無當時人所撰年譜，亦未聞有謀補作者，甚可惜也。

學者之譜，可以觀一時代思想，事功家之譜，可以觀一代事變，其重要相等。阿文成譜為卷三十有四，可謂空前絕後之大譜，其中繁蕪處當不少吾未見，但作史料讀固甚佳也。曾文正公譜十二卷，亦稱巨製。余如陶文毅、林文忠、郭筠仙、李文忠等，似尚未有譜（？），頗可惜。

篇幅極長之行狀事略等，往往詳記狀主事跡之年月，雖不用譜體，其效力亦幾與譜等。如王白田之子箴昕所作《先府君行述》，洪初堂榜所作《戴東原先生行狀》，焦里堂之子廷琥所作《先府君事略》，王石臞為其父文肅公安國所作《先府君行狀》之類，名篇頗多。後此作譜者可取材焉。

第三類，後人補作或改作昔賢年譜。此乃當時未有譜而後人補作，或雖有譜而未完善，後人踵而改作者。此類作品，其一，必譜主為有價值的人物，得作譜者之信仰，故無下駟濫竽之病。其二，時代已隔，無愛憎成心，故溢美較少，此其所長也；雖然，亦以時代相隔之故，資料散失或錯誤，極難得絕對的真相，此其所短也。為極勤苦極忠實的考證，務求所研究之對象得徹底了解，此實清儒學風最長處。而此類補作或改作之年譜，最能充分表現此精神，故在著作界足占一位置焉。

今將此類作品分兩項論列如下：

（甲）清人或今人補作或改作清人名人年譜以卒於清代者為限，以譜主年代先後為次。

《張蒼水（煌言）年譜》咸豐間趙之謙著。舊有一譜，題全謝山著，趙氏辨其偽，別撰此本。

《黃梨洲（宗羲）年譜》（一）同治間梨洲七世孫炳垕著；（二）薛鳳昌著。

《顧亭林（炎武）年譜》（一）吳映奎著；（二）車守謙著；（三）胡虔著；（四）徐松著；（五）周中孚著；（六）張穆著。此譜最初本為亭林子衍生作，吳氏因之，車氏又因吳氏。徐氏未見諸本，孤意創作，已寫定，未刻。張氏乃綜合車、徐兩本，再加釐定，道光二十三年著成。胡氏本見張本自序，周氏本見其所著《鄭堂札記》，想皆已佚。

《王船山（夫之）年譜》（一）劉毓崧著；（二）王之春著。劉本同治乙醜年成，前無所承，創作至難，故名曰初稿，而自序稱其未備者有七。之春為船山八世從孫，據家譜及他書以正劉本之訛而補其闕。書成於光緒十八年壬辰。

《朱舜水（之瑜）年譜》梁啟超著。

《吳梅村（偉業）年譜》道光間顧師軾著。

《傅青主（山）年譜》（一）張廷鑒著，闕存；（二）同治間曹樹谷著；（三）宣統間丁寶銓著。

《徐俟齋（枋）年譜》《萬年少（壽祺）年譜》俱今人羅振玉著。

《閻古古（爾梅）年譜》（一）道光間魯一同著；（二）今人張慰西著。

《冒巢民（襄）年譜》冒廣生著。

《陳乾初（確）年譜》嘉慶間吳騫著。

《張楊園（履祥）年譜》蘇惇元著。

《閻潛丘（若璩）年譜》道光間張穆著。

《戴南山（名世）年譜》道光間戴鈞衡著（？）。此譜為戴作抑徐宗亮作，待考。

《章實齋（學誠）年譜》今人胡適著。日本人內藤虎次郎創作，胡氏訂正擴大之。

《黃蕘圃（丕烈）年譜》光緒間江標著。

《龔定庵（自珍）年譜》（一）吳昌綬著；（二）宣統間黃守恆著。

《徐星伯（松）年譜》光緒間繆荃孫著。

（乙）清人或今人補作或改作漢至明名人年表或年譜以譜主年代先後為次。

《賈生（誼）年表》汪中著。

《董子（仲舒）年表》蘇輿著。

《太史公（司馬遷）系年要略》王國維著。

《劉更生（向）年譜》（一）梅毓著；（二）柳興恩著。

《許君（慎）年表》陶方琦著。

《鄭康成（玄）年譜》（一）沈可培著；（二）洪頤煊著；（三）陳鱣著；（四）袁鈞著；（五）丁晏著；（六）鄭珍著。王鳴盛《蛾術編》有《高密遺事》，卷三中亦有年表。

《鄭司農（玄）、蔡中郎（邕）年譜合表》林春溥著。

《孔北海（融）年譜》繆荃孫著。

《諸葛武侯（亮）年譜》（一）張澍著，（二）楊希閔著。

《陳思王（曹植）年譜》丁晏著。

《王右軍（羲之）年譜》（一）吳溽著，（二）魯一同著。

《陶靖節（潛）年譜》（一）丁晏著；（二）陶澍著；（三）梁啟超著。陶譜舊有宋人吳斗南、王質兩家，丁作似自創，陶作名曰年譜考異，訂正舊說，加詳。梁作又加訂正。

《庾子山（信）年譜》倪璠著。

《魏文貞公（征）年譜》王先恭著。

《慈恩法師（玄奘）年譜》梁啟超著，僅成略本。

《王子安（勃）年譜》姚大榮著。

《張曲江（九齡）年譜》溫汝適著。

《李鄴侯（泌）年譜》楊希閔著。

《王摩詰（維）年譜》趙殿成著。

《陸宣公（贄）年譜》（一）丁晏著；（二）楊希閔著。

《白香山（居易）年譜》汪立名著。白譜舊有宋陳振孫本，汪氏改作。

《玉溪生（李商隱）年譜》（一）朱鶴齡著；（二）馮浩著；（三）張采田著，名曰《會箋》。

《韓忠獻公（琦）年譜》楊希閔著。

《歐陽文忠公（修）年譜》華孳亨著。

《司馬溫公（光）年譜》（一）顧棟高著；（二）陳宏謀著。

《王荊公（安石）年譜》（一）顧棟高著；（二）蔡上翔著。

《東坡先生（蘇軾）年譜》（一）邵長蘅著；（二）查慎行著。蘇譜舊有南宋施元之、宿父子，王宗稷三家，及傅藻《編年錄》。邵作重訂王譜。查作為年表式。

《蘇文定公（轍）年譜》龔煦春著。

《黃文節公（庭堅）年譜》徐名世刪補。黃譜舊有南宋末山谷諸孫𤇍所撰，徐氏刪補之。

《二程（顥、頤）年譜》池生春著。

《米海岳（芾）年譜》翁方綱著。

《稷山段氏二妙（克己、成己）年譜》孫德謙著。

《元遺山（好問）年譜》（一）翁方綱著；（二）凌廷堪著；（三）施國祁著；（四）李光廷著。

《洪文惠（適）年譜》《洪文敏（邁）年譜》俱錢大昕著。

《岳忠武王（飛）年譜》梁玉繩著。忠武孫珂《金陀編》有簡譜，梁氏補之。

《李忠定公（綱）年譜》楊希閔著。

《朱子（熹）年譜》附《考異》王懋竑著。朱譜舊有門人李公晦所著，明嘉靖間李默改竄之，全失其舊。康熙初有洪璟刪補。李默本亦不佳，王氏作此訂正之。

《陸子（九淵）年譜》李紱著，陸譜舊有其門人袁燮、傅子雲所著，其後附刻全集之末，刪汰失真。李氏作此訂正之。

《陸放翁（游）年譜》（一）趙翼著，（二）錢大昕著。

《深寧先生（王應麟）年譜》（一）錢大昕著，（二）張大昌著，（三）陳僅之著。

《謝皋羽（翱）年譜》徐沁著。

《王文成公（守仁）年譜》（一）毛奇齡著，（二）楊希閔著。王譜舊有其門人錢德洪所著，後經李贄竄亂。毛、楊皆訂正之，但亦未見佳。

《弇州山人（王世貞）年譜》錢大昕著。

《歸震川（有光）年譜》（一）汪琬著，已佚；（二）孫守中著。

《戚少保（繼光）年譜》戚祚國著。

《楊升庵（慎）年譜》簡紹芳著。

《左忠毅公（光斗）年譜》馬其昶著。

《徐霞客（宏祖）年譜》丁文江著。

上兩項數十種，實清代年譜學之中堅。大抵甲項幾無種不佳，乙項之佳者亦十而六七。此類之譜，作之實難，蓋作者之去譜主，近則百數十年，遠乃動逾千歲。非如第二類之譜，由門人子弟纂撰者，得以親炙其言行，熟悉其時日。資料少既苦其枯竭，苦其掛漏，資料多又苦其漫漶，苦其牴牾。加以知人論世，非灼有見其時代背景，則不能察其人在歷史上所占地位為何等，然由今視昔，影像本已朦朧不真，據今日之環境及思想以推論昔人，尤最易陷於時代錯誤。是故欲為一名人作一佳譜，必對於其人著作之全部，專就學者或文學家言，別方面則又有別當注意之資料。貫穴鉤稽，盡得其精神與其脈絡。不寧唯是，凡與其人有關係之人之著作中直接語及其人者，悉當留意。不寧唯是，其時之朝政及社會狀況，無一可以忽視。故用一二萬言之譜，往往須翻書至百數十種。其主要之書，往往須翻至數十遍。資料既集，又當視其裁斷之識與駕馭之技術何如，蓋茲事若斯之難也。吾嘗試著一二譜，故深知其甘苦，然終未能得滿意之作。吾常謂初入手治史學者，最好擇歷史上自己所敬仰之人，為作一譜。可以磨煉忍耐性。可以學得蒐集資料、運用資料之法。優為此者，厥唯清儒，前代蓋莫能及。

上列諸譜中，其最佳者，如王白田之《朱子年譜》。彼終身僅著此一書，而此一書已足令彼不朽。朱子之人格及其學術真相皆具焉。李穆堂之陸譜，價值亦略相埒也。如顧震滄之溫公譜，其意欲使不讀溫公集之人，讀此亦能了解溫公人物真相之全部，在諸譜中實為一創格。震滄意謂有附集之譜，有單行之譜。附集者，備續集時參考，故宜簡明。單行者，備不讀集人得有常識，故宜詳盡。再以與彼所著荊公譜合讀，則當時全盤政局，若指諸掌矣。如蔡元鳳之荊公譜，雖體裁極拙劣，而見識絕倫。如陶雲汀之《淵明譜考異》，張孟劬之《玉溪譜會箋》，最注意於譜主之身世，觀其孕育於此種環境中之文藝何如。如張石洲之顧、閻兩譜，劉伯山之船山譜，羅叔蘊之徐、萬兩譜等，於譜主所履之地位、所接之人等，考核精密，細大不遺。如翁覃溪、李恢垣之遺山譜，孫益庵之二妙譜，資料本極乏，而蒐羅結果乃極豐富。如丁儉卿之陳思譜，魯通甫之右軍譜，姚儷桓之子安譜，於譜主之特性及其隱衷，昭然若揭。如胡適之之實齋譜，不唯能擷譜主學術之綱要吾尚嫌其未盡，並及時代思潮。凡此諸作，皆近代學術界一盛飾也。

第四類，純考證的遠古哲人年表。此類性質，與前三類皆不同。不重在知其人因其人為人所共知，而重在知其確實之年代。故不作直行之詳贍年譜，而唯作旁行斜上之簡明年表。然而考證辨析，有時亦甚辭費焉。列其作品如下。

《周公年表》牟庭著。

《孔子年表》（一）江永《孔子年譜》，黃定宜為之注；（二）狄子奇《孔子編年》；（三）胡培翚校注、宋胡仔之《孔子編年》；（四）崔述《洙泗考信錄》；（五）魏源《孔子編年》；（六）林春溥《孔子師弟年表》。

《卜子年譜》陳玉澍著。

《墨子年表》（一）孫詒讓《墨子年表》；（二）梁啟超《墨子年代考》。

《孟子年表》（一）黃本驥《孟子年譜》；（二）汪椿《孟子編年》；（三）任啟運《孟子考略》；（四）周廣業《孟子四考》；（五）曹之升《孟子年譜》；（六）任兆麟《孟子時事略》；（七）狄子奇《孟子編年》；（八）崔述《孟子事實錄》；（九）魏源《孟子編年》；（十）林春溥《孟子時事年表》。

《荀子年表》（一）汪中《荀卿子通論》附年表；（二）胡元儀《郇卿別傳》。

《董生年表》蘇輿著。在蘇著《春秋繁露義證》內。

以上諸作，皆考證甚勤。夫非有問題，則不必考證。問題取決於紙上資料，恐終於「以後息者為勝」耳。雖然，經過若干人嚴密之考證，最少固可以解決問題之一部分也。至如墨、孟、荀等生卒年既無法確定，則欲編成具體的年表，總屬徒勞。

族姓之譜，六朝、唐極盛，宋後寖微，然此實重要史料之一。例如欲考族制組織法，欲考各時代各地方婚姻平均年齡、平均壽數，欲考父母兩系遺傳，欲考男女產生比例，欲考出生率與死亡率比較等等無數問題，恐除族譜家譜外，更無他途可以得資料。我國鄉鄉家家皆有譜，實可謂史界瑰寶，將來有國立大圖書館，能盡集天下之家譜，俾學者分科學研究究，實不朽之盛業也。

清代當承平時，諸姓之譜，恆聘學者為之修訂。學者亦喜自訂其家之譜。觀各名家集中殆無一不有「某氏族譜序」等文，可見也。吾嘗欲悉薈萃此項文比而觀之，則某地某姓有佳譜，蓋可得崖略。惜今未能，故亦不克詳論也。

## 十　曆算學及其他科學

曆算學在清學界占極重要位置，不容予不說明。然吾屬稿至此，乃極惶悚極忸怩，蓋吾於此學絕無所知，萬不敢強作解事，而本書體例，又不許我自藏其拙。吾唯竭吾才以求盡吾介紹之責。吾深知其必無當也，吾望世之通此學者不以我為不可教，切切實實指斥其漏闕謬誤之點，俾他日得以校改自贖雲爾。

曆算學在中國發達蓋甚早。六朝唐以來，學校以之課士，科舉以之取士；學者於其理與法，殆童而習焉。宋元兩朝名家輩出，斯學稱盛。明代，心宗與文士交哄，凡百實學，悉見鄙夷，及其末葉，始生反動。入清，則學尚專門，萬流駢進，曆算一科，舊學新知，迭相摩蕩，其所樹立乃斐然矣。計自明末迄清末，斯學演進，略分五期：

第一期　明萬曆中葉迄清順治初葉約三十年間，耶穌會士齎歐洲新法東來，中國少數學者以極懇摯極虛心的態度歡迎之，極忠實以從事翻譯。同時舊派反抗頗烈，新派以不屈不撓之精神戰勝之。其代表人物則為李涼庵之藻、徐元扈光啟等。

第二期　清順治中葉迄乾隆初葉約八十年間，將所輸入之新法儘量消化，徹底理會；更進一步，融會貫通之，以求本國斯學之獨立。其代表人物為王寅旭錫闡、梅定九文鼎等。

第三期　乾隆中葉以後迄嘉慶末約三四十年間，因求學問獨立之結果，許多重要古算書皆復活，好古有識之學者，為之悉心整理校注。其代表人物則戴東原震、錢竹汀大昕、焦里堂循等。

第四期　嘉慶、道光、咸豐三朝約四五十年間，因古算書整理就緒之結果，引起許多創造發明，完成學問獨立之業。其代表人物則汪孝嬰萊、李四香銳、董方立祐誠、羅茗香士琳等。

第五期　同治初迄光緒中葉約三十年間，近代新法再輸入，忠實翻譯之業不讓晚明。其代表人物為李壬叔善蘭、華若汀蘅芳等。

第六期　光緒末迄今日，以過去歷史推之，應為第二次消化會通發展獨立之期。然而……

今吾將略述前五期之史蹟。唯有一語先須聲明者，曆與算本相倚也，而三百年來斯學之興，則假途於曆而歸宿於算。故吾所論述，在前兩期曆算並重，後三期則詳算而略曆焉。

晚明因天官失職，多年沿用之《大統曆》，屢發見測算上之舛誤，至萬曆末而朱載堉、邢雲路先後抗言改曆之必要。我國向以觀象授時為國之大政，故朱、邢之論忽惹起朝野注意，曆議大喧哄，而間接博得西歐科學之輸入。

初，歐洲自「宗教革命」告成之後，羅馬舊教團中一部分人為挽回頹勢起見，發生自覺，於是有耶穌會之創設。會士皆當時科學知識最豐富之人，而其手段在發展勢力於歐洲以外。於是利瑪竇、龐迪我、熊三拔等先後來華，實為明萬曆天啟時。中國人從之遊且崇信其學者頗多，而李涼庵、徐元扈為稱首。及改歷議起，有周子愚者方為「五官正」欽天監屬官，上書請召龐、熊等譯西籍。萬曆四十年前後，涼庵與邢雲路同以修歷被征至京師。雲路以己意損益古法，而涼庵專宗西術，新舊之爭自此。崇禎二年，涼庵與元扈同拜督修新法之命。越二年，涼庵卒。又二年，元扈亦以病辭，薦李長德天經自代。天經一遵成規，矻矻事翻譯，十年如一日，有名之《崇禎曆書》百二十六卷，半由元扈手訂，半由長德續成也。涼庵、元扈深知曆學當以算學為基礎，當未總歷事以前，已先譯算書。元扈首譯歐幾里得之《幾何原本》六卷，歐人名著之入中國，此其第一。《幾何原本》之成書，在元扈任歷事前二十三年。自序謂「由顯入微，從疑得信，蓋不用為用，眾用所基，真可謂萬象之形囿，百家之學海」。蓋承認歐人學問之有價值，實自茲始也。元扈又自為《勾股義》一卷。涼庵亦以半著半譯的體裁，為《同文算指》十卷，《圜容較義》一卷。以上諸書，皆為當時言西算者所宗。

元扈總歷事時，反對蜂起，最著者為魏文魁、冷守忠。元扈與李長德先後痛駁之，其焰始衰。《崇禎新曆》經十餘年製器實測之結果，泐為定本，將次頒行，而遭甲申之變，遂閣置。入清，以歐人湯若望掌欽天監，始因晚明已成之業而頒之。順康之交，尚有楊光先者，純狹排外的意氣詆諆新法，著一書名曰《不得已書》，其後卒取湯若望之位而代之，旋以推步失實黜革，自是哄議始息矣。

元扈於崇禎四年上疏曰：「欲求超勝，必須會通；會通之前，先須翻譯。……翻譯既有端緒，然後令深知法意者，參詳考定……」《明史》本傳當時研究此學之步驟如此。元扈既逝，旋遭喪亂，未能依原定計劃進行。王寅旭引此疏而論之曰：「……文定元扈謚之意，原欲因西法以求進也。文定既逝，繼其事者案指李天經等僅能終翻譯之緒，未遑及會通之法，甚至矜其師說，齮異己。……今西法盛行，向之異議者，亦詘而不復爭矣。然以西法有驗於今，可也。如謂為不易之法，無事求進，不可也。……」《歷說一》蓋李、徐之業，得半而止，未逮其志。所謂「會通以求超勝」，蓋有俟於後起，而毅然以此自任者，則王寅旭、梅定九其人也。

阮藝臺著《疇人傳》，清儒之部，以王、梅為冠首，且論之曰：「王氏精而核，梅氏博而大，各造其極，難可軒輊。」諒哉言矣！寅旭自幼嗜測天，晴霽之夜，輒登屋臥鴟吻間，仰察星象，竟夕不寐；每遇日月蝕，輒以新舊諸法所推時日杪刻所蝕多寡實測之，數十年未嘗一次放過。結果乃自為《曉庵新法》六卷，其自序既力斥魏文魁、陳壤、冷守忠輩之專己守殘，推獎利、徐新法，然又謂西法有不知法意者五，當辨者十。其書則「會通若干事，考正若干事，表明若干事，增葺若干事」。其論治學方法，謂：「……當順天以求合，不當為合以驗天。法所以差，固必有致差之故；法所吻合，猶恐有偶合之嫌。」《歷策》又云：「其合其違，雖可預信，而分杪遠近之細，必屢經實測而後得知。合則審其偶合與確合，違則求其理違與數違，不敢苟焉以自欺而已。」《推步交朔序》又云：「……學之愈久而愈知其不及，入之彌深而彌知其難窮。……若僅能握觚而即以創法自命，師心任目，撰為鹵莽之術以測天，約略一合，傲然自足，胸無古人，其庸妄不學未嘗艱苦可知矣。」

《測日小記序》讀此可知寅旭之學，其趨重客觀的考察為何如，又可知此派曆算學，其影響於清代學風者為何如也。

定九年輩，稍後寅旭，而其學最淵博，其傳亦最光大。所著《勿庵曆算全書》，分四大部：法原部八種，法數部一種，曆學部十五種，算學部六種，都凡三十種七十五卷。此外關於研究古曆法之書尚十三種八十七卷。其書內容價值，非吾所敢妄評。顧吾以為定九對於斯學之貢獻，最少亦有如下數點：

一、曆學脫離占驗迷信而超然獨立於真正科學基礎之上，自利、徐始啟其緒，至定九乃確定。

二、曆學之歷史的研究——對於諸法為純客觀的比較批評，自定九始。

三、知曆學非單純的技術，而必須以數學為基礎，將明末學者學歷之興味移到學算方面，自定九始。

四、因治西算而印證以古籍，知吾國亦有固有之算學，因極力提倡以求學問之獨立，黃梨洲首倡此論，定九與彼不謀而合。

五、其所著述，除發表自己創見外，更取前人艱深之學理，演為平易淺近之小冊，以力求斯學之普及。此事為大學者之所難能，而定九優為之。

王、梅流風所被，學者雲起，江蘇則有潘次耕耒、陳泗源厚耀、惠天牧士奇、孫滋九蘭、顧震滄棟高、莊元仲亨陽、顧君源長發、屠蓴洲文漪、丁維烈等；安徽則有方位伯中通、浦選正珠父子、江慎修永、余晉齋熙，及定九之弟和仲文鼐，爾素文鼏，定九之孫玉汝瑴成等。浙江則有徐圃臣發、吳任臣志伊，龔武仕士燕、陳言揚訏、王宋賢元啟等；江西則有揭子宣暄、毛心易乾乾等；

湖北則有劉允恭湘煃等；河南則有孔林宗興泰、杜端甫知耕等；山東則有薛儀甫鳳祚等；福建則有李晉卿光地、耜卿光坡兄弟等。其學風大率宗王、梅。而清聖祖亦篤嗜此學，其《御定曆象考成》《御製數理精蘊》，裒然巨帙，為斯學增重，則陳泗源、李晉卿等參與最多雲。

黃梨洲年輩略先於王、梅，然既以曆學聞，有著述數種。梨洲亦信服利、徐新法之一人，然謂此法乃我國所固有。嘗曰「周公、商高之術，中原失傳而被篡於西人，試按其言以求之，汶陽之田可歸也」。其言雖不脫自大之習，然喚起國人之自覺心亦不少。王、梅所企之「會通以求超勝」，其動機半亦由此。而清聖祖以西人借根方授梅玉汝，告以西人名此書為《阿爾熱八達》，譯言《東來法》，命玉汝推其所自，玉汝因考訂為出於「天元一」。自是學者益知我國固有之算學，未可輕視矣。雖然，大算學書散佚殆盡，其存者亦傳刻訛漏不可卒讀，無以為研究之資。其搜輯整理之，則在四庫館開館之後，而董其役者實為戴東原。

東原受學於江慎修，而尤服膺其曆算。慎修篤信西法，往往並其短而護之，東原亦時所不免看錢竹汀與東原論歲實書。自其中年，即已成《原象》《歷問》《歷古考》《策算》《勾股割圜記》等書，為斯學極有價值之作品。及入四庫館，則子部天文算學類之提要，殆全出其手，而用力最勤者，則在輯校下列各種算書：

一、《周髀算經》漢趙爽注，北周甄鸞重述，唐李淳風釋。此書舊有《津逮祕書》刻本，然訛脫甚多，東原據《永樂大典》詳校，補脫字百四十七，正誤字百十三，刪衍字十八，補圖二，自是此書始可讀。

二、《九章算術》晉劉徽注，唐李淳風釋，宋李籍音義。此書明時已佚，東原從《永樂大典》輯成九卷。此書後經李雲門（潢）作《細草圖說》九卷，東原所謂舛錯不可通者，一一疏解之。

三、《孫子算經》不著撰人名氏。舊有甄鸞、李淳風注，皆亡。東原從《大典》中輯出正文。

四、《海島算經》晉劉徽撰，唐李淳風注，久佚。從《大典》輯出。

五、《五曹算經》不著撰人名氏，刻本久佚，汲古閣有影鈔宋本，訛舛不能成讀。舊有甄鸞、韓延、李淳風諸家注，已不見，唯經文散在《大典》各條下。東原補綴鉤稽，輯為五卷，極費苦心。

六、《五經算術》北周甄鸞撰，唐李淳風注。此書久無傳本，唯散見《大典》中，割裂失次。東原循其義例，以各經之敘推之，輯成完書。

七、《夏侯陽算經》著者時代無考，舊有甄鸞、韓延注。傳本久佚，唯《大典》有之，然割裂分附《九章算術》之下，紊其端緒。幸原書目尚符。東原悉心尋繹排比，還有舊觀，為三卷十二門。

八、《張邱建算經》著者年代無考。甄、李注及劉孝孫細草。此書舊有汲古閣影鈔宋槧，然訛舛不少。東原校正之，及為補五圖，蓋原書所無，而其理非圖不明也。

九、《輯古算經》唐王孝通撰並自注。舊尚有李淳風注，已佚。此書亦毛氏藏本，東原校訂，附加圖說。此書後經李雲門作考注，以《九章》釋之；張古余作細草，以天元釋之；皆多發明。

十、《數術記遺》舊題漢徐岳撰，周甄鸞注。東原亦校訂之，但辨為唐以後偽書。

以上所列，不過校勘幾部舊書，宜若與學界大勢無甚關係。雖然，此諸書者久已埋沒塵壒中，學者幾不復知吾國自有此學。即有志研究者，亦幾譯書外無所憑藉。自戴校諸書既成，官局以聚珍版印行，而曲阜孔氏復匯刻為《算經十書》，其移易國人觀聽者甚大。善夫阮文達之言曰：「九數為六藝之一，古之小學也。……後世言數者，或雜以太一、三式、占候、卦氣之說，由是儒林實學，下與方技同科，是可慨也！（戴）庶常……網羅算氏，綴輯遺經，以紹前哲，用遺來學。蓋自有戴氏，天下學者乃不敢輕言算數，而其道始尊。然則戴氏之功，又豈在宣城（梅氏）下哉！」《疇人傳》四十二讀阮氏此論，可以知戴氏在斯學之位置矣。

東原雖遍校古算經，然其自著曆算書，則仍宗西法。其專以提倡中法聞者，則推錢竹汀。竹汀著《元史朔閏表》《三統木衍》《算經答問》等書，羅茗香推之甚至，謂「宣城猶遜彼一籌」《續疇人傳》四十九，其言或稍過。雖然，自戴、錢二君以經學大師篤嗜曆算，乾嘉以降，曆算遂成經生副業，而專門算家，亦隨之而出，其影響豈不巨哉！

前所列戴校《算經十書》皆唐代用以課士者。然數學實至宋元而極盛，其最有價值之著述則為下列三家四種：

一、宋秦道古九韶《數學九章》十八卷。

二、元李仁卿治《測圓海鏡》附細草十二卷、《益古演段》三卷。

三、元朱漢卿世杰《四元玉鑒》三卷。

秦李兩家所創為兩派之「立天元一術」，朱氏所創為「四元術」。「天元」「四元」兩術，則嘉道以後學者所殫精竭慮，階是以求超勝於西人者也。四書中唯《測圓海鏡》舊有傳本，而已逸其細草，余三書則皆久佚。東原在四庫館，從《永樂大典》中輯錄《九章》《演段》，及《海鏡》之細草，三書始稍具面目，然精心讎校，實所未遑，故研習猶不易焉。東原校《海鏡》，多臆刪誤解。尹菊圃（錫瓚）曾指斥之。《數學九章》，自錢竹汀極力提倡，秦敦夫恩復刻之，而顧千里廣圻為之詳校，其後沈俠侯欽裴及其弟子宋冕之景昌復據顧本精校，訂正訛舛數十處，為之《札記》。自是道古之書始可讀。《海鏡》及《演段》，鮑淥飲廷博刻之，而李四香銳為之詳校，自是仁卿之書始可讀。獨《四元玉鑒》《四庫》既不著錄，阮文達作《疇人傳》時且未之見以傳中無朱世杰知之。文達晚乃得其鈔本，傳抄寄四香。四香大喜，為作細草，未就而沒。文達惘之，曰：「李君細草不成，遂無能讀是書者矣。」《揅經室集．李銳傳》道光中，羅茗香始為精校，並補作細草，自是漢卿之書亦人人可讀，與秦李書等。此四書校注之業，其影響於後此算學之發展，視戴校諸書為尤巨。大抵天元學即秦李學大顯於嘉慶中葉，而四元學即朱學復活於道光之初。二學明而中國算學獨立之利器具矣。

乾嘉以後治算之人約可分三類：

第一類，臺官。臺官者，奉職於欽天監者也。歷代臺官，率多下駟，然臺中資料多，儀器備，苟得其人，則發明亦較易為力。乾隆中則有監正明靜庵安圖，蒙古人。創「割圓密率捷法」，舉世宗之。詳下其弟子夏官正官名張良亭肱最能傳其學。同時，監副博繪亭啟，滿洲人，能解勾股形中所容方邊、圓徑、垂線三事，創法六十。道光初，監正方慎菴履亨亦績學有著述。同時博士欽天監博士陳靜弇杰最精比例，著《算法大成》二十卷，最便初學。

第二類，經師。經師者，初非欲以算學名家，因治經或治史有待於學算，因以算為其副業者也。此派起於黃梨洲、惠天牧，而盛於錢竹汀、戴東原，其稍後則焦里堂、阮藝臺。若顧震滄、程易疇、淩次仲、孔巽軒、錢溉亭、許周生、姚秋農、程春海、李申耆、俞理初輩，皆其人也。自余考證家，殆無一人不有算學上常識，殆一時風尚然矣。此輩經生——除戴、焦、孔外——大率藉算以解經史，於算學本身無甚發明。雖然，後此斯學大家，多出諸經師之門，如李尚之之學於竹汀，羅茗香之學於藝臺，其最著者也。

第三類，專門算學家。專門算學家，自王、梅以後，中絕者垂百年，至嘉慶間始復活，道咸間乃極盛。復活初期之主要人物，則江都焦里堂、元和李四香、歙汪孝嬰萊也，時號為「談天三友」。三人始終共學，有所得則相告語，有所疑則相詰難，而其公共得力之處，則在讀秦、李書而知「立天元一」為算家至精之術。四香校釋《測圓海鏡》《益古演段》，為仁卿之學撥開雲霧；又與裡堂幾度討論，知秦道古之《九章》為「大衍求一」中之又一派「天元」，秦書價值亦大明。裡堂著《天元一釋》《開方通釋》等書，最能以淺顯之文闡天元奧旨。孝嬰則姿性英銳，最喜攻堅，必古人所未言者乃言之。三人中，焦尚經師副業，而汪、李則專家也。焦之評汪、李曰：「尚之四香善言古人所已言，而闡發得其真；孝嬰善言古人所未言，而引申得其間。」兩家學風可見矣。學風異而能合作，故於斯學貢獻特多焉。而陽城張古余敦仁，上元談階平泰皆四香學友，於「天元」有所發明，四香弟子順德黎見山應南盡傳其師之學，且續成其書；裡堂子虎玉廷琥亦治《演段》，能名家，嘉慶間專門家最著者，略如此。

道光初葉，秀水朱雲陸鴻、陽湖董方立祐誠在京師以算學相友善。方立最絕特，所發明「割圜連比例率」，實斯界不刊之作見下，惜早夭未能盡其才。而甘泉羅茗香士琳、烏程徐君青有壬，仁和項梅侶名達皆老壽，道咸間稱祭酒焉。茗香為阮藝臺弟子，早歲已通天元，中歲得《四元玉鑑》，嗜之如性命，竭十二年之力，為之校，為之注，為之演細草二十四卷，復與同縣學友易蓉湖之瀚為之釋例。四元復見天日，自茗香始也。後此李壬叔譯代數之書，始知「四元」即我國之代數，而其祕實啟自茗香。君青縋幽鑿險，學風酷似汪孝嬰、董方立，發明「測圜密率」「橢圜求周術」「對數表簡法」等見下；亦嘗為《四元》步細草，聞茗香治此，乃中輟。梅侶與黎見山游，因接李四香之緒，著述甚富，今傳者僅《勾股六術》一編。嘗曰：「守中西成法，搬衍較量，疇人子弟優為之。所貴學數者，謂能推見本原，融會以通其變，竟古人未竟之緒，而發古人未發之藏耳。」晚年每謂古法無所用，不甚涉獵，而專意於平弧三角雲。後此算家力求向上一步以從事發明，得梅侶暗示之力為多。三君之外，則元和沈俠侯欽裴之校《九章》，烏程陳靜葊杰之為《緝古細草》，皆能有所樹立者。

道光末迄咸、同之交，則錢塘戴鄂士煦、錢塘夏紫笙鸞翔、南海鄒特夫伯奇、海寧李壬叔善蘭，為斯學重鎮。鄂士學早成，年輩稍後於羅茗香、項梅侶。羅、項折節以為忘年交。所著《求表捷術》，英人艾約瑟譯之，刊《英倫算學公會雜誌》，彼都學者嘆為絕業。我國近人著述之有歐譯，自戴書始也。紫笙為梅侶高弟，盡傳其學。特夫崛起嶺嶠，而精銳無前，又善製器，諸名家皆斂手相推焉。壬叔早慧而老壽，自其弱冠時，已窮天元、四元之祕，斐然述作；中年以後，盡瘁譯事，世共推為第二徐文定，遂以結有清一代算學之局。當是時，江浙間斯學極盛，金山顧尚之觀光、長洲馬遠林釗、嘉定時清甫日淳、興化劉融齋熙載、烏程凌厚堂堃、張南坪福僖、南匯張嘯山文虎，與徐、項、戴、李諸君先後作桴鼓應焉。江西亦有南豐吳子登嘉善，造詣不讓時賢。而異軍特起有聲色者，莫如湖南、廣東兩省。湖南自新化鄒叔績漢勛首倡此學，長沙丁果臣取忠繼之。果臣弟子有湘陰左壬叟潛，文襄從子也；湘鄉曾栗紀鴻，文正子也，咸以貴介嗜學，能名其家。徐君青之為廣東鹽運使也，語人曰：「廣東無知算者！」或以告番禺黎南溟漢鵬，南溟為難題難之，徐不能答。嘉應吳石華學算於南溟，遂盡傳其學。已而出鄒特夫，所造或為江左諸師所不及雲。

清季承學之士，喜言西學為中國所固有，其言多牽強附會，徒長籠統囂張之習，識者病焉。然近世矯其弊者，又曾不許人稍言會通，必欲擠祖國於未開之蠻民，謂其一無學問，然後為快。嘻！抑亦甚矣。人智不甚相遠，苟積學焉，理無不可相及，頑固老輩之蔑視外國，與輕薄少年之蔑視本國，其誤謬正相等。質而言之，蔽在不學而已。他勿具論，即如算術中之天元、四元，苟稍涉斯學之樊者，寧能強訶斥之謂為無學問上之價值？又寧能謂此學非我所自有？清聖祖述西士之言，謂借根為「東來法」。英人偉烈亞力，與李壬叔同事譯業者也，深通中國語言文字，能讀古書，其所著《數學啟蒙》第二卷有「開諸乘方捷法」一條，綴以按語云：「無論若干乘方，且無論帶縱不帶縱，俱以一法通之，故曰捷法。此法在中土為古法，在西土為新法，上下數千年，東西數萬里，所造之法若合符節。信乎！此心此理同也。」夫偉力是否讕言，但用天元一試布算焉，立可決矣。竺舊之儒，必謂西法剽竊自我，如梨洲所謂「汶陽之田可復歸」，誠為誇而無當。然心同理同之說，雖好自貶者亦豈能否認耶？是故如魏文魁、楊光先之流，未嘗學問，徒爭意氣，吾輩固當引為大戒。乃若四香、茗香、王叔諸賢，真所謂「舊學商量加邃密，新如涵養轉深沈」，蓋於舊學所入愈深，乃益以促其自覺之心，增其自壯之氣，而完其獨立發明之業，則溫故不足以妨知新，抑甚明矣！而最損人神智者，實則在「隨人腳跟，學人言語」，不務力學，專逐時談之習耳。世之君子，宜何擇焉？

清代算學，順康間僅消化西法，乾隆初僅雜釋經典。其確能獨立有所發明者，實自乾隆中葉後，而嘉、道、咸、同為盛。推厥所由，則皆天元、四元兩術之復活有以牖之。徐文定所謂「會通以求超勝」，蓋實現於百餘年後矣。今刺舉其發明之可紀者如下：

一、明靜庵安圖之割圜密率捷法。梅玉汝《赤水遺珍》，載有西士杜德美用連比例演周徑密率及求正弦、正矢之法，唯所以立法之原則祕而不宣。至汪孝嬰疑其數為偶合。靜庵積思三十年，創為此法與解，用連比例術，以半徑為一率，設弧共分為二率：二率自乘，一率除之，得三率；以二率與三率相乘，一率除之，得四率。由是推之，三率自乘，一率除之，得五率。…… 雖至億萬率，胥如是。羅茗香評之曰：「西法之妙，莫捷於對數，對數之用，莫便於八線。…… 考對數之由來，亦起於連比例，又安知當日立八線表時，不暗用此法推算耶？」

二、孔巽軒之三乘方以上開方捷法及割圜四例。巽軒為戴東原高弟子，研究秦李之書，精通天元。梅定九著《少廣拾遺》，雲三乘方以上不能為圖。巽軒獨抒新意，取冪積變為方根，使諸乘皆可作平方觀，制《諸乘方廉隅圖》，俾學者知方廣稠疊所由生。又立割圜四例，其說在明氏捷法未顯之先，而間與暗合，所著書名《少廣正負術內外篇》六卷。

三、李四香之《方程新術草》。因梅氏未見古《九章》，其所著《方程論》，囿於西學，致悖直除之旨，乃尋究古義，采索本根，變通簡捷，以成新術。辨天元與借根之異同，梅玉汝言借根即天元，大致固不謬。四香更辨析天元之相消，有減無加，與借根方之兩邊加減微異。發明開方正負定律。梅氏言開方，專宗《同文算指》《西鏡錄》之西法，初不知立方以上無不帶縱之方。故所著《少廣拾遺》，立開一乘方以至開十二乘方法，枝枝節節，窒礙難通。四香讀秦道古書，闡明超步退商、正負加減、借一為陽諸法，為《開方說》三卷。

四、黎見山應南之求勾股率捷法。見山，四香弟子。此捷法乃推闡天元通分而成。任設奇偶兩數，各自乘，相併為弦，相減為勾，或為股；副以兩數相乘，倍之為股，或為勾。若任設大小兩奇數或偶數，各自乘，則相併半之為勾，或為股，其兩數相乘即為股，或為勾，所得勾股弦皆無零數。

五、汪孝嬰之發明天元一正負開方之可知不可知。四香發明正負開方定律，少廣之學大明。孝嬰讀秦李書，知有不可知之數，乃自二乘方以下推之得九十五條。其說與四香似立異，故當時有汪李齮齕之謠，焦里堂既辨之矣。四香後讀其書而為之跋，括為三例以證明之，謂：偶實同名者不可知；偶實異名而從廉正負不雜者可知；偶實異名而從廉正負相雜，其從翻而與隅同名者可知，否則不可知。又謂己所言「一答與不止一答」，與汪言之「可知不可知」，義實相通云。

六、董方立之發明割圜連比例術。此亦因杜德美之圓徑求周術語焉不詳，欲更創通法，使弦矢與弧可以徑求。時明靜庵之密率捷法未傳於世。方立覃思獨創，與明氏同歸而殊塗，蓋以圜容十八觚之術，引申類長，求其累積，實兼差分之列衰、商功之堆堆，而會通以盡勾股之變。自謂奇偶相生，出於自然，得此術而方圓之率通雲。

七、徐君青之發明屢乘屢除的對數，對數表傳自西人，云以屢次開方而得其數。君青以屢除屢乘法御之，得數巧合而省力百倍。研究測圜密率，以屢乘屢除法，遞求正負諸差，而加減相併，便得所求。發明開圜求周術，橢圓求周，無法可馭。借平圜周求之，則有三術。項梅侶、戴鄂士各立一術。君青以橢周為圜周，求其經以求周，即為橢圜之周。最直捷。李壬叔謂其駕過西人遠甚。發明造各表簡法。君青以對數表等為用最大。惜創造之初，取徑紆回，布算繁賾，不示人以簡易之方，如八線對數表，至今無人知其立表之根，因讀《四元玉鑒》，究心於堆積招差之法，推諸割圓諸術，無所不通。蓋堆積者遞加數也，招差者連比例也。合二術以施之割圜，六通四辟，而簡易之法生焉。乃集杜德美、董方立、項梅侶、戴鄂士、李壬叔諸家之說而折衷之，簡益求簡，凡立五術。

八、戴鄂士之發明對數簡法，其術在舍開方而求假設數；復有續編，專明對數根之理。徐君青為之序，謂與李壬叔《對數探原》同為不朽之業。發明外切密率，此亦割圜率中之一種。自杜、董遞啟割圜之祕，項梅侶、李壬叔皆有所增益。惜杜氏有弦矢術而無切割術，李氏有其術而分母分子之源未經解釋。鄂士謂弦矢與切割本可互為比例，……以比例所得之率數乘除法，乘除弧背，其求得之數，必仍為比例所得之切割。乃本此意以立術。發明假數測圓。專以負算闡對數，發前人未發之蘊。

九、鄒特夫之發明乘方捷術。此亦研究對數之書，隱括董方立、戴鄂士之說，立開方四術。其於訥白爾表，以連比例乘除法，徑開一無量數乘方以求之，又立求對數較四術以求之，亦用連比例一以貫之，立術最為簡易。蓋以徐君青、李壬叔之術，操數各殊，唯夏紫笙略近而更為精密雲。創造對數尺。因對數表而變通之為算器，畫數以兩尺，相併而伸縮之，使原有兩數相對，而今有數即對所求數。補古格術。格術之名及其術之概略，僅見於宋沈括《夢溪筆談》，後人讀之亦莫能解。特夫知其即光學之理，更為布算以明之。以算學釋物理自特夫始。

十、李壬叔之以尖錐馭對數。壬叔以尖錐立術，既著《方圓闡幽》《弧矢啟祕》二書，復為《對數探源》，亦以尖錐截積起算，先明其理，次詳其法。自序云：「……有正數萬，求其逐一相對之對數，則雖歐羅巴造表之人僅能得其數，未能知其理也。間嘗深思得之，嘆其精微玄妙，且用以造表，較西人簡易萬倍，然後知言數者不可不先得夫理也。」壬叔著書在早年，其後與西士共譯各書，益自信，乃著《對數尖錐變法釋》，謂己所用為正法，西人所用乃變法，而其根則同雲。推衍堆積術。謂堆積為少廣一支，西人代數微分中所有級數，大半皆是。近人唯汪孝嬰、董方立頗知其理，而法數未備，因特闡明之。

十一、顧尚之之和較相求對數八術。批評杜、董、項、戴及西人《數學啟蒙》中之諸新術，以為皆未盡其理，乃別為變通，任意設數，立六術以御之，得數皆合，復立還原四術，卒乃推衍之為和較相求之八術。

十二、夏紫笙之創曲線新術。其書名《致曲術》，曰平圓，曰橢圓，曰拋物線，曰雙曲線，曰擺線，曰對數曲線，曰螺線，凡七類。皆於杜德美、項梅侶、戴鄂士、徐君青、羅密士（英人，著《代數微積拾級》者）諸術外自定新術，參互並列，法密理精，復有《致曲圖解》說明之。創乘方捷術。以開各類乘方，通為擺術，可並求平方根數十位，不論益積翻積，俱為坦途，其書名《少廣縋鑿》。

上所舉，不過在三部《疇人傳》中阮元著初編，羅士琳續，諸可寶再續臨時撏撦。我之學力，本不配討論此學，其中漏略錯誤，定皆不少。但即循此以觀大略，已可見此學在清代發展進步之程度為何如。以李四香、汪、明、董等推算之業視王、梅；以李四香、羅、張古余等校書補草之功視錢、戴；以徐、戴鄂士、鄒、李壬叔等會通發明之績視王、梅、李四香、汪，真有「積薪後來居上」之感。其後承以第二期西學之輸入——即所謂十九世紀新科學者，而當時國中學者所造，與彼相校，亦未遑多讓。中國人對於科學之嗜好性及理解能力，亦何遽出歐人下耶？

吾敘述至此，唯忽有別的小感觸，請附帶一言。清代算學家多不壽，實吾學界一大不幸也。內中梅定九壽八十九，李壬叔壽七十，二老巋然綰一代終始，差足慰情。自余若焦里堂僅五十八，戴鄂士僅五十六，王寅旭、戴東原皆僅五十五；鄒特夫僅五十一，鄒叔績僅四十九，馬遠林僅四十八，汪孝嬰僅四十六，李四香、夏紫笙皆僅四十五。尤促者，熊韜之僅三十九，孔巽軒僅三十五，董方立僅三十三，左壬叟、曾栗卒年未詳，大抵皆不逾四十。嗚呼！豈茲事耗精太甚，易損天年耶？何見奪之速且多也。夫使巽軒、方立輩有定九壽，則所以嘉惠學界者宜何如哉？吾又感覺算學頗恃天才，故有早歲便能成家者。又洪楊之亂，學者多殉，而算家尤眾。徐君青以封疆江蘇巡撫死綏，固宜矣。乃若羅茗香、馬遠林、鄒叔績、戴鄂士、顧尚之、凌厚堂堃、張南坪福禧，皆先後及難。其餘諸家遺著投灰燼者且不少。嗚呼！喪亂之為文化厄，有如是也。

道光末葉英人艾約瑟、偉烈亞力先後東來。約瑟與張南坪、張嘯山文虎、顧尚之最善，約為算友。偉烈則納交於李壬叔，相與續利、徐之緒，首譯《幾何原本》後九卷，次譯美之羅密士之《代微積拾級》，次譯英人侯失勒約翰之《談天》。其後壬叔又因南坪等識艾約瑟，與之共譯英人胡威立之《重學》，又與韋廉臣共譯某氏之《植物學》，十九世紀歐洲科學之輸入，自壬叔始也。亂事既定，曾文正設製造局於上海，中附屬譯書之科，以官力提倡之。時王叔已老，在總理衙門為章京，不能親譯事，則華若汀蘅芳繼之，與英人傅蘭雅共譯為多，所譯有英人華裡司之《代數術》《微積溯原》，海麻士之《三角數理》等。此外則徐虎臣建寅、趙仲涵元益等皆有所譯述，然精審不逮李、華雲。

晚清李、華譯述之業，其忠實與辛勤不讓晚明之徐、李，而所發生之影響則似遠遜。李、徐譯業，直接產生王、梅，能全部消化其所譯受，更進而求本國學問之獨立，因以引起三百年間斯學之發達。李、華譯書時，老輩專精斯學者已成家數，譯本不過供其參考品，不復能大有所進益，而後輩則浮騖者多，不復專精斯詣。故求如王、梅其人者，直至今日，蓋無聞焉。豈唯今日，恐更遲之若干年，亦猶是也。夫吾並非望舉國人皆為算學家也。算學為最古之學，新發明甚難，不如他種科學之饒有發展餘地，學者不甚嗜之，亦無足怪。雖然，算學為一切自然科學之基礎，欲治科學，非於算有相當素養不能為功，昭昭然也。然環觀今之青年，在學校中對於此科之興味何衰落一至此甚也！學之數年，恐其所得素養比諸門外漢如我者所剩無幾也，反不如百餘年前專讀「線裝書」之老經生猶知以此學為重也。嗚呼！此非一門學術興廢之小問題，實全部學風盛衰之大問題也。厭繁重而怠探索，功課為機械的授受，不復刻入以求心得，唯喜摭拾時趨的游談以自欺欺世。如此，則凡百學術皆不能喚起真摯之興味，豈唯算學？結果非將學問向上之路全付榛蕪焉不止也。嗚呼！今之青年，有聞乾、嘉、道間諸先輩之學風而知奮者耶？

鄒特夫晚年有《論算家新法》一篇，其言曰：「自董方立以後，諸家極思生巧，出於前人之外，如華嚴樓閣，彈指即現，實抉算理之奧窔。然恐後之學者，不復循途守轍，而遽趨捷法，則得之易失之亦易，是可憂也。」吾涉讀及此，而若有感於余心焉。昔人欲通曉一學也甚難，而所成就常實。無組織完善之著書，無簡易之教授法，欲學者須從亂石犖犖、亂草蓬蓬中自覓新路而自辟之。故學焉者十人，其九人者恆一無所獲，廢然而返。即其一人有所獲者，亦已費無量精力於無用之地，此其所為失也。雖然，不入之則已，既入則極深研究，其發明往往超拔凡近，此其所為得也。今人欲通曉一學也甚易，而所成就常虛。教科書及教授法，凡所以助長理解者唯恐不至，而取徑唯恐不捷。中智之士，按部就班，畢業一課即了解一課，畢業一書即人解一書，人人可操券而獲也。然與其書，與其師睽別不一二年，所學如夢矣。即不爾，而所得亦至膚淺末，罕復能以自立。說者謂今之教育，只能攀全社會「平庸化」，而傑出天才乃汨沒摧抑而日澌滅，不其然耶？夫今日不能舉教育法而盡返之於曩昔，不待言也。然特夫所謂「遽趨捷法，得之易而失之亦易」者，斯誠教育界不可忽視之問題。如何而能便青年於易知易從中，仍閱歷甘苦，而求所學實有諸己，不可不熟思而折衷之也。吾有感於諸先輩之刻苦堅忍以完成學問獨立之業，故附其說於此。

吾今當以敘述曆算學之餘，簡帶敘其他科學。各種科學，不唯不能各占一專章，並不能合而成一專章，而唯以曆算學附庸之資格於此帶敘焉，吾學界之恥也。然吾儕史家之職，不能增飾歷史實狀之所本無。吾唯寫其實，以待國人之自勘而已。

清儒頗能用科學精神以治學，此無論何人所不能否認也。雖然，其精力什九費於考證古典，勉譽之亦只能謂所研究者為人文科學中之一小部分，其去全體之人文科學已甚遠。若自然科學之部，則欲勉舉一人一書，且覺困難。無已，始舉下列一二以充數。

物理學及工藝學方面，有宋長庚應星《天工開物》十八卷。長庚，江西奉新人，卒於清初順康間，其書則成於明崇禎十二年。書之內容如下：

卷一　乃粒　論農產品、農事、農器等。
卷二　乃服　論蠶事、制絲、紡織及織具、緞錦、棉花之種植紡織、麻布、制裘、制氈等。
卷三　彰施　論染料之產出採用及製造等。
卷四　粹精　論農產品製成糧食之法。
卷五　作咸　論各種鹽產及製鹽法。
卷六　甘嗜　論種蔗、製糖及蜜蜂。
卷七　陶埏　論造瓦、造磚、造陶器、造瓷器諸法。
卷八　冶鑄　論鑄造鐘、鼎、釜、像、炮、鏡、錢諸法。
卷九　舟車　論各式舟車及其造法。
卷十　錘鍛　論冶鐵及各種鐵器造法，附冶銅。
卷十一　燔石　燔石類之化煉，內含石灰、蠣灰、煤炭、礬、硫磺、砒石等。
卷十二　膏液　論油品及製法。
卷十三　殺青　論紙料及製法。
卷十四　五金　論金、銀、銅、鐵、錫、鉛各礦之產地，采法、化分法等。
卷十五　佳兵　論矢、弩、干、火藥、火器各種製造法。

卷十六　丹青　論朱、墨等顏色之產地及造法。

卷十七　麴蘖　論造酒。

卷十八　珠玉　論珠、玉、寶石、水晶、瑪瑙等之產地及磨治法。

觀此目錄，可以知本書所研究之對象為何。長庚自序云：「世有聰明博物者，稠人推焉，乃棗梨之花未賞，而臆度楚萍；釜鬵之範鮮經，而侈談莒鼎。畫工好圖鬼魅而惡犬馬，即鄭僑、晉華，豈足為烈哉？」彼蓋深鄙乎空談考古之輩，而凡所言皆以目驗為歸也。丁在君文江論之曰：「三百年前言工業天產之書如此其詳且明者，世界之中，無與比倫。」有此書洵足為學界增重矣。

方密之著《通雅》，其中已多言物理，復有餘稿，其子位伯中通分類編之，名曰《物理小識》，凡十二卷，內分天、歷、風、雷、雨、暘、地、占候、人身、醫藥、飲食、衣服、金石、器用、草木、鳥獸、鬼神方術、異事，凡十五類。所言雖不免間雜臆測或迷信，不如長庚之摭實，然其中亦頗多妙悟，與今世科學言暗合。例如卷一之論「氣映差」，論「轉光」，論「隔聲」等類皆是。要之，此等書在三百年前，不得謂非一奇著也。

明清之交，學者對於自然界之考索，本已有動機。雍乾以降，古典學大興，魁儒之聰明才力盡為所奪，甚可惜也。然皖南江、戴一派，好言名物，與自然科學差相接近，程易疇瑤田著《通藝錄》，有《考工創物小記》《溝洫疆理小記》《九谷考》《釋草小記》《釋蟲小記》等，惜偏於考古，於實用稍遠矣；郝蘭皋懿行自言好窮物理，著有《蜂衙小記》《燕子春秋》等，吾未見其書，不知內容如何。

明末曆算學輸入，各種器藝亦副之以來，如《火器圖說》《奇器圖說》《儀象志》《遠鏡說》等，或著或譯之書亦不下十餘種。後此治曆算者，率有感於「欲善其事先利其器」，故測候之儀，首所注意，亦因端而時及他器。梅定九所創製，則有「勿庵揆日器」「勿庵測望儀」「勿庵仰觀儀」「勿庵渾蓋新儀」「勿庵月道儀」等；戴東原亦因西人龍尾車法作贏族車，因西人引重法作自轉車，又親制璿璣玉衡——觀天器。李申耆自制測天繪圖之器，亦有數種。凡此皆曆算學副產品也。而最為傑出者，則莫如歙縣鄭浣香復光之《鏡鏡痴》一書。

浣香之書，蓋以所自創獲之光學智識，而說明制望遠顯微諸鏡之法也。據張石洲序，知其書成於道光十五年以前。其自序雲「時逾十稔然後成稿」，則知屬稿在道光初年矣。時距鴉片戰役前且二十年，歐洲學士未有至中國者，譯書更無論。浣香所見西籍，僅有明末清初譯本之《遠鏡說》《儀象志》《人身概說》等三數種，然其書所言純屬科學精微之理，其體裁組織亦純為科學的。今將原書四大部分各子目表列如下：

第一部　明原。原注云：鏡以鏡物，不明物理，不可以得鏡理物之理，鏡之原也。作《明原》一原色，二原光，三原影，四原線，五原目，六原鏡。

第二部　類鏡。原注云：鏡之制，各有其材；鏡之能，各呈其用；以類別也。不詳厥類，不能究其歸。作《類鏡》一鏡資；二鏡質；三鏡色；四鏡形。

第三部　釋圓。原云：鏡多變者，唯凹與凸。察其形，則凹在圓外，凸在圓內。天之大，以圓成化；鏡之理，以圓而神。姑作《釋圓》一圓理，二圓凸，三圓凹，四圓疊，五圓率。

第四部　述作。原注云：知者創物，巧者述之，儒者事也。民可使由，不可使知。匠者事也，有師承焉，姑備所聞。儒者之事，有神會焉，特詳其義。作《述作》一作照景鏡，二作眼鏡，三作顯微鏡，四作取火鏡，五作地鐙鏡，六作諸葛鐙鏡，七作取影鏡，八作放字鏡，九作柱鏡，十作萬花筒鏡，十一作透光鏡，十二作視日鏡，十三作測日食鏡，十四作測量高遠儀鏡，十五作遠鏡。

全書體例，每篇皆列舉公例若干條，理難明者則為之解，有異說者則系以論，表象或布算則演以圖全書為圖一百二十八。大抵採用西人舊說舊法者什之二三，自創者什之七八。書中凡采舊說必註明。其原光公例十八條，采舊說者三。原目公例十二條，采舊說者四。余類推。吾不解科學，不能言其與現代西人之述作比較何如。顧吾所不憚昌明者：百年以前之光學書，如此書者，非獨中國所僅見，恐在全世界中亦占一位置。浣香所以能為此者，良由其於算學造詣極深見張序，而又好為深沈之思見自序。張石洲言：「浣香雅善製器，而測天之儀，脈水之車，尤切民用」，則其藝事之多能又可知矣。以前宋後鄭之學，而不見推於士林。《疇人傳》巾無鄭名。嘻！「藝成而下」之觀念毒人深矣。

鄒特夫亦以明算通光學。所著《格術補》，因沈存中括《夢溪筆談》中一條，知宋代算家有此術，因窮思眇慮，布精算以闡其理。鄭浣香亦因讀《夢溪筆談》而有悟，但鄒決非襲鄭。可謂好學深思，心知其意。特夫又自制攝影器，觀其圖說，以較現代日出日精之新器，誠樸僿可笑，然在五十年前無所承而獨創，又豈可不謂豪傑之士耶！粵人復有梁南溟漢鵬者在特夫前，陳蘭甫稱其「好言物性，金木百工之事莫不窮究，尤善制火藥，以所制者發鳥槍，鉛丸較英吉利火藥所及加遠」雲。

醫學方面，中國所傳舊學，本為非科學的。清醫最負盛名者如徐洄溪大椿、葉天士桂，著述皆甚多，不具舉。唯有一人不可不特筆重記者，曰王勛臣清任，蓋道光間直隸玉田人，所著書曰《醫林改錯》，其自序曰：「……嘗閱古人臟腑論及所繪之圖，立言處處自相矛盾。……本源一錯，萬慮皆失……著書不明臟腑，豈非痴人說夢？治病不明臟腑，何異盲子夜行？……」勛臣有惕於此，務欲實驗以正其失。然當時無解剖學，無從著手。彼當三十歲時，游灤州某鎮，值小兒瘟疹，死者甚多，率皆淺殯。彼乃不避汙穢，就露臟之屍細視之，經三十餘具，略得大概，其後遇有赴刑之犯，輒往追視。前後訪驗四十二年，乃據所實睹者繪圖成《臟腑全圖》而為之記。附以《腦髓說》，謂靈機記性不在心而在腦；《氣血合脈說》，斥《三焦脈訣》等之無稽，誠中國醫界極大膽之革命論。其人之求學，亦饒有科學的精神，惜乎舉世言醫者莫之宗也。

吾敘帶科學，而供吾論列之資料僅此。吾閣筆且愧且悲焉。雖然，細思之，未足為愧，未足為悲。西方科學之勃興，亦不過近百年間事耳，吾乾嘉諸老未能有人焉於此間分一席，抑何足深病？唯自今以往仍保持此現狀，斯乃真可愧真可悲耳。嗚呼！此非前輩之責而後者之責也。後起者若能率由前輩治古典學所用之科學精神，而移其方向於人文自然各界，又安見所收穫之不如歐美？雖然，非貴乎知之，實貴乎行之。若如今日之揭科學旗幟以嚇人者，加減乘除之未嫻，普通生理心理之未學，唯開口罵「線裝書」，閉口笑「玄學鬼」，狺狺於通衢以自鳴得意。顧亭林有言：「昔之清談談老莊，今之清談談孔孟。」吾得易其語曰：「今之清談談科學。」夫科學而至於為清談之具，則中國乃真自絕於科學矣！此余之所以悁悁而悲也。

## 十一　樂曲學

昔之言學者，多以律歷並舉。律蓋言樂之律呂也。其所以並舉之故，雖支離不足取，吾為敘述便利起見，姑於述曆算後次論焉。可紀者少，等於附庸而已。

但吾仍有須鄭重聲明者：吾之無樂曲學常識，一如其於曆算。吾絕無批評諸家得失之能力，且所敘述亦恐不能得其要領。希海內明治斯學者有以教之。

中國音樂，發達甚早。言「六藝」者兩說，《周官》大司徒之「禮、樂、射、御、書、數」；《漢書·藝文志》之「詩、書、禮、樂、易、春秋」。樂皆與居一焉。儒家尤以之為教育主要工具，以是招墨氏之非議。惜無樂譜專書，其傳易墜。漢魏以降，古樂寖亡，以至於盡。累代遞興之新樂，亦複閱時輒佚，而俗樂大抵出伶工之惰力的雜奏，漫以投裡耳之好，故樂每況而愈下。樂之研究，漸惹起一部分學者之注意，固宜然矣。

清儒所治樂學，分兩方面：一曰古樂之研究，二曰近代曲劇之研究。其關於古代者復分兩方面：一曰雅樂之研究，二曰燕樂之研究。關於近代者亦分兩方面：一曰曲調之研究；二曰劇本之研究。

清儒好古，尤好談經。諸經與樂事有連者極多，故研究古樂成為經生副業，固其所也。清初自詡知樂者首為毛西河，著有《競山樂錄》——一名《古樂復興錄》《聖諭樂本解說》《皇言定聲錄》等書；而李恕谷從之遊，著有《學樂錄》以申其說。此四書者可稱為毛氏一家之學。西河自稱得明寧王權家所藏唐樂笛色譜，因據之以推得古代之七調九聲，謂「自春秋迄明，千年長夜，一旦盡舉而振豁之」，其自負可謂至極。然所謂寧王之《笛色譜》，始終未嘗出以示人，其有無且不知，其是否唐樂更不可知。西河人格不足以見信於世，故全謝山攻其偽妄，蓋有以自取矣。然其對於荒誕支離的舊說掃蕩廓清之功，固不可泯滅。彼力斥前人之以五行附會樂理。略云：「樂之有五聲，亦言其聲有五種耳，其名曰宮曰商，亦就其聲之不同，而強名之作表識耳。自說音推原元本，忘求繇歷，……至有分配五行、五時、五土、五色，……而究與聲律絕不相關。此何為也？……故凡為樂書，多畫一元、兩儀、五行、十二辰、六十四卦、三百六十五度之圖，斐然成文，而又暢為之說，以引證諸黃鐘、太簇、陰陽、生死、上下、順逆、增減，以及時氣、卦位、曆數之學鑿鑿配合者，則其書必可廢。……」彼力斥前人之摹揣古樂器以圖復古。略云：「嘗牽合古尺，考覆舊琯，呼工師截竹，裁設管器，及裁竟而樂殊不然，然後知遷、固以後，京房、鄭玄、張華、荀勖，……及近代之韓尚書、鄭恭王輩，凡言鐘鑄均弦、造器算數，皆欺人之學，不足道也。」此皆一掃塵霾，獨闢畦逕。其所自立論之價值如何，吾不能妄評，凌次仲謂西河全屬武斷。陳蘭甫謂西河論樂最謬，七聲十二律茫然不知。但其革命的精神則甚可師也。清初尚有胡彥升著《樂律表微》，凌次仲謂其只知唱崑山調及推崇朱子。

初期漢學家之樂學的著作，最有名者為江慎修之《律呂新論》二卷，《律呂闡微》十一卷。慎修長於算，故以算理解樂律，多能匡正宋明人之失。然樂律應否以算理解釋，實為先決問題。慎修雖用力甚勤，然其截斷眾流之識，恐反出西河下也。書中附會河圖、五行、納音、氣節諸陋習亦不免。唯《新論》卷末論聲音流變，論俗樂可求雅樂，論樂器不必泥古諸條，似有卓見。《闡微》言唐宋燕樂之當研究，實為淩次仲示其途徑。戴東原亦有論樂律之篇，大致不出慎修見解。

清儒最能明樂學條貫者，前有淩次仲，後有陳蘭甫，而介其間者有徐新田養原。次仲之書曰《燕樂考原》六卷。燕樂者，唐代音樂最主要之部分也。唐天寶十三載，分樂為三部：先王之樂為雅樂，前世新聲為清樂，合胡部者為燕樂。沈括《夢溪筆談》語而燕樂最貴，奏技者皆坐堂上。白香山《立部伎》詩自注云：「太常選坐部伎，無性識者退入立部伎；又選立部伎，絕無性識者，退入雅樂部。」立部伎即掌清樂者也，雅樂又在其下。清樂者，梁陳舊樂也；燕樂者，周隋舊樂也。本書卷六語唐承周隋之統，以其舊樂為主，而以西域諸國樂損益之，故其燕樂集樂之大成。次仲以為，「世儒有志古樂而不考之於燕樂，無異扣盤捫籥」自序語，故專為此書研究之。卷一為總論，考燕樂之來歷，說明其選聲制譜之概略，卷二至卷五分論燕樂二十八調宮、商、角、羽各七調，各自為卷；卷六為後論，凡十三章《燕樂二十八調說》上中下，《字譜即五聲二變說》上下，《述琴》《述笛》《宮調之辨不在起調》《畢曲說》《徵調說》《燕樂以夾鐘為律本說》《明人九宮十三調說》《南北曲說》《聲不可配律說》；附加《燕樂表》終焉。其書之要點大略如下：吾之學力實不配作提要，所摘有誤略，望讀者指正。

一、燕樂之原，出於龜茲蘇祇婆之琵琶。琵琶四弦，為宮、商、角、羽四聲無徵聲，每聲七調，故有二十八調。

二、燕樂之調，本以字譜即上、工、尺等為主，與《漢書·律曆志》所言律呂之長短分寸，渺不相涉。鄭譯、沈括輩將二者牽合為一，乃欺人之談。

三、今之字譜，即古之宮商——上字為宮，尺字為商，工字為角，合字為徵，四字為羽，一字為變宮，凡字為變徵。此明朱載堉說，次仲略修改之。古樂用五聲二變而成音，猶今樂用七字譜而成調，即此可以沿而上溯，不必旁求。

四、《樂志》等向稱唐人八十四調，其實只是二十八調，因琵琶四弦每弦七調故也。然宋乾興以來所用僅十一凋，今則僅用七調而已。

五、今之南曲，即唐清樂之遺；今之北曲，即唐燕樂之遺。疑燕樂完全失傳者，誤也。

其自序謂：「廷堪於斯事初亦未解，若涉大水者有年，然後稽之於典籍，證之以器數，一旦始有所悟入。」其與阮伯元書云：「推步學自西人之後，有實測可憑，譬之鳥道羊腸，繩行懸度，苟不憚辛苦，無不可至者。若樂律諸書，雖言之成理，乃深求其故，皆如海上三神山，但望見焉，風引之則又遠矣。何者？一實有其境，一虛構其理也。吾書成，庶東海揚塵，徒步可到矣。」總之，昔之言樂者，皆支離於樂外，次仲則剖析於樂中。其剖析所得成績如何，雖非吾儕門外漢所能妄談，若其研究方法，確為後人開一新路，則吾敢斷言也。次仲之鄉先輩程易疇有《聲律小記》一卷，《琴音記續篇》一卷，似無甚發明。唯其「論中聲」一條，陳蘭甫極稱之。

次仲復有《晉泰始笛律匡謬》一卷。其自序云：「樂學之不明，由算數之說汩之也。黃鐘之數，《史記》《漢書》皆雲十七萬一千一百四十七。不知此數於何而施用。將以為黃鐘之長耶？恐九寸之管，非針芒刀刃不足以容之，將以為黃鐘之實耶？恐徑九分之中，非野馬塵埃不足以受之。……然則律度乘除之損益，果足以深信耶？畫鬼易，畫人難，言樂者每恃此為藏身之固。……陳之以虛數則爛然，驗之以實事則茫然者，比比皆是矣。……晉泰始末荀勖制笛律，乃以絲聲之律度為竹聲之律度，悉毀前人舊作，而樂學益晦。……今為《匡謬》一卷。嗟乎！所匡者寧獨荀公哉！」荀律果謬與否，所匡果不謬與否，別一問題。然次仲對於舊樂學摧陷廓清之勇猛見可矣。

年輩稍後於次仲者有徐新田養原，著有《荀勖笛律圖注》《管色考》《律呂臆說》等書。新田似未見次仲書，故無一字之徵引辨難。其《笛律圖注》尊宗荀勖，與次仲正反。其《管色考》，專論字譜，矯正元明人之誤，與次仲全同而加詳。其《律呂臆說》，亦一掃五行卦氣等等糾纏之說，專剖析於樂中。與次仲孰優劣，非吾所能言也。其言五聲變為七音，為樂學一進步，七音乃律而非聲，其變為乃全體改易，非於本音之外漫加二音舊說謂變宮、變徵乃就舊有五聲加上；言雅樂非於俗樂之別外有一聲節，言雅樂之亡由於圖譜失傳，不關律呂；言三代之樂不亡於秦，而亡於魏晉；言當因俗樂管色以推求古樂，皆自有見地者。

陳蘭甫所著曰《聲律通考》十卷。蘭甫著書動機，蓋因讀次仲書而起，而駁正其說亦最多。蓋他書無駁之價值，而於凌書所未安，則不容不駁也。卷九之末自注云：「此書於《燕樂考原》之說駁難最多，非掎摭前人也。余於凌次仲，實資其先路之導。其精要之說，固已採錄之，至其持論偏宕，則不可不辯。其紛紜舛錯，讀之而不可解者，尤不能不為訂正。九原可作，當以為諍友焉。」今略摘凌、陳異點如下：

一、凌氏掊擊荀勖笛律，陳氏極推重之。陳似未見凌之《笛律匡謬》，亦未見徐氏之《笛律圖注》。然淩氏《匡謬》之說，已有一部分散見《燕樂考原》中，陳所反駁甚當也。徐著極精密，使陳見之或更有助。說明荀氏十二笛三調之制及其作用。

二、淩氏不信有八十四調，謂鄭譯創此說以欺人。陳氏考證八十四調為梁隋所有，不始鄭譯據《隋書．萬寶常傳》及《舊五代史．音樂志》等書，並說明其可能。

三、淩氏以工尺等字譜分隸宮商等，陳氏承認之。但陳謂此唯今樂為然耳，宋人則以工尺配律呂，非以代宮商。

四、淩氏以蘇祇婆琵琶為標準樂器，陳氏謂有研究古樂器之必要。其言曰：「聲隨器異，由今之器，豈能寄古之聲？試取今日之二弦、梆子以唱崑腔，聞者必為掩耳，而況以今器寄古聲乎？」

蘭甫《東塾集》中有《復曹葛民書》一篇，最能說明其述作之旨。今節錄如下。間引本書說或他人說，注其難解者。

……澧為此書，所以復古也，復古者迂儒常談，澧豈效之？良以樂不可不復古也。……鼓吹也，戲劇也，小曲也，其號為雅音者琴師之琴也，此則今所謂樂也。何為宮商而不知也？何為律呂而更不知也？啟超案：徐新田《雅樂論》云：「今之琴有聲無節，先不成其為樂矣，何論雅俗！」嗚呼！樂者六藝之一，而可以輕褻淪亡若此哉！……近數十年，唯淩次仲奮然欲通此學，自謂以今樂通古樂。澧求其書讀之，信多善者。然以為今之字譜即宋之字譜，宋之字譜出於隋鄭譯所演龜茲琵琶。如其言，則由今樂而上溯之，通於西域之樂耳，何由而通中國之古樂也？又況今之字譜非宋之字譜，宋之字譜又非出於鄭譯，古籍具存，明不可借假乎？澧因淩氏書，考之經疏史志子書，凡言聲律者，排比名稽，以成此編。……將使學者由今之字譜而識七聲之名，又由七聲有相隔有相連而識十二律之位；識十二律，而古之十二宮八十四調可識也。啟超案：蘭甫弟子殷康保校《聲律通考》竣，而撮其要點為跋云：「五音宮、商、角、徵、羽，即今所謂上、尺、工、六、五也。加變宮、變徵為七音，即今所謂一、凡也。七音得七律，宮與商之間有一律；角與變徵之間有一律；徵與羽之間有一律；羽與變宮之間有一律；是為十二律也。十二律者，高下一定者也；七音者，施轉無定者也。十二律各為宮，則各有商、角、徵、羽，是為十二宮；十二宮各為一均；每一均轉七調，則八十四調也。……」此段最能將全書提綱挈領，故錄以為注。又由十二律四清聲而識宋人十六字譜，識十六字譜而唐宋二十八調可識也。然此猶紙上空言也，無其器何以定其聲？無其度何以制其器？屬有天幸，《宋書》《晉書》皆有「荀勖笛」，而阮文達公摹刻鐘鼎款式有「荀勖尺」，二者不期而並存於世。夫然後考之史籍，隋以前歷代律尺皆以「荀勖尺」為比。金、元、明承用宋樂，宋樂修改王樸樂；而王樸律尺又以荀勖尺為比。有荀勖尺，而自漢至明樂聲高下皆可識也。然而「荀勖尺」易制也。「荀勖笛」難知也。《宋書》《晉書》所載荀勖笛制，文義深晦，自來讀者不能解。澧窮日夜之力，苦思冥悟而後解之，而後仿製之，於是世間乃有古樂器。又讀朱子《儀禮經傳通解》，有唐開元《鹿鳴》《關雎》十二詩譜，以今之字譜釋之，於是世間乃有古樂章。……遍考古書所載樂器，從未有細及分厘如荀勖笛制者；遍考古書所載樂章，從未有兼注意音律如十二詩譜者。古莫古於此，詳亦莫詳於此。授之工人，截竹可造，付之伶人，按譜可歌，而古樂復出於今之世矣。……象州鄭小谷見此書，嘆曰：「有用之書也。」又曰：「君著此書辛苦，我讀此書亦辛苦也。」嗟呼！辛苦著書，吾所樂也。有辛苦讀之者，吾願足矣。若其有用，則吾不及見矣。其在數十年後乎？其在數百年後乎？

吾認此書之著作為我學術界一大事，故不避繁重，詳錄此函。讀之，則書之內容大概可識矣。吾以為今所當問者只有兩點：一、蘭甫所解荀勖笛制是否無誤？二、朱子所傳開元十二詩譜是否可信？蘭甫又言：「即謂十二詩譜不出開元，而為宋人所依託，然自宋至今，亦不可謂不古。較之毛大可所稱明代之唐譜，不可同年而語矣。」若誠無誤也，可信也，則所謂古樂復出於今世者，真可拭目而待也。由蘭甫之書以復活漢晉以來不絕如縷之古樂；由次仲之書以復活唐代融會中西之燕樂，此點蘭甫絕對承認次仲書之價值，蘭甫書亦有可以補其未備者。則二千年音流變，可以知其概以求隅反，樂天下快事寧有過此？夫今日音樂必當改造，識者類能言之矣，然改造從何處下手耶？最熱心斯道者，亦不過取某國某名家之譜，隨己之所嗜，拉雜輸入一二雲爾。改造音樂必須輸進歐樂以為師資，吾儕固絕對承認。雖然，尤當統籌全局，先自立一基礎，然後對於外來品為有計劃的選擇容納。而所謂基礎者，不能不求諸在我，非挾有排外之成見也。音樂為國民性之表現，而國民性各各不同，非可強此就彼。今試取某國音樂全部移植於我國，且勿論其宜不宜，而先當問其受不受。不受，則雖有良計劃，費大苦心，終於失敗而已，譬之擷鄰圃之穠葩，綴我園之老干，縱極絢爛，越宿而萎矣。何也？無內發的生命，雖美非吾有也。今國中注意此問題者，蓋極寥寥。然以吾所知一二先覺，其所見與所憂未嘗不與吾同，蓋亦嘗旁皇求索，欲根據本國國民性為音樂樹一新生命，因而發育之，容納歐樂以自榮衛。然而現行俗樂墮落一至此甚，無可為憑藉；欲覓歷史上遺影，而不識何途之從，哀哉耗矣！次仲、蘭甫之書，以門外漢如我者，於其價值如何，誠不敢置一辭，然吾頗信其能示吾儕以前途一線光明。若能得一國立音樂學校，資力稍充，設備稍完，聚若干有音樂學素養之人，分出一部分精力，循此兩書所示之途徑以努力試驗，或從此遂可以知我國數千年之音樂為何物，而於其間發見出國民音樂生命未之卵焉，未可知也。嗚呼！吾之願望何日償也？蘭甫先生蓋言：「其在數十年後乎？其在數百年後乎？」

次仲《燕樂考原》之中四卷，詳列琵琶四弦每弦所衍生之各七調，臚舉其調名，上自郊祀樂章，下至院本雜劇，網羅無遺，因此引起後人研究劇曲之興味焉。

初，康熙末葉，王奕清撰《曲譜》十四卷，呂士雄撰《南詞定律》十三卷。清儒研究曲本之書，蓋莫先於此。乾隆七年，莊親王奉敕編《律呂正義後編》，既卒業，更命周祥鈺、徐興華等分纂《九宮大成南北詞譜》八十一卷，十一年刊行之，曲學於是大備。江鄭堂《漢學師承記》稱，凌次仲是年應某逵官之招，在揚州校勘詞曲譜，得修脯自給；次仲精於南北曲，能分別宮調，自此。疑次仲曾參與《九宮譜》事也，待續考。後此葉懷庭堂《納書楹曲譜》，稱極精審，度曲者宗之。有戴長庚著《律話》，吾未見其書，且未審為何時人。蘭甫《聲律通考》屢引其說，蓋亦旁及曲律雲。

以經生研究戲曲者，首推焦里堂，著有《劇說》六卷，雖屬未經組織之筆記，然所收資料極豐富，可助治此學者之趣味，吾鄉梁章冉廷柟著《曲話》五卷，不論音律，專論曲文，文學上有價值之書也。而陳蘭甫亦有《唐宋歌詞新譜》，則取唐宋詞曲原譜已佚而調名與今本所用相符、字句亦合者，注以曲譜之意，拍而歌之。其自序有言：「物之相變，必有所因，雖不盡同，必不盡異。⋯⋯

詩失既求諸詞，詞失亦求諸曲，其事一也。……」讀此可見此老雅人深致，惜其書已不傳。

最近則王靜安國維治曲學最有條貫，著有《戲曲考原》《曲錄》《宋元戲曲史》等書。曲學將來能成為專門之學，靜安當為不祧祖矣。而楊時百宗稷專言琴學，著《琴粹》《琴話》《琴譜》《琴學隨筆》《琴余漫錄》《琴鏡》等書，凡二十四卷。琴學是否如徐新田所詆「不成其為樂」，吾不敢言。若琴學有相當價值，時百之書，亦當不朽矣。

---

[1] 梁肅與白居易交好，是天臺宗一員護法健將。李翺是韓愈朋友，著有《復性書》，拿佛理解釋儒書。

[2] 欲知四大案簡單情節，看趙翼的《廿二史札記》最好。

[3] 潘稼堂（耒）《徐霞客遊記序》云：「霞客之遊，在中州者無大過人，其奇絕者，閩粵楚蜀滇黔百蠻荒徼之區，皆往返再四。其行不從官道，…… 先審視山脈如何去來，水道如何分合，既得大勢，然後支搜節討。」又云：「沿溯瀾滄、金沙，窮南北盤江之源，實中土人創辟之事。…… 向來山經地誌之誤，釐正無遺，…… 然未嘗有怪迂侈大之語，欺人以所不知。」

[4] 《天工開物》自序云：「世有聰明博物者，稠人推焉。乃棗梨之花未賞，而臆度楚萍；釜鬵之範鮮經，而侈談莒鼎。畫工好圖鬼魅而惡犬馬，即鄭僑晉華，豈足為烈哉！」丁在君（文江）《重印（天工開物）始末記》云：「三百年前言工業天產之書，如此其詳且明者，世界之中，無與比倫。」

[5] 當時治利、徐一派之學者，尚有周子愚、瞿式耜、虞淳熙、樊良樞、汪應熊、朱天經、楊廷筠、鄭洪猷、馮應京、王汝淳、周炳謨、王家植、瞿汝夔、曹於汴、鄭以偉、熊明遇、陳亮采、許香臣、熊士旂等人，皆嘗為著譯各書作序跋

者。又蓮池法師，亦與利瑪竇往來，有書札見《辨學遺牘》中。可想見當時此派聲氣之廣。

[6] 《揀魔辨異錄》這部書是雍正十一年御製。當時臨濟宗門下有一名僧曰法藏，著《五宗原》，其徒曰弘忍，著《五宗救》，皆對於當時禪學有所批評。雍正帝著此書專辟之。書首冠上諭，有云：「……朕今不加屏斥，魔法何時熄滅？著將《藏》內所有藏、忍語錄並《五宗原》《五宗救》等書，盡行毀板，僧徒不許私自收藏。有違旨隱匿者，發覺以不敬律論。……法藏一支所有徒眾，著直省督撫詳細察明，盡削去支派。……果能於他方參學，得正知見，別嗣他宗，方許秉拂。……」這書有殿板存大內，外間向少見。民國四年，始由揚州藏經院刊行。平心而論，這書所駁藏、忍之說，也許駁得不錯。但這種「以人王而兼教主」的態度，太咄咄逼人了。

[7] 《大義覺迷錄》這部書體裁甚奇，全部是親自審問曾靜的口供，冠以一篇極長的上諭當作序文。曾靜號蒲潭，湖南人，呂晚村私淑弟子。嘗上書岳鍾琪，力言夷夏之防，數雍正帝九大罪，勸其革命，被拿到京，帝親自審問他，和他反覆辯駁。內中最要者是辨夷夏問題，其次辨封建制度，還有關於雍正帝本身逼母、弒兄、屠弟等種種罪惡之辯護。據這部書說，曾靜完全折服了，還著有《歸仁說》一篇，附刻在後頭。雍正帝於是把曾靜赦免，放歸田裡。雖然如此，卻說曾靜學說出於呂留良，把留良戮屍滅族。後來乾隆帝到底把曾靜也殺了。這部書當時印刷許多，頒發各省府州縣學宮，令秀才們當作聖經讀。到乾隆朝，將頒出的書都收回，板也毀了，列在禁書書目中。

[8] 明天啟二年派人往澳門召羅如望、陽瑪諾入京專制炮以御滿洲。崇禎二年，畢方濟上疏言改良槍炮，大蒙嘉賞。清康熙十三年，為討吳三桂，命南懷仁等制神威炮三百二十門。懷仁著有《神威圖說》一書進呈，康熙帝大悅，加懷仁工部侍郎銜。康熙三十五年，親征葛爾丹，命懷仁、白進、安多等扈駕，專管炮術。這都是明末清初因鑄造兵器而引用西士的故事。

[9] 梨洲極自負他的《明夷待訪錄》。顧亭林亦極重之。亭林與梨洲書云：「讀《待訪錄》，知百王之敝可以復振。」其折服可謂至矣。今本篇目如下：原君、原臣、原法、置相、學校、取士上、取士下、建都、方鎮、田制一、田制二、兵制一、兵制二、兵制三、財計一、財計二。凡二十篇。唯據全謝山跋云：「原本不止於此，以多嫌諱不盡出。」然者書尚非足本，很可惜。此書乾隆間入禁書類。光緒間我們一班朋友曾私印許多送人，作為宣傳民主主義的工具。章太

炎不喜歡梨洲，說這部書是向滿洲上條陳，這是看錯了。《待訪錄》成於康熙元、二年。當時遺老以順治方殂，光復有日，梨洲正欲為代清而興者說法耳。他送萬季野北行詩，戒其勿上河汾太平之策，豈有自己想向清廷討生活之理？

[10] 唐鑒著《國朝學案小識》訾議梨洲，謂其以陳（白沙）、王（陽明）與薛（敬軒）、胡（敬齋）平列，為不識道統。可謂偏陋已極。無論道統之說我們根本不能承認，試思明代學術，舍陳、王外更有何物？梨洲尊陳、王而不廢薛、胡，還算公道，豈有專取薛、胡而棄陳、王之理！

[11] 歸元恭，明亡後屢次起義。晚年築土室於叢塚間，與妻偕隱，自署門聯云：「妻太聰明夫太怪，人何寥落鬼何多。」

[12] 《亭林余集》裡頭有一篇《王碩人行狀》，讀之便可知亭林受他母親影響到怎麼程度。

[13] 相傳山西票號由亭林創辦。一切組織規則，皆其手定，後人率循之，遂成為二百餘年金融中心。此事不見前賢所作傳，未知確否。

[14] 《天下郡國利病書》自序云：「歷覽二十一史，以及天下郡縣誌書，一代名公文集，及章卷文冊之類。有得即錄，共成四十餘帙。」《肇域志》自序云：「先取《一統志》，後取各省府州縣誌，後取二十一史，參互書中，凡閱書一千餘部。本行不盡，則注之旁行；旁行不盡，則別為一集，曰備錄。」

# 中國近三百年學術史

作　　者：梁啟超
發 行 人：黃振庭
出 版 者：複刻文化事業有限公司
發 行 者：複刻文化事業有限公司
E-mail：sonbookservice@gmail.com
粉 絲 頁：https://www.facebook.com/sonbookss/
網　　址：https://sonbook.net/
地　　址：台北市中正區重慶南路一段六十一號八樓 815 室
Rm. 815, 8F., No.61, Sec. 1, Chongqing S. Rd., Zhongzheng Dist., Taipei City 100, Taiwan
電　　話：(02)2370-3310
傳　　真：(02)2388-1990
印　　刷：京峯數位服務有限公司
律師顧問：廣華律師事務所 張珮琦律師



定　　價：580 元
發行日期：2023 年 11 月第一版
◎本書以 POD 印製
Design Assets from Freepik.com

**國家圖書館出版品預行編目資料**

中國近三百年學術史 / 梁啟超 著 . -- 第一版 . -- 臺北市：複刻文化事業有限公司 , 2023.11
面；　公分
POD 版
ISBN 978-626-97803-5-8( 平裝 )
1.CST: 思想史 2.CST: 清代
112.7　　112016169

電子書購買

臉書

爽讀 APP